suhrkamp taschenbuch
wissenschaft 1472

Ausgehend von der Rätselhaftigkeit des Leibes, der weder den Dingen noch dem Geist zugerechnet werden kann, werden zunächst verschiedene Dimensionen der Leiblichkeit wie Empfinden und Wahrnehmen, räumliche Orientierung und Bewegung, Spontaneität und Gewohnheit sowie Ausdruck und Sprache des Körpers entfaltet. Der anticartesianische Entwurf läuft methodisch auf eine Verflechtung von natürlichem und kulturellem, von eigenem und fremdem Leib hinaus. So eröffnen sich Perspektiven für eine Theorie der Generativität sowie für einen Polymorphismus des Geschlechtsleibes, jenseits von Naturalismus und Konstruktivismus. Am Ende steht der Ausblick auf ein leibliches Responsorium und ein entsprechendes Ethos der Sinne. Die Vorlesungen greifen zurück auf Husserls, Schelers, Plessners und vor allem auf Merleau-Pontys Phänomenologie des Leibes sowie auf die Gestalttheorie, Verhaltensforschung, medizinische Anthropologie und Pathologie. Gleichzeitig werden Brükken geschlagen zu neueren neurologischen Forschungen sowie zu Fragen der Körpergeschichte, der Körpertechnik und der Körperpolitik.

Bernhard Waldenfels ist emeritierter Professor für Philosophie an der Ruhr-Universität Bochum. An Veröffentlichungen im Suhrkamp-Verlag liegen unter anderem bereits vor: *Der Spielraum des Verhaltens* (1980, stw 311), *Antwortregister* (1984); *Grenzen der Normalisierung* (1998, stw 1351) und *Sinnesschwellen* (1999, stw 1397).

Bernhard Waldenfels
Das leibliche Selbst

Vorlesungen zur
Phänomenologie des Leibes

Herausgegeben von
Regula Giuliani

Suhrkamp

Bibliografische Information der Deutschen Nationalbibliothek
Die Deutsche Nationalbibliothek verzeichnet diese Publikation
in der Deutschen Nationalbibliografie;
detaillierte bibliografische Daten sind im Internet über
http://dnb.d-nb.de abrufbar.

8. Auflage 2021

Erste Auflage 2000
suhrkamp taschenbuch wissenschaft 1472

Satz: Jürgen Ullrich typosatz, Nördlingen
Druck und Bindung: C.H. Beck, Nördlingen
Printed in Germany
Umschlag nach Entwürfen von
Willy Fleckhaus und Rolf Staudt
ISBN 978-3-518-29072-9

Inhalt

Vorwort

Zum Thema Leiblichkeit hat Bernhard Waldenfels in verschiedenen Jahren seiner Lehrtätigkeit Vorlesungen gehalten: zum ersten Mal im Sommersemester 1968 in München unter dem Titel »Zur Phänomenologie der Leiblichkeit und der Räumlichkeit«, zum zweiten und dritten Mal im Wintersemester 1982 gleichzeitig in Bochum unter dem Titel »Phänomenologie des leiblichen Verhaltens (Merleau-Ponty I)« sowie in Rotterdam unter dem Titel »Phänomene und Strukturen in Merleau-Pontys Philosophie« und schließlich im Wintersemester 1996/97 in Bochum unter dem Titel »Phänomenologie der Leiblichkeit«. Der vorliegende Text beruht auf Tonbandprotokollen vom Wintersemester 1996/97, die von der Herausgeberin unter Berücksichtigung der entsprechenden Vorlesungsnotizen transkribiert wurden. Am Ende wurde der Text vom Autor selbst überarbeitet und ergänzt; Kapitel VI–VIII wurden 1997 gänzlich neu verfaßt.

Nach einigem Zögern konnte der Autor dazu bewegt werden, seine Vorlesungen in dieser Form zu veröffentlichen. Gerhard Unterthurner stellte seine Mitschrift zur Verfügung. Stephan Joede sorgte für die Graphik. Frau Sikora vom Philosophischen Institut in Bochum hat die Korrekturen und Ergänzungen ins Manuskript eingebaut, ihr gebührt besonderer Dank.

Bei der Umsetzung des Tonbandprotokolls in einen schriftlichen Text wurde darauf gesehen, daß der Charakter der Mündlichkeit soweit möglich erhalten blieb. Daraus resultiert eine gewisse Redundanz: die Rekapitulation der früheren Vorlesungen zu Beginn der jeweils nächsten wurden nur teilweise gekürzt, da der behandelte Stoff in diesen Rekapitulationen oft auf neue Weise aufgegriffen wird. Das am Ende angefügte detaillierte Inhaltsverzeichnis soll den Benutzern und Benutzerinnen die Orientierung im Text erleichtern.

Freiburg, im April 1999
Regula Giuliani

Vorbemerkungen

1. Vorlesung vom 10. Oktober 96

Thema dieser Vorlesungen ist die Phänomenologie der Leiblichkeit. Ich beginne mit einigen einführenden Bemerkungen und einigen Erläuterungen zu den historischen Vorbedingungen dieser Problematik. Wenn hier von Leiblichkeit die Rede ist, so handelt es sich nicht um ein Thema beliebiger Art, auf das man eine bestimmte Methode anwendet, etwa die phänomenologische Methode. Es geht nicht um ein Spezialphänomen, das der Blick ausleuchtet wie ein Scheinwerfer. Vielmehr stellt der Leib ein Grundphänomen dar, das heißt ein Phänomen, das an der Konstitution anderer Phänomene immerzu beteiligt ist. Ähnliche Beispiele für solche Grundphänomene wären etwa die Zeit oder die Sprache. Die Zeit kann man nicht in irgendeinem Seitenwinkel lokalisieren, sie mischt sich überall ein: beim Reden, beim Erleben, bei Entscheidungen, bei den Rhythmen der Bewegungen. Das gleiche gilt für die Sprache, es gilt ebenso für die Geschichte, es gilt für die Anderen – also für alle großen philosophischen Themen. Die Leiblichkeit stellt keinen regional abgezirkelten Bereich dar, in den man von außen her eindringen könnte, sondern der Leib ist der Gesichtspunkt aller Gesichtspunkte. Das Phänomen des Leibes eröffnet keinen bloßen Gegenstandsbereich, sondern der Leib selber wirkt zurück auf die Zugangsweise, in der uns dieses oder jenes begegnet. Was Phänomenologie und auch allgemein Philosophie heißt, verändert sich, wenn der Leib das bedeutet, was er – wie ich zu zeigen hoffe – tatsächlich bedeutet.

Wir kennen die Formulierung ›sprachanalytische Philosophie‹ – diese Bezeichnung ist auf gewisse Weise pleonastisch. Analytische Philosophie gilt als eine Philosophie, die sich im Medium der Sprache bewegt. Auf ähnliche Weise könnte man von einer leiborientierten Phänomenologie sprechen, was bedeutet, daß das Erforschen und Bedenken der Dinge direkt oder indirekt immerzu auf den Leib und auf die leibliche Situation Bezug nimmt.

Die Schwierigkeit, die hier entsteht, führt zu einem Paradox. Wir haben es mit einem Paradox der Selbstbezüglichkeit zu tun, denn *über den Leib* sprechen heißt in gewisser Weise, *leiblich* sprechen. Der Leib ist mit im Spiel, auch wenn wir über ihn sprechen. Ich greife drei vertraute Phänomene heraus, an denen diese Selbstverwicklung deutlich wird.

1. In der Situationsaussage ›Hier stehe ich‹ gewinnt der indexikalische Ausdruck ›hier‹ seine aktuelle Bedeutung nur dann, wenn wir das, was wir sagen, auf den *Ort der Rede* beziehen, an dem dieser Satz gesprochen wird, andernfalls bliebe der Satz zu einem wichtigen Teil bedeutungsleer. Wenn jemand am Telefon sagt ›Hier stehe ich‹ und Sie wissen nicht von woher der Partner telefoniert, so haben Sie nichts erfahren; Sie wissen nicht wo sich der Sprecher aufhält, er kann irgendwo und irgendwer sein. Ein einfacher Satz wie ›Hier stehe ich‹ verweist in jedem Fall auf den Ort der Rede, und diese hat etwas mit dem Leib zu tun. Die leibliche Situierung in der Welt geht auf bemerkenswerte Weise in die Rede, auch in den propositionalen Gehalt mit ein.

2. Ein zweites Beispiel. Wenn wir sagen ›Es geht‹ (oder: *anything goes*), so stellt sich die Frage: Ist dieses ›geht‹ eine bloße Metapher, oder hat dieses Wort einen Bezug zum Gehen? Ist die Rede von ›Gedankengängen‹ eine bloße metaphorische Umschreibung von Bewegungen nichtmaterieller Art, oder hat das Moment des Gehens, des Sichbewegens eine fundamentalere Bedeutung? Diese Alternative rührt Fragen einer Metapherntheorie auf, die ich hier nur andeute. Kann man sinnliche und unsinnliche Momente in der Weise voneinander unterscheiden, daß das ›Es geht‹ schließlich als eine uneigentliche Ausdrucksweise dasteht, die etwas aus dem Bereich der körperlichen Ortsveränderung in einen unkörperlichen Bereich ›überträgt‹? Oder haben wir es von vornherein mit einer mehrförmigen Bewegung zu tun, die sich auf die verschiedensten Bereiche verteilt?

3. Ein drittes Beispiel. ›Es ist kalt‹ kann man bekanntlich auch sagen, ohne zu frieren. Doch was unterscheidet den, der diese Aussage macht, von einem bloßen Thermometer? Um es sehr einfach zu sagen: ein Thermometer zeigt bestimmte Temperaturen an, doch uns würde nicht einfallen, daß das Thermometer friert, wenn die Quecksilbersäule sinkt. Die Äußerung ›Es ist kalt‹ kann zwar von den aktuellen Empfindungen des Sprechers abgelöst werden; auch wer nicht friert, kann den Satz mit Bedeutung verwenden. Doch der Satz ›Es ist kalt‹ läßt sich nicht von der Empfindsamkeit überhaupt ablösen. Er setzt ein Wesen voraus, das Kälte empfindet; bloße Molekülbewegungen haben als solche mit Kälteempfindungen nichts zu tun.

An diesen drei Beispielen ganz alltäglicher Art – Stehen, Gehen, Frieren – wird deutlich, daß die Leiblichkeit bis in die Rede und bis in die Satzbedeutung hineinwirkt.
In der Psychologie des Aristoteles finden wir den lapidaren Satz: »Die Seele ist auf gewisse Weise alles«.[1] Aristoteles nimmt an, daß alles, was ist, eine gewisse Form aufweist, und die Seele ist genau jenes Medium, in dem alle Formen sich als solche darstellen. Ähnlich kann man sagen: auch der Leib ist – auf gewisse Weise – alles, er spielt bei allem auf ganz verschiedene Weise mit.
Meine zweite Vorbemerkung gilt dem Thema: *Weltbezug, Selbstbezug und Fremdbezug*. Zur Leiblichkeit gehört eine Mehrdimensionalität dreifacher Art. Der Leib bezieht sich erstens auf Phänomene der Welt, er hat einen Weltbezug. Zum Beispiel spricht die Aussage ›Es ist kalt‹ auch über die Dinge der Welt und nicht bloß über mich. – Es ist zweitens ein Selbstbezug im Spiel, der Leib bezieht sich in der Kälteempfindung auf sich selbst. Frieren bedeutet immer auch *Sich*empfinden und nicht bloß ein Registrieren vorhandener Qualitäten. Eine noch schwieriger zu fassende Dimension begegnet uns drittens im Fremdbezug. Es bleibt zu erwägen, ob der Leib nicht von vornherein sich selbst fremd ist bzw. auf Anderes als er selbst, auf Fremdes bezogen ist. Gebe ich jemandem die Hand, so vollziehe ich eine Grußgebärde, die ohne Fremdbezug nicht denkbar ist. War der Andere vorher nicht für mich da, und ist er nicht da, wenn ich grußlos an ihm vorbeigehe? Daß die drei Dimensionen von Weltbezug, Selbstbezug und Fremdbezug immer im Spiel sind, bleibt zunächst eine Behauptung, deren Triftigkeit sich in den Einzelanalysen erweisen muß.
Ich habe diese Bemerkungen vorausgeschickt, weil die Gegenwart uns weiterhin vor fragwürdige Alternativen stellt. Wir erleben eine große Wiederkehr des Leibes oder des Körpers. Die Frage ist nur, was ›Körper‹, was ›Leib‹ in den zeitgenössischen Theorien bedeutet. Vielfach haben wir es mit einer Neuauflage des Cartesianismus zu tun. Auf der einen Seite freut man sich, wenn vom ›Leib‹ die Rede ist: da habe ich nun doch noch etwas Eigenes, das ich selbst spüre, da kann mir keiner hineinreden. Das Leibspüren verspricht ein Refugium, ein letztes Interieur. Es wird so vieles verwaltet und konstruiert, da erfreut uns der Leib mit einem Rest an Innerlichkeit; im ›ich-empfinde-mich‹ findet das cartesianische Cogito ei-

1 *De anima* III, 8, 431 b 21.

nen Rettungsanker. – Auf der anderen Seite findet sich die Tendenz, den Leib – grob gesagt – auf körperliche Hardware zu reduzieren. Es wird untersucht, welchen kulturellen Programmen der Körper unterliegt, welchen Normen das leibliche Verhalten folgt. Leiblichkeit wäre so am Ende ein uninteressantes, hausbackenes Problem, da die Macht der technischen Intelligenz an der Software hängt. In der Hardware wäre der Leib nach außen, in die bloße Materialität verlagert. In diesen Extremen erlebt der cartesianische Dualismus also eine Wiederauflage.
Demgegenüber lege ich den Akzent auf die skizzierte Vieldimensionalität. Ich betone, daß der Außenbezug, der Bezug auf Anderes, auf Dinge oder andere Lebewesen mit zum Leib gehört und mich in eine Fremdheit mir selbst gegenüber versetzt. Ich bin nicht einfach zu Hause in meinem Leib, ich bin zwar immer dabei, doch in einer gewissen Ferne zu mir selbst.

Zur Anlage der Vorlesung

Teil I sorgt vorweg für eine allgemeine Orientierung und Problematisierung. Die folgenden Teile II – V befassen sich mit verschiedenen Dimensionen des Leibes; auswahlhaft werden bestimmte Grundbereiche vorgestellt, in denen die Leiblichkeit eine besondere Rolle spielt. Teil VI nimmt noch einmal die anfängliche Problematisierung auf; er bietet eine Interpretation dessen, was ich ›Responsivität‹ nenne: ein Antworten, bei dem der Bezug auf das Fremde auf besonders prägnante Weise hervortritt.
Im Laufe der Darstellung werde ich immer wieder – nach Art einer Querlektüre – auf pathologische Phänomene zu sprechen kommen. Diese Möglichkeit wird in der *Phänomenologie der Wahrnehmung* von Merleau-Ponty, die für viele der folgenden Überlegungen einen Leitfaden abgibt, auf besonders vorbildliche Weise wahrgenommen, und dies in Anknüpfung an Kurt Goldstein. Pathologische Phänomene sind nicht als bloße Stör- oder Begleitphänomene zu betrachten, vielmehr zeigt sich an den Anomalien und Pathologien besonders deutlich, was normalerweise im Spiel ist, wenn wir leibliche Funktionen ausüben oder wenn diese spontan ablaufen.
Ein Desiderat bleibt die Kulturgeschichte des Leibes, etwa die Geschichte der Sinne, sowie die Geschichte der Sexualität und

der Geschlechterdifferenz. Dazu gibt es umfangreiche Forschungen aus den letzten Jahren; ich kann in dieser Beziehung nur Schnittstellen markieren. Es kommt jedoch darauf an, einen Boden zu ebnen, auf dem die reichen Funde einer Körpergeschichte ihren Platz finden. Kulturgeschichten können sich ausbreiten wie ein Sammelsurium, dem man entnimmt, was für Schuhe die Leute getragen, was für Möbel sie angefertigt haben oder welche Gerüche sie zu ertragen vermochten. Doch interessant wird Kulturgeschichte erst dann, wenn die Fremdheit anderer Kulturen durchbricht. Dies gilt auch für die Vielfalt der Sinne, die uns mit den verschiedensten Weltauslegungen und Gesellschaftsformationen konfrontiert. Die Phänomenologie kann dazu beitragen, das kulturelle und interkulturelle Sensorium zu verfeinern und der kulturhistorischen Forschung eine Perspektive zu verschaffen, wobei der von Michel Foucault eingeschärfte Aspekt einer Körper- und Biopolitik permanente Aufmerksamkeit verdient.[2]

Weitere Problembereiche eröffnen die neueren Forschungen der Neurologie, die mit ihrem verfeinerten Instrumentarium das simple Modell bloßer Körpermechanismen weit hinter sich läßt und in Gestalt einer ›Neurophänomenologie‹ der Phänomenologie des Leibes entgegenkommt. Schließlich ist das immense Feld der Körpertechnologien zu erwähnen, die in ihren extremen Entwicklungen dazu führen, daß Menschen sich nur noch in ihren Maschinen spiegeln.[3] Was diese Gebiete einer *Science-Technology* angeht, so begnüge ich mich ebenfalls damit, einige Akzente zu setzen und einige Nahtstellen zu verzeichnen. Daß einiges mehr noch zu tun wäre, ist mir wohl bewußt.[4] Doch ebenso überzeugt bin ich, daß das Denken des Leibes (der Genitiv im doppelten Sinne verstanden) durch die Erforschung körperlicher Mechanismen, genetischer Programme und neurologischer Netzwerke in keiner Weise ersetzt werden kann.

2 Vgl. dazu von sozio-phänomenologischer Seite die Analyse von John O'Neill: *Die fünf Körper. Medikalisierte Gesellschaft und Vergesellschaftung des Leibes* (1990).

3 Vgl. hierzu die phänomenologisch inspirierten Überlegungen von Käte Meyer-Drawe: *Menschen im Spiegel ihrer Maschinen* (1996).

4 Ergänzend verweise ich auf meine neueren phänomeno-technischen Skizzen in: *Grenzen der Normalisierung* (1998).

I. Das Rätsel des Leibes

1. Alltagsvorstellungen und Sprachformen

Einige sprachliche Vorbemerkungen. Das Wort ›Leib‹ taucht bereits in der *Alltagssprache* auf, es ist beileibe keine Erfindung der Philosophen. Das Wort ist deshalb so komplex und so schwierig zu fassen, weil alles mögliche darin anklingt. Zunächst ist es durchsetzt mit *religiösen* Vorstellungen und Deutungen. Körper und Seele haben seit altersher etwas zu tun mit Tod, Entrückung im Schlaf, Besessenheit und Wiederverkörperung. Es weht ein Hauch von Jenseits herüber. Ferner ist der Ausdruck ›Leib‹ durchsetzt mit *metaphysischen* Annahmen. Bei Platon werden die unsichtbaren Ideen und die diesen verwandte Seele dem sichtbaren Körper gegenübergesetzt, es sind dies Grundunterscheidungen in der Seinsweise. Sich von den Sinnen freimachen wird zu einem Grundmotiv, das sich der Übermacht der Sinne entgegenstemmt. Und schließlich kommt das verfügbare *medizinische* Wissen hinzu, vermischt mit naturphilosophischen Spekulationen. Es ist ja doch so, daß die Geschichte des Leibes das meiste nicht der Philosophie verdankt, sondern der Medizin. Die griechische Medizin, die gleichzeitig mit der Philosophie entstand, hat sehr viel an Wissen angesammelt, das in die physischen Schriften von Aristoteles mit einging. Der Begriff des Leibes steckt also voller Konnotationen.[1]

Nun drei Bemerkungen zur Art und Weise, wie wir über den Leib oder den Körper reden. Erstens gibt es in vielen Sprachen nur *ein* Wort für menschliche bzw. organische und natürliche Körper. Das griechische Wort σῶμα und das lateinische Wort *corpus* werden sowohl im Bereich des Lebendigen wie in dem des Unlebendigen gebraucht. Das ist ein sehr weiter Sprachgebrauch, der sich in den romanischen Sprachen wiederfindet (z. B. *corps, corpo, cuerpo* usf.). Im Deutschen haben wir jedoch die beiden Ausdrücke

1 Vgl. aus der Sicht eines Medizinhistorikers: Heinrich Schipperges, *Kosmos. Anthropos. Entwürfe zu einer Philosophie des Leibes* (1981); das Buch enthält zahlreiche Textstellen von Autoren wie Paracelsus, Novalis und Nietzsche.

›Leib‹ und ›Körper‹, die vielfach gemischt gebraucht werden. Dabei ist die Rede vom ›Körper‹ im Deutschen wie in den anderen Sprachen zweideutig, während wir den ›Leib‹ im allgemeinen nur dem Lebendigen zusprechen. Vor allem in der Phänomenologie (etwa bei Husserl) wird ein Unterschied gemacht zwischen dem ›fungierenden Leib‹, der *unser* Leib ist, den wir erleben, den wir spüren, mit dem wir uns bewegen, und dem Körper, der auch ein bloßer Flugkörper sein kann und entsprechend als ›Körperding‹ bezeichnet wird. In der deutschen Philosophie hat der Leib eine beachtliche Tradition. Das Wort ›Leib‹ gewinnt einen eigenen Klang spätestens bei Feuerbach, der in seiner Auseinandersetzung mit Hegel den Sinnen ein besonderes Gewicht beimißt. Der Leib wird dann zum ausdrücklichen Thema bei Schopenhauer und Nietzsche, bei Husserl, Scheler und Plessner, also in der Phänomenologie und darüber hinaus. Die Ausdrücke ›Leib‹ und ›Körper‹ bilden ein sprachliches Kapital, das man nicht einfach verschleudern sollte, indem man vom ›Körper‹ spricht, wenn man den ›Leib‹ meint.

Im Französischen sieht es schwieriger aus, da gibt es nur das *eine* Wort *corps*; und wenn französische Phänomenologen den Leib vom Körper unterscheiden wollen, müssen sie Adjektive einführen: sie sprechen dann vom *corps propre*, *corps fonctionnant* (= der fungierende Leib). Sartre spricht von *corps subjet* und *corps object*, das sind alles Hilfsbegriffe, die nicht besonders glücklich sind, soweit die Subjekt-Objekt-Unterscheidung hineinspielt. Merleau-Ponty hat sich dann in seinem späten Werk in eine neue Sprache gerettet, er spricht von *chair*, das kommt vom lateinischen *caro* (= Fleisch).[2] Doch Merleau-Ponty gebraucht diesen Ausdruck in dem Sinne, in dem wir von Leib sprechen, nur daß die Materialität hier stärker mit zum Ausdruck kommt. Es gibt dann ein ›Fleisch‹ der Welt, der Geschichte, der Sprache. Merleau-Ponty versucht auf diese Weise Abstand zu gewinnen von der cartesianischen Sprache des ›Körpers‹, die der modernen Physik oder der physiologischen Medizin entstammt.

2 Das entsprechende griechische Wort σᾶρξ begegnet uns nicht nur in der Bibel als Inkarnation des Logos, sondern auch in der aristotelischen Psychologie, etwa bei der Behandlung des Tastsinnes, wo keine gesonderten Organe mitwirken, sondern das ›Fleisch‹ des Körpers beteiligt ist (vgl. *De anima* II, 11).

Eine zweite Bemerkung zur Sprache. Wenn wir in der Tradition unserer Sprache vom ›Leib‹ oder vom ›Körper‹ sprechen, so rufen diese Begriffe immer einen gewissen Kontrast hervor. Der Leib oder der Körper verhält sich zum Geist wie der Buchstabe zum Sinn. Diese Analogie wird immer wieder herangezogen. Ich erinnere mich noch gut daran, wie man bei Merleau-Pontys Phänomenologie des Leibes immer wieder fragte: »Wo bleibt das Bewußtsein und der Geist?« Dabei wollte Merleau-Ponty doch die Sprechweise ändern und eine psychophysisch neutrale Sprache entwickeln, die nicht dem üblichen Dualismus verfällt: hier der Geist und dort der Körper. Ähnliches finden wir schon bei Max Scheler. Bei Heidegger findet sich das auf indirekte Weise, er spricht selten vom Leib, aber er spricht vom Dasein. Das Dasein ist auch psychophysisch neutral. Hier werden Versuche unternommen, von der leiblichen Existenz her eine mittlere Sphäre zu erschließen, die nicht dem Gegensatz von Körper und Seele, von Natur und Geist unterliegt.
Schließlich eine dritte Bemerkung zur Sprache des Leibes und des Körpers. Diese Sprache beschränkt sich, von den Disziplinen her gesprochen, nicht auf die Physik oder auf die Anthropologie. Die Sprache der Körper führt weit in die Politik, in die Lehre der Institutionen hinein: wir sprechen z. B. von Körperschaften, von Verkörperung und Einverleibung, wenn wir Verbände, Sitten und Habitualisierungen meinen. Im Bereich des Sozialen greift man immer wieder auf eine Körpersprache zurück bis in die frühe Neuzeit, wo der Staat wie ein Körper und der Geldverkehr wie ein Blutkreislauf betrachtet wird. Eine reiche politische Metaphorik stützt sich auf Phänomene der Leiblichkeit und der Körperlichkeit. Ich weise auf diesen letzten Punkt hin, weil sich auch hier eine Möglichkeit bietet, die Merleau-Ponty in besonderem Maße genutzt hat: wenn er vom Leib und von der Philosophie des Leibes spricht, so ist immer auch eine Theorie der Geschichte, des Politischen im Spiel. Von der Leiblichkeit her wird eine Handlungstheorie entwickelt, etwa in dem Sinne, daß Handeln sich in bestimmten Situationen, in beschränkten Feldern vollzieht. Es ist beim Thema Leiblichkeit also nicht an einen rein physiologischen Bereich zu denken, sondern an das, was überhaupt das Leben in der Welt ausmacht.
Schließlich noch ein Hinweis auf die Sprache eines Nachbarlandes, das zeigt, wie in der Sprache Altes und Neues ineinandergreift. Im

Holländischen sagt man für Leib *lichaam*, worin das deutsche Wort ›Leichnam‹ anklingt, das im Deutschen den toten Körper bezeichnet. Doch das war nicht immer so; der alte Festname ›Fronleichnam‹ (ahd. *frôn-lichnam*) bezeichnet den ›Herrenleib‹, der in Gestalt von Brot und Wein fortlebt. Die Sprachgeschichte zeigt immer wieder Spuren einer eigentümlichen Archaik.

2. Vom Weltleib zum Naturkörper

Ich komme nun zur Geschichte des Leibes und des Körpers, vor allem in der Neuzeit. Wenn wir nur einen Seitenblick werfen auf die *Antike*, so finden wir auch dort gewisse dualistische Vorstellungen. Etwa bei Platon besteht die Tendenz, das Somatische auf eine niedere Seinsstufe zu rücken. Es gibt dieses von den Pythagoräern überlieferte Wortspiel: σῶμα – σῆμα. *Sôma* heißt Leib, *sêma* heißt Zeichen, aber auch Grabmal. Der Leib ist das Grabmal, und die Befreiung vom Leib bedeutet damit zugleich eine Verlebendigung. Bei Aristoteles sind Seele und Leib stärker miteinander verbunden, darauf bezieht Descartes sich immer wieder zurück. Hier bildet die Seele die *Form* des Leibes, die Seele durchformt den Leib, das ist schon eine innigere Beziehung, aber auch hier befindet sich die Körperlichkeit auf der Ebene der Materie, die durchformt wird. Und damit kommt immer noch eine gewisse Hierarchisierung ins Spiel. Doch abgesehen davon bleibt der Leib eng mit dem Kosmos verflochten. In Platons Dialog *Timaios*, in dem der Philosoph seine Kosmologie entwickelt (der *Timaios* ist ein außerordentlich wirkungsträchtiges Buch, das über Jahrhunderte hinweg einzig in einer lateinischen Teilübersetzung vorlag), ist ausdrücklich die Rede von einem σῶμα τοῦ κόσμου (*Tim.* 32 c), von einem Weltleib und auch von einer Weltseele. Der ganze Kosmos wird also als lebendig gedacht.

Machen wir nun einen Sprung in die *Neuzeit*. Auf dem Weg vom Weltleib zum bloßen Naturkörper findet eine Entseelung und Entzauberung des Kosmos statt. Der Kosmos umfaßt auf verschiedenen Stufen Elemente, Pflanzen, Tiere, Menschen und Gestirne: alles ist in den Kosmos integriert, selbst wenn man sagen muß, daß bei Platon die Ideen und bei Aristoteles Gott als der unbewegte Beweger den Kosmos auf gewisse Weise transzendieren. – In der Neuzeit bricht das Ganze auseinander. Der Kosmos wird nun nicht mehr als Inbegriff lebendiger, sich selbst bewegender Wesen gedacht, sondern als bloße Natur, als Inbegriff mechanischer, gesetzlich geregelter, aber zielloser Vorgänge. Bei Descartes kommt es infolgedessen zur Trennung in zwei heterogene Seins- und Erfahrungsbereiche, den Bereich der Dinge (bestimmt durch die *extensio*) und den Bereich des Denkens (bestimmt durch die *cogitatio*). Die denkende Substanz kann verstanden werden unabhängig von ausgedehnten Substanzen, und umgekehrt gilt das gleiche. Durch diese Scheidung entsteht der berühmte cartesianische Dualismus: *res cogitans* und *res extensa* stehen für zwei Bereiche, die in und aus sich selber begriffen werden können. Der Mensch teilt sich auf beide Bereiche auf. Tiere und Pflanzen werden in den Bereich physischer Dinge verwiesen, sie werden als Automaten gedacht, die sich mechanisch bewegen. Das gilt auch für den Menschen, sofern er einen Körper hat. Der Mensch spaltet sich also auf in ein denkendes Wesen und in ein Wesen, das einen Körper hat. Es stellt sich dann die Frage, wie beim Menschen beides zusammenwirkt. Denkt man den Leib als Vermittelndes, so gehört er keinem der beiden Bereiche an. So aber wird der Leib zerschnitten: auf der einen Seite findet sich das, was an ihm geistig ist im Sinne des selbstbewußten Erlebens, auf die andere Seite tritt all das, was den Leib mit physischen Körpern verbindet, die sich nach Gesetzen von Ursache und Wirkung bewegen. Das wäre der Dualismus, in den Descartes sich hineinmanövriert hat aus Gründen, die ich hier nicht erörtere.

Durch diese Scheidung kommt es zu der Frage: Was ist dann mit *meinem* Leib, wie kann ich überhaupt noch von meinem Leib sprechen? Sie kennen den Schildbürgerstreich, wo die Leute am Tisch sitzen, ihre Beine sind eingeschlafen und keiner weiß mehr, welches die eigenen Beine sind. Die Leute sind in der Situation eines Cartesianers, der denkt und sich fragt: da sind Beine unter dem Tisch, und welche gehören nun mir? Diese Geschichte kann als Persiflage auf einen gewissen Cartesianismus gelesen werden. Wieso kann ich sagen, dies ist *mein* Leib? Bei den Schildbürgern wird die Frage so gelöst: jemand kommt und schlägt mit dem Stock auf die Beine, die Schildbürger schreien, und jeder weiß wieder, wo seine eigenen Beine sind. Oder nehmen Sie, was mir neulich in einer Daniel Buren-Ausstellung begegnete.[3] Ein Kind lief in eine

3 Die Ausstellung, die im Sommer 1996 im Haus der Düsseldorfer Kunst-

der steil aufragenden Spiegelwände und schrie, als es sich am Spiegelglas stieß. Durch den Schmerz entdeckte es in eins die Materialität des Spiegels und die seines Leibes. An einem bloßen Bild holt man sich keine Beulen, wohl aber an einem ›Bildding‹.

Bleiben wir bei der Konstruktion von Descartes. Selbst extreme Konstruktionen sind interessant, weil sie Dinge sichtbar machen. Bei Descartes haben wir zwei Bereiche, die unabhängig voneinander konzipiert werden – und Descartes selbst stellt sich dann die Frage: wie hängen die Wesen beider Bereiche miteinander zusammen? Descartes hat eine Art von Wechselwirkungstheorie entwikkelt. Die Kausalität ist – wie Hume später sagen wird – das Bindemittel, der Zement des Universums. Wo zwei verschiedene Wirklichkeitsbereiche angenommen werden, muß es irgendwie eine Wechselwirkung geben, und wenn die Wechselwirkung auftritt, so muß sie an irgendeinem Ort stattfinden. Diesen Ort verlegt Descartes in die berühmte Zirbeldrüse. Die Zirbeldrüse dürfte weder Geist noch Natur sein, doch offensichtlich gehört sie zum physiologischen Apparat. Descartes versucht, an der Körperlichkeit eine Stelle ausfindig zu machen, wo beide Bereiche zusammenhängen, aber das bleibt ein sehr spekulatives Unternehmen, weil dieses Mittelding in keinen der beiden Bereiche hineinpaßt und sie auch nicht umschließt.

Bei Hume, der unerschrockener zuwege geht, wird die Sache einfacher. In seiner *Untersuchung über den menschlichen Verstand*[4] stellt er sich ebenfalls die Frage, wie Seele und Körper zusammenhängen. Hume hat ja auch Descartes gelesen, und er stellt fest: die Verbindung von Seele und Körper bleibt dem Handelnden völlig undurchschaubar. Das Handeln beschreibt Hume so: Ich habe eine bestimmte Willensabsicht, und plötzlich passiert etwas in der Welt. Zunächst einmal sieht dies nach einem reinen Wunder aus. Wenn Sie sich wünschen, daß Sie jetzt in die Luft fliegen, dann passiert gar nichts. Doch Handeln bedeutet: Sie wollen etwas, und alsbald geschieht es auch: z. B. ich möchte das Buch dort hinlegen, und o Wunder, am Ende liegt es dort. Da ist ein physischer Vorgang und zudem mein Wille (nehmen wir

sammlung Nordrhein-Westfalen gezeigt wurde, trug den Titel: »Erscheinen – Scheinen – Verschwinden. Arbeit in situ«.

4 Vgl. die Passage über den Einfluß des Wollens auf die Glieder unseres Leibes: Section VII, Part I.

an, ich habe es gewollt). Und nun fragen wir: wie hängt beides, das innere Wollen und der äußere Vorgang, zusammen? Hume stellt fest: Es gibt überhaupt keine Einsicht in den Zusammenhang. Der Wille des Handelns gleicht für sich genommen dem Wunsch, Berge zu versetzen oder Planeten aus der Bahn zu bringen: ich will innerlich etwas, und einmal geschieht etwas draußen in der Welt, das andere Mal nicht. Der psychophysiologische Zusammenhang bleibt dem Handelnden undurchsichtig. In der gleichzeitig aufkommenden Physik wird die beobachtbare Ursache schließlich ganz aus dem Verkehr gezogen. Der Wirkungs- und der Ursachenbegriff der neuzeitlichen Physik reduziert sich auf eine reine Funktionsgleichung: »Immer wenn ein Ereignis vom Typ x geschieht, geschieht ein Ereignis vom Typ y«. Bei einer Funktionsgleichung brauche ich keine Zirbeldrüse mehr, die zwischen einem Geistigen und einem Physischen vermittelt. Ich kann sagen: Immer wenn jemand unter geeigneter Voraussetzung befiehlt, das Buch solle dort liegen, dann wird es dort liegen. Sobald ein Vorgang typisierbar und berechenbar ist, kann ich eine Funktionsgleichung aufstellen, ohne daß ich jetzt fragen muß: Wie werden verschiedene Realitäten miteinander vermittelt? Mit der Funktionsgleichung hört das Problem der Vermittlung auf. Nur hat diese Lösung den Nachteil, daß ich damit überhaupt nicht mehr vom Menschen als einem leiblichen Wesen spreche, das sich selber in der Welt bewegt, wenn es etwas bewegt.

Doch gerade Descartes hat sich nicht mit solch puristisch-puritanischen Scheidungskünsten abspeisen lassen. Er hat nicht solche Konsequenzen gezogen wie Hume, sondern ist sich immer bewußt gewesen, daß es ein Alltagshandeln gibt, das auch in der Medizin beansprucht wird, da diese nicht mit physikalischen Formeln arbeitet, sondern Körperverhalten diagnostiziert und therapiert. In der VI. Meditation spricht Descartes dort, wo er das Verhältnis von Seele und Körper behandelt, von einem *speciale quoddam ius*, einer Art Eigenrecht, mit dem ich meinen Leib *meinen* Leib nenne.[5] Wenn Descartes sagt: »cogito«, »ich denke«, so ist hier eine Asymmetrie im Spiel, denn die objektiven Vorgänge und mein Denken sind nicht getrennt in dem Sinne, daß ich hier denke und

5 »Auch nahm ich nicht grundlos an, daß der Körper, den ich nach einer Art Sonderrecht (*speciale quoddam iure*) den meinen nannte, mir enger angehörte als irgendein anderer.« (VI. Med., AT VII,75 f.).

sich dort etwas bewegt, sondern *ich* denke und zudem mache *ich* den Unterschied zwischen beidem, ich stehe nicht einfach neutral zwischen den Fronten. Das wäre eine Vereinfachung, die Descartes sich nicht zuschulden kommen ließ. Und wenn ich sage ›ich denke‹, so ist damit auch die Frage des Possessivpronomens gestellt: warum sind die Beine *meine* Beine? Das Possessivpronomen ›mein‹ verweist auf ein Ich. Und Descartes geht zunächst einmal davon aus: wenn ich sage ›ich habe Schmerzen‹, während meine Beine schmerzen, so sondere ich unter den vielen Körpern, die zur Welt gehören, einen bestimmten Körper aus, versehe ihn mit dem Possessivpronomen und sage: »Das ist mein Körper«. Er nennt das ein Spezialrecht, eine Spezialbefugnis. Doch wie kommt es zu dieser Spezialbefugnis? In diesem Zusammenhang spielt die Schmerzerfahrung eine zentrale Rolle. In dem berühmten Briefwechsel mit der Prinzessin Elisabeth, in dem viel Medizinisches zur Sprache kommt, fragt ihn diese: Wie ist es, wenn ich zum Arzt gehe? Wird beim Arzt bloß eine Maschine repariert? Wie steht es mit meinen Schmerzen, sind das bloße semiotische Anzeichen von Körperzuständen? Die berühmte Antwort von Descartes an Prinzessin Elisabeth lautet: »Die Dinge, die zur Verbindung von Seele und Körper gehören, lassen sich sehr klar erkennen durch die Sinne.«[6] Nicht also durch bloßes Denken oder durch die Konstruktion ausgedehnter Dinge, sondern durch die Sinne! Und weiter heißt es dort: »Indem man nur vom Leben und der alltäglichen Rede Gebrauch macht und davon absieht, nachzudenken und die Dinge zu studieren, die die Einbildungskraft beschäftigen, lernt man die Verbindung von Seele und Körper begreifen.« Man macht sich also mit dieser Verbindung vertraut, indem man vom Leben und von der natürlichen Erfahrung Gebrauch macht, d. h. von der natürlichen Leibeserfahrung und von der Alltagssprache, in der wir auf nicht-terminologische Weise und anders als in Form eines Expertenwissens vom eigenen Leib handeln. Hier wird also ein Mittelbereich anvisiert, den wir Alltagsvorstellung und Alltagssprache nennen können. Nur macht Descartes einen Unterschied zwischen der »Ordnung des Lebens« (*ordre de la vie*) und der »Ordnung der Vernunft« (*ordre de la raison*). In der »Ordnung der Vernunft« gilt: Seele und Körper sind Substanzen, die unab-

6 Brief an Prinzessin Elisabeth vom 28. Juni 1643. Vgl. hierzu vom Verfasser *Der Spielraum des Verhaltens* (1980), S. 30.

hängig voneinander existieren können, die keinen sichtlichen Zusammenhang zeigen, während in der »Ordnung des Lebens« (in der Schmerzerfahrung, der Heilung beim Arzt oder der Diät) ein Zusammenhang immer wieder vorausgesetzt wird – und auch in der Erfahrung gegeben ist.

In der Phänomenologie des Leibes kommt es zu einer Revision dieser Unterscheidung. Man trennt nämlich nicht Ordnung des Lebens und Ordnung der Vernunft in dieser Weise voneinander ab, sondern sucht nach einer spezifischen Ordnung der Vernunft im Bereich des leiblichen Lebens. In Nietzsches *Zarathustra* findet sich schon die Formulierung vom Leib als einer »großen Vernunft«,[7] d. h. es gibt nicht eine Vernunft jenseits des Leibes, die in einem eigenen Bereich des Geistes angesiedelt wäre, sondern eine Vernunft, die dem Leib innewohnt. Man spricht von *wisdom of the body*, von einer Weisheit des Körpers, von einem Körperwissen. Das sind alles Versuche, diese Trennung aufzuheben und eine Philosophie zu entwickeln, die von der Leiberfahrung ausgeht und diese nicht von vornherein in einer Scheidung von Denken und Ausgedehntem – oder wie wir heute zu sagen pflegen – von Software und Hardware untergehen läßt.

3. Der Leib als Körperding; das Beispiel des Phantomglieds

Ich möchte nun jene extreme Entwicklung, die sich schon bei Descartes anbahnt und die man als psychophysischen Dualismus bezeichnet, in ihren Grundzügen skizzieren. Ich wähle das Beispiel des Phantomgliedes, um die Grenzen dieser Sichtweise und gleichzeitig bestimmte Alternativen aufzuzeigen. Zunächst zur klassischen Psychophysik. Unter klassischer Psychophysik verstehe ich jene Psychophysik, die bei Descartes vorgezeichnet ist. Das altüberlieferte psychophysische Schema, das man heute durchweg aufgegeben hat, folgt den Bahnen einer linearen Kausalität, die Richtungspfeile im obigen Schema weisen also in eine einzige Richtung. Es gibt kein *feed back*, keine Rück- und Wechselbeziehung, sondern eine einseitige kausale Wirksamkeit, die sich Stück für Stück aufbaut.

7 KSA, Bd. 4, S. 39.

Schema 1: Psychophysisches Modell

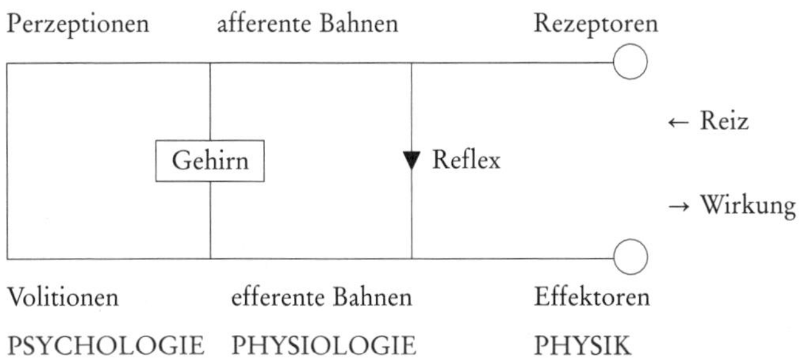

Das Schema beginnt mit dem physischen Reiz, der über die afferenten Nervenbahnen zur Zentralstelle des Gehirns gelangt. Dort wird er in bewußte Perzeptionen umgesetzt, auf die wir mit ebenso bewußten Volitionen reagieren. Diese nehmen den umgekehrten Weg über efferente Nervenbahnen und enden in der physischen Wirkung. Das bewußte Verhalten ist also eingelagert in einen Prozeß, der mit einem physischen Eindruck beginnt, den wir passiv aus der Welt empfangen, und der mit einer physischen Wirkung endet, die wir aktiv in der Welt auslösen. Die Ausgangs- und Endpunkte sind beobachtbar, die Bewußtseinsvorgänge sind erlebbar, und dazwischen treiben die Körperkräfte ihr verborgenes Spiel. Bei den Behavioristen wird daraus eine *black box*. Dieses umwegige Geschehen wird abgekürzt im Reflexbogen, der gleichsam einen Kurzschluß in der Nervenleitung bewirkt. Dies findet sich auch schon bei Descartes. Reflexbögen sind demnach bestimmte Wirkungen, die ausgelöst werden, ohne daß das Gehirn eingeschaltet wird. So etwa der Lidschlagreflex oder der Fußsohlenreflex: wenn Sie die Fußsohle berühren, dann zuckt diese zusammen, ohne daß das Gehirn entsprechende Befehle gibt. Bei allem übrigen schaltet sich das Gehirn ein. Ich möchte die Forschung, die sich mit solchen Vorgängen befaßt, hier keineswegs abtun. In der psychophysischen Forschung stecken natürlich beachtliche Entdeckungen, durch die sich die Reduktion des Körpers auf einen physiologischen Apparat bezahlt macht. Die anfänglich noch recht rudimentären Modelle, in denen von ›gekochtem‹ und ›ungekochtem‹ Blut, von ›Blaslöchern‹ und ›Rohrleitungen‹ die Rede ist, verfeinern sich zu Theorien des Blut- und Nervenkreislaufes, deren Selbstregulierung nicht mehr auf das Eingreifen einer vegetativen oder animalischen Seele angewiesen ist.[8] Problematisch ist also nicht diese Forschung selbst, sondern ihr vermessenes Selbstverständnis und die sich daraus nährende Überzeugung, Körperprozesse seien *nichts anderes* als ein mechanisch ablaufendes Geschehen.

Die Physiologie ist ein Mischbereich, wo natürlich die Physik und auch die Chemie beteiligt ist, aber eben auch die Psychologie, deshalb spricht man von Psycho-physik. Doch wie hängen psychische und physische Vorgänge zusammen? Hierzu gibt es verschiedene Theorien. Descartes entwarf eine *Wechselwirkungstheorie*: der geistige Wille wirkt auf den Körper ein, und umgekehrt wirkt bei der Perzeption die Natur auf den Geist ein. Descartes geht also von einer Wirkung aus, die in beide Richtungen verläuft. Bei Leibniz finden wir eine Theorie des *Parallelismus*: Körper und Seele gleichen zwei Uhren, die von einem göttlichen Uhrmacher aufeinander abgestimmt sind. Des weiteren gibt es die berühmte *Identitätstheorie* von Spinoza, derzufolge Natur und Geist eigentlich nur eine einzige Substanz bilden, die lediglich von zwei Seiten aus betrachtet wird. – Dies sind drei klassische Modelle, die im Laufe der Zeit immer wieder verfeinert und variiert wurden. Entscheidend ist aber, daß diesen Fragestellungen stets eine Scheidung von Psychischem und Physischem zugrunde liegt; so erst kommt es überhaupt zu der Frage, wie beides zusammenhängt. Doch sind diese Voraussetzungen sachlich fundiert oder beruhen sie auf methodischen Annahmen, die nur unter sehr restriktiven methodischen Bedingungen Gültigkeit für sich in Anspruch nehmen können?

Das Beispiel des Phantomgliedes, auf das ich nun näher eingehen werde, hat eine alte Geschichte, es taucht schon in der *VI. Meditation* von Descartes auf und hat in der Folgezeit viele Forscher beschäftigt. In der *Phänomenologie der Wahrnehmung* von Merleau-Ponty finden Sie dann eine ausführliche Analyse des Phantomgliedes, die auf die empirische Forschung zurückgreift, aber dabei mit den cartesianischen Vorurteilen bricht.[9] – Zunächst

8 Zur Würdigung der historischen Leistungen des Cartesianismus vgl. etwa Rainer Specht, *Commercium Mentis et Corporis. Über Kausalvorstellungen im Cartesianismus* (1966) bzw. in kürzerer Fassung seine Rowohlt-Monographie zu Descartes (1980).

9 PP 90-105, dt. 100-114.

etwas zum Tatbestand. Worum handelt es sich beim Phantomglied? Es handelt sich um Fälle, wo ein amputierter Kriegs- oder Verkehrsverletzter weiterhin das Gefühl hat, den verlorenen Arm oder das verlorene Bein zu besitzen. Er versucht aufzutreten und scheitert daran, oder er greift nach etwas, doch der Arm, mit dem er greifen will, ist nicht mehr da. Dafür springt ein Phantomarm ein, der auf merkwürdige Weise eine Ersatzfunktion übernimmt, zu der der Körper realiter außerstande ist. Ein Phantomglied ist keine Prothese, sondern seine Existenz nährt sich einzig von dem Glauben, es gäbe noch einen wirklichen Arm, obwohl er nicht mehr da ist. Das wäre kurz gesagt die Beschreibung des Phänomens, das als solches lange bekannt ist. Es fragt sich nur, wie es zu verstehen ist.

Descartes legt in der *VI. Meditation*[10] eine einfache Erklärung vor: über ein Phantomglied verfügen bedeutet für den Patienten, daß er etwas empfindet, obwohl äußere Reize fehlen. Das Vorhandensein des Phantomgliedes beruht demnach darauf, daß der Kranke den irrigen Eindruck hat, sein Arm sei noch da. Wie kann man dieses Phantom erklären? Ein äußerer Reiz liegt nicht vor; der Arm, wo dieser Reiz eintreffen könnte, fehlt ja, ist amputiert. Es bleiben zur Erklärung nur noch sogenannte interozeptive oder propriozeptive Reize, die vom Körper selber ausgehen. Der Körper würde also einen Reizimpuls ins Gehirn weiterleiten, und da dieser interozeptive Reiz die gleiche Bahn (das liegt an dem einfachen Modell) nähme wie der Reiz, der von außen kommt, würde er auf ähnliche Weise weitergeleitet und vom Gehirn verarbeitet wie dieser. Das Phantomglied erwächst also aus einer Wahrnehmungstäuschung. Schon darin zeigt der Cartesianismus einen blinden Fleck. Ich habe den Eindruck, einen Arm oder ein Bein zu haben, doch diese Körperglieder gibt es in Wirklichkeit nicht, also bin ich das Opfer einer reinen Täuschung. (Ähnlich interpretieren Cartesianer das Phänomen der Halluzination. Die Halluzination bedeutet – cartesianisch gesehen – eine Wahrnehmung, bei der es den wahrgenommenen Gegenstand in Wirklichkeit nicht gibt.) Dagegen ist einzuwenden, daß mit dieser Deutung überhaupt nicht erklärt wird, welche Funktion die Ausbildung des Phantomglieds im Lebenszusammenhang des Amputierten übernimmt. Das ist eine ganz andere Frage. Wie kommt es überhaupt dazu, daß das Phan-

10 AT VII, 111.

tomglied auftaucht? Das Phantomglied besagt nicht *irgendeine* Täuschung, sondern es tritt an einer ganz gezielten Stelle auf und übt dabei eine ganz bestimmte Funktion aus.

Merleau-Ponty geht in dem erwähnten Kapitel verschiedene physiologische und psychologische Theorien sehr geduldig durch, um zu zeigen, daß sie alle nicht ausreichen, das Auftreten des Phantomgliedes zu erklären. Er greift natürlich auch auf ältere Autoren zurück, z. B. auf den Wiener Mediziner Paul Schilder, der aus der Geschichte der Psychoanalyse bekannt ist.[11] – Beginnen wir mit den *rein physiologischen Erklärungen.* Hält man sich an die peripheren Nervenbahnen, so ist das Phantom nicht damit zu erklären, daß dort etwas nicht stimmt. Es gibt Beispiele von Anästhesie, die das Phänomen keineswegs aufheben, und es ist auch so, daß selbst bei Gehirnstörungen – auch ohne Amputation – so etwas wie ein Phantomglied auftritt. Es läßt sich also nicht allein aus Beeinträchtigungen der peripheren Nervenbahnen erklären. Die physiologische Erklärung kann auch zentral beim Gehirn ansetzen und Gehirnspuren untersuchen – all das spielt natürlich mit, die physiologischen Untersuchungen sind nicht von der Hand zu weisen, sie reichen nur nicht aus. Die Suche nach Gehirnspuren kann nicht die Emotion erklären, die bei der Herausbildung des Phantomglieds eine Rolle spielt: welche Verletzungen werden schwerer verwunden, welche gar nicht verkraftet? Das Auftreten des Phantomglieds ist mit einer bestimmten emotionalen Situation verbunden. Die Bedeutung des Armes kann z. B. eine ganz verschiedene sein, je nach Lebensumständen oder Beruf. Diese emotionalen Momente, die der Situation des Verlustes eine bestimmte Färbung oder Tönung verleihen, lassen sich nicht adäquat erfassen, wenn man auf bloße Gehirnspuren zurückgeht, d. h. auf gespeicherte Verhaltensdispositionen, die nach der Amputation eine Zeitlang wirksam bleiben. Bemerkenswert ist, daß beim Auftreten des Phantomglieds auch kulturelle Variationen maßgebend sind. Offenbar sind sogenannte Kulturmenschen häufiger betroffen. Auch Altersunterschiede spielen eine gewisse Rolle. Es handelt sich also um kein rein physiologisches Phänomen, sondern die Bedeutung des Leibes für das Leben in der Welt übt ihren Einfluß aus.

Umgekehrt reichen auch *rein psychologische Erklärungen* nicht aus, bei denen Erinnerungsstörungen, Momente des Glaubens

11 Vgl. Paul Schilder, *Das Körperschema* (1923).

oder des Wollens ins Feld geführt werden. Man kann nicht durch gutes Zureden oder durch Belehrung das Phantomglied zum Verschwinden bringen, da es weder Sache des mangelnden Wollens noch Sache des bloßen Irrtums ist. Außerdem hat das Durchtrennen der afferenten Nervenleiter durchaus Einfluß auf die *Realisierung* der erwähnten Erlebnisse.

In Herbert Plügges Buch *Der Mensch und sein Leib* finden Sie sehr viel zum Phantomglied.[12] Dieser Heidelberger Mediziner forderte seine Patienten auf, nahe an die Wand heranzutreten, so nah, daß der Armstumpf fast die Wand zu berühren schien. Er stellte ihnen dann die Frage, ob sie mit ihrem Phantomglied etwa an die Mauer gestoßen oder gar in die Mauer eingedrungen seien. Das ist eine recht hinterhältige Frage, die ein gelebtes Dilemma aufrührt. Die Patienten gaben zur Antwort, dies sei doch etwas ganz anderes. Sie kamen nicht mit phantastischen Science-fiction-Antworten daher, sie behaupteten nicht, der fehlende Arm sei in der Wand, sondern versicherten, sie sprächen von etwas anderem. Die Patienten wissen natürlich, daß ihnen ein Arm fehlt, sie wissen, daß sie das Phantomglied hervorbringen, doch hätten wir es mit einer reinen Frage des Wissens zu tun, so könnten sie sagen: ›Ich habe mich getäuscht‹, und alsbald wäre die Täuschung verschwunden. Aber das Phantomglied persistiert trotz dieser provozierenden Fragen. Der Patient weiß genau, daß er sich jetzt nicht ans Klavier setzen und spielen kann, er weiß um seinen fehlenden Arm. Die rein psychologischen Betrachtungsweisen reichen also auch nicht aus, weil offenbar der Körper mitwirkt, sein eigenes Recht geltend macht, so daß der Patient es nicht in der Hand hat, einfach dieses zu tun oder jenes zu lassen.

Hier bedarf es, wie Merleau-Ponty schlußfolgert, einer »gemischten Theorie«, die sowohl Elemente der physiologischen wie der psychologischen Erklärung aufnimmt: Vorstellungen, Glaubensüberzeugungen, Erinnerungen auf der einen Seite und natürlich auch physiologische Bedingungen auf der anderen Seite. Man kann z. B. Nervenbahnen durchtrennen, und das hat bestimmte Wirkungen. Das Phantomglied ist weder allein im Bereich des Psychischen noch im Bereich des Physiologischen unterzubringen. Doch wie sieht dieser mittlere Bereich aus? Merleau-Ponty knüpft

12 *Der Mensch und sein Leib* (1967); vgl. besonders Kapitel III: »Über die Verschränkung von menschlicher Leiblichkeit und Räumlichkeit«.

an psychoanalytische Vorstellungen an. Wir machen es uns zu einfach, so stellt er fest, wenn wir auf der einen Seite von einer faktischen Ab- und Anwesenheit *in der Welt* ausgehen: etwas ist real da oder nicht da, oder auf der anderen Seite von einer bloßen Vorstellung faktischer Ab- und Anwesenheit ausgehen: etwas ist *in der Vorstellung* da oder nicht da. Dazwischen liegt nämlich eine *présence ambivalente*, eine ambivalente Präsenz, eine Zweideutigkeit, die sich im Anschluß an die Psychoanalyse als ein wissendes Nichtwissen bezeichnen läßt, als ein ›Nichtwahrhabenwollen‹. Das ›Nichtwahrhabenwollen‹ ist ein merkwürdiger Ausdruck; er bedeutet: ich nehme den Defekt auf gewisse Weise schon wahr, sonst könnte ich ihn nicht nicht wahrhaben wollen, nicht abwehren. Dies erinnert an Phänomene, die in der Psychoanalyse als Verdrängung oder Fixierung beschrieben werden. Das Phantomglied hätte also eine mittlere Seinsweise, zwischen Physischem und Psychischem. Was dieses Phantomglied kennzeichnet, ist keine bloß physiologische Störung und auch kein Irrtum und keine Willensschwäche, sondern es ist eine leibliche Defizienz, eine Amputation oder Verstümmelung, die einen Verlust an Welt- und Lebensmöglichkeiten einschließt.

Die Amputation ist keine bloße Frage der Medizin, sondern es geht dabei um jemanden, der durch den Verlust des Armes oder des Beines plötzlich in der Welt vielerlei Möglichkeiten verliert. Die Welt verändert sich ganz massiv, wenn die Art, sich fortzubewegen und zu hantieren, beeinträchtigt ist. Dieser Verlust eines Gliedes gleicht dem Verlust, wie er beim Tod oder bei der Trennung von einer geliebten Person zu gewahren ist. Es gibt ein berühmtes Beispiel: Wittgensteins Bruder war Pianist und verlor im Krieg den rechten Arm. Er hat sich dann, schon im Gefangenenlager in Rußland, eine Papptastatur gebaut, um weiter mit seiner linken Hand zu üben und sich auf die neue Situation umzustellen; und er hat nach seiner Heimkehr berühmte Komponisten wie Ravel und Richard Strauss gefunden, die eigens für ihn Stücke für die linke Hand komponierten. Ja, was heißt mit der linken Hand spielen statt mit zwei Händen? Wenn eine Hand fehlt, ist die ganze Motorik verändert. Das Problem bestand darin: wie kann ich als Pianist im Bereich der Töne, in der Handhabung des Instrumentes weiter leben und wirken unter diesen veränderten Umständen? Die Verarbeitung des Verlustes setzt hier an. Oder ein anderes Beispiel; ich sagte, man kann den Verlust eines Gliedes vergleichen mit dem Verlust eines Menschen. Von Johann Sebastian Bach wird folgende Anekdote berichtet. Als seine Frau gestorben war, fragte man ihn nach diesem und jenem, um das er sich kümmern solle. In seiner Verzweiflung rief er aus: »Fragen Sie meine Frau!« – die gerade gestorben war. Bach hatte noch nicht realisiert, daß sie nicht mehr da war. Sie war für ihn eine Phantom-Frau. Sie war nicht mehr da, konnte nicht mehr für alles sorgen, sie war aber in seinem Leben noch so gegenwärtig, daß er spontan auf die Antwort verfiel: »Fragen Sie meine Frau!«, obwohl es in der Begräbniszeremonie genau darum ging, von dieser Frau Abschied zu nehmen. Man mag dies einen performativen Widerspruch nennen, doch dann vergißt man, daß jeder, der eine solche Äußerung tut, weniger noch als sonst seine Worte und sich selbst im Griff hat. Der Verlust ist keine triviale Sache nach der Art: »Etwas ist da oder etwas ist nicht da«, sondern das Verlieren durchläuft einen Prozeß, ähnlich wie das Vergessen. Umgekehrt ist das Gewinnen neuer Möglichkeiten mit dem Erinnern zu vergleichen; es stellt ebenfalls einen Prozeß dar, in dem der Körper sich selber verändert und in dem gleichzeitig die Möglichkeiten in der Welt sich verändern. Es gibt eine Art von Verlustarbeit, die der Trauerarbeit bei Freud vergleichbar ist. Solange diese Arbeit nicht geleistet ist, sind die aktuellen Möglichkeiten blockiert.

Was am Phantomglied deutlich wird, greift über dieses enge Phänomen hinaus. Es besagt nämlich, daß eine exzeptionelle Gegenwart nicht vergehen will, daß sie alle aktuellen Gegenwarten verdrängt; der Verlust wird nicht angenommen. Ein Phantomglied haben heißt: der Patient lebt in einer Als-ob-Welt, die es in dieser Weise nicht mehr gibt. Die Existenzweise, die mit dem Phantomglied einhergeht, reicht viel weiter als etwa ein Irrtum im Hinblick auf aktuelle Möglichkeiten. Es liegt kein Irrtum vor, bei dem der Betreffende eigentlich weiß, worum es geht und sich nur im Einzelfall vergreift. Merleau-Ponty drückt dies so aus: die Existenz in der ersten Person, das ›ich tue etwas, ich erlebe etwas‹, verwandelt sich in eine »Scholastik der Existenz«[13]. Im pejorativen Sinne bedeutet Scholastik eine bloße Schulphilosophie; es wird weiter-

13 PP 99, dt. 108. Vgl. dazu Goethes Maxime von 1823: »Es gibt kein Vergangenes, das man zurücksehnen dürfte; es gibt nur ein Neues, das sich aus erweiterten Elementen des Vergangenen gestaltet und die echte Sehnsucht *muß* stets produktiv sein, ein neues Beßres schaffen.«

gedacht, ohne daß die Gedanken noch durch wirkliches Denken belebt werden. Scholastik der Existenz heißt hier: man lebt weiter, ohne auf die Gegenwart mit ihren neuen Anforderungen zu reagieren.

Das Verständnis des Phantomgliedes setzt also eine Theorie des Leibes voraus, die den oben skizzierten Dualismus sprengt und dem leiblichen Leben seine Welthaftigkeit, seine Selbst- und Fremdbezüglichkeit zurückgibt. Dieses Beispiel läßt sich ausweiten; denn vieles, was in der Psychosomatik zur Sprache kommt, hat mit der cartesianisch geprägten Sichtweise zu tun. Das Phantomglied stellt nur einen extremen Fall dar, an dem die Problematik einer solchen Sicht- und Vorgehensweise besonders deutlich wird. ›Psychosomatik‹ ist ein nicht recht glücklicher Ausdruck, der immer noch an diese Tradition gemahnt: Psyche und Soma wirken zusammen. Gemeint ist natürlich ein innerer Zusammenhang. Das Asthma etwa ist keine bloße Atemstörung, sondern es verbindet sich mit Angstzuständen und allem möglichen, es kommt zu einer Atemnot, die an Hungersnot erinnert. Es gibt also eine Osmose zwischen Physischem und Psychischem; dadurch erhält der Leib eine Vermittlungsrolle, die verlorengeht, wenn man zwischen mechanisch-biologischen Vorgängen und psychisch-reflexiven Bewußtseinsvorgängen eine Kluft aufreißt.

4. Der Leib als ›Ding besonderer Art‹; ›mein Leib‹

Die Rede vom Leib als »Ding besonderer Art«[14] zeugt von einer Denkbewegung, die innerhalb des cartesianischen Denkens ansetzt und darinnen Besonderheiten des Leibes markiert. Ich habe Descartes zitiert: ein bestimmter Körper genießt das Vorrecht, als *mein* Leib zu gelten. Wenn es folglich darum geht, *meinen* Leib von anderen bloßen Körpern abzuheben, werden immer eine Reihe von Merkmalen ins Feld geführt.

Ich möchte vier Eigenschaften benennen, die schon in der *VI. Meditation* von Descartes zu finden sind. Husserl befaßt sich ausführlich mit diesen Fragen in den *Ideen* II: im 2. Abschnitt, 3. Kapitel (§§ 35 ff.) findet sich sehr viel Detailliertes zu dem, was ich hier nur andeute.

14 Diese Formulierung findet sich in den *Ideen* II (Hua IV), S. 158.

a) Permanenz

Als erstes Sondermerkmal kann man die Permanenz anführen. Der Leib ist immer da. Das klingt trivial, aber dahinter stecken eine Menge Probleme. Es gibt viele Körper, von denen ich mich entfernen, von denen ich Abstand nehmen kann. Den Leib hingegen kann ich nicht einfach dort stehen lassen wie einen Schirm, ich kann mich nicht einfach von ihm entfernen. Ich kann zwar meine Handschuhe vergessen, aber nicht meine Hände. Außer ich denke an Phänomene der Depersonalisation, die zu einer Entkörperung führen und Spaltungen hervorrufen, bei denen die Hände quasi dinghaft werden wie Gegenstände, die vor uns auf der Bank liegen. Solche Spaltungsvorgänge sind als solche überhaupt nur belangvoll, wenn als Normalfall vorausgesetzt wird, daß meine Hand eben nicht bloß ein Körpergegenstand neben anderen ist. Der Leib ist also immer mit dabei, ich kann mich nicht einfach von ihm entfernen, wie ich mich von den Dingen entferne. Er ist zunächst durchaus beschreibbar wie ein Ding, aber hier meldet sich bereits eine Besonderheit. Bei dieser Permanenz erweist sich der Leib als besonders halsstarrig, er zeigt sich immer von derselben Seite. Ohne technische Vorrichtungen kann ich mich nicht vom Rücken aus sehen, ich sehe meinen Leib immer nur aus einem bestimmten Blickwinkel. Es gibt dieses berühmte Bild von Mach, in dem er zuerst wiedergibt, *was* er sieht, und dann *sich selbst* mit ins Bild setzt. Er zeichnet auf, wie er auf der Couch im Zimmer liegt, doch *von wo* er sich da liegen sieht, dieses Wo geht nicht in das Bild ein, außer als ein Loch im Abgebildeten, als eine leere Stelle im Bildraum. Man sieht sich zwar, aber immer nur unter einem ganz bestimmten Blickwinkel, während man um einen Gegenstand im allgemeinen herumgehen, ihn von allen Seiten, von oben und unten betrachten kann. Der Leib ist also immer in einem bestimmten Blickwinkel gegeben. Ich kann mich nicht nach meinem Leib umdrehen, ich kann mir nicht auf den Rücken schauen, ich kann nicht um mich herumgehen, der Leib wandert mit mir wie ein Schatten. Wenn ich mich bewege, bewegt er sich mit wie mein Schatten, den ich nicht überspringen kann.

Nun kann man darauf hinweisen, daß es ja Spiegelvorrichtungen gibt, daß man sich im Spiegel sieht, wie man Dinge im Spiegel erblickt, daß man insofern auch Abstand von sich nehmen kann – im Blick zumindest. Doch hier zeigt sich abermals, daß der Leib –

wie Husserl sagt – ein »merkwürdig unvollkommen konstituiertes Ding« ist. Im Spiegel kann ich mich selbst überraschen, als wäre ich vorher nicht dagewesen. Merleau-Ponty bringt das Beispiel: Sie gehen an einem Schaufenster vorbei, schauen arglos in das Schaufenster hinein, und da tauchen Sie plötzlich selbst auf. Es gibt noch eine schöne Geschichte von Ernst Mach, die er sicher nicht erfunden, sondern erlebt hat. Er steigt in einen Bus und sagt sich: »Was für ein heruntergekommener Schulmeister steigt dort in den Bus«, und dann entdeckt er plötzlich, daß er in ein Spiegelglas geschaut hat, daß er das selber war. Von Roderick Chisholm[15] gibt es hierzu eine Interpretation, die mit allen analytischen Schlichen arbeitet. Die Interpretation endet damit, daß Mach schließlich merkt: Ich bin es ja nicht, also beruhigt er sich wieder. Der Schulmeister, das war bloß ein Spiegelbild; er ist ja schließlich Ernst Mach, Professor, Geheimrat und kein heruntergekommener Schulmeister. Chisholms Interpretation nimmt der Geschichte aber ihren Clou. Die interessante Frage lautet doch: Wie kommt er überhaupt darauf zu denken, er sei ein heruntergekommener Schulmeister? Er hat im Spiegelbild offenbar etwas von sich entdeckt. Er hat im Spiegel *sich als Anderen* gesehen, und dies setzt von vornherein ein gewisses Verkennen seiner selbst voraus. Nur so kann man sich überhaupt verwechseln und auf den Gedanken kommen, der Gespiegelte sei ein Anderer, und zwar ein bestimmter Anderer. Mit einer Frau oder einer Eidechse hätte er sich gewiß nicht verwechselt. Das Verwechseln berührt sich mit dem Erschrecken darüber, daß ich aussehen kann wie ein heruntergekommener Schulmeister. Dieses Erschrecken bleibt, auch wenn sich hinterdrein herausstellt, daß es eine bloße Spiegelung war. Die Interpretation des Erschreckens als einer bloßen Täuschung geht genauso vor wie die physiologischen Erklärungen des Phantomglieds: der Amputierte täuscht sich, da ist gar kein Arm, sondern bloß ein Phantom.

Der Spiegel hat aber eine andere Funktion als die des schlichten Identifizierens. Wenn ich mich bei meinem Blick ins Schaufenster überrasche, entdecke ich eine gewisse Fremdheit an mir selbst, die eben dann zum Vorschein kommt, wenn ich mich von außen sehe – so wie Andere mich sehen. Das Spiegelbild narrt mich auf seine

15 *Die erste Person* (1992), S. 37. Vgl. dazu vom Verf.: *Topographie des Fremden* (1997), S. 190-194.

Weise. Ähnliches gilt für das Photo. Viele von uns haben ein ambivalentes Verhältnis zu Photos, ausgenommen vielleicht Narzißten, die sich ganz und gar darin gefallen und sonnen wie in einem Spiegelbild. Es gibt beim Betrachten von eigenen Photographien immer das Gefühl: »Das bist du, das bist du nicht«, besonders wenn es alte Photos sind. In Musils *Mann ohne Eigenschaften*[16] findet sich eine eindringliche Szene, die diese Situation beleuchtet. Ulrich blättert in einem alten Album, sieht dort die Kinderbilder, und der Autor stellt dazu fest: »Wer diesen Eindruck erlebt hat, daß ihm seine Person, in einen gewesenen Augenblick der Selbstzufriedenheit gehüllt, aus alten Bildern entgegenblickte, als wäre ein Bindemittel ausgetrocknet oder abgefallen, wird das Gefühl verstehen, mit dem er sich die Frage vorlegte, wie dieses Bindemittel denn eigentlich beschaffen sei, daß es bei anderen nicht versage.« Spiegel, Photos und ähnliche Dinge sind bestimmte technische Mittel, mit deren Hilfe ich mich von außen sehen kann wie ein Ding; aber sie haben doch immer diese Ambivalenz an sich, daß ich es bin und nicht bin. Auch das Spiegelbild ist ein Bild besonderer Art und läuft nicht auf die Trivialität hinaus, daß im Spiegel alles einfach noch einmal vorkommt.

Entscheidend ist beim Spiegelbild, daß Sehender und Gesehener oder Gesehene nicht einfach identisch sind. Das Beispiel zeugt von einer gewissen Distanz: der Sehende ist der Gesehene, doch er ist es auf gewisse Weise auch nicht, weil sein Blick gebrochen ist durch ein fremdes Medium, er sieht sich auf gewisse Weise mit dem Blick des Anderen. Hinzu kommt natürlich, daß man *lernen* muß, sich im Spiegel zu sehen. Kinder sehen sich spontan zunächst einmal überhaupt nicht im Spiegel. Man hat mit Menschenaffen interessante Versuche angestellt. Offensichtlich können manche Tiere sich in ihrem Spiegelbild erkennen und manche nicht. Und wie findet man das heraus? Man hat den Menschenaffen einen roten Flecken auf die Stirn gemalt, und wenn der Affe angesichts seines Spiegelbildes danach langt, so ist dies ein gewisses Indiz dafür, daß dieser rote Fleck identifiziert wird mit einer Stelle am eigenen Körper. Würde er auf den roten Fleck gar nicht reagieren, so sähe er sein Spiegelbild wie ein fremdes Wesen. Es stellt sich dann allerdings die weitere Frage: Was bedeutet der Spiegel für ein Tier, was bedeutet er für einen Menschen?

16 *Der Mann ohne Eigenschaften* (1978), S. 648.

Es gibt bei Buytendijk, dem großen holländischen Biologen und Mediziner, dessen Werke zur Verhaltensforschung immer noch lesenswert sind, ein Buch über das Verhalten von Menschen und Tieren. Da finden Sie vieles über die Körperlichkeit von Mensch und Tier, auch über den Umgang mit dem eigenen Spiegelbild, der nicht nur von Mensch zu Tier, sondern auch von Tier zu Tier beträchtlich divergiert.[17]
Noch einmal zum Spiegel. In der schon erwähnten Düsseldorfer Ausstellung von Daniel Buren wurde ich dadurch überrascht, daß ich mich gleichzeitig dreimal im Spiegelbild sah. Ein Spiegel war an der Decke angebracht, darin spiegelte ich mich direkt, und dieser Spiegel spiegelte dann wiederum einen anderen Spiegel, der mich spiegelte, wie ich vor einem Spiegel stand. Infolge dieses Bildrelais sah ich drei gespiegelte Spiegelbilder von mir, ich sah mich gleichzeitig vom Rücken aus und von vorne, das hat mich etwas erschreckt. Ich habe die Aufsichtsperson geholt und gefragt: Haben Sie das schon bemerkt? Sie hatte es nicht. Man sieht sich also von mehreren Seiten gleichzeitig, und dabei jeweils aus einem bestimmten Blickwinkel. Was heißt hier: »Man sieht sich von mehreren Seiten gleichzeitig?« Offenbar lassen sich die Perspektiven des Gesehenen vervielfältigen. Das Rätselhafte am Spiegel kann nicht darin bestehen, daß sozusagen im Gesichtsfeld etwas ausfällt, denn das kann man technisch reparieren. Wenn Sie z. B. essen, könnten Sie auch in Ihren Magen gucken und schauen, wie darin die Speise verarbeitet wird, technisch wäre das möglich. Das Gesichtsfeld kann künstlich erweitert werden. Doch der wirklich springende Punkt liegt darin, daß man – was für Phänomenologen selbstverständlich ist – unterscheiden muß zwischen dem Blick, d. h. dem Ereignis des Sehens, und dem, *was* gesehen wird. *Was* gesehen wird (auch wenn ich selbst es bin), läßt sich immer weiter vervielfältigen; man kann sich durch technische Vorrichtungen gleichzeitig von verschiedenen Seiten sehen, als wäre man gleichzeitig hier und dort, spontan ohne Spiegel gelingt uns dies nicht. Aber wo bleibt bei diesen Vervielfältigungen der Blick? Das ist eine Frage, die uns bei Lacan und bei vielen anderen begegnet. Der

17 F. J. J. Buytendijk, *Mensch und Tier* (1958). Zum Spiegelverhalten vgl. S. 73 f. Der Autor weist auf das auffällige Interesse von Affen am eigenen Spiegelbild hin, dem ein mangelndes Interesse bei Hunden und Katzen gegenübersteht.

Blick als das Ereignis des Sehens ist nicht einfach im Raum, sondern er ist ständig am Werk, wenn ich mich räumlich im Spiegel sehe. Hier liegt ein blinder Fleck besonderer Art vor. Dies gilt auch für das Bild von Ernst Mach. Es geht nicht einfach darum, daß dort, wo sich seine Augen und sein Kopf befindet, eine Leerstelle ist, daß Kopf und Augen ausgespart sind, sondern der Ort des Sehens ist nicht im Bild. Der Ort des Blicks ist genau wie der Ort der Rede und das Ereignis des Redens nicht einfach etwas, was ich angeben und mitteilen kann, sondern an ihm kommt etwas *zur Sprache* und *in den Blick*. Ich gerate nicht nur in den Spiegelblick, sondern auch in den Blick des Anderen. Es gibt also nicht bloß den blinden Fleck im physiologischen Sinne, jene Stelle auf der Netzhaut, wo keine Rezeptoren sind, sondern es geht darum, daß das Sehen nicht einfach *im* Gesichtsfeld lokalisiert ist wie ein Gesehenes unter anderem.

Doch zurück zur Permanenz. Wenn wir sagen, der Leib ist immer da, so fragen wir: *Wie* ist er immer da? Er ist in Grenzen da. Und was bedeutet dieses Dasein, bedeutet es ein pures Vorhandensein? Hier stellen sich eine Menge Fragen. Der Spiegel deutet zugleich voraus auf das, was Fremdheit bedeutet, nämlich ein sich entziehendes Da.

b) Doppelempfindung

Immer wieder wird die Doppelempfindung als weiteres Merkmal angeführt, um den Leibkörper von einem gewöhnlichen Körper zu unterscheiden, so die Doppelempfindung in der Sphäre des Tastens. Im Tasten scheint sich der Kreis zu schließen, der durch das fremde Medium des Spiegels unterbrochen wird. Man könnte sagen: in der Selbstspiegelung ist etwas dazwischengeschaltet, ein Spiegelding, während beim Tasten, wenn ich meine eigene Hand berühre, kein Spiegel dazwischentritt, kein fremdes Medium, das den Kontakt von mir zu mir unterbricht. Wie Erwin Straus[18] feststellt, gibt es keinen Tast-Spiegel, d. h. es gibt keinen Spiegel, der das Tasten noch einmal spiegelt. Was soll das heißen? Berühre ich etwas, taste ich etwa den Tisch ab, so ertaste ich einen getasteten Gegenstand, – mit Descartes gesprochen – ein *cogita-*

18 *Vom Sinn der Sinne* (1956), S. 391.

tum, ein Gedachtes, das von dem denkenden, von dem empfindenden Tasten unterschieden ist. Tastet dagegen eine Hand die andere ab, so haben wir es (wie Husserl in den *Ideen* II schreibt) mit einem »getasteten Tastenden« zu tun.[19] Die tastende Hand ist zugleich die getastete und vice versa; es kommt zu einer Art Reflexion in der Leiblichkeit. Die getastete rechte Hand spürt selber, daß die linke sie abtastet usw. Man kann das Bibelwort variieren, die linke Hand weiß, was die rechte tut. Es fragt sich nur, ob wir es hier mit einem Kurzschluß zu tun haben. Das wäre Wasser auf die Mühlen aller Neocartesianer. Im reinen Empfinden wäre ich ganz und gar bei mir selber. Die Frage ist nur, ob Tasten und Getastetes in der Weise identisch sind, daß sich kein Spalt, keine Differenz mehr auftut. Auch hier wäre darauf hinzuweisen, daß eine schlichte Koinzidenz, ein Zusammenfallen von Tastendem und Getastetem, nicht möglich ist, weil die Hände beim Tasten alternieren. Ich taste mit der einen Hand nach der anderen und umgekehrt; es ist dauernd ein Richtungswechsel möglich. Aber wenn meine zwei Hände nacheinander tasten, so lebe ich immer mehr in der einen oder in der anderen Hand. Linke und rechte Hand sind ja nicht einfach zwei Entitäten, die man abzählt, sondern sie haben eine bestimmte Qualität, so wie die Eindrücke der rechten und der linken Hand unter bestimmten Bedingungen auch divergieren. Und beim Tasten selber ist es wie beim Spiegelbild, es gibt keine völlige Identität zwischen Getastetem und Tastendem, sondern eine Art gleitender Identifizierung, die eine Differenz voraussetzt. Husserl hat dieses Phänomen in den *Cartesianischen Meditationen*[20] als *Reflexion besonderer Art* beschrieben, nicht als eine Reflexion in Gedanken (die auf ein nahtloses Denken des Denkens abzielt), sondern als eine *leibliche* Reflexion: der Leib ist von sich aus auf sich selbst zurückbezogen. Das ist ein Gedanke, den Merleau-Ponty vor allem im Spätwerk aufgegriffen hat. Nicht darum geht es, daß in der Doppelempfindung Empfindendes und Empfundenes schlichtweg eins sind, sondern daß es einen *Selbstbezug* gibt bis in die Sinnlichkeit hinein. Das Sehen im Spiegel war ein Exempel, das Echo, wo man sich selber hört, wäre ein anderes. Echo bedeutet, daß man sich selber hört, schon im Sprechen geschieht dies. Es gibt eine Selbstbeziehung, die auf gewisse Weise

19 Hua IV, 148.
20 Hua I, 128.

eben das ausmacht, was man Leib nennt. Der Leib ist auf sich selbst bezogen im Sichempfinden, im Sichbewegen usf.
Ich möchte noch einmal auf Buytendijk zurückkommen, der zeigt, daß auch in der Tierwelt, etwa schon beim Tintenfisch, Berührtwerden und Berühren wohl unterschieden sind.[21] Wir müssen uns davor hüten zu glauben, zwei Hände, zwei Augen, zwei Füße, das seien schlichte Verdoppelungen, derart, daß zweimal das gleiche vorkommt; die paarweise Verteilung des Tastens auf zwei Organe, auf zwei Hände schafft vielmehr eine qualitativ neue Situation. Es gibt eine Differenz im Leib, die eine völlige Deckung ausschließt. Das wäre ein Hinweis darauf, daß die andere Hand nicht einfach wie ein anderes Ding ist, das ich von außen ertaste, daß das Tasten aber auch kein reiner Bewußtseinsprozeß ist, der ganz und gar bei sich selber beginnen oder bei sich selbst enden würde.

Rekapitulation

2. Vorlesung vom 29. 10. 96

Ich habe begonnen, einige Aspekte anzugeben, unter denen in der klassischen Psychologie der Leib als Ding besonderer Art ausgesondert wird. Ich gebrauche hier wie Husserl den Ausdruck »Ding besonderer Art«, und dies ist auch die Sprechweise von Descartes. Descartes spricht ebenso von dem denkenden Ding, von der *res cogitans*, d. h. von einem Etwas, das denkt. Hier ist also ein Etwas, der eigene Leib, der sich gegenüber anderen Etwasen, gegenüber anderen Dingen durch besondere Eigenschaften auszeichnet.
Ich habe in der letzten Stunde zwei Eigenschaften des Leibes als »Ding besonderer Art« erwähnt, nämlich erstens die *Permanenz*: daß der Leib *immer* da ist, daß ich ihn nicht wie ein lästiges Gewand abschütteln oder verlieren kann. – Der zweite Aspekt war die *Doppelempfindung*: zur Sinnlichkeit des Leibes gehört die Möglichkeit, daß man sich selber tastet, sich selber sieht und auch sich selber hört.

21 Buytendijk berichtet von einem Experiment mit einem geblendeten Tintenfisch: »Berührt man eine vordere Armspitze mit einem Glasstab, dann wird der Arm zurückgezogen. Berührt das Tier durch seine Selbstbewegung den Stab, so erfolgt kein Zurückziehen, sondern ein Abtasten mit einem oder mehreren Armen.« (*Mensch und Tier*, S. 43)

c) Affektivität

Ich möchte diese beiden ersten Aspekte ergänzen durch einen dritten, die Affektivität. Nehmen wir den Schmerz. Auch Descartes behandelt den Schmerz, weil er ein Affekt besonders intensiver Art ist. Den Schmerz wählt man nicht, sondern der Schmerz macht sich selber bemerkbar. In der *VI. Meditation* von Descartes, in der das Verhältnis von Seele und Körper abgehandelt wird, taucht der Schmerz auf merkwürdig gewundene oder umständliche Weise auf: es ist dort von den Fußnerven die Rede. Der Apparat des Körpers ist aufgebaut aus Nerven, die Reize zuführen und Bewegungsreize abführen. In diesem Zusammenhang heißt es: »Werden z. B. die Fußnerven heftig und ungewohnt bewegt, so gibt jene durch das Rückenmark bis zu den inneren Gehirnteilen dringende Bewegung dort dem Geist ein Zeichen, etwas zu empfinden, nämlich einen Schmerz, und diesen so, als sei er im Fuße.«[22] Man kann sich fragen, warum denn der Schmerz gerade im Fuß empfunden wird? Nun, weil der Reiz dorther kommt, dies sieht aus nach einer Art von Projektion. Dann geht es bei Descartes weiter: Dieser Schmerzreiz »veranlaßt den Geist, seine Ursache als etwas für den Fuß Gefährliches nach Möglichkeit zu beseitigen«. Hier wird der Reiz als ein Warnzeichen genommen, das eine Störung anzeigt, die zu beheben ist. Wenn der Schmerz nur das wäre, dann hätten die Computerbauer, die ja auch so etwas wie Seelenmaschinen zu bauen versuchen, leichtes Spiel. Denn man kann in einen Regelapparat durchaus Mechanismen einbauen, die Störungen anzeigen. Der Schmerz wäre dann wie eine Lampe, die aufleuchtet, weil irgendeine Verbindung gestört ist, und wenn der Apparat gut programmiert wäre, würde er daraufhin auch Maßnahmen ergreifen, um die Störung zu beseitigen. Wenn der Schmerz sich darin erschöpfte, dann wäre eine Schmerzmaschine denkbar, und der Schmerz wäre beschreibbar als bloße Funktionsstörung.

Es fragt sich: ist das ausreichend? In der Psychologie ist vielfach von einem Schmerz*raum* die Rede, nämlich davon, daß der Schmerz selber eine bestimmte Räumlichkeit entfaltet, verbunden mit dem Raumgefühl, das der Leib vermittelt. Ich möchte die Frage noch einmal so stellen: Was unterscheidet den Schmerz

22 AT VII, 88.

von einer Beschädigung gewöhnlicher Dinge? Kann ein Ding, etwa ein Messer, einen Schmerz oder eine Lust empfinden wie der Körper, dem ein Schnitt zugefügt wird? Welchen Sinn hat es überhaupt, einem Gegenstand Schmerz zuzuschreiben?
Ich habe hingewiesen auf neuere Versuche, auch den affektiven Bereich mit dem Computer zu simulieren und nachzubauen. Die Frage, die man sich bei solchen Versuchen erst einmal hartnäckig stellen müßte, lautet: Was hat es überhaupt für einen Sinn, einer Maschine einen Schmerz zuzuschreiben? – Einen Schmerz, der darüber hinausginge, daß eine Funktion gestört wird? Oder eine Lust, die darüber hinausginge, daß alles gut läuft? Hier kommt das Moment der Affektivität ins Spiel: man fühlt sich selber in Lust und Schmerz.

d) Kinästhetische Empfindung

Der vierte Aspekt, der den Leib als »Ding besonderer Art« auszeichnet, ist die kinästhetische Empfindung oder Kinästhese. Kinesis bedeutet Bewegung, und Aisthesis bedeutet Empfindung, Wahrnehmung. Wörtlich heißt Kinästhese ›Bewegungsempfindung‹. Dieses Wort hat sich eingebürgert, auch Husserl greift es auf, verändert aber seinen Sinn. Wie kommt es zu dieser merkwürdigen Begriffsbildung? Sie erklärt sich durch die Frage nach dem Leib als Ding besonderer Art, nämlich durch die Frage: Was unterscheidet eine Kugel, die über den Boden rollt, von einem Leib, der sich selber bewegt?
Die Griechen, genauer: Platon und Aristoteles, betrachten das Sichbewegen als *das* Kennzeichen des Lebendigen, also nicht bloß des Menschlichen, sondern des Lebendigen überhaupt. Lebendig ist das, was die Ursache seiner Bewegung in sich selbst hat im Gegensatz zu einem künstlichen Gegenstand, der nur entsteht und sich bewegt, wenn jemand oder etwas von außen als Ursache wirkt. Das Lebendige ist das, was sich selber bewegt. Dies ist für die Griechen selbstverständlich, sie haben den Kosmos im Ganzen als ein Sich-Bewegendes gedacht. Für Platon ist der Kosmos ein Lebewesen. Das klingt nach Animismus; gedacht ist aber, daß der Kosmos, d. h. alles, was auf der Welt ist, von Natur aus bestimmte Eigenbewegungen ausführt, seien es Steine, Pflanzen oder Tiere.
Erst die Umwandlung des Kosmos in eine Natur, in der es bloß

mechanisch erklärbare Vorgänge gibt, beendet diese kosmologische Kinetik. Nimmt man Galileis freien Fall: ein fallender Körper bewegt sich dem Erdboden zu, so würde Aristoteles das Fallen des Steines etwa so beschreiben: ein schwerer Körper bewegt sich selber dem Erdmittelpunkt zu, weil er seinen natürlichen Ort in der Nähe des Erdmittelpunktes hat. In der Mechanik von Galilei wird Bewegung schlicht als eine Ortsveränderung angesetzt, die bestimmten Kräften und Gegenkräften gehorcht und die Resultante eines Kräftespiels bildet. Zu sagen, der Stein bewegt sich selber, hat in der Beschreibungsweise von Galilei streng genommen keinen Sinn, weil es gar kein Selbst gibt, das sich bewegen kann.

Nun fragt es sich: Was ist ein leiblicher Körper? Der Körper kann umfallen, so wie ein Ding umfällt – doch was unterscheidet den leiblichen Körper von einem bloßen Ding, und was unterscheidet leibliche Bewegung von bloßen Bewegungen im Raum? Mit der Annahme einer Kinästhese wird der Versuch gemacht, die Bewegung zunächst mit einer *Empfindung von der Bewegung* zu verbinden. Husserl hat diesen Gedanken dann allerdings viel radikaler gefaßt: Kinästhese heißt nicht: ›da bewegt sich etwas, und es wird zudem noch empfunden‹, sondern das *Sich*bewegen, das er Kinästhese nennt, bedeutet ein ›ich bewege mich‹ und ein ›ich kann mich im Raum bewegen‹. Es wird also von *Jemandem* her gedacht, der seinen Ort wechselt, und nicht von Etwas her, das sich an wechselnden Stellen im Raum befindet.

e) Der Leib als Willensorgan

Den letzten Aspekt, den man erwähnen könnte, wäre der des Leibes als Willensorgan. Sie finden auch das in den *Ideen* II. Es heißt dort: Der Leib ist ein Objekt besonderer Art, nur er ist »unmittelbar spontan beweglich«.[23] Wenn ich den Tisch bewege, so bewege ich ihn mit meiner Hand. Doch besagt ›die Hand bewegen‹ das gleiche wie ›den Tisch bewegen‹? Wäre es so, so hätten wir hier nichts weiter vor uns als eine Ursachenkette. Wenn wir so dächten, kämen wir ins Unendliche; dasjenige oder derjenige, der den Arm bewegt, müßte selbst wieder bewegt werden.

23 Hua IV, 152.

Wäre der Körper ein Instrument, dann bräuchte ich einen weiteren Körper, der den Körper als Instrument gebraucht. Die Antwort, die man auf dieses Problem zu geben pflegt, lautet: der Leib wird *unmittelbar* bewegt, ohne daß sich etwas, ein Werkzeug, vermittelnd zwischen Ich und Körper schiebt.
Dazu finden wir schon bei Aristoteles eine berühmte Kennzeichnung der Hand: die Hand ist das Organ der Organe[24], wobei zu beachten ist, daß das griechische Wort ›Organon‹ zunächst Werkzeug bedeutet. Das ›Organ‹, das sich in der Medizin und in der Biologie eingebürgert hat, hat hier seinen Ursprung (als etwas, das dem ›Ergon‹ dient). Wenn Aristoteles sagt, die Hand ist das Organ der Organe, so heißt das, die Hand ist immer beteiligt, wenn ich in die Welt eingreife, sie ist nicht einfach ein Ding unter anderen.
Es fragt sich: was heißt hier ›unmittelbar‹, was heißt: ›die Hand wird *unmittelbar* bewegt‹? Kann ich an mir selbst unterscheiden zwischen einem Ich, das etwas bewegt, und einem körperlichen Etwas, das bewegt wird? Aus einem solchen Dualismus erwachsen eine Menge Probleme.
Zu den verschiedenen Aspekten, durch die sich der Leib von einem Ding unterscheidet, läßt sich zusammenfassend sagen: was die klassische Philosophie hier unternimmt, kommt einer Rückwärtsverteidigung gleich. Die klassische Philosophie geht davon aus, daß mit dem Leib-Körper, also mit dem eigenen Leib etwas nicht stimmt, er ist kein Ding wie alle anderen, sondern er hat bestimmte Merkmale, Kennzeichen. Die Art und Weise, wie dann der Leib von einem Ding unterschieden gedacht wird, bedeutet, daß der Leib primär als vorgestellter Leib gedacht wird. Der Leib ist ein Ding, das ich mir vorstelle und das sich in der Vorstellung selber mit bestimmten besonderen Merkmalen verbindet. Die klassische Philosophie vollzieht hier immer noch das, was Husserl[25] eine »ergänzende Abstraktion« nennt. Dem physischen Körperprozeß werden psychische Begleitprozesse hinzugefügt. Wir sind also immer noch im Dualismus befangen, selbst wenn gezeigt wird, daß zwischen Dingwelt und leiblichem Verhalten Zusammenhänge bestehen, die nicht einfach auf zwei ontologische Regionen verteilt werden können.
Soweit das Proömium zu dieser Vorlesung. Im folgenden werde

24 Vgl. *De partibus animalium* 687 a 8 f.
25 Hua VI, 231.

ich zeigen, wie man den Leib anders denken kann: nicht in dieser mühsamen Weise, ausgehend von einem Dualismus, der dann doch nicht ganz dualistisch ist, sondern ausgehend vom Leib als einer besonderen Existenz und einer besonderen Struktur, in der zugleich die Struktur der Welt hervortritt. Anvisiert wird eine Phänomenologie des Leibes, die aus einer genuinen Leiberfahrung erwächst.

Dabei lautet die erste Frage nicht: »Was ist der Leib, welche Eigenschaften hat er, wie sieht er aus?« Auf diese Art würde ich immer noch ein Ding beschreiben. Sondern die erste Frage lautet: »Was tut der Leib, was leistet der Leib, wie funktioniert er?« Aus diesem Grund spricht Husserl vielfach von einem *fungierenden* Leib im Gegensatz zum *Körperding*. Das Körperding wäre etwas, das ich beschreibe; der fungierende Leib ist der, der im Wahrnehmen, im Handeln, im Empfinden, in der Sexualität, in der Sprache usf. selbst eine bestimmte Leistung vollbringt, eine Funktion ausübt.

5. Der fungierende Leib: Ambiguität; Selbstbezug, Selbstentzug und Fremdbezug

Vorweg einige Leitlinien, die bei der Behandlung der Problematik, die uns in den verschiedenen Regionen der Leiblichkeit begegnet, hilfreich sein könnten.

a) Ambiguität, Zweideutigkeit, Mehrdeutigkeit

Dies sind Begriffe, die Merleau-Ponty immer wieder gebraucht. Ambiguität bedeutet: der Leib ist zweideutig in dem Sinne, daß er weder Geist noch Natur, weder Seele noch Körper, weder Innen noch Außen ist. Hier haben wir eine Sprache des Weder-Noch. Die klassischen Unterscheidungen, die wir vor allem von Descartes her kennen, reichen nicht aus, um das Spezifische der Leiblichkeit zu fassen. Doch dieses Weder-Noch setzt immer noch eine traditionelle Begrifflichkeit voraus. Wenn wir sagen: weder Körper noch Seele, dann gehen wir weiterhin von dieser Unterscheidung aus. Deshalb bedeutet dieses Weder-Noch, das sich von der cartesianischen Ausgangsposition abgrenzt, indem es sie spezifiziert, nur eine vorläufige Revision, die den Cartesianismus zwar verändert, doch teilweise noch seine Sprache spricht.

b) Selbstbezug

Die zweite Stufe wäre der Selbstbezug. Hier wird der Versuch gemacht, den Leib von sich selbst her zu denken. Die Besonderheit des Leibes liegt darin, daß er auf sich selbst bezogen ist. Der Schmerz ist ein Beispiel dafür, daß ich mich selbst empfinde, ein anderes Beispiel wäre die Selbstbewegung. Hier wird ein Moment des Selbst in Betracht gezogen noch *vor* der Unterscheidung in *jemanden*, der erfährt, und in *etwas*, das er erfährt. Die Äußerung »Jemand nimmt etwas wahr« kann wie folgt aufgegliedert werden: ›jemand‹ wäre ein Subjekt, ›etwas‹ wäre ein Objekt. Jemand erfährt etwas, tut etwas, nimmt etwas wahr. Doch der Selbstbezug liegt noch *vor* der Unterscheidung in ein etwas, das wahrgenommen wird, und einen jemand, der wahrnimmt. Genau dies ist gemeint, wenn wir sagen: *sich* im Spiegel sehen, *sich* hören. Die Unterscheidung: ›Da ist jemand, der etwas wahrnimmt‹ reicht nicht aus, weil ich mich selber im Spiegel betrachte, weil ich mich selber sprechen höre oder ich mich selber bewege, wenn ich gehe.
Dieser zweite Gesichtspunkt scheint mir besonders wichtig und aufschlußreich. Doch gleichzeitig droht die Gefahr, daß der Leib als ein affektives Subjekt gedacht wird – daß also das *cogito* von Descartes, der Ansatzpunkt für die moderne Theorie des Subjekts, fortdauert, nur verlagert auf die Ebene der Affektivität. Würde der Leib rein von sich selbst betrachtet, so stünde er – cartesianisch gesagt – für ein *sentio*. Das ›ich denke‹ würde sich verwandeln in ein ›ich empfinde mich‹. Beides ist nicht dasselbe, doch ist das *sentio* auch bei Descartes keineswegs ausgeschlossen, er denkt ja auch an denkend vollzogene Empfindungen. Mit der Verlagerung des *cogito* in einen Bereich ursprünglichen Selbstempfindens bliebe der Primat des Selbst und seiner Eigenheitssphäre ungebrochen.

c) Selbstentzug und Fremdbezug

Die dritte Stufe, die ich vorweg nur andeute, würde darin bestehen, daß Selbstbezug und Fremdbezug zusammengehen. Der Selbst*be*zug hat immer auch ein Moment des Selbst*ent*zugs. Man denke an den Spiegel: der Spiegel bedeutet nie, daß ich mich in meinem Blick völlig erfasse, sondern ich überrasche mich im Spiegel und entdecke mich darin als Anderen, es ist immer auch ein Selbstentzug im Spiel. Ebenso wenn ich mich bewege: Bewegungen entgleiten mir, Bewegung hat etwas mit Fallen zu tun, mit Eigenbewegungen, die sich mir entziehen. Man denke an Momente der Trägheit, der Müdigkeit, wo eine Bewegung sich sozusagen selbständig macht, wo etwas seiner eigenen Schwerkraft folgt. An all diesen Momenten bin ich selbst beteiligt, aber dieses Selbst ist nicht einfach auf sich bezogen, sondern es entzieht sich zugleich. Das ›Sich-selbst-entziehen‹ besagt, daß ich mir immer auch fremd bin, beim Blick in den Spiegel, beim Vernehmen des Echos der eigenen Stimme, in der Müdigkeit, aber auch in der Beschwingtheit der Bewegung. Die Fremdheit des Anderen tritt dann nicht als Überraschungseffekt auf wie bei Descartes: ich sitze am Tisch, und am Fenster gehen plötzlich Wesen vorbei, die Ähnliches tun wie ich selber und sich so als Mitmenschen entpuppen. Fremdheit in mir und Fremdheit der Anderen würde heißen, daß ich von vornherein im Blickfeld der Anderen lebe. Die Anderen treten nicht zusätzlich in meine Eigenheitssphäre ein, sondern ich gehöre mir nie ganz selber.

Ich habe vorher die Namensgebung erwähnt: Im Hören auf meinen Namen ist ein Bezug auf Andere von vornherein mitgegeben. Ich habe mir den Namen, den ich trage, nicht selber gegeben, sondern ich höre auf ihn, so wie ich ihn von Anderen übernehme. – Oder denken Sie an die Geschlechtlichkeit, die einen Bezug auf das andere Geschlecht aufweist und nicht bloß eine nachträgliche Verdoppelung darstellt derart, daß es zwei Sorten von Leibern gibt und mein Leib noch einmal, aber anders vorkommt. Männliches und Weibliches lassen sich nur bestimmen *im* Bezug auf eine andere Leiblichkeit. Diese und ähnliche Phänomene sprechen gegen ein reines Selbst, dem nichts Fremdes beigemischt wäre.

Ich belasse es vorerst bei diesen Andeutungen, die auf eine »Nicht-Koinzidenz in der Koinzidenz« hinweisen.

II. Empfinden und Wahrnehmen

Im folgenden geht es um wichtige Theorien der Wahrnehmung, vor allem um die des Empirismus und des Rationalismus, die das Denken der Neuzeit sehr einseitig geprägt haben.

1. Kontextualität der Wahrnehmung und Kritik an der Konstanzannahme

Ich möchte zeigen, daß Kontextualität nicht bloß für die Sprache gilt (wo ein Text sich auf andere Texte bezieht), sondern daß Wahrnehmung immer in einem bestimmten Zusammenhang auftritt. ›Contextuality‹ ist das englische Wort für ›Zusammenhang‹: etwas tritt in einem bestimmten Zusammenhang auf. Das gilt auch schon für die Erfahrung: für das Sehen, für das Hören und nicht erst für die Sprache[1].

In den klassischen Formen der Psychophysik, aber auch noch in der modernen Form des Behaviorismus, also in einer Theorie, die alles Erleben auf Außenverhalten reduziert, begegnet man be-

1 Zur Kritik an der klassischen Psychophysik vgl. Teil I und II der Einführung von Merleau-Pontys *Phänomenologie der Wahrnehmung*, ferner Aron Gurwitsch *Das Bewußtseinsfeld* (1975), 5. Teil; Gurwitsch hat als erster eine Synthese von Phänomenologie und Gestalttheorie zustande gebracht und während seines Pariser Aufenthalts Merleau-Ponty wichtige Anregungen gegeben. Zur phänomenologischen Orientierung in der Psychologie vgl. das von Carl Friedrich Graumann und Alexandre Métraux verfaßte Kap. 2 in: K. A. Schneewind (Hg.): *Wissenschaftstheoretische Grundlagen der Psychologie* (1977). Vgl. schließlich zur phänomenologischen und hermeneutischen Umorientierung in der Neurobiologie Andreas K. Engel und Peter König, »Das neurobiologische Wahrnehmungsparadigma«, in: P. Gold und A. K. Engel (Hg.): *Der Mensch in der Perspektive der Kognitionswissenschaften* (1998), bes. S. 185-192; diese beiden Autoren stützen sich vor allem auf Varela, der seinerseits den Begriff einer *Neurophenomenology* verwendet, und sie verweisen auf weitere neuere Literatur zu diesem Thema. Hier zeichnet sich eine fruchtbare Konvergenz von Phänomenologie und Neurowissenschaften ab, die auch von einem französischen Mediziner wie Philippe Meyer bestätigt wird; vgl. *L'œil et le cerveau* (1997).

stimmten Grundannahmen. Aufgabe einer Phänomenologie der Wahrnehmung und des Leibes ist es, diese Annahmen an der Erfahrung zu überprüfen.

Die Psychophysik geht aus von angeblichen Elementen oder Bausteinen, aus denen sich dann schrittweise eine Welt aufbaut. Der Empirismus und auf gewisse Weise auch der Rationalismus lassen sich kennzeichnen als ein Denken in Elementen: es gibt einfache Elemente und Komplexionen. Je mehr Elemente hinzukommen, desto komplexer wird der Zusammenhang der Elemente.

Denken wir, wie oft es beispielsweise beim Bauen von Computern heißt: »Ja gut, Witze machen, ist *komplizierter* als bloß eine Lachbewegung ausführen oder bloß eine Aussage machen«. Es ist komplizierter, komplexer, was wörtlich heißt: ›verwickelter‹. Man gebraucht hier das Wunderwort ›komplex‹. Wenn ein Computer es noch nicht kann, dann ist es zu komplex. Eine Wahrnehmungssituation ist in dieser Hinsicht natürlich komplexer als eine Stellung auf dem Schachbrett, wo es endliche Möglichkeiten gibt, die man abzählen kann. Vorausgesetzt wird Einfaches, das dann komplexer wird: das tierische Verhalten ist noch einfacher, das menschliche Verhalten ist dann um einiges komplexer. Diese ganze Denkweise läßt sich von der Phänomenologie her in Frage stellen.

Die Elemente oder Bausteine, die in ihrer Einfachheit an den Anfang gesetzt werden, heißen in der empirischen Tradition lateinisch *sensatio* oder englisch und französisch *sensation*. Das Wort *sensatio* wird gewöhnlich mit ›Empfindung‹ übersetzt. Das deutsche Wort Empfindung ist übrigens doppeldeutig: ›Empfindung‹ kann heißen ein Etwas, ein Datum, eine Empfin*dung*, die gegeben ist. Es kann aber auch ein Prozeß sein, das Empfin*den*. Terminologisch möchte ich darauf hinweisen, daß einige Phänomenologen, nämlich schon Max Scheler, Erwin Straus und auch Merleau-Ponty statt von Empfindung immer vom Empfin*den* bzw. von *sentir* sprechen. Sie benutzen das Verb, um von der Vorstellung wegzukommen, bei Empfindungen handle es sich um einfache Bausteine. Die Rede von *sentir*, von Empfinden als einem Prozeß, suggeriert keine Einfachheit, die durch andere Daten ergänzt werden müßte, sondern Empfinden heißt von vornherein: Bezogensein auf Anderes.

Punktualität und Einfachheit der Empfindung

Bleiben wir zunächst bei der Empfindung im Sinne des englischen *sensation*. Man findet mehrere Begriffsformen, in denen diese Bausteine als solche bestimmt werden. Hume geht aus von einem punktuellen Eindruck (engl. *impression*). Bei den *impressions* haben wir es mit isolierten Empfindungsdaten zu tun. Wenn Sie den *Traktat über die menschliche Natur* aufschlagen, so finden Sie gleich zu Anfang Eindrücke im Sinne von Zuständen, die man hat oder nicht hat – wobei es interessant ist, daß Hume als Beispiele für solche Empfindungen oder Empfindungseindrücke sowohl die Wärme aufführt wie das Rot. Für ihn ist das Rot ein Zustand, in dem ich mich befinde, genauso wie wenn ich Wärme oder Schmerz verspüre. Empfindung wird also aufgefaßt als ein Zustand des Subjekts. Wobei sich alsbald die Frage stellt, wie man von diesen Eindrücken überhaupt zu so etwas wie Dingen gelangt.

Ein zweites Charakteristikum der Empfindung wäre ihre Auszeichnung als *einfache Qualität*. Das sind verschiedene Sprechweisen für ähnliche Denkmuster.[2] Einfache Qualitäten wären Sinnesdaten, die in einer Zwischenstellung verharren; sie gehören weder zu den physischen Dingen noch zu den psychischen Erlebnisakten eines Subjekts.

Ein dritter Begriff zur Bezeichnung einer einfachen irreduziblen Empfindungsentität wäre der *atomare Reiz*; dieser Begriff hat sich am stärksten eingebürgert. Bei einem solchen Außenreiz handelt es sich um ein physikalisches Datum. Laut Norbert Bischof ist zu unterscheiden zwischen einem Positivismus von innen, der von inneren Phänomenen ausgeht, und einem Positivismus von außen, der sich auf äußere, physikalisch faßbare Entitäten stützt.[3] Die Qualitäten wären dann etwas dazwischen.

Den von mir skizzierten Sprech- und Denkweisen ist gemeinsam, daß sie einfache Daten an den Anfang stellen. Und was bedeutet ›einfache‹ Daten? *Einfach* bedeutet: das Datum ist nicht weiter

2 Heute gibt es eine aktuelle Diskussion, die um die ›Qualia‹, um erlebte Qualitäten kreist. Man stellt sich die Frage: kann man ein ›Quale‹ technologisch durch Regelapparate abbilden? Können wir der Beschreibung bloßer Hirnzustände entnehmen, wie Schmerz sich anfühlt?

3 »Erkenntnistheoretische Grundlagenprobleme der Wahrnehmungspsychologie«, in: *Handbuch der Psychologie*, I/1 (1966), S. 57.

zerlegbar, es hat keine *inneren* Bezüge; eine Rotempfindung ist eine Rotempfindung, und damit hat es sich. Einfache Daten haben zudem keine *äußeren* Bezüge, sie sind, was sie sind, ohne Bezug auf anderes. Am Beispiel der Rotempfindung hieße dies: was rot ist, kann ich für sich empfinden, und zwar, ohne andere Farben oder Formen zu berücksichtigen und ohne es in weitere Partikel zu zerlegen.[4] »Alles Seiende in der Welt ist in sich betrachtet völlig abgelöst und unabhängig voneinander«, heißt es bei Hume.[5] Humes Denken geht den Weg vom Einfachen zum Komplexen. Die Assoziationslehre, auf die ich hier nicht eingehen möchte, besteht dann in der Annahme, daß bestimmte Empfindungen *regelmäßig* mit anderen in Raum und Zeit zusammen vorkommen und Ähnlichkeiten aufweisen, auf diese Weise entstehen dann bestimmte Empfindungskomplexe.

Die innere Unabhängigkeit und Bezugslosigkeit betrifft natürlich auch das Verhältnis zum Organismus. Eine Empfindung ist bedeutungs- oder auch wertfrei, d. h. ohne Bezug auch auf eine strukturierte Umwelt, in der etwas anhand von Merkmalen und Wirkmalen ausgezeichnet ist.

Konstanzannahme

Konstanzannahme besagt in der Psychologie, daß es (ich beschränke mich hier auf die Wahrnehmung) eine konstante und eindeutige Zuordnung gibt zwischen den physikalischen Eigenschaften eines Reizobjektes und dem entsprechenden Perzept, dem Wahrnehmungsgehalt bzw. der entsprechenden Reaktion. Das wird deutlich in dem berühmten Stimulus-Response-Modell, das der Behaviorismus eingeführt hat, das zwar viele Komplikationen durchgemacht hat, aber vielfach in verdeckter Form weiterlebt. Es gilt dort die einfache Formel: SfR, das heißt: » R (*response*) ist die Funktion von S (*stimulus*).« Dem liegt eine eindeutige und einseitige Kausalität zugrunde. Wenn ich den Stimulus adäquat bestimme, dann kann ich mit Hilfe geeigneter Gesetze voraus-

4 Hier kommt übrigens die Sprache an ihre Grenze, denn wie kann ich über ein Datum oder eine Empfindung sprechen, wenn diese so einzig sind, daß ich sie nur namentlich bezeichnen kann?

5 *Ein Traktat über die menschliche Natur*, 1. 2. 1.

sagen, welche Reaktion zu erwarten ist. Denn die Funktionsgleichung besagt: *immer wenn* ein bestimmter Typ von Reiz gegeben ist, *dann* ist eine entsprechende Reaktion zu erwarten. Solche Wenn-Dann-Sätze kennen wir von den Funktionsgesetzen der Physik her; die Funktionsgleichung bringt ein Kausalverhältnis zum Ausdruck.

Was läßt sich gegen diese Annahme, daß jeder Reiz eindeutige Reaktionen auslöst, einwenden? Es läßt sich vielerlei einwenden. Ich beziehe mich zunächst auf einen empirischen Nachweis, den ich einem Versuch von Wolfgang Köhler entnehme. Wolfgang Köhler war neben Kurt Lewin der bedeutendste Gestalttheoretiker der Berliner Schule, die sich 1933 völlig aufgelöst hat; die meisten Mitglieder der Berliner Schule mußten als Juden Deutschland verlassen, Köhler folgte ihnen später nach. Wolfgang Köhlers Versuche sind noch heute beachtenswert. Manchmal ist die Rede von Fortschritten in den Wissenschaften sehr fragwürdig, da bedeutende Resultate bisweilen schlicht vergessen werden.

Zur Überprüfung der Konstanzannahme hat Köhler sich ein Experiment mit Haushühnern ausgedacht.

Schema 2: Gestaltexperiment[6]

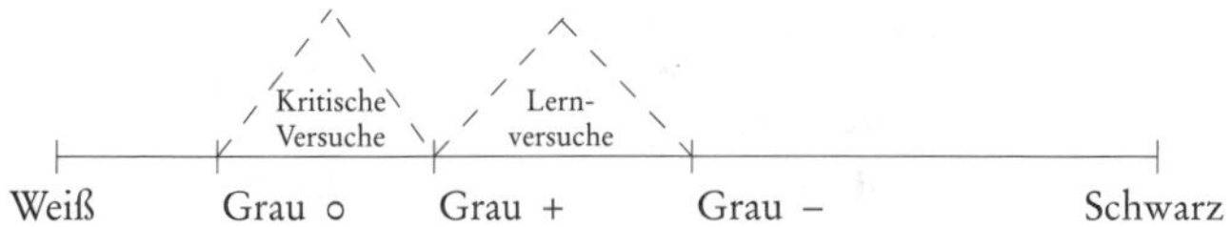

Hühner wurden darauf abgerichtet, von zwei gleich großen Körnerhaufen denjenigen zu wählen, dessen Papierunterlage einen hellen Grauton (G^1) aufwies, und einen anderen Haufen, der auf einem Papier von mittlerem Grau (G^2) dargeboten wurde, beiseite zu lassen. Die zweite, kritische Phase des Versuchs bestand nun darin, daß man G^2 durch ein neues Grau G^0 ersetzte, das heller war als G^1. Würden Hühner mechanisch auf neutrale Reize reagieren, so wären sie beim eingewöhnten Grau geblieben, sie hätten sich gesagt, ich bleibe bei diesem Grau, da weiß ich, was ich habe. Was

6 Aus W. Köhler, *Nachweis einfacher Strukturfunktionen beim Schimpansen und beim Haushuhn* (1918).

aber taten die Hühner? Sie stellten sich auf das neue Grau um. Dies natürlich nicht, weil Hühner besonders neugierig oder änderungsfreudig sind. Diese Umstellung erklärt sich wie folgt: Die Hühner reagieren nicht auf ein absolutes Datum (das ist jetzt die Kritik am Empirismus), sie reagieren nicht auf einen Reiz, der bestimmte objektive Eigenschaften hat, sondern, sie reagieren auf eine Relation, sie lernen von vornherein, das hellere Grau zu wählen. Und in dieser neuen Situation sieht das Huhn in dem neuen Grau eben das hellere Grau und gibt ihm den Vorzug.

Köhler gelingt es mit diesem Versuch zu zeigen, daß am Anfang nicht die Wahrnehmung von isolierten Eigenschaften oder Elementen steht. Die angeblichen Elemente sind von vornherein eingefügt in bestimmte Relationen, in das, was man Gestalt nennt. Gestalt bedeutet immer ein differenziertes Gebilde, im Falle von Köhlers Versuch wird eine Grautönung auf dem Hintergrund verschiedener Helligkeitsstufen von anderen Grautönen abgehoben und auf sie bezogen.

Ein Philosoph könnte nun einwenden, die fragliche Konstanzannahme sei damit nur empirisch widerlegt, und es seien Gegenbeweise zu erwarten, so daß für den Aufweis einer allgemeinen Erfahrungsstruktur nichts gewonnen wäre. Es stellt sich aber die Frage, was hier Empirie heißt. Ich denke, Köhler hat diesen Versuch als ein *experimentum crucis* angelegt, als ein Experiment also, das nicht bloß auf quantitativem Wege Gesetzmäßigkeiten spezifiziert, sondern eine neuartige Sichtweise nahelegt. An diesem paradigmatischen Fall zeigt sich, daß am Anfang der Wahrnehmung eine Differenz steht, ein ›heller als‹, und nicht ein absoluter Helligkeitswert.

Wird der Empirismus als ein Paradigma gefaßt, demzufolge Erfahrung sich aus einfachen Bausteinen aufbaut, die fortlaufend angereichert und ergänzt werden, so kommt bei Köhler ein andersartiges Paradigma ins Spiel.

Behavioristische Theoretiker, die heute in den Hintergrund getreten sind, so etwa Skinner, wandten ein, Relationen seien auch ›in der Wirklichkeit‹ zu finden. Doch was ist damit gesagt? Wie steht es mit der Wirklichkeit? Mit Husserl zu reden[7], sind hier zwei verschiedene *Sachlagen* zu unterscheiden: erstens »G^1 ist heller als« und zweitens »G^2 ist dunkler als«. Sind »heller als« und

7 Vgl. *VI. Logische Untersuchung*, § 48 bzw. *Erfahrung und Urteil*, § 59.

»dunkler als« einfach gegeneinander auszutauschen? Ist eines dasselbe wie das andere, nur eben in umgekehrter Formulierung? Dies mag für beurteilte *Sachverhalte* gelten, doch in der Erfahrung selbst sind die beiden Sachlagen nicht identisch. Es macht einen Unterschied, ob ich etwas Helleres vor dem Hintergrund eines Dunkleren sehe, so daß das Hellere hervortritt, oder ob umgekehrt das Dunklere hervortritt und das Hellere im Hintergrund bleibt. Diese zwei Sachlagen sind also nicht einfach in die Dinge zu verlegen, sonst unterschiebt man den Dingen eine reversible Beziehung quantitativer Werte, wo es dann gleich ist, ob ich von A oder von B ausgehe, während dies für die Erfahrung durchaus nicht gleich ist, da qualitativ verschiedene Erfahrungskonstellationen im Spiel sind.

Man könnte den Versuch, den Köhler mit Farben durchgeführt hat, auch auf Töne anwenden. Man hört nämlich Terzen oder Quinten, nicht etwa Einzeltöne. Polizeiautos z. B. haben eine Terz in ihrem Tonsignal. Auf jeden Fall hört man nicht einfach einen Einzelton, sondern eine bestimmte Tongestalt, einen Fetzen von Melodie, wobei es die Tonrelation ist, die die Aufmerksamkeit erregt. Soweit das erste, empirische Argument von Köhler.

Ich komme nun zum zweiten gegen den empiristischen Ansatz gerichteten Argument. Hier gehe ich aus von den berühmten Täuschungsfiguren, die man aus den Lehrbüchern kennt.

Bei der Müller-Lyerschen Figur haben Sie es mit zwei Linien zu tun, die sich beim Nachmessen als gleich lang erweisen, deren Länge aber bei Beachtung der diametralen Winkelstriche von einander abzuweichen scheint. In der Zöllnerschen Figur scheinen die langen Geraden, die sich bei isolierter Betrachtung als Parallelen darstellen, gegeneinander geneigt zu sein. Die beiden übrigen Figuren führen zu ähnlichen Seheffekten.

Was heißt hier Täuschung? Der Ausdruck ›Täuschungsfiguren‹ steht für mich in Anführungszeichen. Wenn wir das klassische empiristische Modell der Konstanzannahme nehmen, so wird die Wahrnehmung der ›Täuschungsfiguren‹ wie folgt interpretiert. Wir sehen in den jeweiligen Konstellationen dasselbe, dieselbe Linie, denn es ist jeweils dasselbe Reizmaterial, das uns dargeboten wird. Die Schwierigkeit ist dann die: Wieso sieht dieselbe Linie das eine Mal so, das andere Mal so aus? Wie kommt es, daß wir ›dasselbe Material‹ verschieden sehen? Dieses ›verschieden sehen‹ wird dann als Täuschung deklariert, als subjektive Täuschung.

Schema 3: Optische Täuschung[8]

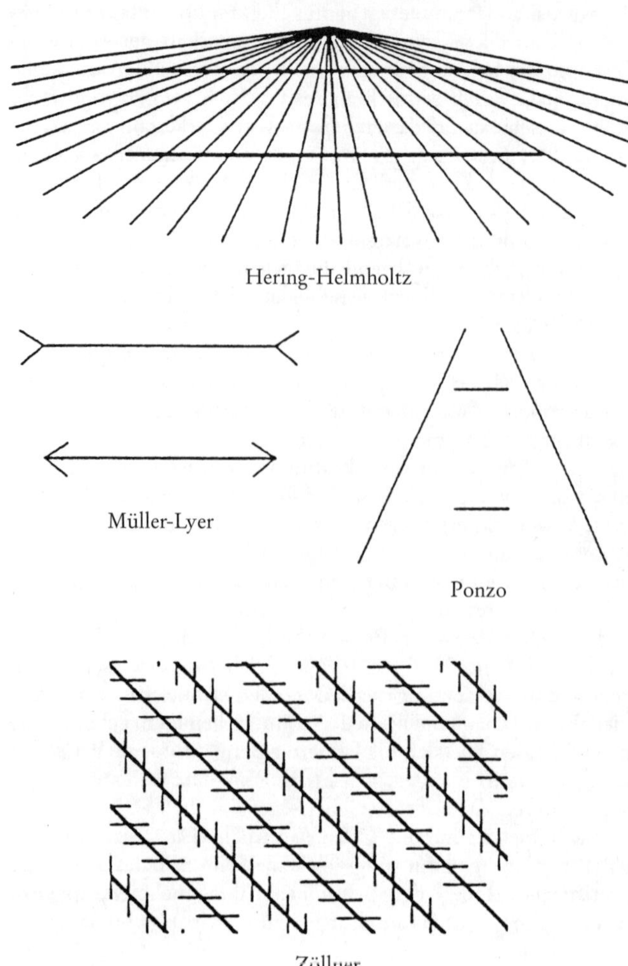

8 Aus: L. E. Bourne und B. R. Ekstrand, *Einführung in die Psychologie* (1992), S. 108.

Man kann ja schwerlich sagen, die objektive Natur, die physikalischen Reize seien in der Lage, uns zu täuschen (Elektrizität ist ja nicht fähig zu lügen). Die objektiven Reize wirken, wie sie wirken, denen kann man die Täuschung nicht anlasten. Infolgedessen – und das ist eine typisch neuzeitliche Denkweise – werden subjektive Faktoren eingeführt, die den objektiven Bestand sozusagen verfälschen. Solche subjektive Faktoren wären Aufmerksamkeitsmodi, Gedächtnisprojektionen (frühere Erlebnisse, die unsere Wahrnehmung verzerren) und Assoziationen, die äußerlich hinzutreten und ihren Einfluß geltend machen.
Bei den Rationalisten finden Sie demgegenüber den Gedanken des *Fehlurteils.* Etwas, das richtig gesehen wird, wird falsch eingeschätzt: ich *sehe* natürlich zwei gleiche Linien, aber ich *urteile*, sie seien nicht gleich, und das ist falsch (ich brauche die Linien ja nur zu messen). Wenn ich genau hinschaue oder nachmesse, sehe ich, daß beide Linien gleich lang sind oder – wie im zweiten Falle – parallel verlaufen.
Bezeichnet man die Reize und äußeren Bedingungen als x_e, die subjektiven Bedingungen als x_i und die daraus resultierende Wahrnehmung als P, so ergibt sich folgende Funktionsgleichung: $P = F_1(x_e) + F_2(x_i)$. Bleiben die äußeren Bedingungen x_e konstant und ändert sich das Perzept dennoch, so sind dafür innere Faktoren wie etwa die Aufmerksamkeitsrichtung dafür verantwortlich, daß eine Täuschung entsteht. Die entsprechende Formel lautet dann: $P = \text{const.} + F(x_i)$.[9]
Nun ist aber zu fragen: sind diese Wahrnehmungstäuschungen wirklich so außergewöhnlich? Nein! – Die obigen Täuschungsfiguren sind in der Tat künstlich ausgeklügelt. Doch die Abweichungen, die sich hier so spektakulär bekunden, sind auf gewisse Weise die Regel. Wenn man so will, sehen wir die Dinge beständig falsch und sind andauernd dabei, das Gesehene zu korrigieren.
Nehmen wir den Stab im Wasser, über den Austin sich auf ähnliche Weise äußert wie die Phänomenologen.[10] Der Stab im Wasser sieht aus, als wäre er gebrochen, in Wirklichkeit ist er es nicht – täuschen

9 Vgl. A. Gurwitsch, *Das Bewußtseinsfeld* (1975), S. 79, in kritischem Anschluß an V. Benussi.

10 Vgl. seine Kritik an der Sense-data-Theorie von Ayer in: *Sense and Sensibilia* (1962) und seine Unterscheidung zwischen *illusion* und *delusion*.

wir uns auch hier? Die Antwort lautet: man lernt, wie ein Stab im Wasser aussieht, und täuscht sich dann nicht länger. Man muß sich nicht ständig korrigieren, wenn man den Stab in seinem Kontext beläßt. Löst man ihn aus der alltäglichen Wahrnehmungssituation heraus und tut so, als sähe man eine kontextfreie Linie, so unterlegt man der Wahrnehmung eine bestimmte Konstruktion; die Abweichung davon interpretiert man dann als Täuschung. Der Stab im Wasser sieht ›geknickt‹ aus, und man unterstellt, daß dieses ›geknickt sehen‹ als ›gebrochen‹ interpretiert wird. Aber im Alltag lernt schon das Kind, daß Dinge im Wasser anders aussehen als außerhalb des Wassers.

Nehmen wir als nächstes Beispiel die *Größenkonstanz*. Dazu ein Beispiel, das Jakob von Uexküll in seiner Umweltlehre heranzieht, um den Unterschied zwischen dem Sehraum von Kindern und Erwachsenen zu erläutern.[11] Da ist ein kleiner Junge, der auf der Galerie der Potsdamer Garnisonskirche Arbeiter bemerkt und seine Mutter bittet, »ein paar Paar der Püppchen« herunterzuholen. Doch wenn ein Mann oben auf der Kirchturmgalerie sehr klein aussieht, so sagt im allgemeinen keiner von uns: »Oh, ist der geschrumpft beim Hinaufgehen«, und keiner käme auf den Gedanken, normale Menschen mit winzigen Puppen zu verwechseln, sobald er das Sehen in die Ferne und den Unterschied von Nah- und Fernraum gelernt hat.

Oder nehmen wir die *Formkonstanz*: wenn wir auf den Eisenbahnschienen stehen, so laufen diese aufeinander zu, wir sehen durchaus keine gewöhnlichen Parallelen, sondern Parallelen, die sich im Unendlichen treffen. Wiederum täuschen wir uns! Oder wir sehen die Öffnung eines Eimers, von dem wir annehmen, daß er rund ist. Schauen wir schräg hin, so haben wir eine Ellipse vor uns – schon wieder eine Täuschung! Die Formkonstanz bestünde dann darin, daß wir eine Kreisrundung in den verschiedensten Lagen als Kreis sehen, obwohl sie sich – schräg gesehen – plötzlich zu einer Ellipse verzerrt.

Es bleibt schließlich die *Farbkonstanz*: da spielt uns die Natur ständig einen Streich. Die Dinge sehen nie oder selten so aus, wie sie sind. Die Impressionisten haben sich darauf kapriziert, dieses nach Tageszeit oder Jahreszeit changierende Farbenspiel sichtbar

11 J. v. Uexküll und G. Kriszat, *Streifzüge durch die Umwelten von Menschen und Tieren* (1983), S. 30.

zu machen und nicht gleich ein normales Aussehen zu unterschieben. Museumsbesucher, die sich mit diesen farbigen Phantasmagorien konfrontiert sahen, waren so schön trainiert durch den Alltagsblick, daß sie den Impressionisten vorwarfen, sie malten die Dinge gar nicht so, wie sie aussehen. Die Impressionisten haben sich natürlich dagegen gewehrt und versichert: Genau so, wie wir sie malen, seht ihr die Dinge, nur merkt ihr das gar nicht, weil ihr euch benehmt wie ein Gewohnheitstier, das mit einem normalen Sehprogramm ausgestattet ist.

Alles, was den Dingen, die wir sehen, Größenkonstanz, Farbkonstanz, Formkonstanz verleiht, sind eigentlich nur Idealwerte, die nie wirklich auftreten. Husserl hat deshalb – schon auf die Wahrnehmung bezogen – von einer unvermeidlichen Normalität gesprochen. Er gebraucht das Wort Orthoästhesie.[12] Ästhesie steht hier für Wahrnehmung (αἴσϑησις): Orthoästhesie bedeutet, es gibt eine *rechte* Wahrnehmung, ähnlich wie wir von Orthographie, also von Rechtschreibung sprechen. Was ist darunter genauer zu verstehen? Ortho-ästhetisch ist die Wahrnehmung unter normalen Bedingungen. Wenn wir sagen: »Der Apfel ist rot«, so legen wir normale Bedingungen zugrunde. Wir gehen dabei nicht davon aus, daß wir in einem Raum sind, der mit gelben Fenstern versehen ist, die das Licht verändern; ebensowenig gehen wir davon aus, daß wir den Apfel mit einer Sonnenbrille anschauen. Nur wenn wir von normalen Umständen ausgehen, können wir also sagen: »Der Apfel ist rot«. Normalität setzt einen Normalisierungsprozeß voraus, den man bei der Beschreibung der Wahrnehmung nicht einfach stillschweigend übergehen kann. Der normalisierende Hintergrund prägt jede Wahrnehmung. Wenn wir also objektive Reize ansetzen, die in vergleichbaren Fällen immer gleich sind, so machen wir eine idealisierende Annahme, die in der Wahrnehmung überhaupt nicht aufweisbar ist.

Ich möchte die Kritik an der Konstanzannahme weiter vertiefen und auf wichtige Voraussetzungen hinweisen, die sowohl in der Konstanzannahme stecken wie in den Alternativen, die mitunter gegen die Konstanzannahme ausgespielt werden. Merleau-Ponty spricht in der *Phänomenologie der Wahrnehmung*[13] von dem Vor-

12 Hua IV, 66; XIII, 379. Vgl. dazu vom Verfasser *Grenzen der Normalisierung* (1998), S. 222-224.

13 PP 34-40, 51, dt. 47-53, 64.

urteil einer *fertigen*, vollkommen entfalteten Welt, einer Welt an sich. Wenn man physikalische Reize zugrunde legt, die sind, was sie sind, so geht man von einer fertigen, positiv und eindeutig bestimmten Welt aus; und aufgrund dieser Welt, die wir nicht sehen, sondern konstruieren, urteilen wir dann über das, was wir sehen. Die falsche Voraussetzung der Konstanzannahme läge darin, daß sie eine fertige Welt supponiert, in der alles bestimmt ist, und daß sie das gewöhnliche Sehen dann von dieser Annahme her interpretiert.

Die Korrektur, die von der Phänomenologie angeboten wird, bestünde in dem Nachweis, daß die Erfahrung der Welt diese Bestimmtheit zunächst einmal gar nicht hat, so daß das Problem, wie ein richtiges Sehen unter täuschenden Umständen möglich ist, entfällt. Hier müßte man Nietzsche recht geben, der zu seiner Zeit heftig gegen eine bestimmte Form von Wissenschaft polemisiert hat: die Wissenschaft erweist sich als ein letzter Aberglaube, wenn man so tut, als vermittle *sie* uns die wahre Welt, als würde die wahre Welt durch eine physikalische Beschreibung gefunden und als kämen erst danach jene Alltagswelten, denen man einen bloß subjektiven Charakter zuschreibt. In einer solchen Vorannahme liegt ein Rest von Platonismus. Bei Platonikern ist die wahre Welt jene, die sich in den Ideen darstellt. Die moderne Version würde dann lauten: die wahre Welt ist jene, die sich in physikalischen Formeln ausdrücken läßt. Die zeitgenössische Physik ist allerdings von solch metaphysischen Annahmen weitgehend abgekommen.

Die Alternative zu der Konstanzannahme besteht darin, daß man auf die Erfahrung zurückgeht, auf die Art und Weise, wie die Dinge sich zeigen. Ich habe Wolfgang Köhler erwähnt, der dem Verhalten von Hühnern nachgeht, die in ihrer Umwelt leben und diese auf gewisse Weise gestalten und organisieren. Das bedeutet: der Rückgang auf die Gestaltungen, in denen die Welt sich darstellt, führt zu einer Wirklichkeit, wie sie uns begegnet, wie sie sich für uns darstellt – und nicht zu einer Wirklichkeit an sich.

Das bedeutet zugleich – und hier kommt es zu einer wichtigen Konsequenz, die auch für gegenwärtige Chaostheorien eine Rolle spielt –, daß das Unbestimmte und Vieldeutige keine subjektive Verformung darstellt, sondern daß es eine positive Unbestimmtheit gibt.[14] Eine Unbestimmtheit im positiven Sinne gibt es des-

14 Vgl. PP, 12, 509, dt. 25, 507. Vgl. dazu die Ausführungen von Gerhard

halb, weil die Welt nie vollendet ist, sie stellt sich immer dar mit offenen Stellen, mit Unbestimmtheiten. Die Annahme einer völlig in sich bestimmten Welt ist ein Konstrukt, das wir der Erfahrung unterlegen.

Nehmen wir noch einmal die Müller-Lyersche Figur. Die Schlüsselfrage lautet: sind die Linien gleich oder sind sie ungleich? Sind sie gleich, so heißt das, wir sehen sie falsch, wenn wir sie kleiner oder größer sehen. Merleau-Ponty gibt darauf folgende Antwort: Bei der Wahrnehmung von Gestalten bewegen wir uns nicht auf der Ebene des Seins, nicht auf der Ebene dessen, was in sich fest bestimmt wäre und einen entsprechenden Vergleich zuließe. De facto ist es bei der Müller-Lyerschen Figur so: wir haben es mit zwei verschiedenen Wahrnehmungskontexten zu tun, die fraglichen Formen treten in verschiedenen Kontexten auf, und wenn wir von Täuschung sprechen, ändern wir in Wirklichkeit die Wahrnehmungssituation. Zunächst einmal hat es keinen Sinn zu sagen, die Linien seien gleich oder nicht gleich, weil sie in jeweils verschiedenen maßgeblichen Zusammenhängen auftreten. Der Wahrnehmungszusammenhang der ersten Figur ist ein anderer als jener der zweiten. Es ist, wie wenn man zwei private Kontexte der Wahrnehmung vor sich hat, die nicht schlechthin zur gleichen Welt gehören. Es handelt sich um Zusammenhänge, die alternativ auftreten und sich eben deswegen der Einfügung in eine einzige Welt widersetzen.

Für Kippfiguren gilt das gleiche.

Schema 4: Kippfigur

Gamm: *Flucht aus der Kategorie. Die Positivierung der Unbestimmtheit als Ausgang der Moderne* (1994).

Wir können obige von Jastrow entworfene Figur einmal als Entenkopf, einmal als Hasenkopf sehen, beide Male entstehen verschiedene Wahrnehmungswelten, aus den Hasenohren wird plötzlich ein Entenschnabel, und die eine Auffassung paßt nicht zu der anderen. Was vermittelt dann zwischen den beiden Kontexten? Die beiden Kontexte treten zueinander in Beziehung über eine Umgestaltung, einen Gestaltwechsel, der sozusagen eine Übersetzung vornimmt. Merleau-Ponty spricht von einer perzeptiven Syntax[15], d. h. es gibt auch hier formale Verknüpfungsregeln, vergleichbar der sprachlichen Syntax. Gestalten bilden gleichsam die Syntax der Wahrnehmung, in der es noch nicht um Semantik, um bedeutsame Gegenstände geht, sondern um rund, eckig, um Überschneidungen, Überdeckungen usw., also um präobjektive Zeichenzusammenhänge.

»Die Linien sind also gleich *oder* aber auch, sie sind nicht gleich«. Derartige Antworten finden sich ebenfalls in Untersuchungen von Wahrnehmungsweisen sogenannter Primitiver. Jastrow, von dem die erwähnte Kippfigur stammt, hat auch mit Vertretern nichteuropäischer Völker experimentiert. Es gibt ferner ein interessantes Buch (inzwischen auf deutsch erschienen) von dem Russen Alexander R. Lurija, dem namhaften Neuropsychologen, der 1931/32 in jungen Jahren zwei Expeditionen leitete, die nach Usbekistan führten (auch Kurt Koffka nahm daran teil).[16] Hierbei wurde unter anderem untersucht, wie Analphabeten und Personen, die eine gewisse Bildung genossen oder gar studiert hatten, Gestalten wahrnehmen. Die gewonnenen Resultate lassen signifikante Differenzen erkennen und erhärten die Annahme, daß die Gestaltwahrnehmung auf gewisse Weise kulturabhängig ist. Besonders deutlich zeigt sich dies in Gruppierungsaufgaben wie der folgenden.

15 PP 45, dt. 58. Wittgenstein behandelt das Problem des Gestaltwechsels, das er mit dem Jastrowschen Hasen-Enten-Kopf illustriert, als »Aspektwechsel«; was sich ändert, ist das »Sehen als...«, das nicht zur Wahrnehmung zählt (*Philosophische Untersuchungen*, 1960, S. 503 ff.). Die Nähe zur Phänomenologie der Wahrnehmung, die ebenfalls mit einem konstitutiven Als operiert, ist offenkundig.

16 A. R. Lurija, *Die historische Bedingtheit individueller Erkenntnisprozesse* (1986); zu den geometrisch-optischen Täuschungen vgl. S. 64-69, die Gruppierungsaufgabe findet sich auf S. 62.

Schema 5: Gruppierungsaufgabe

Vp N., 19 Jahre, eine Hausfrau, Analphabetin:

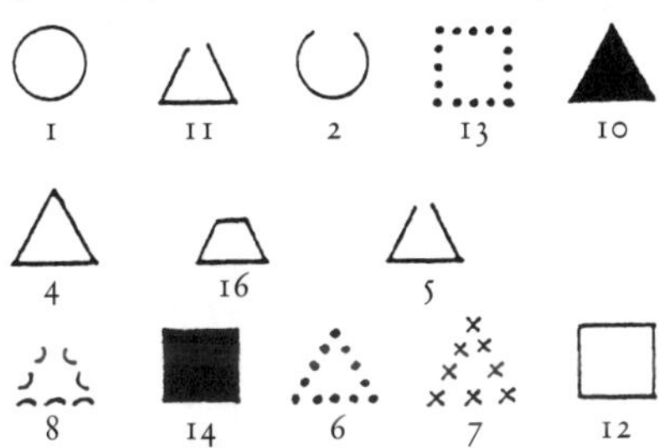

Die Vp bestimmt 1 als Teller, 11 als Kibitka (Zelt der Nomadenvölker), 2 als Armreif, 13 als Perlenkette, 10 als Amulett, 4 als Gestell für einen Kessel, 16 als Spiegel, 5 als Wiege, 8 als goldenes Amulett, 14 als Spiegel, 6 als usbekische Uhr, 7 als silbernes Amulett, 12 als Spiegel. Nach der Aufforderung, die Figuren zu klassifizieren, legt sie 7 und 8 (»das sind teure Amulette«) sowie 12, 14 und 16 (»Spiegel«) zusammen und erklärt, mehr ähnliche Figuren gäbe es nicht.

Was hier in den Kontexten der Wahrnehmung zutage tritt, wird im Bereich einer historisch angelegten Wissenschaftstheorie seit längerem als Problem der Kommensurabilität oder der Übersetzbarkeit von Paradigmen erörtert. Hier tauchen ähnliche Probleme auf einer höheren Stufe der Theoriebildung auf. Die bekannte These, daß sogenannte Beobachtungsterme theorieabhängig sind, läßt sich durchaus mit dem vergleichen, was Jastrow im Wahrnehmungszusammenhang aufzeigt. Unabhängige Beobachtungsterme wären solche, die der theoretischen Verarbeitung vorausgehen. Es gäbe dann Meßdaten, die in sich selber Bestand haben, unabhängig davon, was die Theorie mit ihnen anfängt.
Die Gegenthese behauptet, daß Beobachtungsterme, gerade weil sie gewisse Meßsysteme und Meßverfahren voraussetzen, immer schon in eine Theorie eingebettet sind. Man kann nicht Atome beschreiben und dann sagen, nun machen wir eine Theorie daraus, sondern ein Atom gibt es ausschließlich bezogen auf bestimmte theoretische Annahmen. Auch auf der Ebene der Erfahrung gilt: wir haben keine absoluten, kontextunabhängigen Daten, sondern

wir bewegen uns in verschiedenen Kontexten, so daß die Dinge ihr Aussehen ändern.

Um noch einmal auf das Beispiel des Stabs im Wasser zurückzukommen: wir täuschen uns deshalb nicht, weil uns ein Stab aus verschiedenen Situationen vertraut ist, unter anderem als Stab im Wasser. Und wir lernen, daß ein Stab im Wasser *so* aussieht. Das ist keine Täuschung. Von einer Täuschung könnte man nur sprechen, wenn man bestimmte, eingeengte Lernsituationen unzulässig verallgemeinert und die Wahrnehmung nicht hinreichend spezifiziert. Dies führt zu einer Vernachlässigung kontextueller Bedingungen.

Gehen wir einen Schritt weiter. Man kann natürlich Kontexte vergleichen, wie wir es jetzt dauernd tun. Man kann absehen von dem jeweiligen Kontext, man kann innerhalb der besagten Figur absehen von diesen Winkelpfeilen, man kann die Linien für sich nehmen und dann feststellen: »Ohne die Winkelpfeile sind sie gleich.« *Unter bestimmter Rücksicht* sind die Dinge in der Tat gleich, sie sind jedoch nicht an sich gleich, sondern nur dann, wenn ich sie vergleiche. Vergleiche kann ich auf verschiedene Weise durchführen: als Sprachvergleich, als Geschlechtervergleich, als Kulturvergleich. Eine solche Komparatistik ist durchaus möglich. Sie besteht darin, daß man etwas isoliert, identifiziert und dann feststellt: »*Dasselbe* erscheint in verschiedenen Kontexten«.

Dieses Abstrahieren von Kontexten, diese Dekontextualisierung, bricht jedoch nicht herein wie ein Sündenfall: keine Wissenschaft wäre möglich, wenn man diese Dekontextualisierung nicht vornähme. Stellen Sie sich vor, Galilei hätte eine Physik des freien Falles entwickelt und dabei untersucht, wie schnell solche Dinge wie Goldpaminer oder Williamsbirnen durch die Luft fliegen. An den Dingen interessierte ihn in seiner Forschung nur das Gewicht – ob ein Apfel, eine Birne oder eine Bombe durch die Luft fliegt, das ist völlig gleich-gültig, wenn es auf die Fortbewegung schwerer Körper ankommt.

Bei dieser Abstraktion wird auch abgesehen von der Eßbarkeit oder sonstigen Eigenschaften des Gegenstandes, der durch die Luft fliegt. 1968 flogen manchmal Tomaten durch die Luft. Das war eine interessante, für die Betroffenen recht mißliche Form von Umgestaltung; eßbare Dinge wurden plötzlich als Wurfgeschosse benutzt. So etwas ist immer wieder möglich, und man sieht hier auch davon ab, wie etwas schmeckt.

Jede Wissenschaft geht so vor, daß sie systematisch Kontexte ab- und ausblendet und daraus allgemeine Gesichtspunkte gewinnt. Fragwürdig wird das Verfahren erst dort, wo man fertige Konstrukte an die Wirklichkeit heranträgt und Abstraktionsprodukte als die Sache selbst nimmt. Man darf den Prozeß des Identifizierens und Vergleichens der primären Wahrnehmung also nicht einfach unterschieben. Vergleichen und Identifizieren sind Operationen zweiter Stufe, die bereits konkrete Erfahrungskontexte voraussetzen und diese nicht ersetzen können.

Nun noch eine zusätzliche Bemerkung. Ich wurde in der Pause von einem meiner Hörer darauf hingewiesen, daß es doch das absolute Gehör gibt. Das wäre ein Fall, wo jemand einen Ton heraushört, unabhängig von den Tonrelationen, und dies bis zu dem Punkt, daß er Schwierigkeiten hat, bestimmte Terzen oder Tonintervalle zu lernen, Schwierigkeiten also, die der Normale, der das absolute Gehör nicht hat, so nicht kennt. Hier stellen sich Fragen spezifischer Art, die ich im einzelnen nicht überblicke. Ich möchte nur auf einen allgemeinen Gesichtspunkt aufmerksam machen, auf den auch die Gestalttheoretiker immer wieder hinweisen. Genetisch betrachtet ist es so, daß isolierte Daten oder isolierte Leistungen (etwa die Wahrnehmung absoluter Farbwerte) nicht am Anfang stehen, wie der Empirismus annimmt, sondern daß sie als spätes Produkt auftreten, eben genau dann, wenn man Ton und absolute Wahrnehmung des Tones isoliert. Erwachsene Menschen oder sogenannte Zivilisierte sind eher in der Lage, absolute Farb- oder Formenwerte aus ihrem Zusammenhang herauszulösen, als Tiere, Kinder oder sogenannte Primitive. Das bedeutet aber: allererst müßte man erklären, wie es überhaupt dazu kommt, daß man Kontexte vergleicht und Dinge unabhängig vom Kontext betrachtet. Der Fehler liegt dort: man beruft sich auf einfache Daten und sagt: »Dann kommt noch etwas hinzu«. Erfahrung beginnt jedoch damit, daß man in bestimmten wiederkehrenden Situationen etwas *als dasselbe* wahrnimmt; erst auf dieser Grundlage wäre dann der Ablösungsvorgang zu erörtern. Man kann unter künstlichen Laboratoriumsbedingungen Abstraktionen vornehmen, die eine reduzierte Umwelt schaffen. ›Einfache Reizgestalten‹ gibt es nicht einfach, sondern sie entstehen, indem man sie experimentell herstellt und damit eine Art künstlicher Erfahrung installiert. Es gibt aber auch spontan gelebte Abstraktionen im Sinne pathologischer Dissoziationen, etwa schizophrene Erkrankungen, wo die Herauslösung aus dem Kontext nicht methodisch herbeigeführt wird, sondern aus Fragmentierungs- und Spaltungsprozessen der leiblichen Existenz resultiert. Man kann schließlich auch die instinktive Selektion bestimmter Reizgestalten einer »gelebten Abstraktion« zuschreiben.[17]

Das Erklärungsbedürftige am absoluten Gehör liegt – um noch einmal auf diese Frage zurückzukommen – in der Frage, wie es dazu kommt, daß ein Ton auf diese Weise aus dem Tonumfeld herausgelöst wird. Anders als der Empirismus annimmt, steht am Anfang nicht das Einfache, sondern ein artikulierter Zusammenhang. Um es deutlich zu sagen: Einfachheit entsteht erst durch Vereinfachung. Der Grundfehler des Empirismus liegt darin, daß er vom Einfachen ausgeht, statt zu untersuchen, wie die Vereinfachung zustande kommt. Eine Vereinfachung findet in bestimmten Lebensprozessen statt oder in methodischen Experimenten. Ich erinnere an das Hume-Zitat, dort findet sich das gleiche: Individuelle Daten und Entitäten sind solche, die unabhängig von allem anderen existieren. Doch dieses Individuelle, das Hume anvisiert, entsteht erst durch Vereinzelung.

Ähnliche Überlegungen kann man übrigens auch bei Karl Marx finden. Marx wendet sich gegen die Vorstellung, daß es da Individuen gibt, die lediglich ihren eigenen Interessen folgen und irgendwann Verträge schließen. Für Marx entstehen Einzelne durch soziale Vereinzelung, und Vereinzelung ist ein Prozeß, der historisch variiert. Das betrifft also schon die sinnliche Erfahrung, die von Anfang an bestimmte Ordnungen generiert.

2. Wahrnehmung als Gestalt- und Strukturbildung

Wird das Vorurteil einer fertig gegebenen Welt durchbrochen, so entsteht Raum für das, was man mit Merleau-Ponty als eine Genealogie der Welt in der Erfahrung bezeichnen könnte. Wir kennen die »Genealogie der Moral« bei Nietzsche, die »Genealogie der Logik« bei Husserl, wo es nicht um eine bloße Beschreibung vorhandener Gesetze oder um eine Rechtfertigung von Gesetz-

17 Vgl. Merleau-Ponty, SC 178, dt. 189, im Anschluß an Bergson.

mäßigkeiten geht, sondern um die Herkunft und die Entstehungsbedingungen von Ideen, Gesetzen oder Verbindlichkeiten. In dem Sinne spricht Merleau-Ponty von einer »Genealogie des Seins«.[18] Die Welt selber *entsteht* auf gewisse Weise, sie ist nicht einfach fertig da als etwas, auf das wir uns umstandslos berufen können. Erfahrung bedeutet deshalb keine bloße Reproduktion fertiger Formen, mittels derer etwas registriert oder reproduziert wird, das in der Außenwelt oder im Geiste vorhanden wäre, sondern schon die Wahrnehmung hat es mit dem zu tun, was Merleau-Ponty ausdrücklich als eine *création*, als Schöpfung bezeichnet. Schöpfung gibt es bereits im Bereich der Erfahrung, weil es hier zu Strukturveränderungen kommt, z. B. im Übergang vom Unbestimmten zum Bestimmten. Wahrnehmung bedeutet auch eine Spezifizierung: etwas bestimmt sich zu dem, was es ist, in der Erfahrung. Und weil wir nicht einfach davon ausgehen können, daß die Dinge in sich selbst auf eindeutige und endgültige Weise sind, was sie sind, enthält der Prozeß des Bestimmens eben Momente einer Kreation.[19]

Merleau-Ponty erläutert dies am Beispiel der Aufmerksamkeit, die vielfach als ein Scheinwerfergeschehen beschrieben wurde. Man schaltet einen Scheinwerfer an und entdeckt dann, was alles im Raum ist. Merleau-Ponty und vor ihm Aron Gurwitsch haben diese Aufmerksamkeitstheorie massiv kritisiert. Aufmerksamkeit stellt sich dar als eine Umgestaltung, eine Umorganisation des Feldes; plötzlich wird etwas wichtig, tritt etwas hervor und anderes zurück. Das Erwachen der Aufmerksamkeit oder das Aufleuchten eines Aspekts, von dem Wittgenstein redet, bedeutet, daß ein Erfahrungsfeld sich ändert. Aufmerksamkeit ist nicht wie ein Scheinwerfer, der mal dieses anstrahlt, mal jenes, wo sozusagen alles vorhanden ist, sondern die Dinge sind uns immer nur in einer bestimmten Organisationsweise gegeben, und diese ändert sich mit dem Wechsel der Aufmerksamkeit. Die Relevanzkriterien ändern sich. Es geht also nicht um ein bloßes Erscheinenlassen dessen, was schon da ist, sondern um ein originäres Zur-Erscheinung-bringen, in dessen Verlauf die Dinge zu dem werden, was sie sind.

Denken wir etwa an die Entwicklung des Farbsehens, auch dazu

18 PP 67, dt. 78.
19 Vgl. PP 37f., dt. 50f.

gibt es sehr genaue Ausführungen bei den Gestalttheoretikern.[20] Die Entwicklung des Farbsehens geschieht nicht beliebig, sondern unterliegt einer gewissen Form von Regelmäßigkeit. Es werden Differenzen gelernt, zunächst zwischen Hell und Dunkel, dann zwischen Farbig und Farblos, innerhalb der Farben zwischen warmen und kalten Farben, innerhalb der warmen Farben zwischen Gelb und Rot usw. Am Ende gibt es eine Ausdifferenzierung, die kulturell variabel ist: wenn wir von einem Tizianrot oder von einem Preußischblau sprechen, so sind das Farbnuancen, die in bestimmten Traditionen eine Rolle spielen. Doch es gibt Grundunterscheidungen, die immer wieder auftreten. Farbsehenlernen heißt: unterscheiden lernen, eine Farbe von der anderen unterscheiden lernen. An diesem Aufbau einer Farbwelt ist interessant, daß bei einem Kind der physiologische Apparat eigentlich schon vorhanden ist, um z. B. eine Gelbwahrnehmung zuzulassen, doch ein gewisser Differenzierungsgrad ist noch nicht erreicht. In der Sprache finden wir ähnliches: Jakobson hat den Aufbau eines phonematischen Lautsystems mit dem Erlernen des Farbsystems parallelisiert.[21] Der Aufbau eines phonematischen Lautsystems folgt der Unterscheidung zwischen offenen und geschlossenen Lauten, dann kommen Labiallaute, später Nasallaute usf. Es sind Differenzierungen, die man lernt, aber man kann nicht sagen, daß das Kind dies vorher im physiologischen Sinne noch nicht kann. Physiologisch – darauf weist Jakobson hin – ist ein Kind *vor* der Sprache, in der sogenannten Lallstufe, ein Alleskönner. Es gibt wunderbare Zungen-Rs von sich, die es später als Erwachsener mühsam wieder lernen muß, wenn es zum Beispiel mit dem Italienischen beginnt. Daß das Sprechenlernen erst in einem bestimmten Alter erfolgt, ist kein Problem physiologischer Reifung, sondern ein strukturelles Problem: man lernt Laute, indem man andere verlernt. Es werden Differenzen erlernt und nicht einfache Elemente eines nach dem anderen aufgelesen.

Merleau-Ponty spricht in diesem Sinne auch von der Wiederher-

20 Vgl. K. Koffka, *Die Grundlagen der psychischen Entwicklung* (1966), S. 198-212, dazu vom Verf. *Der Spielraum des Verhaltens*, S. 134-137.

21 *Kindersprache, Aphasie und allgemeine Lautgesetze* (1969), und dies in ausdrücklicher Anknüpfung an Autoren wie C. Stumpf und W. Köhler (vgl. S. 110 ff.).

stellung eines Urtextes der Wahrnehmung; das ist eine interessante Formulierung[22], die zu der schon erwähnten eigentümlichen perzeptiven Syntax paßt. Merleau-Ponty verteidigt diesen Urtext der Erfahrung gegen eine empiristische Auflösung der Wahrnehmungssituation in bloße Daten und eine rationalistische Rückführung auf bestimmte Verstandesformen, die für Ordnung sorgen. Er bezieht sich an einer Stelle auf Cassirer, der feststellt, es gebe schon bei der Wahrnehmung eine Verstümmelung von oben und eine von unten. Eine Verstümmelung von oben, weil man intellektuellen Fähigkeiten zuschreibt, was viel elementarer beschaffen ist; – und eine Verstümmelung von unten, weil man von bestimmten Daten ausgeht und damit die Erfahrung schon auf der elementarsten Stufe vereinfacht.

Max Scheler hat ebenfalls frühzeitig auf diese doppelte Verzerrung hingewiesen: wenn man die Welt in atomare Gegebenheiten zerfallen läßt, dann braucht man eine massive Ordnungsfunktion, um Ordnung in dieselben hineinzubringen.[23] Der Rationalismus ist auf gewisse Weise ein Komplement zum Empirismus, während die Phänomenologie der Wahrnehmung einen mittleren Weg beschreitet und davon ausgeht, daß in der Erfahrung selbst immer schon bestimmte Organisationsformen im Spiel sind.

Doch wie sehen diese Organisationsformen aus? Um diese Frage zu beantworten, möchte ich zwei Grundkonzepte kurz vorstellen, die ich in meinen Ausführungen wiederholt gebraucht habe und die auch in der *Phänomenologie der Wahrnehmung* eine große Rolle spielen: es sind dies die Begriffe *Struktur* und *Gestalt*. Merleau-Ponty sagt an einer Stelle, wo er sich nachdrücklich von einem empiristischen Vorgehen absetzt: Das Unmittelbare sind keine Impressionen, sondern Sinnstrukturen und Gestalten.[24] Strukturen und Gestalten sind nämlich das, wovon wir immerzu, auch wenn wir analysieren und synthetisieren, ausgehen.

Zunächst zum Begriff der Struktur. Ich halte mich hier an die üblichen Bestimmungen, es sind Minimalbestimmungen, die zum Teil auch für die Gestalt gelten. 1. Es handelt sich um eine strukturierte Ganzheit, d. h. um eine Totalität, deren Elemente nicht einzeln für sich, sondern durch ihre Stellung zueinander

22 Vgl. PP 29, dt. 41.
23 Vgl. *Der Formalismus in der Ethik*, GW 2, S. 85.
24 Vgl. PP 70, dt. 82.

im Ganzen bestimmt sind. Das berühmte Beispiel ist die Melodie. Eine Melodie besteht nicht aus 17 Tönen, die nebeneinander oder hintereinander vorkommen, sondern darin, daß Einzeltöne in einem geregelten Zusammenhang stehen, eine strukturierte Ganzheit bilden. Ich sage ausdrücklich ›strukturierte Ganzheit‹, denn es geht nicht um eine vage Ganzheit, in der es keine Elemente gäbe. Das wäre eine sehr irrationale Weise, die Ganzheit selbst wieder in die Dinge zu verlagern, vielmehr sind es Einzelheiten, die in wechselnden Arrangements auftauchen und in wechselnde Zusammenhänge eintreten.

2. Gestalt und Strukturen lassen Transpositionen und Transformationen zu. Dies im Gegensatz zum Empirismus, der mit der Addition und der Subtraktion von Einzelelementen arbeitet. Wenn ich von einfachen Elementen ausgehe, kann ich stets beteuern: »Ich füge neue Elemente hinzu, dann wird das Ganze komplizierter« oder: »Ich nehme Elemente weg, dann wird das Ganze einfacher«. Dieses Denken in Einzeldaten gewinnt ein Ganzes also durch Addition und Subtraktion, während das strukturelle Denken davon ausgeht, daß eines mit dem anderen zusammenhängt. Die Veränderungen geschehen durch Transpositionen, Transformationen oder auch durch Substitutionen, wie wenn z. B. eine Melodie in eine andere Tonart oder einen anderen Rhythmus überwechselt.

Dieses letztere Moment der Substitution ist sehr wichtig: die Veränderung geschieht nicht durch bloße Einwirkungen oder Eingriffe von außen, sondern sie geschieht zunächst einmal auf dem Wege einer Selbstorganisation oder Selbstregelung.

Ich nehme noch einmal das Beispiel des Aufmerksamkeitsfeldes. Wenn Sie überrascht werden, wenn Sie z. B. einen unbekannten Raum betreten oder in eine Stadt kommen, die nicht Ihren normalen Vorstellungen entsprechen, so unterziehen Sie sich zunächst keiner großen Denkanstrengung. Die erforderliche Umorganisation geschieht spontan, sobald Ihnen etwas begegnet, das nicht in Ihre Vorstellung paßt. Plötzlich gewinnt etwas an Gewicht, das normalerweise im Hintergrund bleibt, und damit ordnet sich das Gesamtfeld anders an. Neue Wege tun sich auf. Hindernisse fallen, oder es türmen sich neue Hindernisse auf. Die Selbstorganisation, von der die Gestalttheoretiker sprechen, vollzieht sich auf der Ebene der Erfahrung. Sie kommt nicht durch Denkakte zustande, indem ich in das Erfahrungsfeld eindringe, etwas methodisch herausgreife, beobachte, beurteile, sondern in ihr verändert sich das Erfahrungsfeld. Dies trifft auch auf historische Wandlungen zu, die ja auch nicht durch Historiker erfunden oder durch Politiker dekretiert werden, sondern sich aus Verlagerungen oder Verschiebungen innerhalb des Handlungs- oder Gesellschaftsfeldes ergeben, so etwa 1989 der Fall der Mauer.

Nun etwas zum Gestaltbegriff. Der Gestaltbegriff läßt einen sehr weiten Gebrauch zu. Ich habe zumeist Wahrnehmungsgestalten, also Beispiele aus der Wahrnehmungswelt herangezogen. Man spricht aber auch von Bewegungsgestalten, etwa von Bewegungsrhythmen. Das bedeutet, daß die Abfolge von verschiedenen Bewegungsschritten (etwa wenn wir gehen oder schwimmen) nicht additiv geschieht, nicht dadurch, daß sozusagen ein Bewegungselement zum anderen hinzukommt, sondern diese Bewegungsgestalt zeichnet sich dadurch aus, daß eine Spannung erzeugt wird: die Bewegungsgestalt kann gekennzeichnet sein durch Eiligkeit, Hastigkeit, Zögern. Und diese Bewegungsrhythmen formen sich zu einer bestimmten Gestalt. Nur so ist es denkbar, daß wir jemanden am Schritt erkennen, was nicht möglich wäre, wenn der Schritt aus einer bloßen Addition von Bewegungen bestünde. Es gibt einen bestimmten Schrittrhythmus; Wedekind hat eine Geschichte geschrieben[25], in der ein erotisches Abenteuer damit beginnt, daß jemand eine Frau über eine Straße *gehen* sieht. Das Gehen, die Gestalt des Gehens, das Gewahren der Gangart bildet den erotischen Kristallisationskern einer ganzen Geschichte. »Der Gang eines Menschen ist nichts Zufälliges«, so schreibt der Autor: »Er ist aufs engste bedingt durch die Art und Weise, wie sein Körper gebaut ist.« Daran zeigt sich, daß der Gestaltbegriff in allen Bereichen verwendbar ist, wo etwas in einem Zusammenhang auftritt.

Das *Grundmoment der Gestaltbildung* (das gehört zum ABC der Gestalttheorie) besteht in einer Differenz, nämlich in der Urdifferenz von *Figur* und *Grund*. Das trifft sich mit der nichtempiristischen Zugangsweise. Ich höre etwas heißt: etwas tritt hervor, anderes, das ich auch hören könnte, tritt in den Hintergrund. Gestaltbildung läuft immer auf eine Differenz hinaus: ich höre etwas oder sehe etwas auf einem Hintergrund. Wenn wir eine homogene Fläche vor uns haben, sehen wir gar nichts. Der Ge-

25 Frank Wedekind, *Die Liebe auf den ersten Blick.*

stalttheoretiker Koffka weist darauf hin[26]: auf eintönige Weise wahrnehmen heißt, überhaupt nicht wahrnehmen. Wir kennen das von abebbenden Hörgeräuschen, wenn wir Musik oder Straßenlärm so lange hören, bis dieses Hören einen Punkt erreicht, wo wir gar nichts mehr hören, wo die Straße mit ihrem Lärm im Nichts versinkt. Physiologisch betrachtet sind die Klänge und Geräusche nicht völlig verschwunden, d.h. die Reize sind, wenn man so will, immer noch da, aber ähnlich wie die Dinge um uns, die wir im Schlaf für eine Weile zurücklassen. Und wenn wir Tätigkeiten sehr konzentriert vollziehen, geschieht dies im allgemeinen so, daß der Hintergrund eine gleichförmige Tönung annimmt, sich einer Geräuschkulisse annähert. Während Hören im intensiven Sinn heißt: bestimmte Strukturen heraushören.

Hier wäre auch der Begriff des *Feldes* verwendbar (etwas tritt aus einem Feld heraus) oder der phänomenologische Begriff des *Horizonts*. Der Horizont bezeichnet all das, was miterfahren wird, wenn etwas als solches erfahren wird.

An einer Stelle, wo Erwin Straus sich gegen Humes Position richtet, wird der Kontrast zum Empirismus besonders deutlich formuliert. Es heißt dort: »Die Zäsur ist das erste Problem«.[27] Damit stellt sich die Frage: Wie kommt es überhaupt dazu, daß eine *Differenz* das Wahrnehmungsfeld durchfurcht? Wie gewinnt etwas gegenüber anderem die Oberhand, so daß es wahrgenommen wird? Auch beim Lernen ist Differenzbildung das entscheidende Moment – und nicht die Tatsache, daß wir Daten sammeln, die sich schrittweise anreichern. Der erste Autor in der Geschichte der Wahrnehmungstheorie, der diesen Gedanken deutlich gegen den Empirismus ausgespielt hat, ist meines Wissens William James, der in seinen *Prinzipien der Psychologie* den Gedanken äußert: Wahrnehmen ist eine *discrimination*, ein Unterscheidungsakt.[28] Sehen lernen heißt, daß man lernt, Differenzen zu sehen, und das gilt für alles Lernen.

Hier zeigt sich übrigens eine nahe Beziehung zwischen Gestalttheorie und Strukturalismus. Bei F. de Saussure, dem großen Schweizer Linguisten, lautet einer der Grundgedanken, daß Zeichen diakritisch sind, daß Zeichen ihre Bedeutung, ihre Funktion

26 *Die Grundlagen der psychischen Entwicklung* (1966), S. 104.

27 *Vom Sinn der Sinne* (1956), S. 21.

28 *Principles of Psychology*, Kap. XIII.

nur haben, indem sie sich von anderen abheben, daß man Zeichen also nicht im einzelnen und isoliert beschreiben kann. Ein A ist ein *sprachlicher* Laut nur deshalb, weil er sich vom O oder vom E unterscheidet. Auch hier ist das Diakritische, d. h. die Unterscheidung konstitutiv dafür, daß es überhaupt Sprachlaute gibt. Doch das gilt eben auch für die Wahrnehmung. Deshalb sollte man die Vorstellung einfacher Daten verabschieden.

Ein weiterer verbreiteter Begriff ist der Begriff *Physiognomie*, es gibt eine Physiognomie der Dinge. ›Gnômê‹ heißt Deutung. ›Physiognomie‹ bedeutet, daß eine physische Erscheinung gedeutet wird, so etwa das Gesicht. Wenn man das Gesicht nach empiristischem Muster denken würde, wäre ein als Tatsache unumstrittenes Phänomen überhaupt nicht verständlich: daß nämlich Kleinkinder in der Regel nach etwa 8 Monaten die Mutter von anderen Personen unterscheiden können. Denn etwas Einfaches ist das Gesicht nun wirklich nicht. Man müßte, würde man von einer empiristischen Deutung ausgehen, vermuten, daß das Kleinkind zuerst Einfaches, beispielsweise einen roten Becher von einem blauen Ball unterscheidet.

Daß das Gesicht eine komplizierte Sache ist, zeigt sich schon daran, daß es schwierig ist, ein Gesicht zu beschreiben. Wenn ich angeben soll, wie jemand aussieht, kann ich sagen, er hat eine Hakennase oder braune Augen. Doch das sind bloße Kennzeichen. Daß ein Kind ein Gesicht wiedererkennt, setzt das sogenannte Fremdeln voraus, mit dem es das Gesicht der Mutter vom Gesicht einer fremden Person unterscheidet. Am Anfang der kindlichen Wahrnehmung steht also nicht ein einfaches Etwas, sondern eine bestimmte Konfiguration. Andere Beispiele für Physiognomie liefert die Anordnung von Linien. Ein isolierter Strich schaut anders aus als die Seite eines Rechtecks; diese hat eine Innen- und eine Außenseite, jener dagegen hat zwei völlig gleichwertige Seiten.[29] Oder denken Sie an Dinge, die man in Ruhe oder in Bewegung sieht: merkwürdigerweise *sieht* man ein rollendes Rad. Es gibt von Albert Michotte durchgeführte Experimente, in denen das Sehen von Kausalitäten, von Einwirkungen auf anderes und von Bewegungen untersucht wird. Ein solches Sehen setzt immer eine ganzheitliche, situativ-kontextuelle Form der Wahrnehmung voraus.

29 Das Beispiel stammt von K. Koffka, zitiert: PP 45, dt. 57.

Die beiden Begriffe, mit denen ich heute schließen möchte, wären die Begriffe *Sinn* und *Bedeutung*. Diese Begriffe werden zumeist auf Handlung und Sprache bezogen, doch sie spielen auch schon in der Erfahrung und in der Wahrnehmung eine Rolle. Wenn von Sinn und Bedeutung die Rede ist, so bedeutet das: am Anfang stehen nicht atomare Daten oder Stoffe, die dann sekundär eine Bedeutung bekommen, sondern etwas hat Sinn. Mit dem alltäglichen Wort ›Sinn‹ ist gemeint, daß in dem, was sich zeigt, sich mehr ankündigt als das, was explizit da ist. Daß wir in einem bestimmten Sinne sehen, bedeutet paradox gesagt: wir sehen immer mehr als das, was wir sehen. Wir sehen mehr als das, was ins Auge fällt, was sich gerade aktualisiert. Beispiele wären: Wir sehen ein wolliges Rot oder ein scharfes Gelb. Wir sehen bestimmte Materialitäten mit, wenn wir eine Farbe sehen. Die Farbe ist nie eine bloß optische Farbe, außer man löst die optischen Qualitäten heraus. Farben haben immer eine ganz gewisse Valenz (etwa eine Tastvalenz) und auch eine gewisse Nähe zu Tönen. In der Sprache von Husserl bedeutet Sinn also immer ›Verweisung auf‹. Etwas, das in der Erfahrung auftritt, hat einen Sinn, das besagt: etwas bildet einen Zusammenhang, bezieht sich auf anderes. Selbst wenn ich eine Linie sehe, so verweist diese auf weitere Zusammenhänge, auf Wellenbewegungen, Kreuzungen oder auf ein unaufhörliches Und-so-weiter. Selbst auf der syntaktischen Stufe bloßer Gestalten zeichnen sich also Zusammenhänge ab, die das aktuell Gegebene überschreiten. Sinn bedeutet schließlich auch *vitale* Bedeutung *für einen Organismus*, den etwas auf besondere Weise anrührt.

Eine letzte Bemerkung. Ich habe von einer Syntax der Wahrnehmung gesprochen. Es gibt eine moderne Kunstart, die Minimal Art, die ausdrücklich hier anknüpft, indem sie mit minimalen Differenzen ihr Spiel treibt. Abstrakte Malerei ist ein Begriff, der ganz wenig besagt – wenn man darunter versteht, daß keine Gegenstände mehr gemalt werden. In der abstrakten Malerei werden Linien im Raum verteilt, Linien, die plötzlich umknicken, nicht wie erwartet weitergehen, so daß man in andere Räume überwechselt. Das ist eine elementare Syntax. Amerikanische Künstler wie Stella haben sich interessanterweise auf die Gestalttheorie bezogen und auch auf Merleau-Pontys *Phänomenologie der Wahrnehmung*. Dieses Werk diente geradezu als Lehrbuch für eine bestimmte Gruppe von Künstlern. Durch eine sehr radikale Form der Reduktion wird sichtbar, welch komplizierte Ordnungsprozesse sich bereits auf dieser Wahrnehmungsebene abspielen, wo wir es angeblich nur mit Farbflecken, Linien oder Punkten zu tun haben. Schon das Buch *Genesis*, der Schöpfungsbericht, beginnt mit dem Ziehen einer Linie, das Wort Gottes trennt das Dunkel von der Helligkeit. In der nichtgegenständlichen Kunst geht es also um keine bloße Spielerei mit Formen, sondern um die Geburt der Welt aus den Sinnen. Soviel für heute.

Rekapitulation

3. Vorlesung vom 5. 11. 96

Es ging beim letzten Mal darum, die Wahrnehmung als Gestaltungs- und Strukturierungsvorgang zu beschreiben. Entscheidend ist, daß in der Wahrnehmung bereits eine bestimmte Art der Kreation am Werk ist. In der Wahrnehmung werden nicht bloß bestimmte Dinge nach einer vorgegebenen Ordnung registriert oder bloße Regeln angewandt, sondern es wird immer wieder ein neuer Sinn gestiftet. Ich habe auf einen zentralen Gedanken bei Merleau-Ponty hingewiesen, der auf gewisse Weise schon bei Husserl zu finden ist: es gibt eine positive Unbestimmtheit, die nicht daraus entspringt, daß die Erfahrung noch nicht weit genug fortgeschritten ist, sondern daraus, daß die Sache selbst, die sich immer auf diese oder jene Weise bestimmt, nie endgültig und eindeutig das ist, was sie ist. In der Wahrnehmungsgestaltung oder der Organisation von Wahrnehmung geht es also um bestimmte Alternativen, so wie wir in der Wissenschaftstheorie gewohnt sind, von Paradigmen zu sprechen als einer jeweils bestimmten Art und Weise, die Dinge zu betrachten, zu beschreiben, zu erklären.

In der letzten Vorlesung habe ich etwas gesagt zu Struktur, Gestalt, Physiognomie, Sinn und Bedeutung. Fortfahren möchte ich nun mit dem Begriff der *Norm*. Es mag überraschend sein, daß Merleau-Ponty den Begriff der Norm bereits in der Wahrnehmung in Nachbarschaft zum Begriff der Ordnung einführt. Eine der sakrosankten Unterscheidungen der modernen Philosophie findet sich bei Hume: es ist die Unterscheidung zwischen Sein und Sollen. Das Sein, das ist etwas, das *ist*, das zur Kenntnis zu nehmen, zu registrieren, zu erklären ist, während das Sollen den Bereich der menschlichen Praxis betrifft, die nicht allein auf das, was ist, gegründet werden kann. Die Natur ist, wie sie ist, sie gibt uns keine Hinweise darauf, wie wir handeln sollen. Diese Voraussetzung bzw. diese Scheidung wird von Merleau-Ponty revidiert schon auf der Ebene der Wahrnehmung. Dabei knüpft er übrigens stark an einen Autor an, den ich schon wiederholt erwähnt habe, an Kurt Goldstein, der eine Einführung in die Biologie unter dem Titel *Der Aufbau des Organismus* geschrieben hat, eine Arbeit, die zwischen Biologie, Medizin und Philosophie angesiedelt ist. Goldstein geht davon aus, daß eine Disziplin wie die Medizin überhaupt keinen eigenen Status hätte, würde sie nicht mit bestimmten Normen arbeiten: keine Gesundheit ohne Normen. Wenn wir eine Metastase als einen rein chemischen Vorgang beschreiben, so handelt es sich nicht um eine Krankheit. Die Rede von Krankheit und Gesundheit setzt schon einen Organismus voraus, der sich selbst am Leben erhält und der deshalb auch eine bestimmte Form der Normativität enthält. Die gesamte Medizin, die man ja den Naturwissenschaften zurechnet, ist aufs Ganze gesehen nicht zu denken ohne solche normativen Vorgaben.

Merleau-Ponty behauptet nun in bezug auf die Wahrnehmung: »Es gibt eine Norm, die den Tatsachen selbst eingeschrieben ist.«[30] Dabei geht es um die Gestalt, um die Ordnung, die die Dinge in der Wahrnehmung annehmen. Das Auftreten einer neuen Gestalt erschöpft sich nicht in der Entfaltung einer vorweg existierenden Vernunft; sie bedeutet das Erscheinen der Welt selbst und nicht ihre bloße Möglichkeitsbedingung; sie stiftet eine Norm und realisiert sich nicht gemäß einer schon bestehenden Norm.[31] Doch was ist hier unter Norm zu verstehen? Wir müssen uns vom gängigen Begriff der Norm lösen, der eine Verhaltensvorschrift beinhaltet, d. h. eine Vorschrift, die besagt, wie man sich verhalten soll (so etwa im Falle von Orthographie, Anstandsregeln, moralischen Geboten oder ähnlichem). Mit Gesetz und Regel ist hier nicht eine Vorschrift gemeint, die an den Handelnden ergeht, sondern eine bestimmte Art von Gesetzlichkeit, die in der sinnlichen Erfahrung

30 SC 134, dt. 139.

31 PP 74, dt. 85: Das Zitat lautet in der Übersetzung von Boehm: Das Erscheinen der Gestalt »ist nicht die äußere Entfaltung einer präexistenten Vernunft«. Die Gestalt »ist nicht Bedingung der Möglichkeit der Welt, sondern Erscheinung der Welt selbst, nicht Erfüllung, sondern Entstehung einer Norm, nicht Projektion eines Inneren ins Äußere, sondern Identität des Inneren und Äußeren«.

am Werk ist. Ich nehme als einfaches Beispiel einen schlecht gezeichneten Kreis an der Tafel, dessen Umrißlinie nicht genau an ihren Ausgangspunkt zurückkehrt und dessen Punkte nicht alle gleich weit vom Mittelpunkt entfernt sind. Wenn ich sage, der Kreis sei schlecht gezeichnet, so ist das ja kein moralisches Urteil. Man hat eine bestimmte Gestalt und kann sich fragen, woran sich diese Gestalt orientiert. Wenn wir den Kreis als schlecht gezeichnet ansehen, so deshalb, weil er orientiert ist auf eine Figur hin, die nur annähernd erreicht wird. Also ist eine Normativität in der Sache selber schon mitgegeben. Im Grunde handelt es sich um das, was Platon als Eidos bezeichnet und was häufig mit ›Idee‹, bisweilen auch mit ›Begriff‹ übersetzt wird; aber Eidos bedeutet zunächst eine anschauliche Gestalt. Mathematische Konstrukte, z. B. den idealen Kreis, kann ich gar nie an die Tafel zeichnen, selbst wenn ich geschickter darin wäre, weil der mathematische Kreis eine Idealfigur ist. Doch in der Wahrnehmung handelt es sich nicht um eine mathematische Figur, die sich durch eine exakte Formel wiedergeben läßt, sondern um eine Gestalt, die in ihren natürlichen Ausprägungen mehr oder weniger gelungen ist.

Ein anderes Beispiel wäre das Wiedererkennen eines menschlichen Gesichts. Manchmal erkennen wir jemanden nicht wieder. Es gibt offenbar typische Erscheinungsformen: die Seitenansicht, die Vorderansicht, den typischen Anblick, an dem man sich orientiert. Und es gibt Abweichungen, die uns verunsichern. Ist jemand der, den ich zu erkennen meine? Kenne ich ihn überhaupt? Bei der Wahrnehmung von Gesichtern gibt es ebenfalls bestimmte Regulierungsprozesse in der Wahrnehmung selbst, die bedeuten, daß wir uns *an etwas orientieren*, wenn wir Andere wiedererkennen. An der Universität hier in Bochum gibt es einen Forschungsbereich, in dem Computer entworfen werden, die Gesichter erkennen. Das zentrale Problem dieser Forschung lautet: Wie lassen sich verschiedene Erscheinungsweisen des Gesichts, so etwa Frontal- und Seitenansicht, miteinander verbinden? Dies setzt eine Typisierung voraus, d. h. das Unterscheiden zwischen wichtigen, ausschlaggebenden und unwichtigeren Momenten. Im Zuge dieser Typisierung, die bedeutsame Gestalten hervortreten läßt, kommt es zu einer Regulierung, die bereits in die Erfahrung selbst Eingang findet. Lernendes Wahrnehmen vollzieht sich in der Weise, daß eine bestimmte Gestalt sich unter wechselnden Umständen wiederholt. Dabei mißt man sozusagen die Erfahrung an sich selbst, genauer: an prototypischen Gestalten, die eine bestimmte Ordnung inaugurieren. Das ist gemeint, wenn Merleau-Ponty schreibt: »Die Gestalt verwirklicht sich nicht gemäß einer Norm«, denn daß die Gestalt einer Norm *gemäß* ist, gilt nur für bekannte Gestalten, die ich wiedererkenne.

Ich schließe die kategorialen Überlegungen hier ab. An den Kategorien, die schon in der Beschreibung der Wahrnehmung verwendet werden, wird deutlich, wie sich eine dritte Dimension herausbildet, die man nicht aufspalten kann: in Dinge oder tatsächliche Verhältnisse, die man als bloß vorhanden hinnimmt – und in Ideen, nach denen jene sich richten, es gibt etwas dazwischen. Wir haben es mit einer Rationalität, mit einer Welt in statu nascendi zu tun.

Hier wird auch deutlich, daß die Kritik an der Konstanzannahme eine phänomenologische und gar ontologische Bedeutung hat. Ich habe darauf hingewiesen, daß Aron Gurwitsch diese Kritik als erster in die Philosophie aufgenommen hat. Es handelt sich dabei nicht bloß um einen wissenschaftsinternen Streit, sondern – wie Gurwitsch zeigt – bringt die Kritik an der Konstanzannahme schon eine Art von phänomenologischer Reduktion ins Spiel.[32] Warum das? Wenn ich davon ausgehe, daß nicht einfach konstante Gegebenheiten da sind, sondern daß solche Konstanzen *gebildet* werden, so heißt das: die Erfahrungswirklichkeit wird betrachtet im Hinblick auf eine Erfahrungsinstanz. Dies bedeutet keine objektive Analyse der Natur, wie sie an sich ist. Eine Gestalt ist immer eine Gestalt für jemanden, dem etwas so oder so erscheint, selbst wenn dieser Jemand anonym bleibt.

Ich könnte hier fortfahren und auf moderne Wahrnehmungstheorien eingehen, die ja gewöhnlich mit Regelkreismodellen arbeiten. Sie sind auch darin an der Computerforschung orientiert, daß sie nicht von bloßen physischen Reizen ausgehen, die gleichförmige Wirkungen ausüben (das wäre sozusagen das alte materialistische Modell), vielmehr gehen sie davon aus, daß Reize immer kognitiv verarbeitet bzw., in der Sprache der Informationstheorie gesagt, codiert werden. Diese kognitive Wende in der Psychologie beinhaltet, daß immer ein Erkennender, ein Wahrnehmender mit im Spiel ist. Zudem entfällt mit dieser Voraussetzung die ganze Pro-

32 Vgl. PP 58, dt. 70 und den dortigen Hinweis auf Gurwitschs Besprechung von Husserls Nachwort zu seinen *Ideen*.

blematik, wie konstante Reize plötzlich ganz anders aussehen können. Denn ein Reiz ist immer schon verarbeitet, er folgt Codierungen, die zum Teil auf unsere Naturgeschichte zurückgehen, zum großen Teil aber auch eine kulturelle Geschichte haben. Sehen lernt man *in* einer bestimmten Kultur und nicht *vor* aller Kultur.
Das ist nicht so selbstverständlich, wie es tönt. In der *Nikomachischen Ethik* des Aristoteles wird unterschieden zwischen dem praktischen Handeln und der Sinneserkenntnis. Eine praktische Einstellung erlerne ich demnach durch wiederholtes Handeln, während ich das Sehen nicht erlernen kann und erlernen brauche; allein schon dadurch, daß ich Augen, daß ich Sinne habe, bin ich fähig, etwas in der Welt zu sehen, wahrzunehmen. Somit gibt es kein Lernen der Sinne, deren Fähigkeiten werden als angeboren gedacht: mit fünf Sinnen kommt man auf die Welt, es müssen nur bestimmte Bedingungen erfüllt sein, damit die Sinne aktiviert werden. Im Gegensatz hierzu gibt es heute viele kulturgeschichtliche Analysen, die zeigen, wie sehr auch Formen- und Gestaltbildungen kulturabhängig sind. In der Farbkultur gibt es das berühmte Beispiel der Eskimos, die sehr viele Bezeichnungen für Weißes haben, weil sie im Schnee leben. Eskimos verfügen über Nuancierungen feinster Art, die für sie lebensnotwendig, aber auch weltgestaltend sind. Das Sehen von Weiß ist also keine rein physiologische Sache, keine Frage von physikalisch meßbaren Helligkeitsgraden, sondern es sind bestimmte Relevanzen im Spiel, die sich von der Lebensweise herleiten und nicht von Natur vorgegeben sind. Ich habe auf die Versuche des russischen Psychologen Lurija hingewiesen, der Wahrnehmungsverhalten bei kaukasischen Völkern bildungsspezifisch untersucht hat und dabei auf signifikante Abweichungen gestoßen ist. Wenn wir heute von kognitiven Modellen oder Regelkreismodellen ausgehen, dann verlagert sich die Problematik der Gestaltbildung auf die Ebene der Codes; die Codebildung oder die Programmierung ist dann das Problem: wie entstehen *neue* Programme? Das Problem der Kreativität verschwindet im Regelkreismodell nicht, es nimmt nur eine besondere Form an, die sich mit sehr vielen technischen Prozeduren verquickt.

3. Sichempfinden und Sichbewegen in der Welt

Entscheidend ist für mich die Einsicht, daß über Empfindung sprechen nicht bloß heißt, daß ich über mich spreche, daß es vielmehr bedeutet: gleichzeitig über die Welt und über die Anderen sprechen. Das Empfinden ist ein komplexes Geschehen, das die Welt, die Natur und die soziale Welt mit betrifft.

Ich greife nun einen Aspekt auf, der in der Kritik am Sensualismus bereits angeklungen ist; wie gesagt, gehen Gestalttheorie und Phänomenologie der Wahrnehmung nicht davon aus, daß wir am Anfang atomare, nicht weiter zerteilbare, individuelle Daten haben, sondern davon, daß am Anfang bereits Differenzen auftreten. Dies betrifft nun auch den Bezug auf den Organismus: beim Empfinden ist von vornherein eine Bezüglichkeit, nämlich der Bezug auf den Organismus mitzudenken. D.h. die Empfindung, die am Anfang steht, ist nie neutral, nie ohne Bedeutung, nie ohne Wert in diesem weiten Sinne. Auch dies ist wiederum nicht selbstverständlich. Ich verweise auf einen klassischen Text zum Thema der Empfindung. Laut Kants *Kritik der reinen Vernunft* ›affiziert‹ uns die Wirklichkeit, doch diese Affektion ist zumindest in der Kritik der *reinen Vernunft*, dort also, wo es unter anderem um Wahrnehmung geht, ohne Affekt gedacht. Affektion hat seinem ursprünglichen Wortsinn nach etwas mit Affekten, Leidenschaften und Gefühlen zu tun, doch dieser Affektionsbegriff wird in der *Kritik der reinen Vernunft* neutralisiert. ›Etwas affiziert uns‹ bedeutet dann, es ist ein gewisses rohes Material vorausgesetzt, das auf unsere Formung wartet.[33] Wir haben es also mit einer neutralen Sphäre zu tun, und der Anstoß, der von dem Ding an sich ausgeht – wie immer man diesen Zusammenhang denken mag –, erinnert an den deistischen Gott, der die Welt anstößt und sie dann ihren eigenen Gesetzen überläßt. Die Gestalttheorie und auch die Phänomenologie der Wahrnehmung gehen dagegen von vornherein davon aus, daß auch Empfindungsgestalten uns *ansprechen*, daß hier eine Art von Dialog stattfindet. Das Baumodell, das Kant verwendet, reicht nicht aus; es besagt lediglich, daß ein gewisses

33 Es versteht sich, daß ›Materie‹ und ›Form‹, ähnlich wie schon bei Aristoteles, als Reflexionsbegriffe zu verstehen sind, die funktionale Voraussetzungen umschreiben und nicht etwa selbständige Entitäten benennen.

Material vorausgesetzt ist. Wir bauen die Welt aus einem Material, das wir nicht selber hervorbringen, sonst wären wir absolute Schöpfer der Welt. Es sind in der Welt bestimmte Vorgaben da, aber mehr als ein rohes Gewühl von Empfindungen, das auf eine Ordnung wartet, oder moderner gesprochen: mehr als ein unspezifischer Reiz ist uns nicht vorgegeben.

Meine Gegenüberlegung läuft nun auf die Frage hinaus: Haben wir am Anfang wirklich ein rohes Gewirr von Empfindungen, eine unspezifische Form der Reizung, oder ist nicht von vornherein ein Zusammenhang, ein Sinn im Spiel? Das besagt nun, daß auf der Ebene des Empfindens und Sichbewegens die Kritik an der Sinnesempfindungslehre fortgesetzt wird. Die *sensatio*, die Empfindung im oben geschilderten Sinn, ist ein Abstraktionsprodukt, sie entsteht durch Isolation sowohl von der Affektivität, von dem gefühlsmäßigen Angesprochensein des Organismus, wie auch von der Motorik. Empfindung im Sinne einer bloßen *sensatio* ist eine neutralisierte Empfindung, die keine Lebensbedeutung mehr hat, weil sie aus den entsprechenden Zusammenhängen herausgelöst wird.

Das wichtigste Moment in der Revision der Empfindungslehre besteht darin, daß das Empfinden wieder in den Bereich des affektiven Empfindens und der Motorik eingegliedert wird. Viktor von Weizsäcker hat von einem Gestaltkreis gesprochen, innerhalb dessen eine Bewegung in Empfindung und eine Empfindung in Bewegung übergeht.[34] Das Empfinden wird hier nicht beschrieben gemäß dem linearen Kausalmodell, das entweder von einer Wirkung seitens der Dinge *oder* vom Tun des Organismus ausgeht, sondern Weizsäcker bedient sich eines Kreismodells: die Wirkungen, die von den Dingen ausgehen, verändern das Verhalten, und das Verhalten verändert seinerseits die Wahrnehmung.

Dieser Gestaltkreis ist bei Jakob von Uexküll[35] vorgeprägt durch die doppelte Unterscheidung von Merken und Wirken; das sind für Uexküll die beiden Grundkategorien, die schon im Bereich der tierischen Umwelt ihre Anwendung finden. Merken und Wirken sind nicht aufeinander bezogen wie Ursache und Wirkung, sondern bilden einem Kreislauf. Das Wirken verändert die Merkwelt, und das Merken beeinflußt wiederum das Einwirken auf die Dinge.

34 *Der Gestaltkreis* (1940, Neudruck 1973).
35 *Theoretische Biologie* (1928, Neudruck 1973), vgl. S. 158.

Schema 6: Funktionskreis

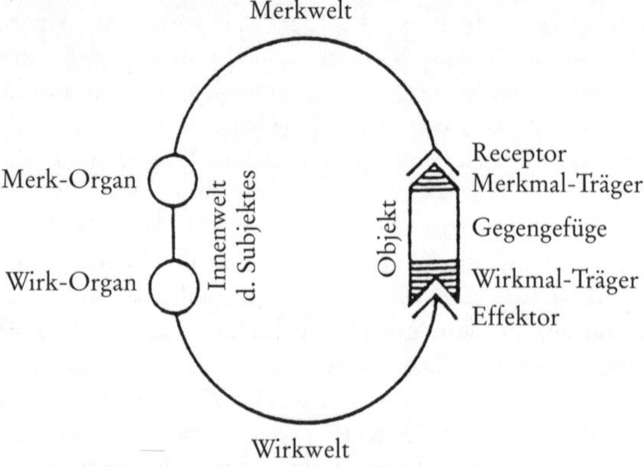

Ich habe darauf hingewiesen, daß manche Autoren (Scheler, Erwin Straus und Merleau-Ponty) nicht von Empfindung, sondern von *Empfinden* sprechen. Die Benutzung des Verbs deutet darauf hin, daß es sich beim Empfinden nicht um einen Zustand handelt, in dem der Organismus sich befindet oder nicht befindet, sondern um eine Art von Betätigung, um ein Geschehen, einen Prozeß.

Ich beginne wiederum mit einigen Belegen aus der Erfahrung.[36] Dieser Rückgriff auf die Erfahrung kann auf verschiedene Weisen vor sich gehen. Stützt man sich auf bloße empirische Tests, so gerät man in die Schwierigkeit, daß philosophische Einsichten dann von wissenschaftlichen Hypothesen nicht mehr zu unterscheiden sind. Anders ist es mit einem Verfahren bestellt, bei dem man signifikante Beispiele wählt, die überhaupt die Art und Weise betreffen, *wie wir über Erfahrung sprechen.* Gerade diese Stufe wird in der *Kritik der reinen Vernunft* dort übersprungen, wo es um die Frage geht, was denn eine Empfindung ist. Es kommt dort unversehens und unbemerkt eine rudimentäre Psychologie ins Spiel, die gar nicht groß diskutiert wird. Die Phänomenologie dagegen geht hier eine Stufe zurück und fragt sich, von woher überhaupt eine Sprache zu gewinnen ist, mit der wir über solche Dinge wie Farben, Töne, Härte, Weichheit etc. sprechen können.

36 Vgl. zum folgenden das Kapitel über das Empfinden in Merleau-Pontys *Phänomenologie der Wahrnehmung.*

Dazu nun also einige wichtige Belege aus der Erfahrung. Farben beispielsweise sind keine bloßen Empfindungsmaterialien oder Sinnesqualitäten, die man registriert oder durchformt, bis dann am Ende Gegenstände herausspringen, sondern hier ist mehr im Spiel. Merleau-Ponty reiht sich bei seiner Beschreibung der Farbwahrnehmung in eine ganze Forschungsfront ein und nimmt viele Anregungen auf.
Einer der einflußreichen deutschen Autoren, die sich mit der Farbwahrnehmung befaßt haben, ist Goethe mit seiner Farbenlehre. Goethe streitet sich dort mit Newton. Dieser Streit ist zwar an sich unsinnig, weil Goethe die Physik mit seinen Argumenten nicht einfach aus den Angeln heben kann. Doch Goethe verteidigt in der Farbenlehre, daß es Farbqualitäten gibt, die beim Physiker gar nicht vorkommen. Bedenken Sie, wie das Vorurteil sich schon in der Aufzählung breitmacht, wenn Locke von primären und sekundären Qualitäten spricht. Primäre Qualitäten sind demnach die der Ausdehnung, der Meßbarkeit, also jene Aspekte, mit denen es die Physik zu tun hat. Als sekundär gelten die Farbqualitäten, denn sie betreffen nicht die Wirklichkeit an sich, sondern nur den Organismus, der sich auf bestimmte Weise begrenzt und sich auf subjektive Weise die Welt erschließt. Mit Goethe stellt sich zunächst einmal die Frage: Was heißt hier sekundär, was heißt primär? Farbqualitäten sind als solche nicht sekundär, sie werden erst zu sekundären Merkmalen, wenn man sie an physikalischen Farbgesetzen mißt, an der Beschreibung von Farbwellen, wie der Physiker sie vornimmt. Goethes Streit mit Newton hat etwas Abwegiges, weil – genau betrachtet – über verschiedene Dinge gesprochen wird. Gleichwohl restituiert Goethes Farbenlehre die Erfahrung auf der elementarsten Stufe und verteidigt ihr Eigenrecht.
Was die Farben angeht, so ist es für Maler ganz selbstverständlich, von Farbwerten oder von Valenzen zu sprechen und die Farben nicht als bloßes Material zu betrachten, sondern ihnen eine bestimmte Ausdrucksqualität zuzumessen. Solche Fragen nach der erlebten Farbe spielen auch bei Innenarchitekten eine wichtige Rolle, wenn diese bei der Farbausstattung von Räumen darauf achten, wie man sich in einem Raum fühlt, der eine helle, eine gedeckte oder eine grelle Tönung aufweist. Die Räumlichkeit prägt ihre Bewohner.
Wir haben in unserer Tradition einerseits eine ausgeprägte Farb-

symbolik und anderseits eine Farbpragmatik. Zur Farbsymbolik: jeder weiß natürlich, daß Rot auch als Symbol gebraucht werden kann, sei es bei der Kennzeichnung politischer Überzeugungen oder im Rahmen der Verkehrsordnung. Hier bewegt man sich auf der Ebene künstlicher Zeichen. Eine Verkehrsampel würde sicherlich auch funktionieren, wenn die Bedeutungen der Farben umgekehrt wären: wenn Rot für Fahren und Gehen, Grün für Anhalten oder Stehenbleiben stünde. Es fragt sich jedoch, ob die Wahl der Farbe Rot für das Anhalten ganz beliebig ist. Auf eine Weise könnte man dies bejahen; sicher wären alle Autofahrer intelligent genug zu begreifen, daß Blau Fahren, Gelb Halten bedeutet. Doch die Wahl der Farbe Rot für das Stehenbleiben ist vielleicht nicht ganz zufällig, denn Rot ist eine aufdringlichere Farbe als Grün. Rot hat eine höhere Alarmstufe als Blau oder Grün, die eher eine beruhigende Wirkung ausstrahlen. Selbst bei der Verteilung der Ampelfarben kommen also bestimmte Farbqualitäten zum Zuge, die nicht gänzlich auf kontingenter Wahl beruhen. Das berühmte rote Tuch beim Stierkampf kann auch nicht einfach durch ein blaues vertauscht werden. Warum nimmt der Torero nicht ein blaues Tuch? Weil dann die Reizschwelle gewiß höher läge.

Selbst wenn die Farbsymbolik einer gewissen Konventionalität unterliegt, ist die Frage zu stellen, warum gerade *diese* Farbe gewählt wurde. Der Unterschied zwischen natürlichen und konventionellen Farben ist oft nicht so eindeutig, wie man auf Anhieb glaubt. Nehmen wir Schwarz als Farbe der Trauer. Es gibt durchaus Kulturen, die in Weiß trauern. Man kann die Farbsymbolik nicht einfach auf Naturprozesse zurückführen. Für Weiß als Trauerfarbe kann ebenso etwas sprechen wie für Schwarz; beide stehen für extreme Formen der Farblosigkeit und des Kontrastes. Doch die Alternative zur Natürlichkeit kann auch nicht darin bestehen, daß man die Farbsymbolik wie eine künstliche Sprache behandelt, die so ohne weiteres verändert werden könnte. Hier gilt, was Merleau-Ponty über das Verhältnis von Kultur und Natur sagt: alles beim Menschen ist natürlich *und zugleich* hervorgebracht[37]. Die Farbsymbolik ist zwar kulturell geprägt, aber die Natur spielt immer mit hinein, weil das Farbsehen nicht ganz und gar kulturell erzeugt wird. Selbst die ärgsten Konstruktivisten können nicht

37 PP 222, dt. 224.

sagen, daß die Farben rein aus dem Labor oder dem Computer stammen nach Art einer technologischen Urerzeugung.
Auf interessante medizinisch-physiologische Untersuchungen zum Zusammenhang zwischen Farbwahrnehmung und Bewegung beruft sich Kurt Goldstein[38]. Es handelt sich um Versuche, die zeigen, daß Empfinden und Bewegen schon auf der Ebene der Farbwahrnehmung zueinander finden. Farben haben einen bestimmten motorischen Wert, d. h. die Farbwahrnehmung geht zusammen mit einer bestimmten Bewegungsart des Organismus. Kurt Goldstein hat Hirnverletzte untersucht, bei denen der vertraute Kontext gestört ist, um gerade anhand solcher Störungen normale Verbindungen aufzuzeigen.
Ich greife nur einige elementare Dinge heraus. Man pflegt von kalten und warmen Farben zu sprechen; Blau und Grün wären kalte, Rot und Gelb warme Farben. Diese grundlegende Unterscheidung wird von den Patienten nie übersprungen, selbst wenn im einzelnen verschiedene Differenzierungen vorgenommen werden. Dies weist darauf hin, daß diese Grundunterscheidung bei der Entstehung des Farbsystems eine entscheidende Rolle spielt. Goldstein hat bei seinen Versuchen gezeigt, daß diesen Farbqualitäten (oder komplexen Farbgruppen) bestimmte Bewegungsarten (z. B. gleitende und abgehackte Bewegungen) entsprechen, daß also die Bewegungsarten sich ändern und in eins damit auch – das geht bis in die Physiologie hinein – bestimmte Muskelbewegungen stärker oder schwächer aktiviert werden. Im Falle der warmen Farben dominiert die Streckbewegung, im Falle der kalten Farben die Beugebewegung. Wenn wir vom körperlichen Gesamtverhalten ausgehen, so sind Sichstrecken und Sichbeugen Verhaltensweisen, denen Kurt Goldstein einen Sinn zuschreibt, der mehr als bloß physiologisch ist. Sicherlich, man kann physiologisch beschreiben, wie Muskeln enerviert und aktiviert werden, doch Goldstein geht davon aus, daß auch solche physiologisch erfaßbaren Verhaltensweisen wie Sichstrecken, Sichbeugen eine Lebensbedeutung haben. In der Streckbewegung verkörpert sich eine Zuwendung, eine Öffnung hin zur Welt, während die Beugebewegung vielmehr mit der Zuwendung zum eigenen Körper und einer Abwendung von der Welt einhergeht. Denken Sie etwa an die Lesehaltung: wenn Sie konzentriert lesen, so beugen Sie sich

38 *Der Aufbau des Organismus* (1934), S. 167 ff.

über das Buch und schirmen sich von der Welt ab. Beim Uhrmacher, der mit komplizierten Rädchen und Schräubchen hantiert, ist die Beugehaltung ebenfalls vorherrschend oder bei der Spitzenklöpplerin, wie Vermeer sie uns vor Augen führt. Wenn man also diese beiden Bewegungsarten mit zwei verschiedenen Einstellungen zur Welt verbindet, so kann man sagen: es gibt ein bestimmtes Blau-Verhalten, also nicht bloß ein Blau-Sehen. Das Blaue wird nicht bloß registriert und dann nachträglich mit bestimmten Bewegungen assoziiert, sondern dem Blau selber entspricht eine bestimmte Form der Bewegung.

Hierzu nochmals einige Stellen aus der *Phänomenologie der Wahrnehmung*.[39] Merleau-Ponty zitiert Goethe, der feststellt: Das Blau scheint zurückzuweichen, das Rote scheint sich ins Auge zu bohren.[40] Auch Goethe bringt Farbaspekte mit bestimmten Körperempfindungen in Verbindung. Weil das Blau zurückzuweichen scheint, öffnet und weitet es bekanntlich den Raum. Stellen Sie sich einmal vor, Sie würden beständig unter einem glutroten Himmel leben. Ein roter Himmel würde den Raum völlig verändern. Ein roter Himmel hätte etwas außerordentlich Bestürzendes, wir kämen uns vor wie in einem farbigen Weltkäfig. Wenn also laut Goethe das Blau zurückweicht, so zieht dies unsere eigene räumliche Befindlichkeit in Mitleidenschaft; wir fühlen uns weniger bedrängt.

Kurt Goldstein hat ähnliche Äußerungen bei seinen Kranken gefunden. Die Patienten sagen: »Rot reißt auseinander«, »Gelb ist stechend«. Solche Beschreibungen werden also nicht als geistreiche Interpretationen an die Erfahrung herangetragen.

Daß Sinnesqualitäten und Bewegung sich verquicken, gilt auch für den Bereich der Töne. Sie wissen ja, daß in der Musiktherapie Rhythmen eingesetzt werden, um bestimmte Bewegungen wiederherzustellen, um Versteifungen zu lockern. Wir müssen uns also davor hüten zu sagen: hier ist die Erkenntnistheorie und dort die Handlungstheorie, denn in der Wahrnehmung selber sind beiderseitige Aspekte immer schon verbunden. Wie wir die Dinge aufnehmen, so verhalten wir uns, und das Verhalten ist nicht erst

39 PP 244, dt. 248.

40 Vgl. *Farbenlehre*, Nr. 780: »Wie wir den hohen Himmel, die fernen Berge blau sehen, so scheint eine blaue Fläche auch vor uns zurückzuweichen.«

die sekundäre und nachträgliche Folge eines vorgängigen Registrierens.

Geeignete Schemata können das Gemeinte verdeutlichen. Das Kreismodell besagt, daß man zwar auf der einen Seite den Organismus hat, auf der anderen Seite Farbe, Ton oder andere Qualitäten. Doch Wahrnehmung und Bewegung bilden einen Kreis in dem Sinne, daß die Wahrnehmung die Bewegung verändert und umgekehrt. Das nennt man einen Gestaltkreis, weil eines sich mit dem anderen zu einer einzigen Lebensgestalt rundet. Das lineare Modell bedeutet hingegen, daß man von kausal erzeugten sensuellen Wirkungen ausgeht, die sekundär motorische Wirkungen auslösen.

Was für akustische Eindrücke gilt, trifft auch auf Tasteindrücke zu. Es gibt ein schönes Buch von David Katz, einem Psychologen der Berliner Schule, der auch mit Husserl in Verbindung stand. In *Der Aufbau der Tastwelt*[41] zeigt der Autor eindrücklich, daß auch Tasteindrücke nicht einfach in der Weise entstehen, daß man auf einen Widerstand stößt und dabei eine bestimmte Härte spürt, Tasteindrücke entstehen vielmehr in einem Prozeß des Abtastens: man fühlt einem Stoff seine Glätte an, indem man die Hand über den Stoff gleiten läßt. Die Hand ruht nicht einfach auf einer Materialfläche und empfängt von derselben Tastempfindungen, sondern das Tasten ist ein Vor-gang und kein punktueller Zustand, in dem man sich befindet.

Nun zur Deutung dieser aus dem empirischen (medizinischen und psychologischen) Bereich stammenden Befunde. Ich möchte drei Gesichtspunkte skizzieren, unter denen der Zusammenhang von Wahrnehmung und Bewegung betrachtet werden kann.

1. Die Sinnesqualität bedeutet die Konkretion einer Existenzweise, in ihr verkörpert sich ein bestimmter Existenzrhythmus. Die Farbe Rot ist nicht bloß Symbol für etwas anderes, sondern im Blau oder Rot konkretisieren sich Friede oder Gewalt. Die Gewalt kann uns aus der Farbe selbst entgegenspringen. Die Farbe ist nicht Bedeutungsträger im Sinne einer konventionellen, künstlichen Zuordnung, sondern jede Farbe oder Qualität hat ein Moment der Konkretion, wir leben im Rot oder im Blau.

Merleau-Ponty vergleicht die Existenzweise der Sinnesqualität mit dem Schlaf. Über den Schlaf ist in der Philosophie wenig geschrie-

41 Das Buch erschien 1925 in Leipzig.

ben worden, weil Philosophen immer froh sind, wenn alle Verschlafenen aus ihrem Schlummer erwachen. Merleau-Ponty ist dagegen ein eifriger Leser von Proust, und die *Recherche du temps perdu* fängt bekanntlich damit an, daß der Erzähler einschläft oder aufwacht – damit also, daß er die Schwelle von Wachen und Schlafen überschreitet mitsamt den Schwierigkeiten, die er hat, Schlaf zu finden oder sich beim Aufwachen wieder zurechtzufinden. Merleau-Ponty vergleicht das Verhältnis von Empfindendem und Empfundenem, also von Qualität und Aufnahme der Qualität, mit dem Einschlafen: »Das Verhältnis von Empfindendem und sinnlich Empfundenem ist vergleichbar dem des Schläfers zum Schlaf: der Schlaf kommt, indem eine bestimmte, willentlich eingenommene Einschlafhaltung plötzlich von außen eine Bestätigung erfährt, die ich erwartete. *Ich* atme langsam und tief, um den Schlaf herbeizurufen, und plötzlich ist es, als kommuniziere mein Mund mit einer riesigen äußeren Lunge, die meinen Atem anzieht und zurückdrängt; der soeben noch von mir gewollte Rhythmus meines Atmens wird mein Sein selbst; der Schlaf, zuvor als Bedeutung vermeint, verwandelt sich jäh in Situation.«[42] Hier wird deutlich, wie der Schlaf den Schläfer überkommt. Das Einschlafen geschieht so, daß aus einer Haltung, die ich einnehme, eine Situation wird, von der ich ergriffen werde. Wenn wir einschlafen *wollen*, schlafen wir nicht ein, weil das Wollen uns wachhält; das ist ein interessanter Prozeß: wir gehen schlafen und können sogar ein Schlafmittel nehmen, also noch versuchen, den Schlaf herbeizuführen, doch der Schlaf selbst entspringt erst einem Nachlassen dieser willentlichen Tätigkeit. Er betrifft *mich, ich* schlafe ein und sonst niemand, aber das Einschlafen ist selbst kein Akt mehr, den ich *mir* zuschreiben kann als etwas, das in meiner Hand liegt. Und nun vergleicht Merleau-Ponty diesen Vorgang des Einschlafens mit der Empfindung: »In gleicher Weise lausche oder blicke ich in der Erwartung einer Empfindung, und plötzlich ergreift das Sinnliche mein Ohr oder meinen Blick und ich liefere einen Teil meines Leibes oder gar meinen ganzen Leib jener Weise der Schwingung und Raumerfüllung aus, in der das Blau oder das Rot besteht.«[43]

Das Farbwahrnehmen, das Wahrnehmen von Qualitäten wird hier nicht als eine Tätigkeit, auch nicht als ein rein passiver Zustand

42 PP 245, dt. 249.
43 Ebd.

oder als ein bloß äußeres Geschehen beschrieben; es läßt sich überhaupt nicht in diese Gegensätzlichkeit von Aktiv und Passiv pressen, sondern bildet eine ganz bestimmte Existenzweise, in die ich gerate.

In der *Phänomenologie der Wahrnehmung* folgt unmittelbar darauf eine merkwürdige Stelle, die vielleicht den Theologen freut. Es ist dort die Rede von der Eucharistie, die den Menschen Jahrhunderte lang das Rätsel ihrer Deutung aufgegeben hat. In den Religionskriegen ging es unter anderem darum, wie man Brot und Wein zu verstehen habe. »So wie das Sakrament das Wirken der Gnade nicht in sinnlicher Gestalt symbolisiert, sondern darüber hinaus die wirkliche Gegenwart Gottes ist, diese einem Stück des Raumes einwohnen läßt und denen vermittelt, die das geweihte Brot essen, wenn sie innerlich darauf vorbereitet sind, ebenso hat das Sinnliche nicht allein motorische oder lebensmäßige Bedeutung, sondern ist nichts anderes als eine je bestimmte Weise des Zur-Welt-seins [...].«[44] Empfindung ist buchstäblich eine Kommunion. Die Frage lautet hier: *Bedeuten* Brot und Wein nur den Leib des Herrn oder *sind* sie es? Letzteres wäre eine reale Präsenz. Diese Realpräsenz galt immer als das Primitivere gegenüber einer symbolischen Deutung. Merleau-Ponty verteidigt hier die Realpräsenz, doch dies natürlich nicht im Sinne eines Realismus, sondern in der Weise, daß der Sinn in der Sinnlichkeit *realisiert* und nicht bloß durch sie bezeichnet wird wie das Bezeichnete vom Bezeichnenden. Zur Eucharistie gibt es ähnliche Bemerkungen bei Valéry. Adorno greift diese Bemerkungen in seinem Essay über »Valérys Abweichungen« auf und würdigt Valérys Position – in Auseinandersetzung mit der Entmythologisierung – als einen Materialismus zweiten Grades.[45] Was im religiösen Ritus gemeint ist, realisiert sich in den Sinnen, und die Sinne sind nicht bloß ein äußeres Zubehör. Dieser Vergleich zeigt, daß auch in der religiösen Sphäre Probleme der Sinnlichkeit auftreten. Merleau-Ponty bleibt mit seinen Vergleichen sonst eher im Bereich der Kunst, doch sein Grundgedanke ist wohl deutlich: sinnliche Daten und zeichenhafte Qualitäten sind nicht bloß Zeichen, die etwas andeuten bzw. materialisieren, sondern im sinnlichen Gewahren realisiert sich ein Sinn.

Im Deutschen haben wir die verwandten Worte ›Sinne‹ und ›Sinn‹.

44 PP 245 f., dt. 249.
45 *Noten zur Literatur*, in: Ges. Schr., Bd. 11, S. 184.

In diesem Sprachgebrauch deutet sich schon die Möglichkeit an, daß der Sinn mit den Sinnen zusammengedacht wird, daß die Sinne nicht nur als äußeres Realisationsfeld zu denken sind.
Ich komme zurück auf die drei Gesichtspunkte, unter denen das Verhältnis von Empfinden und Bewegen betrachtet werden kann. Bei der Sinnesqualität handelt es sich also 1. um die Konkretion einer Existenzweise, nicht bloß um eine nachträgliche und äußere Symbolisierung von Sinn.
2. Wir haben es mit einer Zirkularität von Empfindendem und Empfundenem zu tun. – Betrachten wir noch einmal das alte Schema, von dem Descartes sich leiten läßt. Dort lautet die Frage immer: Wer wird tätig, ich oder der Andere, die Dinge oder der Organismus? Aktion und Passion verteilen sich in der Weise, daß eine Seite sich betätigt, die andere etwas erleidet. Nach unserem Gegenmodell spielen Handeln und Leiden jedoch ineinander. Das Blau, das mich affiziert, ist schon bedeutsam und kommt einer bestimmten Antwort entgegen. Umgekehrt sucht die Antwort nach einer bestimmten Qualität. Merleau-Ponty spricht von einer Art Frage und Antwort[46]: »So stellt das Sinnliche im Begriff, empfunden zu werden, meinem Leib gleichsam ein verworrenes Problem. Ich muß die Einstellung finden, die es ihm ermöglichen *wird*, sich zu bestimmen, um zum Blau zu werden, ich muß die Antwort auf eine schlecht formulierte Frage finden.« – Wenn Merleau-Ponty hier von einem Frage- und Antwortspiel spricht, so nicht im Sinne eines abgekarteten Spiels, als ob etwas gesucht würde wie in einem Bilderrätsel, wo das Gesuchte nur künstlich versteckt und verrätselt ist, um mit geeigneter Phantasie wieder hervorgeholt zu werden. Frage und Antwort sind so zu verstehen, daß wirklich etwas geschieht zwischen mir und der Welt, daß sich etwas in Bewegung setzt und daß umgekehrt die Welt der Farben und Töne, der Tastmerkmale in der leiblichen Bewegung zu sich selbst erwacht. Organismus und Umwelt sind korrelative Instanzen, der Organismus ist nur, was er ist, bezogen auf eine bestimmte Umwelt, und umgekehrt ist die Umwelt natürlich immer die Umwelt eines bestimmten Organismus. Im Verhältnis von Mensch und Welt gilt das gleiche. Eine Umwelt an sich gibt es nicht, deshalb kann in einer physikalisch-chemischen Betrachtung, die vom Organismus absieht, auch keine Umwelt vorkommen.

46 PP 248, dt. 251 f.

3. Dieser Austausch setzt eine Sphäre wechselseitiger Zuordnung voraus. Merleau-Ponty stößt hier auf alte metaphysische Fragen. Bei den Griechen heißt es: Natur und Seele sind συγγενεῖς, d. h. wörtlich ›mitentstehend‹, eines entsteht mit dem anderen. Bei Thomas von Aquin haben Sie den Begriff der *connaturalitas*, den Merleau-Ponty ebenfalls benutzt. Auch der Mensch, der Organismus ist *mit* der Natur, er ist nicht völlig aus ihr herausgesetzt. Merleau-Ponty spricht an einer bemerkenswerten Stelle von einem Grundvertrag, von einem *contract primordial*[47] zwischen Leib und Natur. Auch bei Michel Serres gibt es den Gedanken eines Naturvertrags, d. h. eines Vertrags, der mit der Natur geschlossen wird[48]. Doch bei Merleau-Ponty wird dieser Gedanke nicht auf die politisch-ökologische Ebene gehoben, sondern er bleibt zurückbezogen auf die Ebene der Erfahrung selbst. Merleau-Ponty spricht von einem Grundvertrag, sofern Mensch und Natur ebensowenig eine einfache Einheit bilden wie Natur und Organismus, sofern jedoch zwischen beiden ein gewisser Zusammenhang besteht, ohne den das Empfinden unverständlich bliebe.

Schon Erwin Straus beruft sich in seinem Buch *Vom Sinn der Sinne* auf eine Kommunikationsweise der Sinne[49], und an einer Stelle, die mir besonders wichtig scheint, heißt es: »Im Empfinden erlebt der Empfindende sich selbst und die Welt, sich in der Welt, sich mit der Welt«.[50] Hier wird deutlich, wie der Zusammenhang gedacht wird: Empfinden und Empfundenes verhalten sich zueinander nicht wie Subjekt und Objekt, so daß ich dann danach fragen müßte, wie sie miteinander kommunizieren, nach welchen Regeln dies geschieht usw., sondern das Empfinden selber greift sozusagen auf das Empfundene über, im Empfinden erlebt der Empfindende sich selbst (hier ist der Selbstbezug angesprochen) und die Welt, d. h. er erlebt *sich in der Welt*, mit der Welt.

Nehmen wir das Sichfreuen als ein Beispiel aus der affektiven Welt. Wenn ich sage ›Ich freue mich‹, so bin ich nicht der Gegenstand meiner Freude, dieses ›sich‹ bedeutet eine Art von Reflexivität, eine Selbstbezüglichkeit im Affekt selbst. Darin ist eingeschlossen, daß das Empfinden auf die Welt übergreift und die Dinge eine

47 PP 251, dt. 254.
48 Vgl. *Le contrat naturel* (1990, dt. 1994).
49 *Vom Sinn der Sinne* (1956), S. 208 ff.
50 Ebd., S. 372.

verschiedene Färbung annehmen, je nachdem in welcher Stimmungslage ich mich selbst befinde.
An dieser Stelle könnte man einwenden, durch eine derartige Kommunikation mit der Natur werde eine Art von Romantik wiederaufgewärmt, die an der unwiderruflichen Entzauberung der Welt scheitern muß. Das wäre vielleicht ein Einwand aus Frankfurt. – Merleau-Ponty spricht ja ausdrücklich von einer Verzauberung (*envoûtement*) der Welt durch die Sinne[51]. Er gebraucht das Wort ›Verzauberung‹, um anzudeuten, daß Sinneserfahrung eben nicht besagt, daß ich das, was mir begegnet, in der Hand habe, daß ich bestimmten Regeln folge oder nicht; Verzauberung bedeutet, daß ich etwas tue unter dem Einfluß eines anderen, von dem ich keinen Abstand gewinne. Es geschieht etwas mit uns, man tut etwas, das man nicht in der Hand hat; in der Verzauberung ist man auf gewisse Weise außer sich, ist man nicht völlig bei Sinnen.
Bedeutet dies nun eine schlichte Wiederverzauberung der Welt? Der Einwand, der dagegen immer wieder erhoben wird, lautet: Man kann nicht zurück zu einer vormodernen Natur. Wir wissen spätestens seit Descartes, daß wir nicht einfach Teil der Natur sind und daß diese umgekehrt von uns ständig bearbeitet wird. – Die Antwort, die Merleau-Ponty auf diese Einwände geben würde, bestünde in einer Gegenfrage: Wie sieht denn das Medium aus, in dem sich der Austausch zwischen Empfinden und Empfundenem vollzieht? Dieses Medium ist gewiß nicht die physikalische Natur, in der qualitative Erfahrungsweisen gar nicht vorkommen. Daraus folgt, daß die Empfindungslehre eine gewisse Form von Kosmologie, d. h. die Annahme einer vorwissenschaftlichen Natur selbstverständlich voraussetzt. Zwar läßt sich die Theorie der Leiblichkeit nicht in eine alte Kosmologie zurückverwandeln, und der Leib läßt sich nicht einer Physis zurechnen, in der wir als Teil vorkommen und unsere vorgeschriebenen Wege gehen, doch eine gewisse Form der Kosmologie ist auch in der Moderne unentbehrlich. Über den Menschen als leibliches Wesen sprechen heißt gleichzeitig, über die Natur sprechen. Sonst bleibt immer nur diese Doppelheit: eine Kulturwelt, in der wir uns die Dinge zurechtmachen, und daneben eine Natur, mit der sich die moderne Physik und Technik befaßt. Doch das Ineinandergreifen von Organismus

51 PP 247, dt. 251.

und Natur läßt sich nicht erfassen, wenn man von einem solchen Dualismus ausgeht. Dies besagt, daß Kultur und Natur schon auf der Ebene der Empfindung ineinander verflochten sind. Merleau-Ponty nennt dies ein »Geschenk der Natur«.[52] Solche suggestiven Formulierungen sind nicht ohne Probleme, zumindest müßte man hinzufügen: Geschenke können auch eine Last sein, und die Entgegennahme des Geschenks der Natur ist selbst kein Naturvorgang. Merleau-Ponty versucht jedenfalls erneut in den Blick zu bringen, daß der Umgang mit der Welt nicht auf unsere eigene Initiative reduziert werden kann und daß immer schon anderes mitspielt, wenn wir uns in Bewegung setzen.

4. Vielheit der Sinne und Synästhesie

Ich habe immer wieder Beispiele aus der Tonwelt, der Tastwelt, der Welt des Sehens angeführt. Es stellt sich nun die Frage: Wie ist diese *Vielheit* der Sinne (Tasten, Hören, Sehen usf.) zu denken? Wenn wir von Sinnesqualitäten sprechen, müssen wir immer schon damit rechnen, daß es *verschiedene* Sinnesqualitäten gibt, daß unsere Wahrnehmungswelt nicht einfach homogen ist. Wenn wir die klassischen Theorien der Neuzeit anschauen, etwa bis Kant, so finden wir weder auf der Seite des Rationalismus noch auf der Seite des Empirismus eine wirkliche Problematisierung der Vielheit der Sinne. Wenn wir den Empirismus nehmen, so setzt er die Vielheit immer schon voraus. Hume beginnt damit, daß wir Schmerzempfindungen, Rotempfindungen, Hörempfindungen haben; das Problem liegt dann nur darin, wie aus dieser Vielheit trotzdem *eine* Welt entsteht. Nehmen Sie etwa diese Zitrone, die sowohl gelb ist, einen scharfen Geschmack hat wie auch ein gewisses Gewicht. Wie kommt aus diesen qualitativ verschiedenen Empfindungen dann plötzlich ein einheitliches Ding zustande, obwohl – wenn wir hinschauen – da eine ganze Menge von Sinnesdaten vorkommen, die ganz verschiedenen Registern angehören? Humes Antwort lautet: Die assoziativen Verknüpfungen bringen die verschiedenen Empfindungsdaten in einen wiederholten Zusammenhang, so daß wir am Ende sagen: da ist ein Ding, das wir Zitrone nennen. Hier wird die Vielheit der Sinne also vorausgesetzt, was schon eine Naivität ist.

52 PP 251, dt. 254.

Wenn wir umgekehrt anhand eines rationalistischen oder intellektualistischen Modells die Vielfalt der Sinne zu denken versuchen, so setzen wir sozusagen zu hoch an, nämlich auf der Ebene einer fraglosen Einheit. Bei Kant ist in der *Kritik der reinen Vernunft* von den sinnlichen Anschauungsformen des Raumes und der Zeit die Rede. Auch dort wird in bemerkenswerter Übereinstimmung mit dem Empirismus eine Vielheit vorausgesetzt. Eine der Grundvoraussetzungen, die bei Kant nahezu ohne Begründung immer wieder auftritt, lautet: Mannigfaltigkeit ist gegeben, und es fragt sich dann nur, wie daraus eine Einheit entsteht. Kant löst das Problem so: die Einheit wird nach Regeln gesetzt und so das Mannigfaltige in eine bestimmte Einheitsform gebracht. Die Vielfalt der Sinne ist also ebenfalls gegeben. Sie gehört zur Zufälligkeit unserer materiellen, biologischen Ausstattung. Ich spreche hier allerdings von der *Kritik der reinen Vernunft*, denn in der Anthropologie von Kant findet sich einiges zur Vielfalt der Sinne, das über das eben Gesagte ganz entschieden hinausgeht. Hier werden die einzelnen Sinne im Hinblick auf ihre Lebensbedeutsamkeit abgehandelt. Autoren wie Helmuth Plessner und Erwin Straus haben auf diese Schrift zurückgegriffen. Doch wenn Kantianer Kant lesen, fällt auf, daß die Anthropologie dort, wo es wirklich ernst wird, als zweitrangig betrachtet wird, als ›zweite Philosophie‹, in der die entscheidenden Voraussetzungen bereits als geklärt gelten. Plessner dagegen liest Kant, was die Ästhesiologie angeht, rückwärts von der Anthropologie her, und das tut sonst kaum jemand.

Die Alternative zur Denkweise von Kant besteht darin, daß man nicht von einer Vielfalt ausgeht, die einfach da ist, sondern beschreibt, wie eine Vielfalt in einem Prozeß der Differenzierung *entsteht*. Wenn wir ausgehen von einem Insgesamt von sinnlichem Gewahren, von einem Sensorium, so erfährt dieses Sensorium selbst eine Differenzierung, eine Selbstdifferenzierung. Und hinzu kommt eine Selbstorganisation in dem Sinne, daß diese Differenzierung nicht äußeren Kriterien oder Regeln folgt, sondern in einem Prozeß des Sich-ordnens, des Sich-anordnens des leiblichen Geschehens entsteht. Wenn man von fünf Sinnen ausgeht, so kann man nicht so tun, als gäbe es da einfach etwas abzuzählen; Sinne sind keine gleichförmigen Elemente. Abgesehen davon, *wie* wird gezählt? Sind es fünf Sinne, sind es nicht vielleicht mehr? Das ist eine sehr konventionelle Außenbetrachtung. Einer Philosophie

der Sinne stellt sich die Frage, wie die Sinnlichkeit sich selber in verschiedene Sinnessphären ausdifferenziert. Das beginnt, wie Merleau-Ponty bemerkt, schon mit dem doppeläugigen Sehen: auch die beiden Augen sehen ja nicht einfach dasselbe, sondern es zeigen sich gewisse Verschiebungen, die im Schielen besonders kraß hervortreten. Mit zwei Augen sehen heißt: es gibt eine Differenz *im* Sehen selber, schon dies erfordert eine Koordination.
Probefälle für den Zusammenhang und die Differenz der Sinne liefern die berühmten Synästhesien: also farbige Töne, klingende Farben, gesehene Glätte usw. Geht man von heterogenen, isolierten Sinnessphären aus, so sind Synästhesien fragwürdige Phänomene, kuriose Grenzüberschreitungen. Was hat ein Ton mit Farben zu tun? Was heißt ›hohe‹, was heißt ›tiefe‹ Töne? Schon dies erscheint problematisch, denn ein Ton spielt sich in der Zeit ab, als ›hoher‹ oder ›tiefer‹ Ton müßte er im Raum oben oder unten vorkommen. So wirkt diese Redeweise uneigentlich, hervorgehend aus einer sekundären Bedeutungsübertragung. Wobei selbst dann immer noch die Frage bleibt: wie kommt es dazu, daß gerade diese Redeweise gewählt wird? Selbst wenn der Klang nicht einfach als räumlich ›hoher‹ oder ›tiefer‹ Ton angesetzt wird, bleibt diese Frage offen.
Phänomene der Synästhesie erscheinen also zunächst als merkwürdige Phänomene uneigentlicher Art. Merleau-Ponty dreht nun den Spieß um, und darin folgt er Autoren wie Erwin Straus, Heinz Werner und Wilhelm Schapp, die die synästhetische Wahrnehmung nicht als Ausnahmefall ansehen, wo die verschiedenen Sinnessphären sozusagen in Unordnung geraten und etwas von einem Bereich in den anderen eingeschmuggelt wird, sondern annehmen, daß die synästhetische Wahrnehmung den Regelfall darstellt. Die Dinge haben eine synästhetische Struktur. Hierzu einige Beispiele von Wilhelm Schapp[53]: »Der Glanz des Goldes vergegenwärtigt uns auf sinnliche Weise seine homogene Bildung, die matte Farbe des Holzes dessen ungleichartige Maserungen.« Hier geht es um sinnübergreifende Materialbeschaffenheiten. Weiter heißt es: »Die Sinne kommunizieren untereinander, indem sie sich der Struktur eines Dinges eröffnen.« Mit »Struktur eines Dinges« wäre genau das umschrieben, was den Zusammenhang zwischen verschiede-

53 *Beiträge zur Phänomenologie der Wahrnehmung* (1910 bzw. 1926), zitiert in PP 265, dt. 268.

nen Sinnessphären ausmacht. »Man sieht die Sprödigkeit und Zerbrechlichkeit des Glases, und bricht es mit einem kristallenen Klang, so ist der Träger auch dieses Tones das sichtbare Glas. Man sieht die Elastizität des Stahls, die Bildsamkeit des glühenden Eisens, die Härte der Klinge eines Hobels, die Weichheit der Späne.« D.h. wir bewegen uns von vornherein in einer Sinnensphäre, in der ein Sinn für den anderen, eine Qualität für die andere eintritt. Die Frage ist nicht, wie bei der Zitrone die gelbe Farbe, der saure Geschmack, die gerundete Form und eine bestimmte Schwere zusammenkommen und kombiniert werden, sondern wie die Zitrone, die wir da vor uns sehen, sich in diese Sphären aufteilt. Die Frage ist also umzukehren, das Problem des Empirismus ist neu zu formulieren.

Dem Zusammenspiel der Sinne entspricht auf seiten des Leibes – wie Merleau-Ponty es nennt – eine Synergie, ein Begriff, der heute auch im Bereich der biologischen Synergieforschung auftaucht. Synergie ist ein altes Wort, das auf Aristoteles zurückgeht. Der Leib ist ein synergetisches System (*ergon* = Werk, *syn* = mit), dies bedeutet, daß eines zusammen mit dem andern tätig wird.

Die Sinne, so Merleau-Ponty, übersetzen sich ineinander ohne Dolmetscher, sie gehen von sich aus ineinander über ohne vermittelnde Idee.[54] Und jede normale Wahrnehmung impliziert einen solchen Übergang. Ein Beispiel für dieses synergetische System wäre die räumliche Orientierung: daß man sich im Spiegel spiegelverkehrt sieht. Man sieht sich im Spiegel andersherum, spiegelverkehrt, was ja auch wieder eine merkwürdige Formulierung ist, weil meine linke Seite dann rechts im Spiegel zu sehen sein müßte. Es gibt bei der Raumorientierung bestimmte Störungen, so daß jemand etwa eine Bewegung nur nachzuahmen vermag, wenn er parallel zu jemand anderem in den Spiegel schaut oder neben ihm steht, und nicht, wenn er dem Anderen gegenübersteht.[55] Wenn Sie die Bewegung eines Anderen, der Ihnen gegenübersteht, nachmachen, so bewirkt schon diese Nachahmung eine gewaltige Transposition von einem synergetischen System in ein anderes. Sie müssen hierbei die Bewegung des Anderen sozusagen übersetzen in die Position, in der Sie selber sich befinden, was keineswegs

54 PP 271, dt. 274.

55 Vgl. dazu die hirnpathologischen Studien der Goldstein-Schule, zitiert in: PP 164, dt. 170.

selbstverständlich ist und was Kinder merkwürdigerweise besonders gut können. Wir denken immer, das Komplizierte kommt später. Es ist interessant, daß Kinder viel weniger Schwierigkeiten haben, Spiegelschrift zu lesen. Wenn wir eine Schrift vor den Spiegel halten, so sehen wir im Spiegel alles ›falsch‹ rum, wir können es zwar lesen, aber wir müssen uns anstrengen. Während ein Kind am Anfang oft spiegelschriftlich schreibt, es dreht die Buchstaben manchmal um.[56] Das setzt voraus, daß es eine gewisse Labilität, d. h. aber auch ein gewisse Flexibilität in der räumlichen Anordnung gibt, daß also Raumübertragungen noch eher normal sind. Wenn Kinder ein Instrument spielen lernen, so haben sie noch keine besondere Schwierigkeit, Flötengriffe zu lernen, wenn sie vis-à-vis vor ihrem Lehrer oder ihrer Lehrerin stehen. Für Erwachsene ist das ungleich schwieriger. Diese leibliche Orientierung läßt sich nicht mit regelgerecht ausgeführten Übersetzungsprozessen erklären.

Es gibt schließlich Fälle extremer Synästhesie, also das, was wir eigentlich Synästhesie nennen, wo die Sinnessphären nahezu vertauscht erscheinen. Bei Meskalingenuß, so heißt es, kommt es zu solchen Vermischungen. Sie finden sich auch in pathologischen Fällen, bei sogenannten Primitiven oder bei Künstlern wie etwa Olivier Messiaen oder Vladimir Nabokov. Es gibt empirische Untersuchungen darüber, in welchen Menschengruppen Synästhesien besonders häufig auftreten. Wenn wir uns fragen, weshalb Künstler und sogenannte Wilde besonders häufig betroffen sind, so kann man dies vielleicht damit erklären, daß der Differenzierungsprozeß oder die Arbeitsteilung der Sinne noch nicht so weit fortgeschritten ist. Wenn wir so einfach sagen: »Das sehe ich mit dem Auge« oder »Das höre ich mit dem Ohr«, so wird damit eine Arbeitsteilung vorausgesetzt, die mehr oder weniger rigid ausfallen kann. Es gibt aber Arbeitsprozesse, bei denen die Funktionen viel stärker ineinandergreifen. Wenn man Synästhesien häufig bei Rauschzuständen findet, in denen die Grenzen sich verwischen, oder bei Künstlern, deren Sensorium besonders sensibel auf Nuancen und Übergänge reagiert, so besagt dies nicht, daß es sich hier um Störungen sekundärer Art handelt, sondern

56 Daraus entstehen kyrillische Buchstaben: R wird zum russischen ja und N zum russischen i, wie es uns ergeht, wenn wir Aufschriften unvermutet im Spiegel sehen.

vieles spricht dafür, daß die Organisationsweise der Erfahrung noch eine andere ist.[57]
Schließlich weise ich hin auf die immense Metaphernforschung, die hier ebenfalls ein Wort mitzusprechen hat. ›Farbige Töne‹ sind sprachlich gesehen Metaphern, und bekanntlich gehen traditionelle Metapherntheorien davon aus, daß eine Bedeutung von einer Sinnsphäre in die andere übertragen wird. Die Rede vom ›warmen Ton‹, oder vom ›hohen Ton‹ entstünde also dadurch, daß räumliche oder heteromodale Qualitäten in den akustischen Bereich übertragen werden. Neuere Metapherntheorien nehmen dagegen an, daß es nicht eine eigentliche Bedeutung gibt, die anderswohin übertragen wird, sondern daß die Metaphorik eine Sphäre bildet, in der gewisse Zusammenhänge allererst gestiftet werden.[58] Und was wäre dann eine eigentliche Bedeutung? Eine eigentliche Bedeutung, d. i. eine rein begriffliche Bedeutung wäre eine solche, bei der der metaphorische Aspekt verblaßt ist. Begriffe wären verblaßte Metaphern. Das finden wir schon bei Jean Paul und bei Nietzsche. Bezogen auf die Sinne hieße dies: es gibt nicht etwas Eigentliches, z. B. etwas Akustisches, das dann in einen anderen Bereich übertragen wird, sondern es gibt von vornherein das Zusammenspiel der Sinne. In den Sinnen und in der Sprache selber liegt etwas, das Zusammenhänge entstehen läßt. Bei Baudelaire ist von Korrespondenzen (*correspondances*) die Rede, das weist auf ähnliche Phänomene hin. In den verschiedenen Sphären zeigen sich wechselseitige Äquivalente, deshalb sprechen wir von einem ›hohen C‹, einem ›tiefen Blau‹, einem ›schreienden Gelb‹. All das klingt weniger merkwürdig, wenn wir uns von vornherein in mehreren Sphären bewegen.

57 Neuere Forschungen an Neugeborenen, in denen man Verhaltensbeobachtungen mit EEG-Daten koordinierte, haben ergeben, daß es in diesem Stadium generell eine größere Durchlässigkeit der Sinneskanäle gibt.

58 Ricœur zitiert in diesem Zusammenhang den aristotelischen Satz: »Gut zu übertragen (wörtlich: zu metaphorisieren) bedeutet das Ähnliche sehen.« (*Poetik*, 1459 a 8) Vgl. *La métaphore vive* (1975), S. 34, dt. S. 30.

5. Qualitäten, Dinge und Gegenstände

Ich möchte zunächst nochmals auf Kant verweisen, um zu zeigen, worum es bei der Rehabilitierung der Sinne eigentlich geht. Bei Kant gibt es den Unterschied zwischen Erfahrungsurteilen und Wahrnehmungsurteilen. Ein Wahrnehmungsurteil wäre z. B., wenn ich sage: »Der Koffer ist zu schwer«. Hier handelt es sich nämlich um eine Qualität, die relativ ist in bezug auf die Körperkraft eines bestimmten Subjektes, während die Angabe »Der Koffer wiegt 30 Kilo« abgelöst wäre von dem Zustand eines bestimmten leiblichen Wesens und in diesem Sinne als objektiv gilt. Erfahrungsurteile wären dekontextualisiert, bezogen auf alle möglichen Umstände, während Wahrnehmungsurteile sich jeweils auf eine bestimmte Situation, auf einen Kontext beziehen. Dieser Unterschied leuchtet zunächst ein, allerdings könnte jemand einwenden: Wenn ich sage: »Der Koffer wiegt 30 Kilo«, so bin ich immer noch einer gewissen Relativität verhaftet, nämlich einem bestimmten Meßsystem, doch dieses Problem lasse ich jetzt einmal beiseite. Problematisch ist schon, daß die Wahrnehmung auf vorläufige Art als bloß subjektiv betrachtet wird. Das hängt damit zusammen, daß Kants *Kritik der reinen Vernunft* abzielt auf die Bedingungen des Gegenstandes als solchen, wie sie unabhängig von bestimmten Umständen in einem Urteil zur Geltung kommen. Und ein Urteil, das bloß für mich gilt, ist beschränkter als eines, das für jedermann gilt. Ein Wahrnehmungsurteil ist *für mich* wahr: der Koffer ist zu schwer, für den Kollegen gilt das vielleicht schon nicht mehr.

Die Rehabilitierung der Sinne besteht nun darin, daß diese Unterscheidung zwischen ›bloß subjektiv‹ und ›objektiv‹ revidiert wird und das ›*bloß* Subjektive‹ vom Odium des ›bloß‹ befreit wird. Die Schwere des Koffers bleibt natürlich bezogen auf die Kräfte eines bestimmten Körpers, aber wieso wird das Wahrnehmungsurteil als ›*bloß* subjektiv‹ abgewertet? Man kann ja umgekehrt zu bedenken geben, daß diese Erfahrungsebene es überhaupt erst ermöglicht, auf dem Weg über gewisse Distanzierungen, Differenzierungen und Dekontextualisierungen objektive Eigenschaften zu gewinnen, die von der Situation ablösbar sind. Es geht also darum, den Sinnen den Geruch des bloß Subjektiven zu nehmen.

In diesem Zusammenhang lassen sich drei Stufen unterscheiden, die in der bisherigen Behandlung der Sinnlichkeit schon mit vorkamen:

1. Empfinden: Qualität, fluktuierende Elemente;
2. Wahrnehmen: Ding, konstante Eigenschaften;
3. Erkennen: Gegenstand, X als Träger von Prädikaten.

1. Zum Empfinden: Das Empfinden hat es mit *Ausdrucksqualitäten* zu tun, z. B. mit der Bläue des Himmels, der Wärme des Wassers, der Weichheit eines Fells oder der Haut beim Streicheln. Das Empfinden heftet sich an ein fluktuierendes Medium, das sich ändert. Hier gibt es einen Zusammenhang zur Elementenlehre der Vorsokratiker, die in der Gegenwartsphilosophie neue Beachtung findet. ›Das Warme‹, ›das Harte‹, das sind substantivierte Adjektive, die bestimmte Qualitäten bezeichnen. Sie erinnern an die Elemente, die ebenfalls keine Gegenstände sind. Nehmen wir das Wasser: das Wasser schwebt uns ja nicht als Gegenstand vor Augen, außer wir tun es in einen Behälter, dann haben wir ein Glas mit Wasser vor uns stehen, doch damit sind wir schon auf der Ebene der Dinge. Ähnlich die Luft. Wasser und Luft sind somit Elemente, *in* denen ich bade, die ich ein- und ausatme, die mich umgeben und nicht frontal *vor* mir stehen.
Ein weiterer wichtiger Aspekt des Elements ist die Nicht-Abzählbarkeit. Nehmen wir den Teich unten an der Ruhr-Universität: Wieviele Tropfen Wasser hat das Wasser im Teich? Die ursprüngliche Rede von den vier Elementen setzt keineswegs eine Reihe diskreter Entitäten, eine Menge abzählbarer Einzelteile voraus. Solche abzählbaren Teile gibt es z. B. bei einer Maschine, die man auseinandernehmen und deren Teile man numerieren kann. Oder bei einem Brettspiel können wir angeben, aus wieviel Figuren es besteht. Dies gilt auch für die Buchstaben des Alphabets, die im Griechischen ebenso wie die Elemente mit dem Wort στοιχεῖον bezeichnet werden. Natürlich sind chemische Elemente, die durch eine Kombinatorik diskreter Merkmale, durch Wertigkeiten und Legierungseigenschaften bestimmt werden, ebenfalls abzählbar; merkwürdigerweise gibt es 102 von ihnen. Auch Personen in einem Raum lassen sich individuieren und abzählen, während sich bei einem Element das Problem anders stellt. Beim Wasser können wir zwar sagen, es gibt da bestimmte Wellen, wenn das Wasser in Bewegung gerät, aber die Abzählbarkeit setzt mehr voraus. Bei den Elementen haben wir eine bestimmte Akzentuie-

rung: z. B. Wellenkämme, ein Wechselspiel von Hoch und Tief, aber keine abzählbaren Teile. Ähnliches finden Sie übrigens auch in anderen Bereichen, etwa in dem der Träume. Sie können sich fragen: wieviele Träume habe ich heute nacht gehabt? Sie können versuchen, Ihre Träume zu zählen und zu numerieren, aber wo setzen Sie die Grenze an? Wo hat der neue Traum angefangen, der alte aufgehört? – Wenn wir die Luft als ein Element betrachten, in dem wir uns bewegen, so ist sie noch weniger greifbar als das Wasser, obwohl ja kein Leben denkbar wäre, ohne daß Lebewesen ein- und ausatmen. Das ändert sich auch nicht, wenn wir die Luftfeuchtigkeit oder Windrichtung bestimmen. Wir atmen und spüren keine Luftpartikel, sondern Luft, die lediglich globale Eigenschaften zeigt.

Ich habe die Vorsokratiker erwähnt. Erwähnenswert ist ebenso ein Pariser Autor, Gaston Bachelard, der sich als Wissenschaftstheoretiker einen Namen gemacht, daneben aber auch einige Bücher über die Elemente geschrieben hat: z. B. eine Psychoanalyse des Feuers und eine Untersuchung über die Luft.

Elemente haben es mit dem Empfinden zu tun, weil Qualitäten sich ausbreiten, aber keine Eigenschaften sind, die man einem bestimmten Etwas zuschreiben kann.

Valéry beschreibt in seinen Essays das Bad, bei dem der Leib sich dem flüssigen Element überläßt, und die Leichtigkeit der Tanzbewegungen, von denen die Seele mitgezogen wird.[59] Schwimmen und Tanzen sind bestimmte Weisen des In-der-Welt-seins, die noch nicht auf den Gegensatz zwischen ›etwas‹ und ›jemand‹ zurückzuführen sind. Valéry kommt immer wieder auf die Leiblichkeit zurück. Neben Proust war er übrigens der wichtigste literarische Mentor für Merleau-Ponty.

2. Wahrnehmung: Mit der Wahrnehmung begeben wir uns auf die zweite Stufe, auf die der *Dinge*. ›Ding‹ nennen wir ein Etwas, das konstante Eigenschaften hat, also relativ kontextunabhängig ist. Nehmen wir z. B. die Tomate, die erst rot wird, wenn sie reif wird, vorher ist sie grün. Wenn wir sagen: »Die Tomate ist rot«, so beschreiben wir durchaus nicht beliebige Zustände der Tomate,

59 Vgl. den Essay *Le bain*, der so beginnt: »Dans le pur et brillant sarcophage (wörtlich: der Fleischverzehrer), douce est l'eau qui repose, tiède et parfaite épouse de la forme du corps.« Siehe *Œuvres* (Bd. 1, S. 1727). Zum Tanz vgl. *L'âme et la danse* (Bd. 2, S. 148 ff.).

so wie wir sie gerade sehen, sondern es wird eine ganz bestimmte Farbe, in diesem Falle die des Reifezustandes, herausgenommen, die als für den Gegenstand typisch erachtet wird. – Auch solche Dinge sind nicht einfach Gegenstände für ein Bewußtsein, als gäbe es da isolierte Eigenschaften, die durch Synthese zu einem Etwas verbunden werden, vielmehr gehört es zu einem Ding, daß es seine Konstanz nur dann wahrt, wenn normale Umstände gegeben sind. Ich habe das Beispiel der Beleuchtung gebracht. Wir müßten den Gegenständen immer wieder andere Farben zuschreiben, wenn wir uns nach den wechselnden Lichtverhältnissen richten würden. Wir gehen jedoch aus vom normalen Tageslicht. Das ist keineswegs selbstverständlich. Oft sagen wir: »Etwas ist rot«, obwohl das Ding ganz anders aussieht. Vorausgesetzt wird eine Normalität der Situation und auch der leiblichen Verfassung. Wenn ich eine Sonnenbrille aufsetze, ändert sich die Farbe schon wieder. Bei der Wahrnehmung der Dinge haben wir es mit einer Orthoästhesie zu tun, wie Husserl es nennt[60], d. h. in der *Aisthesis* tritt ein *Orthon* auf, ein Richtiges, und dieses Richtmaß setzt voraus, daß wir bestimmte Normalumstände in Rechnung stellen. Und so schreiben wir dann einem Ding seine Farbe als eine feste Dingeigenschaft zu. Doch schon mit der Zuschreibung einer festen Dingfarbe nehmen wir eine konventionelle Vereinfachung vor.

Cézanne, der mit Farben ja doch einiges mehr anfängt, als sie als Merkmale von Dingen zu verwenden, äußert sich so: Ein Bild atmet den Duft einer Landschaft, man muß das Bild sogar riechen können.[61] Bei Cézanne finden sich viele Überlegungen zur Synästhesie: ein Apfel sollte so gemalt sein, so daß er tastbar ist, daß die Sphären ineinander übergehen und füreinander eintreten.

Im Bereich der Dinge verfügen wir also über *relative* Konstanzen, die auf normale Situationen und normale Kontexte bezogen bleiben.

3. Mit dem Erkennen betreten wir endlich die Ebene des Erfahrungsurteils bei Kant. Erst hier bildet sich ein *Gegenstand* heraus. Der Gegenstand ist dann – wie man in der neukantianischen

60 Siehe oben S. 55.

61 Aus den Gesprächen mit Gasquet, zitiert PP 368, dt. 369. Zu den phänomenologischen Inspirationen, die von Cézanne ausgehen, vgl. die Cézanne-Studie von Gottfried Boehm: *Paul Cézanne, Montagne Sainte-Victoire* (1988).

Tradition sagt – ein X als Träger von Prädikaten, von objektiven Attributen, die man dem Gegenstand unabhängig von seinem Umfeld und von der Beschaffenheit des Subjekts zuschreibt. Daß damit auch die Tendenz zur Bevorzugung der sogenannten primären Qualitäten zusammenhängt, ist nur zu deutlich. Denn die Ausdehnung der Gegenstände ist nicht in der gleichen Weise subjektabhängig wie die Wahrnehmung einer Farbe, die gestört ist, wenn jemand sich als sehschwach oder gar als blind erweist. Jemand, der keine Gegenstände bestimmen kann, wäre überhaupt niemand, während von den sinnlichen Sonderbereichen dieser oder jener ausfallen kann, ohne daß damit die Subjektivität des Subjekts unterminiert wird.

Wir haben hier also eine Dreistufung vor uns, die eine Reihe von Problemen aufwirft. Wie sind diese drei Bezüge zur Welt in einen Zusammenhang zu bringen? Dazu mehr in der nächsten Vorlesung.

Ergänzendes zu Kapitel II: Empfinden und Wahrnehmen

4. Vorlesung vom 12.11.96

Im letzten Abschnitt habe ich die Dreiteilung in Qualitäten, Dinge und Gegenstände eingeführt und zuerst über das *Empfinden* gesprochen, das auf Sinnesqualitäten bezogen ist. Der *Wahrnehmung* entsprechen bestimmte Dinge, und das *Erkennen* oder Erfahren im Sinne von Kant bezieht sich auf Gegenstände. Mit dieser Dreiteilung soll ein Zusammenhang zwischen der Empfindungslehre und der Erkenntnistheorie hergestellt werden. Diese Unterscheidung ist wichtig, weil wir dazu neigen, alles, was mit der Leiblichkeit zu tun hat, zu rasch erkenntnistheoretisch zu deuten und auf die Frage zuzuspitzen: Wie erkennen wir die Dinge? Aber die Frage nach dem Empfinden geht weit über eine bloß kognitive Orientierung in der Welt hinaus. Der kognitiven Orientierung nähern wir uns über verschiedene Stufen. Ich habe deshalb unterschieden a) zwischen den Sinnesqualitäten, in denen wir uns sozusagen in den Dingen und mit den Dingen selber erfahren. Bei Erwin Straus heißt es: »... im Empfinden erlebt der Empfindende sich und die Welt, sich in der Welt, sich mit der Welt.«[62] – b) Bei der

62 *Vom Sinn der Sinne* (1956), S. 372.

Wahrnehmung von Dingen handelt es sich dann schon um Konstanzphänomene: daß etwas wiederkehrt, wiedererkannt wird, z. B. als Merkmal eine bestimmte Farbe hat. – c) Bei den Gegenständen der Erkenntnis geht es nicht mehr bloß um konstante Phänomene in wiederkehrenden Situationen, sondern hier wird mit Kant der Versuch gemacht, über die Gegenstände so zu sprechen, wie sie sich für jedes erkennende Wesen bestimmen. Zu dieser Dreiteilung folgen nun drei kommentierende Bemerkungen.

1. Bemerkung: Auf der ersten Stufe der Sinnesqualitäten haben wir es mit einer *Vorwelt* (*prémonde*) zu tun. Diesen Ausdruck verwendet Merleau-Ponty für eine Welt, die der ausdrücklich geformten und geschaffenen Welt noch vorausgeht.[63] Er spricht sogar von einer vormenschlichen Welt, die noch nicht völlig kultiviert ist, die den Kulturen selbst noch zugrunde liegt. Auf der zweiten Stufe haben wir dann die *Lebenswelt*, die immer schon auf bestimmte Weise interpretiert und auch praktisch verfügbar gemacht ist. Auf der dritten und letzten Stufe bildet sich mittels eines Abstraktionsverfahrens eine *Natur an sich*, die von jedem Bezug auf spezifische lebensweltliche Voraussetzungen frei ist, z. B. als physikalische Welt. Von der Physik sagen wir ja nicht, es gäbe eine deutsche, eine amerikanische oder eine chinesische, sondern die Physik überschreitet die Kulturen auf gewisse Weise.[64]

Diese drei Stufen lassen nun aber verschiedene *Zwischenstufen* oder Übergänge zu. Erläutert sei dies an einigen Beispielen. Beim Übergang von der ersten zur zweiten Stufe stellt sich die Frage: Haben Tiere es auch schon mit Dingen zu tun? Hierzu gibt es sehr differenzierte Untersuchungen von Wolfgang Köhler, der in seinen Versuchen mit Schimpansen mehrere Verhaltensniveaus unterscheidet[65]. In gewissem Sinne hat der Schimpanse keine

63 Vgl. PP 372, dt. 373.

64 Ich sage ›auf gewisse Weise‹, weil die Bedingungen des Überschreitens kultureller Schranken selbst wiederum kulturell geschaffen werden. In besonders krasser Weise wird dies deutlich, wenn man bedenkt, daß eine chinesische Atombombe genauso gut zündet und auch ähnliche Verwüstungen anrichtet wie eine amerikanische. Hier liegt die Grenze des Kulturalismus. Die Atombombe gehört wie alle Waffensysteme zu den Erfindungen einer bestimmten Kultur, aber die Zerstörungen, die sie anrichtet, beschränken sich nicht auf die Kontexte einer bestimmten Kultur.

65 Vgl. SC 122-130, dt. 128-135.

›Dinge‹ vor sich; er gebraucht den Stab nicht als Werkzeug, denn dies würde eine Dekontextualisierung des Stabes voraussetzen, d. h. der Affe müßte den Stab für verschiedene Situationen bereitlegen oder gar entsprechende Werkzeuge herstellen. Die ›Dinge‹, z. B. der Stab, haben für den Schimpansen nur einen bestimmten Funktionswert. Der eigentliche Werkzeuggebrauch setzt Erfindung im Sinne einer Wiederholbarkeit garantierenden Stiftung voraus. Der Affe müßte sich sagen können: »Für den Fall, daß die Bananen zu hoch hängen, brauche ich einen Stab, also sammle ich Stäbe oder präpariere sie für künftige Situationen«. Doch de facto muß der Schimpanse sein ›Werkzeug‹ jedesmal neu erfinden, er muß die Situation immer wieder neu bewältigen, indem er nach einem Stab greift. Köhler beschreibt außerdem, wie der Affe Kisten, auf denen er gerade sitzt, aufeinandertürmt und eine Art Leiter baut, mit der er an die Bananen herankommt. Doch auch diese Leiter wird immer wieder neu erfunden. Deshalb spricht Köhler von einem Funktionswert der Dinge. Die Kiste oder der Stab haben einen funktionellen Wert *in* der Situation, der sich jeweils verändern kann, z. B. im Wechsel vom Sitzgerät zum Klettergerät. Zwar besteht ein Zusammenhang zwischen diesen Funktionswerten, aber es kommt zu keiner Identifizierung in dem Sinne, wie wir Menschen jene Kiste identifizieren *als* Kiste und von ihr sagen, daß sie einmal *als* Sitzgerät, das andere Mal *als* Klettergerät benutzt wird. Erst dann hätten wir einen identischen Gegenstand, ein Ding, das in verschiedenen Situationen auf verschiedene Weisen verwendbar ist. Die Rede vom Menschen als von einem *toolmaking animal*[66] bedeutet nicht nur, daß der Mensch in einzelnen Situationen etwas tut, was ihm einen Ausweg eröffnet, sondern sie verweist auf die Erfindung und Erschaffung eines Werkzeugs *als* Werkzeug im Hinblick auf seinen *potentiellen* Gebrauch.

Die Frage »Haben die Tiere Dinge oder nicht?« führt uns in eine Domäne jenseits bestimmter Alternativen: weder sind die Tiere mechanische Maschinen, bei denen alles automatisch abläuft, denn

66 So Benjamin Franklin. Karl Marx sagt von dieser Definition des Menschen als eines »Instrumentmachers«, sie sei für das »Yankeetum« ebenso charakteristisch wie die aristotelische Definition des Menschen als eines »Stadtbürgers« für das klassische Altertum (*Das Kapital*, MEW 23, S. 346). Vgl. dazu auch Hannah Arendt, *Vita activa* (1981), S. 145.

– wie Köhler zeigt – bewältigt auch der Affe in seiner Umwelt Situationen durch gewisse Erfindungen –, noch sind Tiere *tool-making animals* in dem Sinne, daß sie eine Distanz gegenüber der Situation hätten, die es ihnen ermöglichte, bestimmte Dinge *unabhängig* von dieser Situation zu erfassen. Auf dieses Moment der Möglichkeit oder der Virtualität, die das eigentlich Menschliche ausmacht, komme ich später noch zu sprechen.

Zur weiteren Differenzierung möchte ich auf ein Schema von Erwin Straus hinweisen. Im Kapitel »Spektrum der Sinne«[67] stellt Erwin Straus den Zusammenhang zwischen den verschiedenen Sinnen in Form einer Skala dar. Er geht von zwei Polen aus: von der *Zuständlichkeit* auf der einen und von der *Gegenständlichkeit* auf der anderen Seite. Dieses Schema hat Straus der kantischen Anthropologie entlehnt und entsprechend umgewandelt. Schon Kant geht davon aus, daß Sinne mehr zuständlich sind, also in stärkerem Maße meine Befindlichkeit betreffen – oder aber mehr gegenständlich, also in höherem Maße eine kognitive oder gnostische Funktion ausüben.[68] Die extremen Pole wären der Schmerzsinn auf der einen und die sogenannten Fernsinne Sehen und Hören auf der anderen Seite. Dazwischen setzt Straus den Tastsinn an, der eine Mittellage hat. Auch der Schmerz – und das ist nun nicht mehr die Interpretation von Kant, sondern eine phänomenologische Interpretation – hat es mit Dingen zu tun, die uns verletzen. Und bei Lustgefühlen sind die Dinge ebenfalls mitbetroffen, sofern sie uns Lust verschaffen, nur tritt die Eigenqualität der Dinge dort weniger hervor, während wir bei den sogenannten Fernsinnen, beim Sehen und Hören, *etwas* sehen und *etwas* hören. Der Schmerz hat keinen intentionalen Gegenstand, sondern er betrifft das leibliche Befinden: ich habe einen Schmerz an einer bestimmten Stelle des Leibes. Ich kann sagen: »Ich sehe etwas«, doch es ist sprachlich nicht möglich zu sagen: »Ich schmerze *etwas*«, während Sehen und Hören *etwas* erschließen, das uns in der Welt begegnet.

Jedoch sind auch Sehen und Hören keine einfachen Fernsinne, wie man so sagt, auch hier kommen ganz verschiedene Formen der Gestaltbildung (z. B. der Zeitfaktor) ins Spiel. Wiedersehen ist

67 E. Straus, *Vom Sinn der Sinne* (1956), S. 390-403.

68 I. Kant, *Antropologie*, »Von den fünf Sinnen« (B 45 ff., Ausg. Weischedel, Bd. VI, S. 445 ff.).

nicht dasselbe wie Wiederhören. Das Wiedersehen setzt voraus, daß etwas auch sichtbar blieb zu einem Zeitpunkt, wo ich anderswo war, während Klanggestalten immer wieder neu erzeugt werden. Wir sagen zwar: »Das ist dieselbe Melodie«, doch die Wiederholung von Klang, Melodie, Musik, von Tönen überhaupt ist zeitgebundener als der Wiederauftritt des Sichtbaren im Raum. Hier stecken eine Menge Probleme: Wie spielen Zeitlichkeit und Räumlichkeit zusammen? Ich möchte damit andeuten, daß man nicht alle Sinne, alle Empfindungsarten einfach auf eine Stufe stellen kann.

Der Tastsinn ist besonders interessant, weil er in beide Richtungen tendiert, in die der Zuständlichkeit oder in die der Gegenständlichkeit. Das Tastgefühl kann z. B. in *Schmerz* übergehen: wenn Sie sich an einem Messer schneiden, so sagen Sie nicht: »Ich habe das Messer getastet«; das Gnostische vergeht Ihnen, wenn Sie Ihren Finger bluten sehen. Das Wahrnehmen verbindet sich hier mit einer Verletzung; beides hängt zusammen, das Messer, das ich wahrnehme *und* das mich verletzt, ist dasselbe. Wahrnehmung kann also jederzeit in eine Störung oder in eine Verletzung umschlagen.

Ähnliches gilt für das Sehen und Hören. Ein *Störgeräusch*, ein schriller Ton, kann zu einer solchen Lautstärke anschwellen, daß er Schmerz hervorruft. Auch das Hören, das »Ich höre etwas«, kann in eine leibliche Verletzung übergehen. Dem Störgeräusch entspricht im Bereich des Sehens die *Blendung*. Wir sagen immer: »Ich sehe *etwas«* und gehen dabei von einem intentionalen Gerichtetsein auf Sinn oder einer entsprechenden Kodierung aus. Die Blendung entsteht durch eine Überhelligkeit, die das Sehen plötzlich unterbricht und es in Blindheit versinken läßt. Man könnte Platons Höhlengleichnis auch einmal so lesen, daß dort von zwei Formen des Erblindens die Rede ist: Von der Höhle ins Licht tretend sieht man zunächst einmal gar nichts, weil man sich zuerst an das Licht gewöhnen muß. Ähnlich ergeht es uns beim Übergang aus dem Licht ins Dunkel der Höhle. Sehen heißt nicht bloß, bestimmte Qualitäten aufnehmen, sondern es vollzieht sich immer unter normalen Bedingungen, die jeweils störbar sind. Die Blendung bezeichnet einen Grenzfall, bei dem das Sehen in ein Geschehen übergeht, das sich dem Erschließen von etwas geradezu verweigert.

Der Tastsinn liegt genau zwischen Zuständlichkeit und Gegenständlichkeit. Beim Tasten habe ich bisher die eine Richtung, den Schmerz, betont, aber Tasten hat natürlich auch den Sinn von *Be*tasten oder *Er*tasten: ich erschließe etwas durch das Betasten. Doch das Tasten verändert auch mich selber: wird ein warmer Gegenstand berührt, so wird die Wärme nicht bloß wahrgenommen, sondern die wahrnehmende Hand erwärmt sich selber. Meine Hand kann sich erhitzen, man kann sich verbrennen. Hier gehen die wahrgenommenen Qualitäten unmittelbar in eigene Zustände des Organismus über bis hin zur Verletzung oder gar zur Vernichtung.

Schließlich noch etwas zum Erkennen von Gegenständen: auch bei der Gegenständlichkeit gibt es bestimmte Grade von Idealisierung bis hin zur Metrisierung. Der Raum beispielsweise wird anfänglich in der Sprache von Fußgängern, Bauern oder Soldaten artikuliert. Entfernungen werden nach Tagesmärschen bemessen, d. h. die Messung folgt zunächst der leiblichen Bewegung und gibt so den Umfang eines Feldes oder die Länge eines Weges wieder, während eine Metrisierung wie »Es sind 20 Hektar oder 120 Kilometer« die Vergegenständlichung weiter treibt als eine kontextuelle Beschreibung. Wenn ich sage: »Drei Tage weit« so hängt dieses Maß vom Mittel meiner Fortbewegung ab. Während es bei der Angabe »120 km« irrelevant ist, ob man die Strecke zu Fuß oder mit dem Rad zurücklegt. Es zeigt sich damit, daß auch Gegenständlichkeiten keine univoken Größen sind, auch sie lassen sich mehr oder weniger vom Kontext und von der Situation ablösen. Die absolut kontextfreie Gegenständlichkeit wäre allerdings nur als Grenzfall zu denken. Selbst physikalische Messungen sind abhängig vom Standpunkt des Beobachters bzw. von der Bewegungsart des Beobachters; das gehört zu den Erkenntnissen der modernen Physik nach Einstein.

2. Bemerkung: Die Abstufung (Empfinden, Wahrnehmen, Erkennen), von der hier die Rede ist, betrifft nicht bloß das, was wir empfinden, wahrnehmen, erfahren und erkennen, sondern auch das empfindende Subjekt selbst. Diese Skalierung verändert nicht nur die Art, wie *etwas* mir erscheint, sondern auch die Art und Weise, wie *mir* oder wie *jemandem* etwas erscheint.

Bachelard bezieht sich in seinem Buch über den neuen wissenschaftlichen Geist auf Descartes, der in seiner Denkstube sitzt und dieses Stück Wachs beschreibt, das sich andauernd verändert. Die Veränderung des Wachsstückes bringt Descartes ja auf den Gedanken, daß das, was das Wachs *eigentlich* ist, bloß in seiner Ausdehnung besteht, da die Qualitäten sich andauernd verändern und das Wachs überhaupt kein bestimmbares Etwas im Sinne eines konstanten Dinges oder gar eines meßbaren Gegenstandes ist. Dazu bemerkt Bachelard: Warum handelt es sich bei dem harten oder weichen Stück Wachs um dasselbe Sein? Wenn das Wachs sich ändert, warum muß ich dann nicht imgleichen annehmen, daß auch *derjenige*, der das Wachs wahrnimmt, sich ändert?[69] Gibt es nicht eine Änderung, die auf den übergeht, der dieses Etwas erfährt? Das Beispiel der Verbrennung, das wir gebracht haben, weist in eine ähnliche Richtung.

3. Bemerkung. Man kann die Skala Empfinden – Wahrnehmen – Erfahren mit einem Pfeil versehen und diesen in verschiedener Weise deuten, z. B. als einen eindeutigen Fortschritt von der Pflanze zum Menschlichen,. indem man feststellt: Empfindungen haben vielleicht sogar Pflanzen, auf jeden Fall die Tiere, aber dann geht es weiter in den menschlichen Bereich, wo die *ratio*, die vernünftige Überlegung, dazukommt und wir die Anfangsstufe der Animalität endgültig hinter uns lassen. Dieser Sichtweise zufolge gäbe es eine eindeutige Zunahme, einen eindeutigen Fortschritt von der bloßen Zuständlichkeit, wo ich in der Situation aufgehe, bis hin zum distanzierenden Erkennen in Form der Gegenständlichkeit. Doch handelt es sich hier wirklich um einen *eindeutigen* Fortschritt? Oder stellt diese Verwandlung nicht sowohl einen Fortschritt wie einen Rückschritt bzw. einen Gewinn *und* einen Verlust dar? Gibt es ein einziges, einheitliches Kriterium, um diese Entwicklung gebührend einzuschätzen? Wenn der Zielpunkt darin bestünde, daß wir die Dinge so erkennen, wie sie an sich selber sind, so wäre das Empfinden eine bloße Vorstufe: wir erfahren – aristotelisch gesagt – die Dinge zunächst so, wie sie in einer Situation *für uns* sind, doch allmählich nähern wir uns den Dingen, wie sie *an sich* sind – oder wie ein Gott sie denkt. Doch diese eindeutige Betrachtungsweise scheint mir fraglich, es läßt sich zeigen, daß Gewinn und Verlust ineinanderspielen. Nehmen wir als Beispiel noch einmal die Farbqualität auf der Stufe des

69 G. Bachelard, *Le nouvel esprit scientifique* (1973), S. 172, dt. S. 166: »Si la cire change, je change; je change avec ma sensation qui est, dans le moment où je la pense, toute ma pensée, car sentir c'est penser dans le large sens cartésien du *cogito*.«

Empfindens und des Wahrnehmens: eine Farbe, die zuerst Qualität, Merkmal ist und schließlich zur Eigenschaft eines Dinges wird, z. B. zum Gelb des Goldes. Schon bei diesem einfachen Beispiel ist die Farbqualität reichhaltiger als das, was in der Eigenschaft eines Dinges zum Ausdruck kommt. Gälte das Gelb des Goldes als bloße neutrale Farbeigenschaft, so wäre damit die Frage ausgeblendet, warum gerade das Gold solchen Wert erlangen konnte. Wie hat das Gold es dazu gebracht, Geld zu werden? Warum wird Gold und nicht Eisen gehortet? Die Seltenheit des Goldes reicht allein zur Erklärung nicht aus. Karl Marx, der von ökonomischen Tauschsystemen ausgeht und genau beschreibt, wie auch das Gold in die allgemeine Wertbörse eingeht, weist dennoch darauf hin, daß dieses Material seinen symbolischen Mehrwert unter anderem seiner besonderen Strahlkraft verdankt.[70]

Jede Farbe kann zu besonderem Ansehen kommen, ein aufreizendes Rot, ein leuchtendes Blau, ein sattes Grün, solche Qualitäten gehen über die Eigenschaften von Gegenständen weit hinaus. Kontextabhängigkeit bedeutet nicht bloß Begrenzung, sondern auch Verweisungsfülle und Verweisungsvielfalt.

Im tierischen und kindlichen Verhaltens begegnet uns eine besonders große Verweisungsfülle, eine Vieldeutigkeit, die verloren geht, je eindeutiger die Gegenstände bestimmt werden. Ein Schimpanse, der einen Gegenstand so oder so benützt, oder ein Kind, das einen Kloben Holz einmal als Lokomotive oder als Auto gebraucht, mit ihm herumfährt, es ein andermal als Baumaterial verwendet, spielt mit den Möglichkeiten, mitunter auch mit dem Feuer. Erwachsenwerden heißt, karikierend gesprochen, daß die Funktionen der Dinge für uns immer eindeutiger werden, es bedeutet eine Vereindeutigung der Welt. Die Gegenstände werden identisch besetzt mit präzisen Funktionen und büßen damit ihre Polyvalenz ein, die sich in unseren Träumen zurückmeldet oder im Formenspiel der Kunst geduldet wird.

Der Rückgang zur Wahrnehmung bedeutet deshalb den Rückgang zu einer Welt, in der die Dinge noch vieles bedeuten können. Heute wird die Vereindeutigung unter den Begriffen Normalisierung oder Homogenisierung diskutiert. Es gibt eine Homogeni-

70 Vgl. *Grundrisse* (1953), II: Das Kapitel vom Geld, z. B. S. 83: »Sie [die edlen Metalle] stellen von vornherein den Überfluß vor, worin der Reichtum ursprünglich erscheint.«

sierung oder Normalisierung der Sinne dort, wo ein bestimmter Status verabsolutiert und alles andere als überflüssig oder belanglos an den Rand gedrängt wird. Schon auf der Ebene der Empfindung äußert sich der Reichtum der Welt, der mit der Durchsichtigkeit geregelter und gesetzlicher Abläufe in Konflikt tritt. Hier stellt sich auch das Problem der Rationalisierung, das Merleau-Ponty mit Piaget diskutiert hat. Piaget gehört wie Habermas zu denen, die einer eindeutigen Bewegung der Universalisierung das Wort reden. Dagegen müßte man eine Universalität denken ohne Universalisierung, ohne den Druck zu einem Allgemeinen hin. Das Allgemeine wäre dann *ein* Moment unter anderen, das natürlich eine Rolle spielt, denn es geht, wie gesagt, nicht darum, die Physik zu kontextualisieren, das wäre ein Ungedanke; das Monstrum einer deutschen Physik ist abschreckend genug. Es gibt also einen durchaus verteidigenswerten Sinn von Universalität, nämlich den einer Überschreitung von Situationen und Kontexten. Die Frage ist jedoch, ob man Universalität mit einer Universalisierung zusammenbringt, mit einem Prozeß also, der Kontexte und konkrete Zusammenhänge als bloße Vorstufen behandelt und sie ins bloß Subjektive und Partikulare abdrängt. Es wird hier deutlich, wie weit die Frage nach den Empfindungen über die bloße Psychologie hinausführt; denn mit der Ausstattung des Menschen steht auch der Aufbau unserer Welt auf dem Spiel. Fragen der Rationalität beginnen schon im Bereich der Sinne. Das sinnliche Empfinden ist keine bloße Vorstufe, was hieße, daß wir auf der Stufe des Empfindens bloße Erkenntnismaterialien auflesen, aus denen wir dann etwas Allgemeingültiges zusammenbauen. Das Erkennen bleibt vielmehr zurückbezogen auf einen sinnlichen Prozeß der Gestaltbildung und der Strukturierung mit all seinen Kontingenzen, Vieldeutigkeiten und Unabgeschlossenheiten.

III. Raumzeitliche Orientierung und leibliche Bewegung

Es geht im folgenden um die leibliche Orientierung in der Welt. Spontane Bewegungen sind immer im Spiel, wenn wir handeln oder bestimmte Verrichtungen vollziehen. Entscheidend ist dabei, daß wir es mit einer Zirkularität und nicht mit einer linearen Kausalität zu tun haben: was wir bemerken, wirkt zurück auf das, was wir tun.

Ein kurzer Rückblick auf die Antike zeigt uns die Schwierigkeit dieses Themas. Für Platon und Aristoteles gehört die *Selbstbewegung* geradezu zur Definition des *Lebens*.[1] Lebendig ist, was sich von sich aus bewegt; für die Griechen war die Physis (der ganze Bereich der Natur und des Kosmos) belebt in dem Sinne, daß alles sich selbst bewegt. Auch die Gestirne bewegen sich selber, sie sind nicht von einem Astronomen oder von einem Uhrmacher, hieße er Gott oder Mensch, in Bewegung gesetzt. Alles bewegt sich auf seine Weise: Pflanzen, Tiere, Menschen, Gestirne. – Platon bestimmt die Seele als αὐτὸ κινοῦν, als Sich-selbst-Bewegendes.[2] Er geht von einer Weltseele, von einem beseelten Kosmos aus. Das sieht nach Animismus aus, bedeutet aber etwas viel Elementareres. Den Gegensatz zur Natur, zur Physis bildet für die Griechen deshalb der ganze Bereich der Techne. Dazu gehört die Handwerkstechnik, aber auch das, was wir heute Kunst nennen. Aristoteles definiert die Techne als den Bereich jener Dinge, die das Prinzip der Bewegung oder der Veränderung außerhalb ihrer selbst haben und sich nicht selbst bewegen: ein Tisch entsteht nicht von selber, er hat auch keine Tischkinder. Das Lebendige wird dadurch definiert, daß es sich selber fortpflanzt. Aristoteles' Satz »Der Mensch zeugt den Menschen«[3] hört sich reichlich trivial an, aber so trivial ist er angesichts unserer Gentechnik gar nicht. Der Tisch entsteht erst, wenn einer ein Material hernimmt und daraus einen Tisch gestaltet, während die Tiere nicht von uns fabriziert werden, sondern sich selber ernähren und fortpflanzen,

1 Siehe oben S. 39.
2 *Phaidros* 245 c.
3 Vgl. etwa *Metaphysik* XII, 3, 1070 b 34.

– selbst wenn Aristoteles die Möglichkeit von Eingriffen in die Natur durchaus in Erwägung zieht. Aristoteles verkündet keine reine Natur, sondern die Technik steht im Dienst der Natur, sie hilft dort nach, wo die Natur hinter ihren Zielen zurückbleibt. Der Gedanke einer naturfreundlichen Technik, den wir heute so mühsam zu fassen versuchen, war für Aristoteles eine Selbstverständlichkeit, weil auch die Technik mit natürlichen Vorgaben arbeitet, weil sie die Natur nachahmt und sie zugleich vollendet. Die Physis wird also gedacht als der Bereich dessen, was sich von selbst bewegt, die Techne als der Bereich dessen, was von außen bewegt wird. Die Selbstbewegung betrifft alles Lebendige, alles zum Kosmos Gehörige. Während wir heute von einer spezifisch leiblichen Selbstbewegung sprechen, würden Platon und Aristoteles sagen: es ist *alles* voller Bewegung (wie »es ist alles voller Götter«). Die Selbstbewegung ist das Natürlichste von der Welt.

Ähnliches gilt für den *Raum*: was heute in mühsamer Weise neu gedacht wird, nämlich ein Raum, in dem wir uns bewegen, ist für die Griechen ebenfalls etwas Selbstverständliches. Die Griechen denken den Raum nicht als leeres Raumschema mit Punkten und Linien, sondern als *Topos*, als Raum, der von Lebewesen bevölkert wird. Bei Platon (bezeichnenderweise im späten *Timaios*) gibt es außerdem die *Chôra*. Sie kommt der modernen Physik näher, weil sie meßbare Körper in sich aufnimmt, während der aristotelische *Topos* am besten mit ›Ort‹ oder ›Platz‹ übersetzt wird. Ein Ding hat einen bestimmten Platz inne; das gilt selbst für Naturdinge: *etwas ist an seinem Platz*. Die Rede von einem leeren Raumschema dagegen geht von beliebig vielen Raumpunkten aus, an jedem Punkt ist etwas, aber nichts ist eigentlich an *seinem* Platz, während die Griechen dachten, daß alles, was ist, seinen eigenen, ihm zugehörigen Ort (οἰκεῖος τόπος) hat. Selbst der Stein hat seinen natürlichen Ort in der Nähe des Erdmittelpunktes, weil es ein Schwerefeld gibt; er drängt nach unten zum Erdmittelpunkt hin, während Feuer und Luft nach oben entweichen; auch die Elemente nehmen also an dieser natürlichen Topik teil.

Die Zeit wird von den Griechen ebenfalls nicht als ein leeres Schema gedacht, in das bestimmte Ereignisse eingetragen werden, sondern es gibt bei Platon dieses berühmte Wort *Kairos*, das ›günstiger Augenblick‹ bedeutet (in der Bibel hat dieser Ausdruck einen heilsgeschichtlichen Sinn). Für das Leben auf dem Lande hat

alles ›seine Zeit‹. Bei den Bauern ist nicht jederzeit alles möglich, sondern jede Tätigkeit hat einen bevorzugten Zeitpunkt: Saat, Einbringen des Heus, Fruchternte etc. Die Maschinentechnik hat inzwischen massiv in diese kosmologischen Zeitrhythmen eingegriffen: Gewächshäuser sind ebenso wie Fabrikhallen nicht von Wetter und Jahreszeit abhängig. Bei den Griechen richtet sich die Arbeitstätigkeit weitgehend nach der Natur: der richtige Augenblick, der Kairos muß gefunden werden. Ähnliches gilt für das Handeln, etwa für die Strategie, die den rechten Augenblick abwarten muß. Die Selbstbewegung des Menschen (und damit auch die des Handelns) ist für dieses Denken also nichts Außergewöhnliches, weil *alles* sich selber bewegt.
Die Schwierigkeit liegt darin: wie kann man eine leibliche Selbstbewegung denken, die sich einen Raum schafft? Die leibliche Selbstbewegung hat einen bestimmten Bezug zum Raum, der von der leiblichen Selbstbewegung her zu denken und nicht vorauszusetzen ist als ein leeres Schema, in das Bewegungen eingetragen werden wie in ein Formular. Wie ist eine leibliche Selbstbewegung denkbar, die sich einen Raum schafft, ohne daß dieser eigens vorgestellt wird? Valéry fragt sich, wie es wäre, wenn wir versuchten, uns das Gehen idealiter beizubringen?[4] Die Frage stellt sich beim Tausendfüßler vehement, aber beim Menschen treten ähnliche Schwierigkeiten auf. Versuchen Sie einmal die Regeln anzugeben, nach denen Sie sich fortbewegen. Wir können nicht gehen lernen, wie wir musizieren lernen, indem wir unsere Hände eine bestimmte Anzahl von Handgriffen ausführen oder unseren Mund bestimmte Mundstellungen einnehmen lassen. Wie ist die Selbstbewegung zu denken, wenn sie nicht einfach als Wunder betrachtet wird: »Da läuft jemand«? Es sind ja bestimmte Gesetzmäßigkeiten im Spiel, nur wie sind diese zu fassen, wem sind sie zuzuschreiben?

1. Körperschema und leibliche Verortung

Ein Blick in die Gegenwart zeigt uns einen Überfluß an Handlungstheorien ebenso wie an Sprachtheorien. Vielfach gehen diese Handlungstheorien nach einem traditionellen Schema vor: es gibt

4 Siehe unten S. 169.

eine *naturalistische Basis*, die ganz und gar cartesianisch aussieht. Wie schnell wird von ›Reflexen‹ als von ›mechanischen Bewegungen‹ gesprochen! Darüber wird dann ein *konventioneller Überbau* errichtet, so daß als das Spezifische des *menschlichen* Verhaltens die bewußte Intention oder die Regelbefolgung herausgestellt wird. Menschliches Verhalten erscheint so als geregeltes Verhalten, als intentional gerichtetes Verhalten oder – wenn man sich an Computermodellen orientiert – als programmiertes Verhalten. All diese Momente sind natürlich im Spiel: alles leibliche Handeln und Verhalten ist mit Zielen, Regeln und gewissen Typiken ausgestattet. Die Frage ist nur, was denn dieses Verhalten selber ist, das da geregelt werden soll, das eine Richtung verfolgt und in gewissen Grenzen programmierbar ist.

In der Handlungstheorie von Habermas, in diesem ausdifferenzierten System (ich beziehe mich auf seine großangelegte *Theorie des kommunikatives Handelns*) gestaltet sich das Handeln so, daß man Geltungsansprüche stellt, bestimmte Regeln befolgt usw., und hinzu kommt – o Wunder! – der Umstand, daß dies von Körperbewegungen *begleitet* wird.[5] Diese Redeweise ist ganz cartesianisch. Ich grüße jemanden, und der Gruß besteht darin, daß nebenher eine bestimmte Körperbewegung vollzogen wird. Doch kann man sagen, daß sich das Grüßen in der Hand- oder Kopfbewegung bloß realisiert in dem Sinne, daß dieser Software-Gruß in einer bestimmten Hardware-Bewegung seine Materialisierung findet? Oder muß man nicht sagen, daß die Leiblichkeit selber die Ziele und auch die Regelungen des Grüßens miterfindet? Gesucht ist eine dritte Position, die nicht von diesem neocartesianischen Modell ausgeht, das das Handeln aufgliedert in Körperbewegungen plus Regeln bzw. plus Geltungsansprüche.

Ich beginne mit einem einfachen Beispiel, um die eigentümliche Räumlichkeit des Leibes zu illustrieren. Wenn mein Arm auf dem Schreibtisch ruht, so ist dies nicht dasselbe, wie wenn ein Bleistift auf meinem Schreibtisch herumliegt. Was macht den Unterschied zwischen dem Nebeneinander von Dingen im Raum und meinem Aufenthalt im Raum? Ich kann mich zwar betrachten und vermessen wie ein Ding im Raum. Doch ist die ursprüngliche Räumlichkeit von dorther überhaupt zu verstehen? Was macht den Unterschied aus zwischen dem, was Heidegger eine Innerwelt-

5 Siehe unten S. 239.

lichkeit von Seienden nennt[6] – also zwischen Dingen, Entitäten, die im Raum vorkommen –, und dem, was man mit anderen Autoren ein Wohnen im Raum nennen könnte? Wir bewohnen den Raum wie ein Haus. Doch was bedeutet dieses Wohnen und Sichumtun?

Nun könnte man von der Beschreibung der Selbstbewegung sehr schnell zu dem übergehen, was ich an mir selbst verspüre. Ich habe schon einmal auf die neuere Theorie von Hermann Schmitz hingewiesen. Derzufolge ist der Leib nichts, was man beobachtet, er ist ursprünglich gar nichts, was man vor sich sieht, sondern er erschließt sich einem inneren Spüren, also auch einem Bewegungsgespür. Im folgenden werde ich jedoch nicht diesen direkten Weg gehen, der sehr leicht in eine teils lyrisierende, teils auch fragwürdig unmittelbare Beschreibungsart hineingerät, sondern ich nehme den Umweg durch bestimmte physiologische Modelle, so wie auch Merleau-Ponty es tut. Dieser Weg empfiehlt sich schon deshalb, weil wir bis in unsere Alltagssprache hinein durch Disziplinen wie Physiologie, Medizin und Neurophysiologie geprägt sind. Es hat keinen Sinn, diese Vorprägung zu vergessen und einfach so zu tun, als könnte ich ›aus dem Bauch‹ heraus direkt von mir selber sprechen. Man kann nur auf indirekte Weise über ein Selbstsein sprechen, das die Beschreibung von Dingen hinter sich läßt.

Wir feiern das Jubiläumsjahr von Descartes, der auf gewisse Weise unser Schicksal ist. Wir können nicht einfach sagen: »Seien wir *Nicht*-Cartesianer«, denn selbst wenn wir uns gegen Descartes wenden, bleiben wir von ihm abhängig. Das Um- und Neudenken des Leibes setzt einen gewissen Cartesianismus voraus, der zu unserer Kultur gehört, deshalb können wir auch nicht schlicht Asiaten werden und so tun, als hätten wir noch nie etwas von Descartes gehört, auch darin läge eine Verdrängung von Problemen. Eine Theorie der Leiblichkeit kann nicht einfach so tun, als hätte es Descartes nicht gegeben oder als könnten wir ohne weiteres wieder Griechen werden. Man kann zwar dorthin schauen, die Kontraste sehen und merken, daß bei uns etwas verlorengegangen ist, aber die Suche nach einer neuen Sprache kann unsere heutigen Probleme nicht einfach überspringen.

Wie ist nun die Einheitlichkeit des Körpers zu bestimmen? Wieso

6 *Sein und Zeit*, § 22.

kann ich überhaupt sagen: Ich habe *einen* Körper? Der Körper hat fünf Sinne, da sind zehn Finger, da ist die Haut und vieles andere. Die Frage nach der Einheitlichkeit des Körpers ist nicht trivial, wenn man bedenkt, wie in den Abgründen der Psychoanalyse das Problem einer anfänglichen Zerstückelung des Leibes und das entsprechende Problem der Einheitsbildung auftaucht. Daß ich mich als *ein* leibliches Wesen sehe, bedeutet, wie die Forschung von Lacan zu diesem Thema zeigt, schon eine bestimmte Einheits*stiftung*. Wie kommt die Einheitlichkeit zustande, so daß ich sagen kann ›*mein* Leib‹, wie gelange ich zu diesem Singular, und warum spreche ich nicht von meinem Leib wie von einer Maschine, die aus bestimmten Schrauben und Leitungen besteht? Bei der Maschine gehe ich von der Funktion aus. Husserl fragt sich: Wann spreche ich von *einer* Maschine, und wann sage ich, es sind mehrere Maschinen? Wenn ein Maschinenteil (z.B. eine Schraube) eine spezifische Funktion ausübt, dann bezeichne ich sie nicht noch einmal als eine kleine Maschine, sondern als Teil der gesamten Maschine, die dazu beiträgt, daß die Maschine funktioniert. Zur Einheit der Maschine gelangt man von der Funktion aus. Ist dies beim Menschen auch so? Gibt es *die* Funktion *des* Leibes? Es gibt die Nahrungsfunktion, es gibt die Sehfunktion und auch die Bewegungsfunktionen, doch ist der Leib selber nur ein Funktionsbündel, das man einfach wie eine Maschine beschreiben kann? Descartes hat das ja versucht. Das Maschinenmodell geht von einer bestimmten Funktion aus und stellt uns dann vor die Frage, welche Bedingungen erfüllt sein müssen, damit diese Funktion gewährleistet ist.

Ich knüpfe im folgenden an ein bekanntes Theorem an, das auch Merleau-Ponty heranzieht, nämlich an das Theorem des Körperschemas.[7] Die Haupttheoretiker dieses Lehrstücks sind der englische Physiologe Henry Head und Paul Schilder. Letzter ist als Wiener Psychoanalytiker bekannt und gehörte zum Umkreis von Freud. Bei der Annahme eines Körperschemas geht es um eine einheitliche Vorstellung vom Körper, also um die Frage, wie und unter welchen Umständen mein Körper überhaupt als einheitlicher Körper erlebbar wird. Man kann hierbei verschiedene Momente unterscheiden: die Stellung der Glieder zueinander, die

7 Vgl. das Kapitel »Die Räumlichkeit des eigenen Leibes und die Motorik« (PP 114 ff., dt. 123 ff.), auf das ich mich im folgenden wiederholt beziehe.

Lokalisierung der Reize im Körper oder die Bilanz der Einzelbewegungen. Norbert Bischof unterscheidet in seinem Handbuchartikel[8] zwischen dem *Stellungssinn*, der die Stellung der Glieder untereinander betrifft, dem *Lagesinn*, wo es um die Lokalisierung von Reizen geht, und schließlich dem *Kräftesinn*, der es mit der Betätigung zu tun hat. Ich konzentriere mich hier auf die beiden ersten Sinne, auf den Stellungs- und den Lagesinn.

Was ist unter einem Körperschema zu verstehen? Bei Head handelt es sich um eine zentralnervöse Repräsentation des Körpers, also immer noch um eine *Vorstellung*, die man vom Körper hat. Bei Paul Schilder geht es zudem um ein phänomenales Körpererleben, also nicht bloß um die neurologische Repräsentation im Gehirn. Wie ist die Einheit des Körpers mittels dieses Schemas bestimmt? Hierbei lassen sich nun drei Zugänge oder Ansätze unterscheiden.

Der *assoziationistische* Ansatz entspricht der Tradition des Empirismus. Nach diesem Erklärungsmodell handelt es sich beim Körperschema um eine Assoziation von Bildvorstellungen, die insgesamt ein einheitliches Etwas, nämlich den Körper konstituieren. Daran kritisiert Merleau-Ponty, daß dieses assoziationistische Schema nicht die Regel oder das Gesetz anzugeben vermag, nach welchem die Körpervorstellung sich aufbaut. Es geht um die Frage einer räumlich-zeitlichen, einer intersensoriellen und einer senso-motorischen Einheit des Körpers, die sich im Verlaufe der Erlebnis- und der Verhaltensentwicklung ausdifferenziert. Doch es gibt kein Einheitsgesetz, das diese Einheitsbildung erklären könnte.

Die *gestalttheoretische* Zugangsweise geht vom Leib als einer Gesamtgestalt aus. Doch auch dies genügt nicht. Denn wie kommt es gerade zu dieser Gestalt? Wenn wir an das Beispiel des Phantomglieds denken: wie kommt es, daß das Phantomglied weiterhin zum Körperschema zählt, obwohl die äußeren Reize, die man mit dem Auftreten des Phantomglieds zu verbinden pflegt, nirgends mehr zu finden sind?

Beim *dynamischen* Zugang handelt es sich nicht um ein bloßes Abbild oder ein Gesamtbewußtsein von existierenden Körperteilen, sondern um eine bestimmte Positur des Leibes, die durch wirkliche oder mögliche Aufgaben bestimmt ist. Die Einheit be-

8 Norbert Bischof, *Handbuch der Psychologie* I/1 (1966), S. 411 ff.

stimmt sich von dem her, was jeweils zu tun ist. Damit wird sie nicht mehr als eine ursprünglich theoretische Einheit gedacht (z. B. als etwas Visuelles, das wir als Schema vor Augen haben), sondern es handelt sich nun um eine praktische Einheit, die sich in Verrichtungen und im Handeln selber herstellt.

Das Phantomglied beispielsweise ist weiter mit da, solange der Patient an der geschwundenen Gegenwart und an ihren Projekten festhält, solange er als Klavierspieler weiterhin damit rechnet, daß die verlorene Hand noch da ist und ihren Dienst tut. Das Körperschema bedeutet diesem dritten Ansatz zufolge nicht mehr eine direkte visuelle Vorstellung von mir selbst, sondern eine Polarisierung der leiblichen Existenz auf etwas hin. Letzten Endes ist der Leib Ausdruck eines Zur-Welt-seins meines eigenen Körpers.

Von hier aus ergibt sich die wichtige Unterscheidung zwischen einer *Situationsräumlichkeit* und einer *Positionsräumlichkeit*. Die Positionsräumlichkeit verweist auf Positionen, also auf Stellen im Raum, während die Situationsräumlichkeit mit einer Situation zusammenzudenken ist.

Zur Situationsräumlichkeit eine kurze wortgeschichtliche Erläuterung. Das Wort Situation geht zurück auf das lateinische Wort *situs*, das für eine Lage im Raum verwendet wird, die man auch Dingen zuspricht, doch diese Bestimmung allein genügt nicht. In der alten Handlungslehre (z. B. bei Aristoteles) gibt es zwar kein entsprechendes Pendant für ›Situation‹, wohl aber den einfachen Begriff eines ἐν ᾧ, das heißt wörtlich: *worin* die Handlung stattfindet. Daraus wird später das Wort *circum-stantiae*, das wörtlich mit ›Um-ständen‹ übersetzt werden kann, ἐν ᾧ ist dasjenige, was das Handeln ›umsteht‹. Die Situationsräumlichkeit ist immer verbunden mit einem leiblichen Hier. Sie baut sich von einem leiblichen Hier her auf, das nicht nur eine Stelle im objektiven Raum, nicht bloß einen Raumpunkt neben anderen Raumpunkten ausmacht, sondern – genauer gesagt – als ›*von* hier‹ zu bezeichnen ist. Es ist genau der Ort, *von dem* eine Bewegung, eine Betätigung, eine Erfahrung, ein Tasten, ein Sehen ausgeht. Von hier geht eine Bewegung aus, die von hier nach dorthin führt. Die Situation bestimmt sich angesichts bestimmter Aufgaben. Die Situation eröffnet ein bestimmtes Raumfeld, in dem dieses oder jenes naheliegt, anderes ferner liegt, wieder anderes durch Hindernisse verstellt oder von den Grenzen des Raumfeldes ausgeschlossen ist.

Zu dieser Art von Räumlichkeit nun Erläuterungen zunächst von

Husserl, dann von Heidegger, schließlich von Merleau-Ponty her. In den *Ideen* II, die in diesem Zusammenhang besonders bedeutsam sind, spricht Husserl von einem »Orientierungsraum« im Gegensatz zum »homogenen Raum«. Der orientierte Raum ist auf einen privilegierten Punkt hin ausgerichtet, eben auf das Hier, das Husserl auch als Nullpunkt bezeichnet, weil das Raumsystem (das Koordinatensystem des Raumes) hier entspringt in der Weise, daß dieser Entspringungspunkt selbst nicht auf den Koordinatenachsen einzutragen ist.[9] Vom orientierten Raum aus entfalten sich die bekannten Dimensionen von oben – unten, rechts – links, vorn – hinten. Selbst Kant weist an einer bemerkenswerten Stelle (nämlich in seinem Essay *Was heißt: sich im Raum orientieren?*) auf diese Problematik hin. Vom orientierten Raum zu unterscheiden ist der homogene Raum, in welchem zwischen absoluten Raumgestalten bestimmte Relationen bestehen, ohne daß diese in einem Hier verankert oder von einem Hier aus entworfen wären. Der metrische Raum, in dem diese Raumabstände gemessen werden, führt dann zu einer weiteren Ausgestaltung dieses homogenen Raumes. Descartes gewinnt daraus das Grundattribut der *extensio*: jedes Ding hat seine Ausdehnung, sofern es im Raum vorkommt. Und bei Kant finden wir diese Raumform im gewöhnlichen Sinne des *spatium*. Der Raum als Anschauungsform ist ein leeres Schema, das durch bestimmte Materien ausgefüllt wird.

Diese klassische Raumvorstellung, die in der klassischen mathematischen Physik ihren Rückhalt findet, wird in der modernen Physik, in der der Beobachter eine zentrale Rolle spielt, revidiert. Das Hier taucht damit selbst in der Physik auf, also in jener Theorie, die von konkreten Lebenszusammenhängen absieht. Es taucht auf in Gestalt eines Beobachters, der nicht einfach gestrichen werden kann, sondern der zum Meßsystem hinzugehört.

Heidegger spricht in einem Kapitel von *Sein und Zeit* (§§ 22-24) über die Räumlichkeit des Daseins. Dort heißt es: »Das Hier meint nicht das Wo eines Vorhandenen, sondern das Wobei eines entfernenden Seins bei... ineins mit dieser Ent-fernung. Das Dasein ist gemäß seiner Räumlichkeit zunächst nie hier, sondern dort, aus welchem Dort es auf sein Hier zurückkommt.«[10] An dieser Stelle wird deutlich, was unter dem ›von hier‹ zu verstehen ist. Das ›von

9 *Ideen* II (Hua IV), S. 79-90, 158 f.
10 *Sein und Zeit*, S. 107.

hier‹ markiert eine Bewegung, die an anderer Stelle beginnt. Die Räumlichkeit wird bei Heidegger vom Zuhandenen, von dem, womit wir uns betätigend befassen, aufgebaut. Hier bin ich also in dem Sinne, daß hier etwas für mich zu tun ist, ich bewege mich auf etwas hin.[11]

Merleau-Pontys Beschreibung des Tätigkeitsraums greift wiederum auf Erkenntnisse der Gestaltpsychologie zurück. Leiblichkeit bedeutet in bezug auf die Räumlichkeit, daß jede Gestalt auf einem doppelten Hintergrund erscheint, auf dem Hintergrund eines Außenraums, in den die Gestalt eingezeichnet ist, und eines Körperraums, der mit vorausgesetzt ist. Dies zeigt sich bei der Betrachtung von Präpositionen wie ›auf‹ (etwas liegt *auf* dem anderen, das Glas steht *auf* dem Tisch). Dieses ›auf‹ setzt ein ›oben‹ und ›unten‹ voraus. Doch die Differenz ›oben‹ und ›unten‹ ergibt in einem homogenen Raum keinen Sinn, denn in einem homogenen Raum ist ›unten‹ nur dort, wo nicht ›oben‹ ist. – Zur menschlichen Existenz und zur menschlichen Leiblichkeit gehört der aufrechte Gang, so daß ›oben‹ (dort, wo der Kopf und die Augen sind) keine bloß relative Raumdifferenz angibt, sondern eine, die den Raum mitbildet, die ihn überschaubar macht. – Ähnliches gilt für Präpositionen wie ›neben‹, ›in‹ oder ›vor‹. Diese Präpositionen setzen leibliche Differenzen voraus. Wenn ich sage: »Die Bank steht vor dem Haus«, so könnte ich, wenn ich von einem homogenen Raum ausgehe, genausogut sagen: »Das Haus steht hinter der Bank«. Warum sage ich umgekehrt: »Die Bank steht vor dem Haus«? Von der Bewohnbarkeit des Raumes her bekommt die Voluminosität des Hauses eine besondere Bedeutung. Das alte Sprichwort lautet: »Die Katze schaut den Kaiser an« und nicht: »Der Kaiser schaut die Katze an«. Das ›vor‹ bezeichnet in diesem Falle eine asymmetrische soziale Situation, die nicht einfach umkehrbar ist.

Zwei Autoren haben diese Gedanken sehr gründlich weiterentwickelt: Was ist *innerhalb* eines Raumes, was *außerhalb*? Drinnen

11 Bei Merleau-Ponty finden wir Überlegungen dazu, daß ich, wenn ich hier bin, zugleich anderswo bin, und zwar so sehr, daß ich möglicherweise *primär* anderswo bin, nämlich dort, wo mein Interesse, wo meine Liebe oder meine Existenz ist. Was fern ist, kann näher sein als das, was mich in nächster Nähe umgibt (PP 330, dt. 332). In *Das Sichtbare und das Unsichtbare* spricht Merleau-Ponty von einer Teleperzeption, einer Wahrnehmung, die aus der Ferne kommt (S. 311, dt. S. 325).

und Draußen sind denkbar nur von einem Spielraum der Bewegung her, der ›hier‹ entspringt. Ausgeführt ist dies in dem vielfach schon erwähnten Buch von Erwin Straus *Vom Sinn der Sinne*. Aber auch Gaston Bachelard sagt in seinem Buch *Poetik des Raumes*, es sei nötig, eine Phänomenologie das ›Aus‹, des ›Ex‹ zu entwickeln.[12] Das ›Aus‹ verweist auf eine gelebte Räumlichkeit, das ›Außen‹ läßt sich nicht denken, wenn man von bloßen Relationen im Raum ausgeht.

Ergänzende Bemerkungen zum Körperschema

5. Vorlesung vom 19. 11. 96

In diesem Abschnitt zur raumzeitlichen Orientierung und zur leiblichen Bewegung geht es um die Frage, wie vom Leib her eine Selbstbewegung zu denken ist, und wie diese Leibbewegung einen gelebten Raum, in dem man sich bewegt, mitentstehen läßt. Zum Körperschema füge ich noch einige ergänzende Bemerkungen an. Die Problematik des Körperschemas tritt in normalen philosophischen Abhandlungen gewöhnlich gar nicht auf. Es geht hier darum, wie der Leib sich als Einheit erfährt. Merleau-Pontys Grundgedanke lautet: beim Körperschema handelt es sich nicht um eine Wahrnehmung in dem Sinne, daß zu den Objekten meiner Weltwahrnehmung noch ein anderes hinzuträte, nämlich mein Körper als etwas, das stets dabei ist, sondern die Einheit des eigenen Leibes stellt sich durch seine Tätigkeiten her. Die Strukturierung oder Gestaltung der Leiblichkeit geht aus von einem Betätigungsfeld, in dem der Leib eine Rolle spielt und von dem her er sich als *einer* erfährt.

a) *Raumpräpositionen* wie ›auf‹, ›neben‹, ›unter‹, ›in‹ sehen harmlos aus, als wären es sprachliche Bestimmungen unter anderen, die unsere Wahrnehmung gliedern. Aber in solchen Präpositionen steckt schon eine bestimmte gelebte Räumlichkeit, denn zu sagen: »Etwas ist *auf* dem anderen« setzt eine Dimension des Oben und Unten voraus. Oder zu sagen: »Etwas ist *im* anderen« (in einem Haus, in einer Schachtel) setzt voraus, daß es eine Unterscheidung von Drinnen und Draußen gibt. Diese Unterscheidungen lassen sich ausgehend von einem homogenen Raumfeld her gar nicht

12 *La poétique de l'espace* (1957), S. 178, dt. S. 225.

entwickeln, denn darin wäre jede Raumstelle prinzipiell gegen eine andere austauschbar. Räumliche Propositionen sind keine bloßen indexikalischen Ausdrücke im Sinne von Demonstrativpronomen wie ›dieses‹, ›jenes‹, oder Orts- und Zeitadverbien wie ›hier‹, ›jetzt‹, die sich direkt auf die Situation des Sprechers beziehen; sie geben Relationen zwischen den Dingen wieder, doch indirekt empfangen auch sie ihren Richtungssinn vom leiblichen Hier. Beim leiblichen Hiersein handelt es sich ganz deutlich um den Ort des Sprechers, um die leibliche Konstitution der Sprechsituation. Das ›Hier‹ taucht z.B in der Sprachtheorie von Karl Bühler auf, der das Zeigfeld der Sprache, das ursprüngliche Feld der Zeichenverwendung und Zeichengebung, um einen sprachlichen Nullpunkt gruppiert, an dem ein »Hier-jetzt-ich-System« entspringt.[13] Das ›Hier‹ tritt auf als der Ort des Sprechers, der sich ohne ein leibliches Hiersein überhaupt nicht ausdrücken läßt. Ein Bewußtsein, das irgendwo, das außerhalb des Raumes und unausgedehnt wäre (wie diese klassischen Unterscheidungen lauten), ein solches Bewußtsein, ein Geist könnte nicht hier sein. Das Hiersein, ohne das auch eine Sprachtheorie nicht auskommt, verweist also auf ein leibliches Hier, auf den Ort des Sprechers. Bei den sogenannten Zeigewörtern und bei dem Zeigfeld kommt es zu einer interessanten Verbindung zwischen Wahrnehmen und Sprechen. Das Wort ›dies da‹, das sich schon bei Aristoteles findet (das Individuum ist ein Dies-da), enthält immer eine Zeigegebärde. Wenn jemand ›dies da‹ sagt und man weiß nicht, wo derjenige ist, der ›dies da‹ sagt, dann ist das Wort leer, dann ist es wie ein Zeichen, das man nicht verwenden kann. Der Ausdruck ›dies da‹ gibt eine Richtung an, die nur verständlich ist, wenn man an der Situation partizipiert. An dieser Stelle gehen also Zeigen und Sagen ineinander über. Wenn jemand ein ›Haus‹ erwähnt, so muß ich zunächst einmal nicht fragen: Wo steht denn dieses Haus, von dem Sie sprechen? Ich verstehe das Wort und kann mir ungefähr vorstellen, was damit gemeint ist. Wenn jemand dagegen ›dies da‹ oder ›hier‹ sagt, so verstehe ich verbaliter nur, daß es sich um so etwas wie ein sprachliches Werkzeug handelt, mit dem sich etwas bezeichnen läßt, aber ich weiß gar nicht, wo ›hier‹ ist, es sei denn, ich partizipiere an der Situation, in der dieses Wort fällt. Interessant ist,

13 K. Bühler, *Sprachtheorie* (1982), S. 149. Zur »Origo des Zeigfeldes« vgl. ausführlich § 7.

wie die Räumlichkeit im Sprechen fungiert als eine Bedingung, die das Sprechen *mitträgt* und nicht bloß als ein Gegenstand in der Rede vorkommt. Hier klaffen in der analytischen Sprachphilosophie gewisse Lücken, die nur durch eine Phänomenologie der Leiblichkeit auszufüllen sind.

b) Zu den *kulturellen* und *sozialen Aspekten* des Körperschemas: Die Frage des Körperschemas ließe sich auch weiter verfolgen, indem soziale und kulturelle Aspekte und Differenzen der Schematisierung berücksichtigt werden. Das Körperschema bleibt sich nicht immer gleich, es enthält immer auch Momente einer Körpersymbolik. Die medizinische Physiologie früherer Zeiten hat den Körper stets qualitativ differenziert und entsprechend gedeutet, das Herz z. B. als Sitz des Gemüts, Kopf und Bauch als Körperzonen, mit denen intellektuelle Wachheit oder Gefühlswallungen verbunden sind. In solche Kartographien fließen kulturelle Deutungen ein, die beträchtlich variieren. Ein extremes Beispiel für eine Körpersymbolik, die das Körperschema verhärtet, ist der militärische Drill, das Marschieren, das bei den Soldaten in Deutschland (aber nicht nur in Deutschland) besonders stark ausgeprägt war, wo die Beine sich parallel, mit eckigen, maschinellen Bewegungen marionettengleich bewegen und im ›Stechschritt‹ wie gestochen wirken.[14] Bei diesem Körperschema sind die Beine und bestimmte gestreckte Partien des Körpers überprononciert. Es gibt einen militärischen Gang, und was einmal im Beruf bis zum Exzeß gelernt wurde, geht dann auch in den Alltag ein. Die Körperhaltung ist durch eine bestimmte Weise der Körpereinübung geprägt. Das gilt aber für Gehweisen überhaupt und für viele andere Bewegungsgewohnheiten. Auch in die körperliche Darstellung der Geschlechterdifferenz gehen, wie Thomas Laqueur gezeigt hat[15], Selbstbilder und Verhaltensnormen ein. – Weiter zeigen sich kulturelle Differenzen in der Körperdarstellung der Malerei oder der Skulptur. Bruno Snell beschreibt in seinem Buch *Die Entdeckung des Geistes* die Körperdarstellung bei den frühen Griechen.[16] Dabei ist interessant – und das hat etwas mit dem

14 Vgl. zur Militarisierung des Körpers Ulrich Bröckling: *Disziplin* (1997).

15 Th. Laqueur, *Auf den Leib geschrieben. Die Inszenierung der Geschlechter von der Antike bis Freud* (1992).

16 B. Snell, *Die Entdeckung des Geistes* (1955), Kap. I: »Die Auffassung der Menschen bei Homer«.

Körperschema zu tun –, daß das homerische Griechisch, das über viele Wörter für ›Körper‹ verfügt, zumeist nur von Glie*dern* im Plural (μέλη) spricht. Vom Körper wird nicht im Singular gesprochen, wie wir es tun. Wir sagen: »Ich habe *einen* Körper«, während zu Zeiten Homers dessen Einheit noch nicht so stark betont wird. Ähnliches findet sich in den frühen geometrischen Vasenmalereien, wo von einem gewissen Zeitpunkt an auch menschliche Figuren auftauchen: eckige, zusammengesetzte Figuren, die Marionetten gleichen. Solche Beispiele sprechen dafür, daß der Mensch sich nicht zu allen Zeiten in gleichem Maße als Einheit betrachtete.

c) Zur *Entstehung* des Körperschemas: Das Körperschema, die Vorstellung, die man vom Körper hat, ist nicht einfach angeboren, sondern wird auch erlernt. Jacques Lacan zeigt in seinem Essay über das Spiegelstadium, wie das Ich sich erstmals im Spiegel entdeckt.[17] Er weist darauf hin, daß anfänglich eine gewisse Zerstückelung des Körpers auftritt, die sich in unseren Träumen bemerkbar macht. Diese Zerstückelung wird im Spiegelbild erstmals zu einer gewissen Einheit gebracht. Diese Einheit hat immer auch etwas von einem Phantasma, von einer Vorstellung, die etwas Künstliches enthält. In seinem Spätwerk *Das Sichtbare und das Unsichtbare* greift Merleau-Ponty erneut auf das Körperschema zurück. Er spricht hier über die Psychoanalyse, über das Sehen und Gesehenwerden und über das Unbewußte: »(eine Frau auf der Straße, die spürt, daß man auf ihre Brust schaut und ihr Kleid kontrolliert). Ihr Körperschema ist Für-sich-für Andere – Es ist das *Scharnier* zwischen Für-sich und Für-Andere –.«[18] Das Körperschema, d. h. die Art und Weise, wie der Körper sich gliedert, wird hier von vornherein vom Anderen her gedacht, nicht nur so wie *mein* Leib sich *mir* darstellt, sondern wie *die Anderen* mich sehen und wie ich selber *erfahre*, daß und wie die Anderen mich sehen. Die Frau erfährt und spürt an sich selbst den indiskreten Blick, durch den sie sich beobachtet fühlt. Bei Merleau-Ponty heißt es an gleicher Stelle: »Einen Leib haben bedeutet, gesehen werden (es bedeutet nicht nur das), es heißt, *sichtbar* sein«. Das Körperschema, die Art und Weise, wie der Körper sich gliedert, ist zugleich ein Ausdruck dessen, wie Andere mich sehen. – Denken

17 J. Lacan, »Das Spiegelstadium als Bildner der Ichfunktion«, in: *Écrits* (1966), dt. *Schriften* 1 (1973).

18 *Le visible et l'invisible*, S. 243, dt. S. 244.

wir an die Kleiderkultur: Ohne Kleider wäre keine Kultur zu denken; auch ›nackt sein‹ bedeutet nicht einfach, ›ohne Kleider sein‹ oder ›unbekleidet sein‹, sondern es bedeutet eine bestimmte Form, sich zu zeigen oder nicht zu zeigen, ein gleichzeitiges Sichverhüllen und Sichenthüllen. Die Moden geben der Körperlichkeit verschiedene Akzente. An solchen Beispielen wird deutlich, daß das Körperschema nicht einfach ein Schema ist, das einmal erlernt ist und dann gebraucht wird, sondern es bedeutet eine Artikulation und Gliederung der Leiblichkeit, die sich allmählich entfaltet – und dies nicht nur in der Weise, daß ich selber mich auf bestimmte Weise erfahre, sondern so, daß auch das Gesehenwerden, der Blick des Anderen in diese Körperschematik eingeht. So versteht sich die Formulierung von Merleau-Ponty: das Körperschema ist ein »Scharnier« zwischen dem, wie ich »für mich«, und dem, wie ich »für Andere« bin. »Ich für mich« und »Ich für Andere« sind nicht extreme Formen, die eine Antithese bilden wie bei Sartre, sondern die Leiblichkeit, das Für-mich-sein, impliziert ein Für-die-Anderen-sein, denn ein sehendes Wesen ist zugleich ein Wesen, das gesehen wird. Der Blick der Anderen kommt nicht irgendwann zufällig hinzu, sondern Leiblich-sein heißt, Sichtbar-sein, Sehen heißt Sichtbar-sein, Tasten heißt Tastbar-sein, auch Verletzbar-sein. Dieser Bezug zum Anderen ist immer mit da, selbst wenn er in der einzelnen Situation nicht eigens hervortritt.

2. Zeitlichkeit der leiblichen Bewegung

Im folgenden wird die erlebte Zeitlichkeit von der leiblichen Bewegung her, also unter einem speziellen Aspekt beleuchtet – dies in Parallele zu dem, was zuvor zur leiblichen Räumlichkeit gesagt wurde. Bei der Räumlichkeit habe ich zwischen homogenem und orientiertem Raum unterschieden. Für die Zeit gilt nun Ähnliches:

Schema 7: Gerichtete Bewegung

Bewegung:	Ausgangspunkt	–	Zwischenzustand	–	Ziel
Raum:	woher	←	wo	→	wohin
Zeit:	soeben	←	jetzt	→	sogleich

Bei der räumlichen Orientierung liegt das Entscheidende darin, daß wir ein ›Hier‹ haben, einen Ausgangspunkt, ›von dem her‹ wir etwas erfahren; dieser Ausgangspunkt ist *herausgehoben* aus der Vielfalt der Raumstellen. Das Hier ist nicht einfach eine Raumstelle unter anderen, sondern gleichsam der ›Nullpunkt‹, von dem aus der Raum sich erschließt. Es ist der Punkt, *von dem* aus die Dimensionen sich entfalten. Zum Hier gehören die Möglichkeiten verschiedener Dorts.

Wie spielt nun die Zeitlichkeit in diese räumliche Orientierung hinein? Die Antwort habe ich fast schon gegeben: was bei der Raumorientierung ›dort‹ heißt, also andere Plätze, Orte, an denen ich sein könnte, gehört zum Spielraum meiner jeweiligen Bewegung. Das Dort ist ein potentielles Hier. Wir hätten also ein aktuelles und ein potentielles Hier. Dort ist, wo ich sein könnte (das heißt nicht: schlechthin, aber unter bestimmten Bedingungen). Damit hat das Hier schon einen Bewegungsbezug, einen Bezug auf andere Orte, die zum Spielraum meiner Bewegung gehören. Wird das allgemeine Schema ›Hier – Dort‹ konkretisiert, so gibt es *eine* Form, bei der die Zeit unmittelbar hineinkommt, nämlich die *gerichtete Bewegung*. Die gerichtete Bewegung verläuft zwischen einem Ausgangspunkt und einem Zielpunkt: zwischen einem *Von-her* und einem *Wo-hin*, einem Ort, wo ich *soeben* war, und einem anderen Ort, wo ich *sogleich* sein werde.

Von der gerichteten Bewegung ist zu unterscheiden eine *kreisende Bewegung*, bei der man zwar den Ort verändert, aber zum eigenen Ausgangs-Ort zurückkehrt. Ausgangspunkt und Zielpunkt kommen zur Deckung: ich werde dort sein, wo ich schon einmal war, der Kreis schließt sich. Im Gegensatz zur Kreisbewegung ist die gerichtete Bewegung eine *lineare Bewegung*, eine Fluchtbewegung, die vom Ausgangspunkt wegführt. Die Kreisbewegung tritt an bemerkenswerten Stellen auf, so schon in der griechischen Kosmologie, wo die Bewegung der Gestirne als die vollkommenste Bewegung gilt, weil sie – paradox gesagt – eine Bewegung ist, die am wenigsten Bewegung ist, die sich am wenigsten verändert und am meisten sie selbst bleibt. Hier zeigt sich eine Eigenart des metaphysischen Denkens, das sich am Bleibenden ausrichtet. Es gibt Bewegung, aber die *vollkommenste* Bewegung ist jene, die am wenigsten eine solche ist, und dies ist genau die Kreisbewegung: sie bleibt auf der Stelle, sofern sie zu sich zurückkehrt. Der Gedanke der ewigen Wiederkehr des Gleichen findet sich auch bei Nietzsche – unter anderen physischen Bedingungen, aber ebenfalls mit ethischen Einschlüssen, nämlich als Bejahung des Lebens, das man noch einmal so will, trotz aller Schatten, die es wirft. Nietzsche mißt auch der Bewegung der Gedanken eine große Bedeutung zu: die Seele bewegt sich, und dies nicht nur im übertragenen Sinne. Gedanken sollen ergangen, nicht ersessen sein. In uralten und alltäglichen Phänomenen wie dem Tanz spielt die Kreisform ebenfalls eine besondere Rolle. Valéry hat in seinem schönen Essay über *Die Seele und der Tanz* diese Motive neu belebt.

Auch Meditationen vollziehen kreisende Bewegungen: eine Sache, um die es sich ›dreht‹, wird ›umkreist‹, wie wir sagen. Im Gegensatz zu einem zielbestimmten Denkprozeß, etwa zum Syllogismus, der von bestimmten Voraussetzungen zu einer Schlußfolgerung gelangt und darin zum Stillstand kommt, umkreist ein meditierendes Denken seine Sache. Wenn Descartes in seinen *Meditationen* über das Ich spricht, dann ist schon bemerkenswert, daß er, der eigentlich sehr viel von Axiomen und Ableitungen hält, das denkende Ich nicht ebenfalls irgendwo herleitet, sondern es nur in seiner Unentrinnbarkeit aufzeigt. Darin gleicht das Ich einem Kreisel, der steht, solange er um sich selbst kreist.

Ich komme nun auf den Unterschied von *orientierter* und *homogener* Zeit zu sprechen. Das *Jetzt* markiert eine privilegierte Zeitstelle. Wie bei der Räumlichkeit immer das Hier den Ausgangspunkt bildet, so sehen wir nun entsprechend das Jetzt aus der Reihe der Zeitpunkte heraustreten. Wir können von einer orientierten Zeit sprechen, insofern als die Gegenwart, in der ich jeweils lebe, ein Privileg genießt, weil Vergangenes und Zukünftiges auf sie zurückverweisen. Wenn ich sage: »Etwas ist für mich vergangen«, so ist es vergangen für mich, der ich jetzt lebe; hätte ich hundert Jahre früher gelebt, so wäre das, was ich jetzt erlebe, Zukunft. Vergangensein und Zukünftigsein sind keine absoluten Bestimmungen, die einem Ereignis als solchem zugeschrieben werden, sondern etwas ist vergangen in bezug auf den Ort, von dem aus es erfahren wird, d. h. in bezug auf eine bestimmte Gegenwart. Für die Zukunft gilt das gleiche. Die Zukunft ist *unsere* Zukunft, jetzt. Diesen einfachen Gedanken muß man bei aller Kritik an der Präsenzmetaphysik zunächst einmal mit Husserl vollziehen: alles Zukünftige und Vergangene verweist auf die Gegenwart, in der ich zurückbezogen bin auf das, was ich oder Andere erlebt haben, und vorausbezogen auf das, was ich oder Andere erhoffen, befürchten oder planen.

Die homogene Zeit wird – ähnlich wie der homogene Raum – als eine Zeit*linie* dargestellt. Die Zeit folgt einem Zeit*pfeil*, bildet eine Zeit*reihe*. Ereignisse lassen sich auf der Linie eintragen, bilden eine Zeit*folge*, bestehend aus Zeit*punkten* und getrennt durch Zeit*abstände*. Sie können sagen: etwas dauert ›so *lange*‹; und je nachdem, welches Schema man verwendet, dauert etwas drei Jahrhunderte, drei Stunden oder drei Minuten. Das verwendete *Zeitmaß* kann mehr oder weniger weitmaschig gewählt werden, als Stundentakt, als Tages-, Jahres- oder Jahrhundert-Rhythmus. Quarzuhren und Zeitmessungen, die in der Mikrophysik verwendet werden, gehorchen ganz anderen Exaktheitsmaßstäben als unsere alltäglichen Zeitschätzungen. Wenn wir sagen: »Diese Vorlesung dauert 45 Minuten«, so kommt es nicht auf Minisekunden an wie in der Mikrophysik. Im Modell der homogenen Zeit haben wir es also mit Zeitreihen zu tun und mit relativen Zeitabständen.
Mit der Unterscheidung von gerichteter und gleichförmiger Zeit ist es nicht getan. Es gibt Versuche, die Zielbetrachtung schlechthin nicht nur aus dem physischen, sondern auch aus dem menschlichen Bereich auszuscheiden, wie es auch der Behaviorismus von Skinner noch getan hat. Intrinsische Ziele gibt es dort eigentlich nicht, nur eine Zeitreihe mit diskreten Zeitpunkten, und diese Reihe läßt sich unendlich fortführen, nach vorn wie nach hinten.

Schema 8: Zeitlinie

$Z(t^0) - Z(t') ---- Z(t^n)$

Auch das gehört schon zum klassischen Schema der Räumlichkeit und Zeitlichkeit: die Zeit ist potentiell unendlich, ich kann immer weiter gehen, sie endet nicht. Wenn ich einen Zeitpunkt annehme, kann ich immer auch noch einen weiteren annehmen. Deshalb stellt Kant fest[19]: von der Erfahrung ausgehend, kann man Anfang oder Ende der Welt überhaupt nicht denken. Wenn ich sage: *da* hat die Welt begonnen, kann ich immer noch weiter fragen, wie ein Kind dies ja ungeniert tut: »Und was war, *bevor* die Welt entstand?« Oder ich sage: »Die Welt geht unter«, doch was kommt *danach*? Wenn wir das Zeitschema zugrunde legen, so ist die Zeitreihe offen in beiden Richtungen, denn es gibt stets ein Zuvor

19 Vgl. das Antinomien-Kapitel in der *Kritik der reinen Vernunft*.

und Danach. Ich habe in der Formel ein t^0 angesetzt, d. h. ich setze einen Zeitpunkt *als* t^0 an, aber an sich gibt es einen solchen Nullpunkt nicht. Ein behavioristischer Verhaltensforscher würde einfach von einem x-beliebigen Zeitpunkt ausgehen und dann weiterschauen.
Dem linearen Schema zufolge gibt es immer nur ein *relatives* Später, eines kommt immer nach dem anderen, eine einheitliche Zeitrichtung ist hier vorausgesetzt. Der Abschluß der Zeitreihe (den man auch Ziel nennen könnte) wird als purer Endzustand gedacht. Wo die Bewegung ans Ende kommt, wo der Prozeß abschließt, das hängt davon ab, wo man den Schnitt macht. Ein Endzustand hat nichts mit einem Ziel zu tun, denn der Endzustand ist einfach der Zustand, mit dem eine bestimmte Ereigniskette abbricht. Ich weise darauf hin, daß die griechischen und lateinischen Wörter τέλος und *finis* vieldeutig sind. ›Telos‹ bedeutet Ziel, Zweck und auch Ende. Geht man nur von einem Ende aus, so gehen diese Vieldeutigkeiten verloren. Eine Bestimmung des Handelns, die nur das Moment des Endes herausnimmt, bedeutet eine Unterbestimmung. Wie kommt es zu diesen merkwürdigen Überlegungen? Das Folgende mag abwegig klingen, doch hat es Methode.
Bei Aristoteles gibt es eine Zielursache: ich kann einen Vorgang von einem Ziel her denken, d. h. ich *kann* es nicht nur, sondern ich *muß* es sogar! Deshalb unterscheidet Aristoteles mehrere Typen von Ursachen: es gibt die Form- und die Materialursache (das lasse ich beiseite), es gibt eine *Ziel-* oder *Zweckursache* (das ist das, *worauf* der Vorgang zuläuft: eine Pflanze wächst, bis sie zur Reife kommt, ein Fortschritt in der Erkenntnis verfolgt das Ziel, ein Problem zu lösen), und die *Wirkursache* wäre jene, die eine Bewegung in Gang setzt. Entscheidend ist für Aristoteles, daß das Lebendige ein Sichselbstbewegendes ist, weshalb für ihn die Zielursache die wichtigste ist: das, *worum* es geht, das, *worauf* die Bewegung hinausläuft. In der *Nikomachischen Ethik* gibt es die schöne Formulierung: Das Denken allein bewegt gar nichts, es müssen immer Beweggründe, Motive, Ziele mitwirken, damit überhaupt etwas geschieht.[20]
Der Einwand gegen die aristotelische Betrachtungsweise, der seit Hume nicht verstummt ist und immer wieder einer teleologischen

20 Aristoteles, *Nik. Ethik*, VI, 2, 1139 a 35 f.

Handlungserklärung entgegengesetzt wird, lautet kurz gesagt so: Ein Ziel kann nicht Ursache sein, denn ein Ziel ist etwas, das *noch nicht* realisiert ist. Wäre das Ziel Ursache des Handelns, dann würde das, was noch nicht wirklich ist oder vielleicht überhaupt nie wirklich wird (es gibt ja auch Bewegungen, die nicht ans Ziel kommen), als Ursache gedacht für das, was wirklich geschieht. Dann würde – kurz gesagt – ein Nichtwirkliches Ursache sein für etwas Wirkliches. Ich erwähne das, weil dies ein schönes Argument ist, an dem man sich den Kopf zerbrechen kann. Doch vielleicht stimmt etwas an diesem Einwand nicht? – Die Auskünfte, die man bekommt, sind z. B. bei Wolfgang Stegmüller im ersten der Bände über Wissenschaftstheorie und analytische Philosophie nachzulesen.[21] Als Ursache kommen auch beim menschlichen Verhalten nur Gegenwartsmomente in Betracht: die Zukunft des Handelns muß vom gegenwärtigen Zustand des Handelnden her gedacht werden, und somit kommt die Zukunft nur in Form von präsentischen *beliefs* und *wants* vor. Mit *beliefs* sind Überzeugungen im schwachen Sinne gemeint, Glaubensvorstellungen im Sinne von Annahmen. Und *wants* umfassen alle Formen von Wünschen oder – negativ gewendet – von Befürchtungen. *Mental states* (mentale Zustände) wären dann Überzeugungen davon, wie etwas ist oder auch sein könnte, und Wünsche zeigen an, welchen Zustand, wenn er erreicht wäre, ich bevorzugen würde. Die Wünsche habe ich jetzt, die Überzeugungen auch, also brauche ich keine Zukunft außer jener, die ich auf diese Weise ebenfalls ›habe‹. In dieser eleganten Lösung wird die Zukünftigkeit der Zukunft ausgeklammert, indem sie aus rein gegenwärtigen Daten und generellen Gesetzmäßigkeiten konstruiert und antizipiert wird. Damit verschwindet auch der Zielgedanke. Diese Überlegung hat für Handlungen eine gewisse, wenn auch absurde Konsequenz. Aristoteles, der sich ausführlich mit der Frage der Zielbewegung herumgeschlagen hat, hat seinen Disput mit Zenon geführt; Sie kennen dessen Gedanken, der offensichtlich nicht stimmt, aber trotzdem schön ausgetüftelt ist. Zenon behauptet: der fliegende Pfeil bewegt sich nicht, weil er stets da *oder* da ist, er ist immer an *einem* Punkt, er *ruht* also. Zenon nimmt hier ein

21 W. Stegmüller, *Probleme und Resultate der Wissenschaftstheorie und Analytischen Philosophie*, Bd. 1 (1969), S. 530-555. Kritisch zu solchen Argumenten: G. H. v. Wright, *Erklären und Verstehen* (1974).

interessantes Gedankenexperiment vor, er zerstückelt die Linie in potentiell unendliche Punkte. Ich kann einen Zeitpunkt immer noch einmal aufteilen, und der hätte auch wieder eine zeitliche Ausdehnung, die ich dann abermals teilen könnte.[22] Was entgegnet nun Aristoteles Zenon, wenn es um den fliegenden Pfeil geht? Wie entkräftet er das Argument, der Pfeil sei immer an *einer* Stelle? Zenons Argumentation ist ein schönes Beispiel für den homogenen Raum und für die homogene Zeit, denn an *irgendeiner* Raum- oder Zeitstelle ist der Pfeil immer, gleich wo er ist. Aristoteles entgegnet Zenon: Nein, der Pfeil ist gar nicht an *einer* Stelle, sondern er ist im *Übergang*. Aristoteles faßt Bewegung als einen Übergang von hier nach dort, als Differenz von hier und dort, die immer wieder überbrückt wird. Der Pfeil ist im strengen Sinne nicht bloß hier und jetzt, sondern er ist schon im Übergang zu einem Dort, auf das er sich zubewegt. Der Begriff der Potenz, den Aristoteles einführt, besagt, daß das, was aktuell geschieht, immer voller Möglichkeiten steckt, die schon jetzt wirksam sind.

Wenn wir jetzt zur Körperlichkeit, zur leiblichen Bewegung, zum leiblichen Verhalten und Handeln zurückkehren, gibt es hier Schwierigkeiten noch ganz anderer Art. Ich werde drei Schwierigkeiten herausheben, die sich ergeben, wenn man das Ziel so radikal ausschaltet, wie Behavioristen dies mit ihrem Erklärungsmodell tun.

1. Man könnte beim empiristischen Modell nie von einem *Gelingen* oder *Mißlingen* sprechen, weil *jeder* Endzustand so gut wie der andere wäre. Nehmen wir an, ein Glas fällt zu Boden, es liegt in Scherben, damit hat es seinen Endzustand erreicht, es ist zerbrochen. Sie können versuchen, irgendwo hinzukommen heute abend, und Sie kommen nicht hin, Sie sitzen auf einem Bahnhof oder einem Flughafen fest und kommen nicht weiter. Ein Endzustand ist erreicht, denn jeder Zustand wäre ein Endzustand, Sie können dann nie sagen, es ist etwas gelungen oder mißlungen. Auch eine Krankheit wäre ein bloßer Endzustand, ich könnte nicht sagen: »Ich wurde krank«, das ergibt keinen Sinn, wenn immer nur ein Zustand durch den anderen abgelöst wird. Zum Handeln gehört die Vorstellung: eine Handlung gelingt, wenn das

22 Das andere Beispiel handelt von Achill und der Schildkröte; darauf komme ich in einem späteren Zusammenhang zurück (siehe unten S. 266 f.).

Ziel erreicht wird; sie mißlingt, wenn das Ziel nicht erreicht wird.

2. Das zweite Problem betrifft schon die *Beschreibung* der Handlung: Kann ich eine Handlung überhaupt hinreichend beschreiben, wenn ich von der Bezugnahme auf bestimmte Ziele absehe? In einem winzigen Filmausschnitt z. B. zeigen sich Körperbewegungen, sogenannte Basishandlungen.[23] Bei einem solch kontextlosen, winzigen Ausschnitt könnten wir nicht einmal sagen, was der Handelnde tut. Wir sehen in einer Frequenz einen hastig sich bewegenden Menschen auf ein Telephon zueilen. Wenn wir die Geschichte erzählen, sagen wir: »Da taucht jemand auf und eilt zum Telephon«. Im Filmausschnitt sehen wir nun aber nur den hastigen Gang. Wenn wir nichts als diesen eiligen Menschen sehen, so können wir nur noch Körperbewegungen beschreiben, aber nicht verstehen, was passiert; wir sehen einen Ausschnitt, der nicht eindeutig interpretierbar ist, solange man nicht weiß, worauf die Bewegung sich richtet. Ein anderes Beispiel: wird ein Handgriff als reine Körperbewegung beschrieben, abgelöst vom Zielpunkt, auf den die Bewegung hinzielt, so wird er vieldeutig; er kann eine Prüfbewegung, eine Streichelbewegung, eine Zeigbewegung sein oder was immer. Das Ziel der Bewegung spielt mithin schon bei der Beschreibung dessen, was einer tut, eine Rolle. Wenn wir einen Fußgänger beschreiben, so sagen wir nicht: »Er setzt ein Bein vor das andere«, sondern wir sagen: »Jemand geht langsam oder schnell irgendwohin« oder: »Er bummelt«.

3. Das dritte Problem betrifft die Skandierung und Artikulierung der zeitlichen Bewegung. Welche Zeiteinheiten und welche Bewegungselemente setze ich an? Wird die Zeit als Linie mit einzelnen Punkten gedacht, so können die Punkte Stunden, Tage oder Jahrhunderte sein. Eine Zeitlinie ist ein sehr formales Schema. Doch wenn wir eine zeitliche Bewegung ins Auge fassen, so müssen wir bestimmte Zeiteinheiten wählen, mit denen wir operieren. In der Geschichtsschreibung stellt sich die Frage: Welche Zeiträume sollen behandelt werden? Man kann einen einzelnen Tag beschreiben, man kann sich mit großen Abläufen beschäftigen, etwa mit einem Weltkrieg, der vier Jahre dauert. Vier Jahre, das bedeutet eine Zäsur, nicht weil da ein leeres Zeitschema ist, das irgendwann mal aufhört, sondern weil der Krieg, dieses Desaster, nach vier

23 A. Danto, *Analytical Philosophy of Action* (1973, dt. 1979).

Jahren ein Ende genommen hat, und sei es mit einem bloß vorläufigen Friedensschluß. – Bei einer Beschreibung kann man mehr oder weniger ins Detail gehen. Bei der Beschreibung bestimmter Ereignisse wie z. B. der des 20. Juli ist fast jede Stunde wichtig: Wann zündete die Bombe, wie schnell reagierte der ›Führer‹, wann kam der erste Telefonanruf von Ostpreußen nach Berlin usf. – Bei Beschreibungen der Französischen Revolution hat man minutiöse Mikroaufnahmen gemacht, wo die Abläufe *eines* Tages verzeichnet werden. – Eine andere Art der Geschichtsschreibung besteht in der Betrachtung von größeren, lange andauernden Prozessen einer *longue durée* – wie etwa in F. Braudels Darstellung des Mittelmeerraums, wo über Jahrhunderte hin Entwicklungen verfolgt werden, die nur statistisch faßbar sind. Solche Beispiele zeigen, daß schon eine Wahl getroffen wird in der Art, wie Zeitgliederungen vorgenommen werden. Die Gliederung der Zeit (das gilt für die Biographie des Einzelnen wie auch für die öffentliche Geschichte) basiert auf der *Bedeutsamkeit*, auf der Art der Bewegung, um die es jeweils geht. Ohne irgendeine Art von *Worum es geht* wäre diese Gliederung völlig willkürlich. Die Gestalttheoretiker sprechen deshalb auch von Bewegungs*melodien*, von *Takt*einheiten und von Bewegungs*rhythmen*. Schon das Gehen auf zwei Beinen erzeugt einen bestimmten Bewegungsrhythmus. Diese Rhythmen lassen sich nicht fassen, wenn man von einer homogenen Bewegung ausgeht, die beliebig in Abschnitte aufgeteilt werden kann.

Das folgende Zitat zeigt, wie die Argumente von Zenon und all seine Ideen unter neuzeitlichen Bedingungen wieder aufwachen. Bei Hume lesen wir: »Die Zeit, so wie sie existiert, muß zusammengesetzt gedacht werden aus ungeteilten Momenten«[24]. Die Zeit muß aus unteilbaren Momenten, Augenblicken, Zeitpunkten zusammengesetzt gedacht werden, denn ich bin ja immer an irgendeinem Punkt. – Ein Phänomenologe würde dagegen erwidern, und das ist Husserls Antwort auf Hume: Ist nicht dieser ungeteilte Zeitpunkt ein absolutes Konstrukt? – Husserl zeigt: nur das Jetzt als reines Jetzt, d. h. als Moment, der nichts Vergangenes und Zukünftiges an sich hätte, wäre ein solch unteilbarer Moment; denn wenn dieses Jetzt Momente des Vergangenen und des Zu-

24 »[...] the time, as it exists, must be compos'd of indivisible moments.« *Treatise of Human Nature*, 1,2,2.

künftigen in sich trüge, dann wäre es schon in sich geteilt. Einem unteilbaren Jetzt kann ich mich – wie bei Zenon – im Sinne eines Limeswertes zwar annähern, aber ich kann ihn nicht erreichen, denn das, was jetzt ist, verweist in sich selbst schon auf anderes, auf Vergangenes und Zukünftiges.[25] Das Jetzt steht in einem Verweisungszusammenhang; im Jetzt lebt das, was soeben war und was sogleich sein wird, d. h. die Jetztzeit ist in dem Sinne nie ungeteilt, sondern wird immer schon durch eine gewisse Extase sich selbst entrissen: ich bin hier und jetzt außer mir. Darin bestünde die phänomenologische Revision dieses Schemas, das sich bei Hume und auf gewisse Weise auch bei Descartes (in seiner Theologie) findet. Descartes verfolgt den interessanten, aber fragwürdigen Gedanken: Gott muß die Welt in jedem Augenblick neu erschaffen, sonst sänke sie ins Nichts zurück; in jedem Augenblick fängt sie – infolge einer *creation continua* – sozusagen neu an. Auch dieser Gedanke, daß jeder Augenblick neu geschaffen werden muß, setzt eine Zerstückelung der Zeit voraus. Doch zum menschlichen Handeln gehört eine gewisse zeitliche Breite: was jetzt geschieht, verweist auf anderes und breitet sich in einem Zeitfeld aus.

Ein letztes Zitat hierzu stammt von Erwin Straus, der der gesamten Tradition des Empirismus den einfachen Satz entgegenhält: »Die Zäsur ist das erste Problem«.[26] Straus geht eben nicht von einer Zeitreihe und von verschiedenen Punkten aus, sondern die Problematisierung der Zäsur führt zu der gegenteiligen Frage: *Wo* erfolgen die Einschnitte? Die Setzung der Zäsur enthält ein Moment der Kontingenz und läßt Alternativen zu. Es gibt keine Geschichte im Sinne eines endlosen Ablaufs von Ereignissen, sondern Geschichte gibt es nur, wenn sich das Geschehen gliedert. Das gilt für jede Form der Geschichtsschreibung, auch für die *oral history*, in der die Tradition ausschließlich mündlich vor sich geht, auch dort gibt es Generationen und Lebenseinschnitte. Die Ordnung der Zeit resultiert aus Zäsuren. Ablösbare Einzelheiten lassen sich bloß als Konstrukt oder als Limeswert fassen.

25 *Zur Phänomenologie des inneren Zeitbewußtseins* (Hua X), S. 40.
26 *Vom Sinn der Sinne* (1956), S. 21.

3. Greifen und Zeigen

Der Unterschied von Greifen und Zeigen findet in philosophischen Erörterungen ebenfalls wenig Beachtung. Greifen und Zeigen sind beides Bewegungen. Die Rede von einem Ein-greifen weist hin auf eine Veränderung der Wirklichkeit, während das Anzeigen im allgemeinen als symbolische Geste gilt, bei der konventionelle Zeichen und Regeln mitspielen. Man ist beim Greifen – etwas grob gesagt – im Realbereich (›greifen‹ kann auch der Greifarm eines Baukrans), während beim Zeigen irgendwie der Intellekt, das Bewußtsein beteiligt zu sein scheint. Im folgenden möchte ich zeigen, wie Zeigen und Greifen ineinander verwoben sind. Es gehört wiederum zu den Charakteren der Leiblichkeit, daß das Greifen (d. h. das Eingreifen in die Wirklichkeit) und das Zeigen (d. h. die symbolische Verhaltensweise) ineinanderspielen. Ich beziehe mich hier auf Kurt Goldstein – wie Merleau-Ponty dies im entsprechenden Kapitel seiner *Phänomenologie der Wahrnehmung* ebenfalls tut.[27] Goldstein hat mit seinen Mitarbeitern in der Frankfurter Hirnverletztenklinik, die er von 1915-1930 zusammen mit dem Psychologen Adhémar Gelb leitete, den Patienten Schneider untersucht, der immer als »Fall Schn.« zitiert wird. Dabei handelt es sich um einen Kriegsverletzten, der von einem Granatsplitter in der optischen Zone des Hinterhaupts getroffen wurde. Schneider wurde über etwa sechs Jahre hin untersucht und auch behandelt, dies war ein klassisches Beispiel für eine Fallstudie. Schneider war am Ende kein eigentlicher Patient mehr, er war wieder lebensfähig und berufsfähig, wenn auch mit gewissen Einschränkungen. Das Krankenhaus in Frankfurt war verbunden mit einem Rehabilitationszentrum, insofern ging es bei dieser Untersuchung auch um praktische Aspekte. Kurt Goldsteins Interesse richtete sich vor allem auf die Frage, ob es sich bei der Verletzung von Schneider um eine bloß lokale Störung handle – etwa des Sehens, weil die entsprechende Zone des Gehirns verletzt wurde –, oder ob durch die Verletzung das Gesamtverhalten betroffen sei. Diese zweite Möglichkeit, um die es Goldstein vor allem geht, würde bedeuten, daß man menschliche Fähigkeiten nicht in dieser Weise cerebral lokalisieren kann. Kurt Goldstein hat seine dynamische Auffassungen auch in der Neurologie verfoch-

27 PP 120ff., dt. 129ff.

ten, er geht aus von einer Art Selbstorganisation des Organismus in dem Sinne, daß immer alle Funktionen mitbeteiligt und betroffen sind und nicht bloß partiell bestimmte Funktionen auftreten oder ausfallen. Goldsteins Studie ist ein klassisches Beispiel für ein antiempiristisches Denken. Wird das Verhalten aus Einzelheiten aufgebaut, so würde der Defekt in der Krankheit bedeuten, daß etwas *fehlt*, daß bestimmte Funktionen ausfallen. Blindheit würde empiristisch als das Ausfallen eines der fünf Sinne beschrieben. Kurt Goldsteins Sichtweise dagegen, die er in origineller Anknüpfung an die Gestalttheorie entwickelt, geht nicht aus von fünf Sinnen, die man wie isolierte Funktionen abzählen kann, sondern Sensorium und Motorium agieren immer als Ganzes. Wenn etwas ausfällt, dann übernehmen die übrigen Organe neue Funktionen, was zu einer Umstrukturierung des ganzen Sensoriums und Motoriums führt. Blindheit bedeutet ja nicht einfach das Wegfallen eines Sinnes, sondern mit der Blindheit gewinnt der Tastsinn ein besonderes Gewicht. Der Stock, mit dem der Blinde sich vorantastet, übernimmt Aufgaben des Auges, das Ohr spielt ebenfalls eine neue und andere Rolle. Blind sein bedeutet, daß *alle* Sinne sich verändern – und nicht, daß ein Sinn einfach ausfällt.
Kurt Goldstein steht in jener Tradition der Medizin oder der Psychiatrie, die von Struktur*zusammenhängen* ausgeht. Störung heißt dann, daß sich das Gesamtverhalten verändert. Ein Blinder muß durch die Ersatzleistung sein ganzes Sensorium umstrukturieren, was bedeutet: er muß lernen, als Blinder zu leben.
Ein Wort noch zum historischen Kontext der Forschungen von Goldstein, denn im Gespräch mit Medizinern stelle ich immer wieder fest, daß Kurt Goldstein nahezu unbekannt ist. Offenbar überläßt man es den Philosophen, Medizingeschichte zu betreiben oder ein Gedächtnis für gewisse medizinische Entdeckungen zu bewahren. Gelb war Psychologe, Goldstein war Neurologe, beide arbeiteten zusammen. Gelb war übrigens einer der Lehrer von Max Horkheimer, der bei Gelb promoviert hat. Goldstein selber war Cousin von Ernst Cassirer. Und auch Aron Gurwitsch war zu dieser Zeit in Frankfurt; Gurwitsch wollte sich in Frankfurt habilitieren, mußte als Jude 1933 genauso wie Kurt Goldstein emigrieren, beide wanderten aus nach Amerika. In den USA gibt es eine Goldstein-Schule. Oliver Sacks beruft sich z. B. auf ihn. Auch in Deutschland gibt es eine Goldstein-Schule, aber sie ist wohl doch sehr insular.

Merleau-Ponty hat, ähnlich wie G. Canguilhem, zeitig und immer wieder auf Goldstein zurückgegriffen. Er geht davon aus, daß eine Beschreibung des Normalverhaltens auch pathologische Störungen in Betracht ziehen muß, weil erst im Kontrast zu diesen pathologischen Abweichungen die Normalität als wirkliche Leistung erscheint. Damit verändert sich auch das, was wir unter Normalität verstehen: Normalität wäre nicht mehr nur das, was sowieso immer da ist, wobei Störungen dann durch den Arzt oder durch die Polizei zu beheben wären. Merleau-Ponty faßt Normalität vielmehr als Balanceakt, als beständiges Ringen um ein Gleichgewicht, das stets mit gewissen pathologischen Momenten durchsetzt ist, wie auch Freud und viele andere annehmen. Es geht eher um Akzente, um Gewichte und nicht um eine strenge Sonderung des Gesunden vom Kranken, denn es gibt Verschränkungen zwischen beidem. Anhand von Störungen wird sichtbar, was *normalerweise* geschieht. In der Soziologie und speziell in der Ethnomethodologie gibt es methodisch ausgeklügelte Verfremdungsverfahren zur Erforschung der eigenen Normalität. Jemand wird in eine Situation gebracht, in der er sich nicht auskennt und die für ihn ganz ungewohnt ist; er wird z. B. mit Fragen konfrontiert, die er sich selbst nie gestellt hat, wodurch sein normales Welt- und Selbstbild plötzlich ins Schwanken gerät. Im Fall Schneider resultiert die Verfremdung der Normalität aus einer Verletzung, die das normale Wahrnehmen mit vielen Fragezeichen versieht.

Die Analyse von Greifen und Zeigen setzt ein mit einem einfachen Test, der in der medizinischen Praxis öfters verwendet wird. Der Patient wird einem sogenannten Finger-Nasen-Versuch unterworfen, d. h. er wird aufgefordert, auf seine Nasenspitze zu zeigen. An diesem ganz einfachen Versuch, bei dem wir uns zunächst fragen: »Was soll das?«, kann man einiges zeigen. Im Fall Schn. zeigt sich interessanterweise eine merkwürdige Doppelheit, daß nämlich Schneider zwar nach der Nase *greifen* kann (z. B. wenn er eine Mücke vertreiben will), aber bei dem Versuch, einfach auf die Nase zu *zeigen*, scheitert.

Ein andermal wird Schneider aufgefordert, er möge eine soldatische Grußhandlung vollziehen, er war ja früher Soldat. Darauf antwortet Schneider: »Ich kann das nicht tun, ich bin doch kein Soldat, habe keine Uniform, ich kann doch nicht einfach so grüßen.« Würden wir in einer gegebenen Situation zu einer solchen

Handlung aufgefordert, so würden wir wahrscheinlich sagen: »Ich tue so, *als ob* ich ein Soldat wäre.« Das Verhalten von Schneider unterliegt einer Beeinträchtigung, sofern er sich nicht in eine Als-ob-Situation versetzen kann. Wäre Schneider wirklich unter Soldaten, so hätte er wohl keine Schwierigkeiten, einen militärischen Gruß zu vollziehen. Aber er kommt der Aufforderung nicht nach, wenn der Kontext fehlt. Er kann nicht handeln, als wäre er auf einer Bühne. Ebenso mißlingt es ihm, ›auf die Nase zeigen‹, wenn dies keinen erkenntlichen Sinn hat, sondern ›einfach so‹ vollzogen werden soll.

Wie läßt sich eine solche Leistungsdifferenz erklären? Schneiders Bewegungsapparat ist ja völlig intakt, physiologisch gesehen gibt es keinen Unterschied zwischen Greifen und Zeigen. Das Nichtdurchführen des Zeigens hat nichts mit einer physiologischen Störung von Bewegungsabläufen zu tun, deshalb kann die Leistungsdifferenz nicht nach diesem Muster erklärt werden. Greifen und Zeigen sind offenbar zwei verschiedene Weisen, die Körperstelle zu ›kennen‹. Wir ›wissen‹, wo unsere Nase ist, die Nase hat in unserem Körperschema ihren Ort. Man könnte sich ausdenken, daß wir das nicht wüßten. Einem Kleinkind zu sagen: »Faß dich an deine Nase!« ist erst ab einem bestimmten Alter möglich, das Kind muß sprechen und verstehen können. Auf die Nase zeigen bedeutet: ich muß wissen, wo sie ist, ich *sehe* sie ja nicht. Merkwürdigerweise finde ich sie auf Anhieb. Oder halten Sie sich die Augen zu: Sie haben auch dann keine Schwierigkeiten, Sie bringen einfach eine gewisse Vorstellung des eigenen Leibes mit. Bei Schneider liegt die Störung offenbar in diesem Bereich der Körperorientierung, so daß er gewisse Zuordnungen nicht vollziehen und gewisse Anordnungen nicht befolgen kann, außer dann, wenn die Bewegung ihm durch die Situation selber abverlangt wird. Wie ist das zu erklären? Ich greife im folgenden die Kritik von Merleau-Ponty und von Kurt Goldstein auf. Es gibt verschiedene Erklärungsweisen, die indirekt zeigen, was es mit der leiblichen Bewegung auf sich hat.

a) Empiristische Deutung

Schema 9

Zeigen:	visuelle Sphäre
Greifen:	taktuelle Sphäre

kausale Erklärung: Ausfall von Inhalten

Die empiristische Deutung bringt Zeigen und Greifen mit verschiedenen Sinnessphären in Zusammenhang. Das Zeigen wäre mit der visuellen und das Greifen mit der taktilen Sphäre verknüpft. In dieser Sichtweise wird die Störung, die bei Schneider im Nasenversuch auftritt, durch eine Störung der visuellen Sphäre, eben durch diese Verletzung in der optischen Zone des Gehirns erklärt, während in der taktuellen Sphäre keine Beeinträchtigung auftritt. Schneider kann greifen, er kann nicht zeigen, das Taktile ist intakt, das Visuelle gestört. Das Zeigen hat es demzufolge mit dem Visuellen, mit der optischen Orientierung im Raum zu tun. Die empiristische Beschreibung hätte eine kausale Erklärungsform: es gibt einen Ausfall von Inhalten. Zeigen wäre eine optische Deutung auf Distanz: wenn ich auf etwas zeige, muß ich es nicht berühren, das Zeigen betrifft das Sehen, den Fernsinn, wie man in der Tradition sagt. Die typisch empiristische Erklärung lautet also: bestimmte optische Erfahrungsdaten fallen aus, das Taktuelle ist noch da.

Gegen diese Deutung erhebt sich eine Frage, die das Problematische empiristischer Theorien überhaupt ins Licht rückt: Wie kann die Wahrnehmung aus bloßen Einzelheiten überhaupt ein Ganzes erzeugen? Kann dieses Ganze überhaupt aus Einzelheiten aufgebaut werden? Wird nicht auch schon bei der Aufsplitterung in Einzeldaten ein Zusammenhang vorausgesetzt? Dieser Einwand richtet sich gegen die empiristische Verfahrensweise prinzipiell.

Der zweite Einwand stellt grundlegend in Frage, daß verschiedene Funktionen überhaupt isoliert zu untersuchen und zu variieren sind. Ein solch isolierendes Verfahren wäre nur erfolgreich, wenn die Sinne wirklich in der Weise voneinander isolierbar wären, wie man es bei einem physikalischen Experiment tun kann, in dem bestimmte Faktoren ausgeschieden, vernachlässigt und beiseite gelassen werden. Aber ist dies beim menschlichen Verhalten mög-

lich? Der Empirismus geht stillschweigend von der Voraussetzung aus, daß das Visuelle und das Taktuelle völlig unabhängig voneinander untersucht werden können.
Doch erst der dritte Einwand enthält das entscheidende Gegenargument: die fragliche Störung bezieht sich keineswegs bloß auf das Sehen, es geht bei Schneider um keine reine Sehstörung. Er hat zwar eine Verletzung in der Hinterhauptzone des Gehirns davongetragen, aber bei anderen Kranken, die keine solche Verletzung aufweisen, findet man sehr ähnliche Beeinträchtigungen des Zeigevermögens.

b) Intellektualistische Deutung

Die zweite Deutung führt uns in die Nähe Goldsteins, der eine Revision der empiristischen Betrachtungsweise vornimmt, doch wirft auch seine eigene Deutung Probleme auf.

Schema 10

Zeigen:	bewußter Akt	=	abstrakte oder kategoriale Einstellung
Greifen:	Körpermechanismen	=	konkrete Einstellung

Reflexive Analyse: Verlust einer Erkenntnisform

In der intellektualistischen Deutung wird das Zeigen als bewußter Akt, das Greifen dagegen als reiner Körpermechanismus aufgefaßt. Die Störung beim Patienten Schneider (daß er nach seiner Nase greifen, nicht aber auf sie zeigen kann) wird gedeutet als Beeinträchtigung einer bestimmten Erkenntnisform. Hier haben wir eine reflexive Analyse, die sich auf dem Weg der Reflexion vollzieht: ich denke nach, besinne mich auf das, was ich tue und erfahre, wenn ich etwas wahrnehme. Die Störung bei Schneider bestünde dann in der Beeinträchtigung einer bestimmten Erkenntnisform.
Goldstein nimmt damit zunächst einmal eine gewisse Revision der empiristischen Deutung vor, indem er von einer Gesamtstörung ausgeht, die nicht einzig durch spezifische Fähigkeiten bestimmt ist. Sehen, Sprechen, Aufmerken, Erinnern, Denken sind nicht jeweils isoliert gestört, sondern – und das ist gerade die Pointe

dieser Untersuchung – es handelt sich immer um eine *Gesamtstörung*, an der auf gewisse Weise alle Funktionen beteiligt sind. Die verschiedenen Fähigkeits-Ebenen betreffen die ganze Personalität. Dieser Interpretationsrahmen Goldsteins und seiner Schule ist dem Vorgehen von Merleau-Pontys in seiner *Phänomenologie der Wahrnehmung* sehr nahe: es gibt ein leibliches Verhalten, das sich ausdifferenziert, und nicht eine Zusammenstückelung aus Maschinenteilen. Goldstein hat in einer ganzen Serie von Untersuchungen gezeigt, daß alle Bereiche – Rechnen, Schreiben, Lesen, Sexualverhalten, soziale Rituale und natürlich auch das Wahrnehmen – bei Schneider besondere Eigenarten aufweisen. In allen Bereichen sind bemerkenswerte Abweichungen von der Normalität zu finden.

Konkrete und abstrakte oder kategoriale Einstellung: Bei der Beschreibung von Schneiders Verhalten unterscheidet Goldstein zwischen konkreter und abstrakter Bewegung, der jeweils eine abstrakte und eine konkrete Einstellung entspricht. Die abstrakte Einstellung heißt bei Goldstein auch kategoriale Einstellung. Seine Untersuchungen laufen darauf hinaus, daß in den verschiedenen Einstellungen ein verschiedener Situationsbezug vorliegt. In der *konkreten* Einstellung geht der Mensch völlig in der aktuellen Situation auf, er ist ohne Distanz zur äußeren Welt, zum eigenen Leib und zu den eigenen Erlebnissen. Passiv ist er den eigenen Erlebnissen ausgeliefert. Wenn es mich beispielsweise juckt oder wenn eine Mücke mich sticht und ich sie wegjage, so ist dies fast ein Reflex. Konkrete Umstände bestimmen mein Handeln: die konkrete Einstellung hat nichts mit distanzierten Überlegungen zu tun, sondern durch die Mücke gerate ich in eine bestimmte Situation, auf die ich ohne nachzudenken bloß reagiere. In Angstsituationen oder in alltäglichen Situationen handeln wir mehr oder weniger bewußt. Wenn wir rad- oder Auto fahren, nehmen wir konkrete Einstellungen ein, reagieren auf die Verkehrssituation, gehen mehr oder weniger in ihr auf, ohne uns besondere Gedanken zu machen.

In der *abstrakten* oder *kategorialen* Einstellung dagegen würde der Mensch die Situation überschauen. Was ihm begegnet, ordnet er in einen größeren Zusammenhang ein, er entwickelt ein Möglichkeitsfeld, gewinnt eine Distanz zur äußeren Welt und zu sich selbst. Das Wort ›abstrakt‹ ist hier nicht glücklich gewählt (wie auch der Ausdruck ›abstrakte Kunst‹ mißverständlich ist), aber gemeint ist ein gezieltes Absehen von konkreten Situationsmerkmalen. Dadurch entsteht ein Möglichkeitsfeld, in welchem mehrere Möglichkeiten in Betracht kommen. Im ›konkretistischen Verhalten‹, wie wir auch sagen könnten, bin ich umgekehrt auf die Wirklichkeit hier und jetzt festgenagelt.

In der Schauspielerei wird das Möglichkeitsfeld geradezu thematisch. Ich habe das Beispiel des grüßenden Soldaten gebracht: ein Schauspieler, der uns den Gruß vorspielt, führt sozusagen eine Als-ob-Existenz vor, er benimmt sich auf der Bühne so, *als ob* er trinke, als ob er Durst oder Hunger hätte, zornentbrannt wäre. Ein Schauspieler spielt Möglichkeiten durch. Den Zuschauer interessiert gerade das: ihm wird etwas vorgeführt, was er in seinem Alltag nicht tut, nicht tun kann oder nicht tun darf. Beim Patienten Schneider ist dieses Möglichkeitsfeld gestört. Die Realisierung der Aufforderung »Tu so, als ob du Soldat wärst!« setzt eine Distanz zum eigenen Tun voraus: daß ich nicht einfach tue, was ich tue, daß ich nicht einfach nur hier, sondern daß ich auch anderswo bin, in einem Möglichkeitsfeld. Ich stelle mir vor, ich wäre jetzt in einer süddeutschen Stadt; ich kann mir das vorstellen, aber es setzt voraus, daß ich nicht einfach hier bin, sondern mein Gegenwartsfeld auch abwandeln kann, und sei es in Gedanken, daß ich mich woanders hin- oder hineinversetze. Zum kategorialen oder abstraktiven Verhalten gehört also ein Möglichkeitsfeld, das auch aktuell Gegebenes einschließt. – Bei dem trivialen Beispiel des Reagierens auf die Mücke beginnt die abstrakte Einstellung schon dort, wo wir, statt die Mücken mit der Hand zu vertreiben, uns ein Mückenmittel besorgen. – Köhlers Affenversuche, bei denen die Affen die Stäbe gebrauchen, um Bananen herunterzuholen, wenn sie Hunger haben, wären ebenfalls ein Beispiel für eine eminent konkretistische Haltung. Wenn die Affen keinen Hunger mehr haben, ist der Stab für sie verschwunden, was soll er dann noch? Abstrakte Einstellung dagegen hieße, daß man die Situation als eine solche interpretiert, in der man ein Werkzeug braucht, um etwas zu bekommen, und dann die Situation entsprechend gestaltet und vorbereitet. Im praktischen Alltag leben wir oft zu sehr in der abstrakten Einstellung, so daß viel zu viel vorbereitet wird, was nie eintrifft, so daß wir Vorsorge treffen für unendlich viele Dinge und versucht sind, unsere Ängste in einer abstrakten Einstellung zu bannen. Die konkretistische Verhaltensweise bestünde dagegen in einem nahezu völligen Aufgehen in der Situation, ohne daß eine Distanzierungsmöglichkeit vorliegt.

Goldstein bezieht die Begriffe kategoriale und konkrete Einstellung zunächst nicht auf pathologische Beispiele, sondern sie beschreiben eine gewisse Polarität innerhalb des Normalverhaltens: auf der einen Seite *kann* ich Distanz nehmen, tue es oft aber nicht (=abstrakte Einstellung), oder aber ich handle, ohne groß darüber nachzudenken (= konkrete Einstellung). Goldstein geht davon aus, daß beim normalen Individuum *beide* Einstellungen gleichermaßen da sind, und zwar verbunden in Form einer Figur-Grund-Relation, d. h. das Zurücktreten der einen ist imgleichen ein Hervortreten der anderen. Lebe ich vorwiegend in der kategorialen Einstellung (in der Überlegung und in der Analyse einer Situation), so ist in diesem Falle die abstrakte Einstellung die Figur, die konkrete Einstellung tritt in den Hintergrund. – Es kann aber auch gerade umgekehrt sein, daß diese Distanzierungen im Hintergrund bleiben und ich mehr in der Situation lebe. Welche Haltung dominiert, hängt im allgemeinen von den Erfordernissen der Situation ab. Konkrete Einstellungen sind deshalb stets abstraktiv gebrochen: ich kann Distanz nehmen, auch wenn ich es jeweils nicht tue, wenn ich – wie gesagt – gewohnheitsmäßig handle.
Würden wir beispielsweise von unserem Gesprächspartner gebeten, unsere Sätze grammatikalisch zu analysieren, so könnten wir dies ohne weiteres tun; es wäre eine eminent abstrakte, kategorisierende Einstellung zu sagen: »Ich habe eben einen Aussagesatz gemacht« oder: »Ich habe den Konjunktiv gebraucht«; solche Analysen kann man bis zum Exzeß treiben. Im allgemeinen jedoch analysieren wir unsere Sätze beim Sprechen nicht, sondern wir sagen etwas, locken mit etwas, versprechen etwas, ohne stets klar vor Augen zu haben, welche Regeln wir anwenden. Die Sprechakttheorie unterscheidet kategorial zwischen verschiedenen Arten von Sprechakten: ›ich verspreche‹, ›ich drohe‹, ›ich wünsche‹, ›ich sage aus‹. Doch konkrete Sprechereignisse sind stets interessante Mischungen, in denen diese kategorialen Unterscheidungen sich verwischen. Man kann etwas in einer Weise versprechen, daß es fast zu einer Drohung wird und man gar nicht sicher ist, ob das dem Betreffenden überhaupt guttut; bei einem Versprechen erwartet man ja eigentlich, daß der Andere das Versprechen begrüßt. Auch eine ›reine‹ Aussage kann in eine Drohung übergehen. Normalerweise analysieren wir nicht, wir ordnen die Sprechakte nicht ein, wir tun es erst, wenn wir z. B. vor Gericht kommen und zugeben müssen: »Das war eine Beleidigung«. – Aber es gehört

zur Normalität, daß man in der konkreten Situation etwas tut, das man analysieren *kann*. Die Normalität – das ist der einleuchtende Gedanke von Goldstein – besteht darin, daß man Distanz nehmen *kann*, daß man analysieren *kann*, obwohl man es oftmals nicht tut.

Was bedeutet dies für unser Leibbewußtsein? Die Leiblichkeit ist uns mehr oder weniger bewußt. Leiblichkeit bedeutet: etwas tun, etwas sehen, etwas erfahren, und man kann ausdrücklich darauf achten, daß man es tut. Wenn extrem und ausschließlich beobachtet wird, schlägt die Beobachtung ins Pathologische um. Die andere Extremsituation wäre, daß ich derart meinen augenblicklichen Erlebnissen ausgeliefert bin, daß ich nicht einmal mehr *sagen* kann, was ich gerade tue oder wie es mir geht.

Die Krankheit wird in dieser Sichtweise Goldsteins beschrieben als eine Des-integration. Bei Schneider ist die abstrakte Einstellung, die dem Denken, dem Bewußtsein näher steht, gestört, so daß der Betroffene zurücksinkt auf die Stufe der Körpermechanismen, des Greifens. Goldstein geht also davon aus, daß der Bereich der bewußten Akte gestört ist. Fragwürdig an dieser Deutung ist, daß die Körpermechanismen einem Bereich des Animalischen zugeordnet werden, die bewußten Akte dagegen dem speziell Humanen, dem Symbolischen und den ›höheren‹ Leistungen vorbehalten werden. Der Abbau im Falle der Desintegration würde dann in einer Beeinträchtigung dieser höheren Leistungen bestehen, die zur Folge hat, daß der Patient auf eine animalische Stufe zurücksinkt.

c) Merleau-Pontys Kritik an Goldstein

Im Gegensatz zu Goldsteins Interpretation des Falles Schneider schlägt Merleau-Ponty nun eine andere Deutung vor – ich kann das hier nur noch andeuten.[28] Merleau-Pontys Lösung liegt *zwischen* der empiristischen und der intellektualistischen Vorgehensweise. Er zeigt, daß die intellektualistische Deutung auf gewisse Weise ein Gegenstück zur empiristischen darstellt. In der empiristischen Vorgehensweise sind es Erkenntnis*inhalte*, die ausfallen, in der intellektualistischen Betrachtungsweise ist es eine Erkennt-

28 Ich greife dieses Thema in der nächsten Vorlesung wieder auf.

nis*form*, die für Ausfälle verantwortlich gemacht wird. Im letzteren Fall werden Ursachen physiologischer Art durch Denk- oder Reflexionsstörungen ersetzt. In Goldsteins Deutung besteht die Tendenz, erst eine physiologische Ebene anzusetzen und darauf aufbauend eine psychologische. Dadurch wird das, was das Menschliche ausmacht (der Gebrauch des Symboles und des Zeichens), doch wieder als Überbau begriffen. Merleau-Ponty geht dagegen von einer mittleren Möglichkeit aus, die er »Existenz« nennt und die zu einer existentiellen Deutung führt.

Schema 11

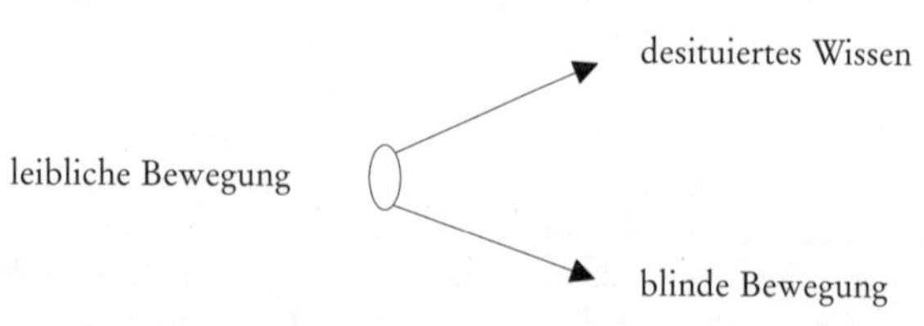

Existentielle Analyse: Desintegration des Verhaltens

Die Existenz liegt zwischen Physiologischem und Psychischem, so daß Greifen und Zeigen auch im Normalverhalten vielfach ineinander verzahnt sind. Die Krankheit besteht dann nicht in einem Rückfall auf eine animalische Stufe. Die Deutung der Krankheit als eines Zurückfallens findet man selbst in der zeitgenössischen Psychiatrie immer wieder: der Mensch wird zu einem Tier. Das ist völlig nicht-struktural gedacht, denn das hieße ja wiederum, ›da oben‹ fällt etwas weg oder der Lack der Kultur verschwindet, und dann kommt irgendwas von der Natur wieder heraus. Wenn man – wie Merleau-Ponty es tut – streng struktural denkt, so kann man auch nicht mit einem Unterbau und einem Überbau operieren, sondern muß mit einer »dritten Dimension«[29] rechnen, die weder rein physiologisch noch rein psychologisch wäre, und *darinnen* können dann Trennungen, Dissoziationen, Spaltungsprozesse auftreten, so daß das eine oder das andere sich ablöst in dieser oder jener Richtung. Ich erinnere noch einmal an Merleau-Pontys In-

29 Vgl. dazu *Phänomenologie in Frankreich* (1998), S. 148-150.

terpretation des Phantomglieds. Dieses läßt sich weder als eine Täuschung im Bewußtsein, als eine falsche Vorstellung (daß ich mir etwas vorstelle, was es gar nicht gibt) verstehen, noch läßt es sich rein physiologisch fassen in dem Sinne, daß bestimmte Nervenbahnen nicht funktionieren (plötzlich geht es ja), sondern es liegt eine Störung der Existenz vor: der Kranke oder der, der einen Verlust erlitten hat, lebt in innerer Spaltung zwischen dem, was er *jetzt* erlebt, und dem, was *früher* da war. Pathologische Folgen stellen sich erst dann ein, wenn sich der Verlust in der Weise verstärkt, daß die Gegenwart von der Vergangenheit, die einmal war, vollkommen überschattet ist. Erst dann entsteht eine Dissoziation. Im Normalfall spielen Vergangenheit, Zukunft und Gegenwart ineinander. Die Pathologie beginnt nicht damit, daß das eine fehlt, das andere aber da ist, sondern damit, daß im Gesamtverhalten die Akzente sich derart verschieben, daß ein Teil der eigenen Geschichte sich abspaltet und die Vergangenheit ein Übergewicht bekommt. Die leidende Person verliert darauf die Fähigkeit, auf Gegenwartsanforderungen in der gewünschten und geforderten Weise zu antworten.

Das Problem von Greifen und Zeigen wartet noch auf eine dritte Möglichkeit, die Merleau-Ponty ins Spiel bringt, um die Alternative einer empiristischen oder intellektualistischen Deutung zu vermeiden. In der empiristischen Deutung wird das Zeigen als visuelles und das Greifen als taktuelles Verhalten betrachtet. Die entsprechende Kausalanalyse erklärt die Störung beim Zeig-Greifversuch damit, daß bestimmte physiologische Bedingungen oder bestimmte Empfindungsdaten ausfallen. Die intellektualistische Deutung hinwiederum geht auf Goldstein zurück, der das Zeigen mit *bewußten* Akten, das Greifen mit *blinden* Körpermechanismen verbindet. Diese reflexive Analyse rekurriert auf bestimmte Bewußtseinsleistungen und zeigt von dorther ein bestimmtes Defizit auf.

4. Intentionalität der leiblichen Bewegung

6. Vorlesung vom 26. 11. 96

In Abgrenzung von der reflexiven und kausalen Analyse empfiehlt Merleau-Ponty als dritte Möglichkeit die »existentiale Analyse«. Oft wird Merleau-Ponty neben Sartre unter die Existenzphilosophen gezählt, aber er hat niemals einen eng gefaßten Existentialismus vertreten. Unter Existenz versteht er etwas Konkretes und Beziehungsreiches; Existenz ist für ihn ein dritter Term *zwischen* Physiologischem und Psychischem. Ausgehend von diesem Begriff der leiblichen Existenz vermeidet Merleau-Ponty den Dualismus von physiologischen Mechanismen und psychologischen Bewußtseinsvorgängen. Existenz ist somit eigentlich eine Explikation dessen, was bei Merleau-Ponty Leiblichkeit bedeutet.

Die Störungen des Patienten Schneider, der zwar jederzeit eine Mücke von seiner Nase *vertreiben*, nicht aber auf Aufforderung hin auf die Nase *zeigen* kann, bestimmt Merleau-Ponty als partielle Desintegration. Diese Erklärung verfährt nicht dualistisch, sondern geht ähnlich wie die von Kurt Goldstein davon aus, daß eine gewisse Dissoziation, eine Trennung der Funktionen auftritt. Schneider vermag die Hand zu bewegen, aber dieselbe Hand vermag nicht die verlangte symbolische Geste zu vollziehen. Hier sind bestimmte Funktionen dissoziiert und desintegriert, weshalb Merleau-Ponty von einem partiell desintegrierten Verhalten spricht. Wie ist diese Dissoziation zu beschreiben?

Den intellektualistischen Theorien wirft Merleau-Ponty vor, daß sie mit einem sehr alten Muster, nämlich mit einem *Schichtenmodell* arbeiten.[30] In diesem Modell gibt es ein Oben und ein Unten: traditionell gesagt sitzt oben die Vernunft und unten das Animalische. Erinnern wir uns an die Definition von Aristoteles in ihrer lateinisch überlieferten Form: der Mensch ist ein *animal rationale*, ein Lebewesen, das Vernunft hat. Dies kann auf verschiedene Weise interpretiert werden. Nach der intellektualistischen Theorie sieht es – etwas vergröbert – so aus, als gäbe es eine bestimmte Animalität, die wir mit den Tieren teilen, und beim Menschen käme von oben etwas noch *hinzu*, was das Tier nicht

30 Vgl. zum Schichtenmodell vom Autor: *Topographie des Fremden* (1997), S. 42, 68, 92.

hat: der Logos. Ich vereinfache hier, denn das Schichtenmodell ist insofern komplizierter, als die niedere Schicht in die höhere integriert ist. Logos kann Verschiedenes bedeuten: Bewußtsein, Planung, Sprache und ähnliche Momente. Die Krankheit würde aus intellektualistischer Sicht besagen, daß der Patient auf die frühere, animalische Stufe zurücksinkt. In dieser Beschreibung wird die Krankheit als rückläufige Entwicklung verstanden, sofern die Vernunft, die erforderlich ist, um bewußte oder symbolische Akte zu vollziehen, versagt und mit ihr die Verständigung, die Orientierung auf ein Ziel hin; erhalten bliebe die reine Gebärde, die wir auch beim Tier finden. Reflexe wären Vorgänge, die auch das Tier aufweist, die also nicht das spezifisch Menschliche ausmachen. Die Krankheit erscheint als Verschwinden bzw. Schwächung der Vernunft, und zurück bliebe das Animalische.

Gegen dieses Schichtenmodell führt Merleau-Ponty als Alternative ein Kreismodell ein; er spricht von einem intentionalen Bogen. Denkvorgänge und Bewegungsabläufe sind einander zugeordnet nicht im Sinne einer Schichtung, sondern im Sinne eines Kreislaufs, sofern die Vorstellung dessen, was ich erfahre, in die Bewegung selbst mit eingeht. Die Vorstellung dessen, was ich erfahre, ist immer auch schon durch die Bewegung mitbestimmt. Vorstellung und Bewegung, Merken und Wirken greifen in dem schon erwähnten Kreismodell ineinander. Es ist nicht so, daß ich zunächst etwas bemerke, und dann käme als zweiter Akt das Bewirken, das Tun hinzu, sondern das Merken, das sogenannte bloße Hinschauen ist selbst schon ein Tun. Hinschauen und Sehen bestehen nicht darin, daß bestimmte Reize eintreffen und dann eine Reaktion auslösen, sondern das Sehen setzt schon voraus, daß ich mich auf etwas einstelle, daß ich aufmerke und in diesem Sinne tätig werde.

Die Störung besteht nun laut Merleau-Ponty darin, daß diese beiden Funktionen im Sinne einer Desintegration auseinandertreten, so daß beide Momente auf gewisse Weise zwar erhalten bleiben, aber nicht mehr zusammenspielen. Beispiele einer solchen Desintegration wären die Farbnamenamnesie, die Unfähigkeit zu fiktivem Verhalten oder das gestörte Raumempfinden. Auf diese Beispiele gehe ich nun ein.

Die Farbnamenamnesie, der Verlust des Gedächtnisses von Farbnamen, bedeutet eine ganz bestimmte Sprachstörung. Der Betreffende reagiert zwar noch auf Farben, doch die Namensgebung der Farben hat sich sozusagen verselbständigt. Die Farbnamen sind

zwar noch da, der Patient kann ›rot‹, ›grün‹ sagen, doch er kann diese Wörter in der Situation nicht mehr wie gewohnt verwenden, obwohl er durchaus noch verschiedene Farben unterscheidet.
Das andere Beispiel von Goldstein habe ich schon erwähnt[31]. Goldstein schlägt dem Patienten vor, er solle eine militärische Grußgebärde vollziehen. Der Patient läßt sich auf diesen Vorschlag nicht ein, doch er sagt weder: »Ich bin körperlich dazu nicht in der Lage«, was ihm keiner glauben würde, noch sagt er: »Ich verstehe nicht, wovon die Rede ist«, das spräche für eine intellektuelle Störung. Schneider versteht, wovon die Rede ist, er verfügt auch über die physiologischen Mittel, die Grußgebärde auszuführen, und trotzdem sagt er: »Ich kann es nicht, kann nicht diesen Gruß vollziehen«. Goldstein interpretiert dies so, daß Schneider nicht in der Lage ist, sich in eine »Als-ob-Situation« zu versetzen. Ein bestimmtes Wissen auf der einen und eine bestimmte körperliche Fähigkeit auf der anderen Seite sind nicht mehr aufeinander abgestimmt, Wissen und Können treten als verschiedene Funktionen auseinander. Solche Beispiele zeigen, wieviel im Spiel ist, wenn wir einen fiktiven Gruß vollziehen. Der gespielte Gruß enthält eine gewisse Symbolik, ein angelerntes Verhalten, eine entsprechende körperliche Fähigkeit. Die Störung besteht nicht in einem Versagen des Intellekts oder einem Ausfall der Willensentschlossenheit, sondern darin, daß diese Momente auseinanderklaffen.
Ein anderes Beispiel stammt aus Minkowskis Phänomenologie des Raumes.[32] Eugène Minkowski war ein phänomenologisch geschulter polnischer Psychiater, der über Deutschland nach Frankreich emigrierte. Er führte ein Experiment mit einem schizophrenen und mit einem paralytischen Patienten durch. In diesem Experiment wird der jeweilige Patient gefragt, wo er sei. Die Reaktionen der Patienten klaffen diametral auseinander. Der Paralytiker zeigt wortlos auf den Ort, wo er gerade ist, er benutzt in seiner Antwort also nicht einmal die Sprache, denn im Sprechen würde er schon in Distanz zu sich selber gehen. Er scheint an seinen Ort festgenagelt und zeigt nur noch dorthin. – Der schizophrene Patient gibt ihm auf die Frage: »Wo sind Sie?« zur Antwort: »Ich weiß, wo ich bin, aber ich fühle mich nicht dort.« Diese Äußerung verrät eine Spaltung. Der Patient weiß

31 Siehe oben S. 134.
32 *Le temps vécu* (1968), S. 257, dt. Bd. II, S. 110.

genau, wo er ist, er könnte auch sagen: »Ich bin in Bochum im Stadtteil Querenburg«, er kann solche kontextfreien Angaben machen, aber das Wissen, das sich darin bekundet, verknüpft sich nicht mit dem Gefühl des Hierseins, es ist nicht eigentlich realisierbar. Auch dieses Beispiel zeigt, daß die Vernunft nicht schlechthin ausfällt, denn dem Patienten ist eine Orientierung möglich und er benutzt entsprechende sprachliche Ortsbestimmungen, aber diese Bestimmungen sind nicht verflochten mit der Lebensbewegung des Hierseins, des Dortseins und des Sichbewegens. Wegen eines solchen Moments der Spaltung spricht man auch von Schizo-phrenie.

Merleau-Ponty verallgemeinert diesen Gesichtspunkt: bei solchen Patienten ist das *Zusammenspiel* der verschiedenen Funktionen gestört. Im zuvor besprochenen intellektualistischen Modell werden Funktionen voneinander subtrahiert und zueinander addiert, wodurch die Störung als ›Fehlen von etwas‹ oder als ›Hinzukommen von etwas‹ interpretiert wird. Dieses Modell hat übrigens zur Folge, daß Tiere für dumm erklärt werden, sie werden als ›nur‹ tierisch charakterisiert. Was ist hier mit ›animalisch‹ gemeint? Wolfgang Köhler weist nach, daß das Verhalten selbst im tierischen Bereich feinere Nuancen aufweist. Die Rede vom Animalischen schlechthin ist eine grobe Vereinfachung, denn auch Tiere verhalten sich ›gescheiter‹ oder ›dümmer‹.[33]

Die Lösung, die Merleau-Ponty vorschlägt und die er mit der Vokabel »existentielle Analyse« versieht, zielt durch die Pathologien hindurch auf den Normalfall ab, auf eine leibliche Bewegung nämlich, die in eins »Bewegung und Bewußtsein der Bewegung« ist. Merleau-Ponty gewinnt auf anticartesianische Weise einen Bewegungsbegriff, der sich nicht aufteilt in eine Bewegung im Raum (die man beschreiben kann als Ortsbewegung oder als Qualitätsveränderung oder wie immer) und ein Bewußtsein von dieser Bewegung. Im cartesianischen Denken wird die bloße Bewegung stets verdoppelt durch jemanden, der davon *weiß* und etwas im Raum *bewirkt*. Darin ist von vornherein eine Spaltung angelegt. Dagegen setzt Merleau-Ponty eine leibliche Bewegung, die *in eins* Bewegung und Bewußtsein dieser Bewegung ist. Er spricht im Anschluß an deutsche Autoren auch von »motorischer

33 Vgl. dazu Wolfgang Köhlers Affenversuche und die entsprechende Auswertung durch Merleau-Ponty: SC 122-130, dt. 128-135.

Intentionalität« oder von »motorischer Bedeutung«, d.h. die Bewegung selber hat eine Bedeutung, eine Intentionalität, es gibt einen Bewegungsentwurf und eine Bewegungsintention.
Von diesen Störungen gibt es auch in der Literatur sehr eingängige Proben, etwa in einer sehr späten Geschichte von Samuel Beckett, die im Deutschen den Titel trägt: »Immer noch nicht mehr«.[34] Da sitzt jemand in einem gefängnisartigen Raum und beobachtet sich selber. In der Selbstbeobachtung tritt das Bewußtsein wie ein Monitor nach außen, und der Körper bewegt sich dazu im Raum. In dieser sehr kurzen, eindrücklichen Beschreibung erfährt man aus der Perspektive der Trennung das, was normalerweise zusammengeht. Der Protagonist beobachtet sich sehr genau – die Geschichte ist verfaßt in dieser typisch Beckettschen Kürze und Trockenheit – und befaßt sich so mit diesen merkwürdigen Spaltungsvorgängen, bei denen Graben und Grab einander berühren.
Merleau-Ponty faßt die Einheit von Motorik, Sensorik und Denken als leibliche Bewegung oder als intentionalen Bogen. Er greift auf den Begriff des Reflexbogens zurück und verwandelt ihn in einen intentionalen Bogen. In diesem Zusammenspiel greifen Sinne, Verstand und Motorik ineinander, und dieses Zusammenspiel führt dazu, daß wir uns in einer Welt bewegen. – Es gibt eine originäre Motorik, eine Bewegung, die nicht als Zweiheit von ›es bewegt sich‹ und ›ich weiß es‹ zu fassen ist, sondern als ›ich bewege mich‹. Schon Husserls Beschreibungen weisen ausdrücklich in diese Richtung, z.B. wenn Husserl – wie er es gerne tut – so einfache Sätze anführt wie ›ich bewege mich‹.[35] Von einer solchen Äußerung denkt keiner, sie sei sonderlich bemerkenswert, weil jeder so etwas irgendwann einmal sagt. Doch die Schwierigkeit liegt darin, zu *denken*, was dieses ›ich bewege mich‹ heißt, ohne auf einen Dualismus hineinzufallen! Es gibt ein ›ich kann‹, das von vornherein mit dem ›ich denke‹ verbunden und ihm nicht unterstellt ist.[36] Also nicht: ›ich denke *etwas*‹, ich bin ein Subjekt, ein Denkender der *etwas* denkt, sondern das Denken selbst ist ein ›ich kann‹, das Möglichkeiten und auch Unmöglichkeiten in sich schließt. Alles, was ich tue, bewegt sich bereits in einem Spielraum

34 S. Beckett, *Stirrings Still* (1988, dt. 1991).
35 Vgl. *Ideen* II (Hua IV), §§ 38, 60a; *Cartesianische Meditationen* (Hua I), S. 128.
36 Ebd. und PP 160, dt. 166.

von Möglichkeiten. Damit wird auch das *Denken als eine Bewegung* gedacht. Wir sagen ›Gedankengang‹ oder ›Gedankenbewegung‹ und meinen, das sei eine Metapher, aber eine Metapher wäre hier ziemlich unsinnig: soll das heißen, daß im Gehirn irgendwelche Bewegungen ablaufen? Das wären rein physiologische Vorgänge. Merleau-Ponty und Husserl geben zu verstehen, daß selbst das ›ich denke‹, also einer der Ausgangspunkte der Moderne, von vornherein mit einem Können, mit einer Bewegung, mit einem ›Sichumtun in der Welt‹ verbunden ist. Der Dualismus von Bewegung im Raum und Bewußtsein von der Bewegung wird auf diese Weise vermieden.

Bei Wittgenstein finden wir ähnliche Überlegungen, etwa in seinen *Philosophischen Untersuchungen*, wo er sich mit dem Willen herumschlägt und mit Handlungsbeschreibungen wie: »Ich hebe die Hand«, und »die Hand geht hoch«.[37] Auch beim Kran hebt sich der Hebelarm. Doch was unterscheidet die Handlung von der bloßen Bewegung eines Körpers? Bei der Handlung »ich hebe den Arm« muß noch etwas anderes hinzukommen, sonst könnte ich ja sagen: »Der Kran handelt«, wenn er hochgeht, oder: »Das Gras handelt«, wenn der Samen aufgeht. Wittgenstein beschreibt das sehr ironisch: man geht von einem defizitären Zustand aus, nicht etwa von der Bewegung eines Lebewesens, sondern von einer Bewegung, die auch mechanisch sein kann, und sagt dann: Ja, aber der Mensch hat *außerdem noch* ein Bewußtsein, denn er weiß zudem noch, was er dort tut, und will es.[38] Wittgensteins Beschreibungen hören sich manchmal an wie Science-fiction-Berichte, aber auch er zielt darauf hin, daß die leibliche Bewegung in sich selber bereits eine bestimmte Richtung hat und nicht darauf angewiesen ist, von außen auf ein Ziel ausgerichtet und einer Regel unterstellt zu werden. Denn auch Regelbefolgung bedeutet: ›etwas tun‹, und nicht: ›etwas geschieht und zudem wird eine Regel bewußt‹. Witt-

37 L. Wittgenstein, *Philosophische Untersuchungen*, § 614: »Wenn ich meinen Arm ›willkürlich‹ bewege, so bediene ich mich nicht eines Mittels, die Bewegung herbeizuführen. Auch mein Wunsch ist nicht ein solches Mittel.« – § 616: »Wenn ich meinen Arm hebe, so habe ich *nicht* gewünscht, er möge sich heben. Die willkürliche Handlung schließt diesen Wunsch aus. Man kann allerdings sagen: ›Ich hoffe, ich werde den Kreis fehlerlos zeichnen‹. Und damit drückt man einen Wunsch aus, die Hand möge sich so und so bewegen.«

38 Ebd., § 193 f.

gensteins Beschreibungen haben eine sehr enge Beziehung zur Phänomenologie der Leiblichkeit. Wittgenstein entfaltet von der Sprache her, was Merleau-Ponty aus der Analyse pathologischer Verhaltensweisen gewinnt.

Eine letzte Bemerkung dazu, wie schwer wir an unserer Tradition tragen, die diesen Dualismus mit sich schleppt. Ein Buch, das der chilenische Biologe Varela mit anderen Autoren verfaßt hat und das den Titel trägt: *The Embodied Mind*, ist in deutscher Version unter dem Titel *Der mittlere Weg der Erkenntnis* erschienen. Plausiblerweise hätte der Titel *Der verkörperte Geist* lauten können. Doch die deutsche Öffentlichkeit tut sich offenbar schwer damit, den Leibbegriff zu verwenden. Der Titel *The Embodied Mind* verdeutlicht, daß es hier um einen Geist geht, der dem Körper nicht einfach hinzugefügt wird, sondern der vielmehr selber verkörpert ist. Diesen Titel hätte auch Merleau-Ponty jederzeit verwenden können.

IV. Spontaneität und Gewohnheit

In der Rede von Gewöhnung und Gewohnheit steckt auch das Wohnen. Merleau-Ponty und Heidegger sprechen davon, daß wir in Raum und Zeit wohnen, daß wir die Welt bewohnen. Ein Einwand gegen diese Sprechweise könnte lauten, hier werde eine Metapher benutzt und nur so werde die leibliche Existenz mit einem partikulären menschlichen Verhalten oder Zustand in Zusammenhang gebracht. Doch demgegenüber müßte man *umgekehrt* fragen: Was bedeutet denn eigentlich Wohnen?

Fragen Sie einen Architekten, der eine normale Architektenausbildung durchlaufen hat, was Wohnen sei. Der Architekt wird Sie vielleicht auf irgendwelche Schemata und Skizzen hinweisen und sagen: dieses von mir entworfene Haus hat etwas mit Wohnen zu tun. – Fragen Sie sich selbst einmal, was Wohnen sei. Man kann das Wohnen nur ausgehend von einem leiblichen Sich-Bewegen und Bleiben im Raum beschreiben. Ohne diesen Bezug wäre das Häuserbauen einfach eine Herstellung von Schachteln. Oft ist es in der Architektur genau so: es werden Schachteln hergestellt, und man denkt, es wird schon jemand kommen und darin hausen. Eine gute Architektur geht jedoch von der Leiblichkeit des Wohnens aus. Es gibt eine ganze Reihe von Bemühungen, einen Begriff des Wohnens und Bauens auch im Zusammenhang mit der Phänomenologie zu entwickeln.[1] Auch von Heidegger gibt es einen bekannten Essay *Wohnen, Bauen, Denken*, der große Beachtung gefunden hat.[2] – Ich möchte mich hier lediglich gegen den Verdacht wehren, die Äußerung »Der Leib bewohnt die Zeit, den Raum« sei eine ›bloße‹ Metapher. Man müßte das Wohnen wörtlicher nehmen und es umgekehrt von der Leiblichkeit her denken, dann klänge diese Sprechweise nicht mehr nach einer bloß sekundären Bedeutungsübertragung von einem Bereich in den anderen.

Ausgehend von der Eigenbeweglichkeit des Leibes werde ich nun die Antithese von Spontaneität und Gewohnheit erläutern. Diese Antithese läuft nicht auf eine Synthese, nicht auf ein Reich der

1 Vgl. hierzu u. a. E. Führ, H. Friesen, A. Sommer (Hg.), *Architektur im Zwischenreich von Kunst und Alltag* (1997).

2 In: *Vorträge und Aufsätze* (1954).

Freiheit hinaus, wo Subjekt und Objekt, oder wie immer man es nennt, an sich und für sich zusammenkommen, sondern meine Überlegungen zielen in die Richtung einer Polarität von Spontaneität und Gewohnheit. Ich beginne mit einigen Theorien, die der Sache aus dem Weg gehen oder sie sehr einseitig deuten.

1. Rationalistische und empiristische Lerntheorien

Eine rationalistische Lerntheorie forciert das Moment des Wissens, indem sie davon ausgeht, daß beim Lernen Einsichten oder Ideen realisiert werden. Eine erworbene Einsicht oder Idee wird in die Tat umgesetzt bzw. das Wissen wird angewandt, es wird verwirklicht. Solche arglosen Bezugnahmen auf ein *angewandtes* oder *verwirklichtes* Wissen finden sich immer wieder. Sie tauchen z. B. in der praktischen Philosophie auf, gekoppelt mit der ungeduldigen Forderung nach einer anwendbaren Ethik. Der Ausdruck ›angewandte Ethik‹ macht stutzig; ich frage mich stets: Was bedeutet Ethik denn, *bevor* sie angewandt wird? Beinhaltet sie irgendeine Grammatik des Handelns? Kann eine Einsicht dem Handeln in dieser Weise vorausgehen, daß wir die Einsicht sodann nur noch anwenden müßten?

Die alte Schul- oder Lehrbuchweisheit *Non scholae sed vitae discimus*, »Wir lernen nicht für die Schule, sondern für das Leben« kann schön umgedreht werden in ein: *Scholae non vitae discimus*. Es fragt sich, ob hier nicht überhaupt eine Karikatur vorliegt, nämlich die Annahme, daß es ohne vorgängigen Logos, ohne gewonnene Einsicht kein verantwortliches Handeln gibt, sondern nur ein blindes Geschehen, das eigenen Trieben oder fremden Autoritäten folgt. In dieser Alternative zwischen Logos und Trieb zeigt sich erneut die dualistische Sichtweise: Triebhaftigkeit *oder* Abhängigkeit von einer Autorität. Und diese Blindheit der Triebe könnte hinwiederum nur überwunden werden, wenn man im eigentlichen Handeln einem bestimmten Logos, einer Vernunft folgt.

Der Einspruch gegen eine Theorie, die davon ausgeht, daß wir zuerst eine Einsicht haben, die wir dann umsetzen, ist schon sehr alt und findet sich bei Aristoteles in der *Nikomachischen Ethik*; dieser Text ist im Hinblick auf das Einüben von Handlungen immer noch einer der besten, wirkungskräftigsten. Es heißt dort: Man lernt *durch Tun* und nicht dadurch, daß man ein Wissen anwendet. Man lernt, *indem* man etwas tut. Aristoteles zeigt dies am Erlernen eines Musikinstruments: »Wie lernt man Kithara spielen? Man lernt Kitharaspielen durch Kitharaspielen.« Nach diesem einfachen Satz geht es weiter: »Und wie lernt man gerecht zu sein? Indem man gerecht handelt.«[3] In diesem Text wird zum ersten Mal – in einem gewissen Gegenzug zu Platon (wie berechtigt, das lasse ich dahingestellt) – ein Wissen artikuliert, das in sich selbst ein praktisches Wissen ist. Dieses Wissen wird im Handeln erworben und bewährt sich im Handeln. Aristoteles will ausschließen, daß man das praktische Wissen an das mathematische Wissen oder auch an das angleicht, was später Metaphysik genannt wird. Ein mathematisches Wissen, das von Axiomen und Definitionen ausgeht und Ableitungen vornimmt, kann ich auch ohne Lebenserfahrung erlangen. Deshalb ist, so Aristoteles, Mathematik ganz früh erlernbar, dazu braucht es nur eine gewisse Intelligenz und Wachheit, während Ethik und Politik nur mit der Zeit erlernt werden können, denn die hierbei erforderlichen Fertigkeiten fußen auf einer Lebens*erfahrung*. Damit stellt Aristoteles jede intellektualistische Sichtweise in Frage, die das Wissen unvermittelt an den Anfang rückt.

Das andere Extrem wäre die behavioristische Lerntheorie. Was heißt es, wenn wir sagen: »Wir lernen durch Tun«? Was heißt hier *Tun*? Im 20. Jahrhundert gibt es eine ganze Reihe von Theorien, die von einem Tun ausgehen, aber oftmals von einem sehr eng begrenzten Tun, nämlich von einem Verhalten im Sinne des *behavior*. Der Behaviorismus entwickelt eine Lerntheorie, die der rationalistischen oder intellektualistischen Theorie diametral entgegensteht.

Der Behaviorismus sucht in der Lerntheorie eine Brücke von dem, was er ein elementares Verhalten nennt, das mehr oder weniger angeboren ist, zum höheren Verhalten, das als komplexer bezeichnet wird. Man sollte ›Empirismus‹ nicht als ein Schimpfwort benutzen, sondern auf seine *Denkstruktur* achten. Im Empirismus gibt es einfache Elemente und eine Komplexion oder ein Aggregat aus einfachen Elementen. Was im Schichtenmodell als ›höheres‹ Verhalten bezeichnet wird, heißt im Empirismus ›komplexeres‹ Verhalten.

3 *Nik. Ethik*, II, 1.

Vom komplexeren Verhalten ist auch in den Computertheorien die Rede, wo es dann heißt, ein Witz sei natürlich komplexer als ›a = a‹. Doch ist die Komplexität nur Sache einer Addition von Faktoren? Als Alternative zum Modell einer Addition, bei der immer *mehr* Faktoren ins Spiel kommen, bietet sich die Annahme von Strukturveränderungen an. Die Behauptung, das Zeigen sei komplexer als das Greifen, ergibt keinen rechten Sinn, denn das Greifen ist – physiologisch gesehen – ebenfalls ein außerordentlich komplexer Vorgang. Das Zeigen als symbolische Geste hat eine *andere Struktur*, ein anderes Verhaltensniveau als das Greifen, und man kann nicht sagen: »Hier kommt noch etwas hinzu, es ist komplexer«. Zeigen ist etwas *anderes* als Greifen, das eine ist nicht mehr und das andere nicht weniger.

Im empiristischen Modell des Behaviorismus soll die Addition von Faktoren dazu dienen, eine Brücke vom elementaren Verhalten zum höheren oder komplexeren Verhalten zu schlagen. Diesen Zusammenhang hat der russische Physiologe Pawlow mit seiner Theorie der bedingten und unbedingten Reflexe entwickelt: unbedingte Reflexe sind solche, die man nicht erlernt. Der Augenlidreflex z. B. wird nicht wie die Sprache erlernt. Auch Reflexe wie Magensaftausscheiden sind physiologische Vorgänge. Das empiristische Theoriemodell verbindet solche unbedingten Reflexe mit bedingten und beschreibt die Verhaltensgewöhnung als Konditionierung.

Ich greife nur die wichtigsten Gegenargumente heraus.[4] Der Behaviorismus verwendet einen reduzierten Verhaltensbegriff und folgt einer empiristischen Denkweise. Im Hinblick auf das Lernen wird dies an zwei Reduktionsformen sichtbar.

1. Das Verhalten wird als eine *Abfolge von partikularen Reaktionen* gedacht, die zunächst *ohne innere Beziehung* auf ein Ziel oder auf eine Situation erfolgen. Indirekt wird hier wird das empiristische Modell von Hume wirksam, das davon ausgeht, daß eine Empfindung sich ohne Bezugnahme auf anderes bestimmen läßt: ein Rot ist, was es ist, ohne sich auf anderes zu beziehen.[5]

4 Ich kann das hier nicht im einzelnen durchleuchten – es gibt ja gründliche Kritiken an den Grundannahmen des Behaviorismus, schon bei Erwin Straus oder bei Merleau-Ponty in seinem frühen Werk *Die Struktur des Verhaltens.*

5 Siehe oben II, 3.

Dieser Atomisierung des Empfindungsmaterials entspricht eine Atomisierung des Verhaltens. Gemäß dieser Theorie besteht dieses zunächst aus einzelnen Reaktionen, die ohne innere Beziehung zueinander und, wie gesagt, auch ohne Beziehung auf ein Ziel oder eine Situation erfolgen. Situation und Ziel wären ja in der Lage, dem Verhalten eine gewisse Einheit zu verleihen. Denken wir an das, was dem Leib als Körperschema eine Einheit gibt, nämlich die Aufgabe, die man in einer Situation hat. Fehlt diese Aufgabe, so fällt das leibliche Geschehen auseinander in einzelne Mechanismen, die nur noch äußerlich miteinander verknüpft sind.

Wie gestaltet sich nun aus empiristischer Sicht das Lernen? Dieses Wunder geschieht so, daß nicht bloß Sinnesdaten, darunter Lust und Unlust herangezogen werden, sondern auch Lohn und Strafe. Es gehört ja auch zum ABC dieser Theorie, daß ich nicht nur Empfindungen wie rot, hart usw. habe, sondern auch Empfindungen wie bekömmlich, angenehm, unangenehm, schmerzhaft usw.

Die Konditionierung des Verhaltens geschieht nun dadurch, daß Lust und Unlust bzw. Lohn und Strafe als verhaltensverstärkende oder verhaltenshemmende Faktoren eingesetzt werden: ein Verhalten, das mit Angenehmem, mit Bonbons oder mit Lob versehen wird, wird verstärkt, ein anderes Verhalten wird ausgetilgt, indem man es mit unangenehmen Eindrücken oder mit Tadel verbindet. Das Lernen geschieht nach dem Modell *trial and error*, dem berühmten *Versuchs-und-Irrtums-Modell.* Das Lernen wird demgemäß so beschrieben: man tut etwas, schaut, was dabei herauskommt, verändert das Vorgehen, bis ein wünschenswerter Effekt erzielt ist. Es handelt sich um blinde Versuche, denn zunächst weiß ich als Handelnder nicht, was ich tue. Und Irrtum bedeutet Blindheit: ich irre mich immer wieder, und ich lerne derart, daß erfolglose Versuche ausscheiden. Wenn ich klug werde, dann durch Schaden.

2. Das zweite Charakteristikum einer behavioristischen Theorie betrifft den *Erfolg* des Lernens. Was heißt denn, daß ich etwas lerne, daß ich Erfolg habe beim Lernen? Der Erfolg wird definiert als bloße Übertragung der reflexionsauslösenden Kraft vom elementaren Verhalten auf komplexere Verhaltensweisen. Das Reflexogene, die reflexerzeugende, auslösende Kraft wird vom elementaren auf komplexeres Verhalten übertragen. Das berühmte Beispiel bei Pawlow ist der Hund, der auf Fleisch reagiert. Diese

Reaktion wäre der unbedingte Reflex, denn man muß sie dem Hund nicht beibringen. Als zweite Etappe des Versuchs folgt der bedingte Reflex: immer wenn der Glockenton ertönt, bekommt der Hund seine Speise. Am Ende reagiert der Hund auf den Glockenton, er freut sich auf das Essen und reagiert u. a. durch Magensaftausscheidung, weil er den Glockenton als mit dem Essen-bekommen verbunden kennt. Bei diesem bedingten Reflex kann es auch zu Störungen kommen, z. B. wenn die Glocke ertönt, aber das Fleisch dann *nicht* kommt. Zunächst einmal ist beides jedoch miteinander verbunden.

Bei diesem Konditionierungsversuch werden zwei Daten assoziiert, so daß das eine Datum stets verbunden mit dem anderen auftritt und der Hund lernt, daß der Glockenton ›Fleisch‹ bedeutet. Dieser Lernerfolg bedeutet eine bloße Anpassung. Der Experimentator lehrt den Hund, auf Glockentöne zu reagieren. Das behavioristische Lernmodell ist ein *Anpassungsmodell*: es wird nichts eigentlich Neues gelernt, sondern im Lernen passe ich mich an bestimmte Maßstäbe oder an bestimmte Gegebenheiten an, die schon vorausgesetzt sind.

Rationalistische und empiristische Lerntheorie bilden zwei Extreme. Bei der ersteren erwächst das Lernen primär aus einer Einsicht, die dann sekundär in Verhalten oder Bewegung umgesetzt wird. In der empiristischen oder behavioristischen Variante hinwiederum vollzieht sich das Lernen primär mittels blinder Mechanismen: es wird etwas gelernt, von dem man eigentlich gar nicht weiß, was es ist, und Können heißt nur, in der gewünschten Weise zu reagieren.

Doch wie kann ein Lernen gedacht werden ohne diese Dichotomie, die einerseits von einer äußeren Bestimmung durch Mechanismen ausgeht, andererseits von einer Überbestimmung durch Einsicht, die dem Tun vorauseilt?

Nun eine kleine wissenschaftshistorische Bemerkung zu Pawlow und zu Watson. Mit der Wissenschaftsgeschichte sollte man vorsichtig sein und nicht die Wissenschaften selbst kritisieren, wenn man die Wissenschafts*ideologie* meint. Pawlow war als Physiologe und Mediziner ein großer Forscher. Er war, was seinen weltanschaulichen Horizont oder die praktischen Perspektiven seiner Theorie angeht, bescheidener und behutsamer als viele andere. Warum ist er dann im sowjetischen Rußland zu einem Klassiker aufgerückt? Weil er als Kronzeuge dafür galt, daß durch Milieuänderung alles zu erreichen ist: jedes Verhalten schien ankonditionierbar. Aus diesem Grund fand Pawlow überall offene Türen, obwohl er selber viel zurückhaltender war als die Ideologie, die sich seiner bediente, und obwohl er nach der Oktober-Revolution den neuen Machthabern einigen Widerstand entgegensetzte.

Der viel primitivere Behaviorist, wenn ich das so sagen darf, war Watson in Amerika, der aus seinem Behaviorismus so etwas wie ein Weltbeglückungsprogramm gemacht hat.[6] Watsons Nachfolger Skinner hat dessen Theorie methodisch verfeinert, er war technisch versierter als Watson. Er hat kühne Utopien entworfen und es zu so schönen Resultaten gebracht wie: »When all relevant variables have been arranged, an organism will or will not respond. If it does not, it cannot. If it can, it will.«[7] Die Fugen zwischen Wünschen und Können sind wie in Huxleys *Brave New World* schön verputzt. Das ist eine Popularausgabe des Reichs der Freiheit. Pawlow sollte man jedoch von dieser degenerierten oder jedenfalls pragmatistisch verkürzten Sicht des Handelns ausnehmen.

Welche Einwände lassen sich gegen diese behavioristische Lerntheorie vorbringen? Es gibt durchaus einen Disput zwischen Wolfgang Köhler und Pawlow, der ebenfalls Köhlers Buch über die Schimpansenversuche gelesen hat[8], im folgenden behandle ich jedoch vor allem die Einwände von Köhler, Buytendijk und Erwin Straus gegen den behavioristischen bzw. konditionalistischen Ansatz. Der Grundeinwand lautet nicht, es gebe kein Lernen durch Versuch und Irrtum, denn natürlich gibt es das. Doch die Frage ist, ob ein solches Lernen den *Regelfall* darstellt, ob Lernen durchgängig auf diese Weise beschreibbar ist. – Eine ähnliche Frage stellt sich für isolierte Reize oder isolierte Reflexe, von denen Pawlow in seinen vielen Hundeversuchen ausgeht.[9] Isolierte Reflexe bzw. Reize lassen sich zwar unter bestimmten Laboratiumsbedingungen erzeugen, aber sie sind ein künstliches Produkt und nichts Anfängliches.

Der fragwürdige Kern des Empirismus liegt in der Behauptung,

6 Vgl. J. B. Watson, *Behaviorism* (1930, dt. 1968).

7 *Science and Human Behavior* (1965), S. 112.

8 Vgl. die »Antwort eines Physiologen an die Psychologen«, in: *Sämtliche Werke*, Bd. III/2, S. 427-429.

9 I. P. Pawlow, *Zur Physiologie des hypnotischen Zustandes beim Hund* (gemeinsam mit Dr. M. K. Petrowa), ebd., S. 388-398.

daß isolierte Reize am Anfang stehen und es erst nachträglich zu einer Komplikation, zu etwas Komplexerem kommt. Es wäre umgekehrt zu fragen: Wie kommt es überhaupt zu diesen isolierten, *bloßen* Reizen, die nichts miteinander zu tun haben? Autoren wie Köhler antworten darauf: Präzise voneinander isolierte Reize entstehen ausschließlich in einer Laboratoriumssituation, etwa bei den berühmten Rattenversuchen. Die Ratten haben bloß eine begrenzte Chance, intelligent zu handeln (man gebraucht den Begriff Intelligenz ja auch im tierischen Verhalten). In Fällen, wo Ratten eine Käfigtür öffnen müssen, um hinauszugelangen., ist der Mechanismus des Hebelverschlusses oftmals *gar nicht durchschaubar.* Diese Situation der Nicht-durchschaubarkeit gibt es für uns Menschen auch: die Situation, daß wir nur versuchen können, an einer verschlossenen Tür zu rütteln, die sich vielleicht irgendwann öffnet, und wir wissen nicht wie.

Der zweite Einwand gegen die behavioristische Lerntheorie lautet: Das Arrangement, das in solchen Tierversuchen getroffen wird, hat vielfach überhaupt keinen Bezug zum Leben der Tiere. Wenn beispielsweise das Futter mit einer schwarzen oder weißen Scheibe versehen wird, so stellt dies eine sehr künstliche Situation dar. Laboratoriumssituation bedeutet, daß das Tier aus seiner normalen Umwelt herausgelöst wird, da diese Laboratoriumsbedingungen dort gar nicht vorkommen. Die Laboratoriumssituation, in der isolierte Reize konstruiert werden, kann also nicht mit der Lebenssituation kurzgeschlossen werden. Es kann aus ihr nicht gefolgert werden, daß Tiere sich so verhalten und daß es bei Menschen ähnlich zugeht. Bestimmte Dissoziationen, in denen Reize isoliert werden, entstehen außerdem im Falle von Erkrankungen, und hier zeigen sich Parallelen zu künstlich im Labor erzeugten Verhaltensweisen.

Nehmen wir als Kontrast zu Pawlows Hunde- oder Rattenversuchen Köhlers Schimpansenversuche. Köhler hat die Schimpansen – man muß es vorsichtig sagen – in ein weniger künstliches Milieu versetzt.[10] Die Tiere könnten ja auch im freien Feld beobachtet werden, wie dies in der Ethologie praktiziert und heute durch technische Apparaturen wesentlich erleichtert wird. Doch Köhler hat einen Mittelweg beschritten, er hat versucht, ein weniger

10 W. Köhler, *Intelligenzprüfungen an Menschenaffen* (1917/18, Neudruck 1963).

künstliches Milieu zu schaffen, in dem die Affen die Möglichkeit behalten, ihre natürliche Fähigkeiten einzusetzen. Er unterscheidet hierbei zwischen törichten und guten Fehlern bzw. zwischen Zufallstreffern und Lernerfolgen. Es ist nicht die Frage, ob der Zufall überhaupt eine Rolle spielt, der Zufall spielt vielfach eine Rolle, große Entdeckungen verdanken sich oftmals dem Zufall. Es fragt sich nur, welche Rolle er spielt.

Köhler bringt das Beispiel des Bauens, bei dem die Schimpansen »törichte Fehler« begehen. Es handelt sich um die berühmten Bananen, die an der Decke hängen und die nun wirklich zur Lebenssituation des Affen gehören, da er sich von Bananen ernährt und sie von Bäumen pflückt. Würden am Baum irgendwelche Sokken hängen, so gäbe der Affe sich gewiß keine solche Mühe. Wie Köhler zeigt, nutzt der Affe die Möglichkeit, Kisten, auf denen er sitzt, aufeinanderzutürmen, um dadurch die hoch hängenden Bananen zu erreichen. Nicht nur mit Stäben, sondern auch durch Bauen kommt er also an die Bananen heran. Doch dieses Bauen gelingt dem Affen nur sehr begrenzt. Köhler spricht sehr schön von einer tierischen Physik. Diese wird überfordert, infolge der fehlenden Distanz zum eigenen Körper, die eine Statik überhaupt erst möglich macht.[11] Statik würde bedeuten: Kisten werden so aufeinander getürmt, daß die Teile fest aufeinanderpassen und ein haltbares Gefüge entsteht, so daß der Affe hochklettern kann. Die Affen türmen die Kisten jedoch kreuz und quer übereinander, so daß sie alsbald wieder auseinanderfallen und nicht aufeinander stehenbleiben. Es ist hier also tatsächlich ein gewisses Moment der Blindheit im Spiel, die Affen *schauen* nicht hin, ob die Statik stimmt, ob die Kisten genau aufeinander passen. Köhler erklärt dies – wie gesagt – damit, daß der Affe nur ein begrenztes Verhältnis zum eigenen Körper entwickelt und nicht die Distanz gewinnt, die wir benötigen, wenn wir etwas vor uns auf-bauen, etwas er-richten und dabei Stabilität verbürgende Vertikalen von labilen Schräglagen unterscheiden.

Auch beim Menschen gibt es blinde Versuche. Was tun wir, wenn wir ein kompliziertes Drahtgeflecht auflösen müssen? Sofern wir keinen erfolgversprechenden Weg erkennen, können wir es nur ausprobieren. Plötzlich haben wir Glück, und das Geflecht oder die Schlinge löst sich. – Ähnliches ereignet sich in sehr kompli-

11 Vgl. hierzu M. Merleau-Ponty SC 122-130, dt. 128-135.

zierten Universitätsgebäuden, in denen die Orientierung erschwert ist. Als ich hier nach Bochum kam, fühlte ich mich etwas wie eine Ratte in einem Käfig, ich kannte das System nicht, wußte nicht, wo GA und GB ist, wußte nicht, daß man im Süden tiefer fahren kann als im Norden, weil das Gebäude auf einen Hang gebaut ist – was man natürlich mit der Zeit lernt. Doch wer betritt schon mit einem ausführlichen Gebäudeplan die Universität? Auch in alltäglichen Situationen können wir also in Schwierigkeiten kommen, so daß wir durch *trial and error* erlernen, uns in der Situation zurechtzufinden. Manche Situationen sind harmlos, da sie durch Lernen zu meistern sind, aber es gibt schwierigere, bei denen auch der Mensch nicht recht über das Stadium des Ausprobierens hinausgelangt. Selbst der Umgang mit Rechnern kann etwas Unberechenbares haben, wie der Büroalltag zeigt.

Doch was hat man gelernt, wenn man beim *trial and error* Erfolg hat und das Drahtgewirr durch Glück entwirrt? Das ist doch kein Lernerfolg! Man hat nichts gelernt dabei, sondern Glück gehabt und dadurch die Lösung gefunden. Dieses Finden ist kein Lernen, sondern ein Glücksfund. Beim nächsten Mal ist man nicht besser dran. Aristoteles gibt schöne Beispiele für den Zufallsfund: ein Bauer findet auf seinem Acker beim Pflügen zufällig einen Schatz, da hat er Glück gehabt. Hätte er hingegen sein Leben darauf abgestellt, einen solchen Schatz zu finden und all seine Äcker auf einen Schatz hin durchpflügt, so hätte er damit sein Leben ruiniert. Sein Glücksfund war nicht erlernbar; Glück ist nicht erlernbar, sondern genau das, was einen trifft. Die Griechen sprechen von τύχη (was mir zustößt), das kann eine εὐτυχία oder eine ἀτυχία (ein glücklicher oder ein unglücklicher Umstand) sein, aber erlernbar ist das Glück ebensowenig wie das Unglück. In vielen Lebenssituationen sind wir solchen Glücksfällen ausgeliefert, und sogar die wichtigsten Dinge im Leben haben etwas mit Glücksfunden zu tun, die von den Griechen ἕρμαιον genannt und also dem Hermes zugeschrieben wurden. Doch das blinde Herumtappen, *trial und error*, ist alles andere als ein Lernen.

Ein weiteres Beispiel für blindes Lernen wäre das mechanische Lernen, ein blindes Auswendiglernen, das auch Kinder schon fertigbringen. Kinder können Wörter auswendig nachsprechen, ohne schon zu wissen, was sie damit sagen. Das Auswendiglernen war früher in der Schule äußerst üblich, doch die Pädagogen haben vieles abgeschafft, was durchaus Nebenerfolge erbrachte. Auf der semantischen Ebene kann man etwas ›blind‹ auswendig lernen, aber Gedichte oder Formeln haben ja auch nicht-semantische Aspekte, z. B. in Gestalt von Sprachrhythmen. Wenn Wiegenlieder vorgesungen wurden, so hat man gewiß nicht gedacht, daß das Kind das Lied versteht, doch der Satzrhythmus hat eine Kraft, die nicht mit der Bedeutung der Wörter zusammenfällt, aber auch nicht einfach sinnlos ist. ›Blind‹ auswendig lernen hieße dann, daß alles Prä-semantische verschwände und nur noch ein Mechanismus übrigbliebe. Doch vieles im Lernen bewegt sich unterhalb der Stufe der Semantik, so im Falle dichterischer Sprachklänge, aber auch bei Beschwörungsformeln oder eben bei Wiegenliedern und *nursery rimes*.

Noch einmal zurück zur Verteidigung der Tiere: selbst Tiere reagieren durchaus auf Sprachklänge. Hunde sind fähig zu hören, daß man von etwas spricht, was sie angeht, sie reagieren auf den Sprachrhythmus und auf Schlüssellaute, darunter der Name. Es gibt außerdem den berühmten Zauberkünstler, dessen Pferd auf Zahlen reagiert und auf diese Weise rechnet. Das Pferd reagiert natürlich nicht auf Zahlen, es verfügt über keine Arithmetik, aber es reagiert sehr subtil auf die Bewegungen des Dompteurs und verständigt sich mit ihm auf einer vorsprachlichen Ebene; diese Verständigung nimmt bei Haustieren, wo es zu einem engen Zusammenleben von Mensch und Tier kommt, oft geradezu die Form einer Symbiose an.

Ein letztes Beispiel mag noch einmal den Unterschied zwischen Zufallslernen und einsichtigem Lernen verdeutlichen. Merleau-Ponty berichtet in seinem Buch *Die Struktur des Verhaltens* von einem einfachen Versuch mit Kindern. Vor dem Kind werden eine Reihe von Schachteln aufgebaut, in denen es eine Süßigkeit suchen soll: »Setzt man einem Kind acht immer weiter entfernte Schachteln vor und legt man der Reihe nach – ohne daß das Kind es sieht – zuerst in die erste, dann in die zweite, dann in die dritte usf. ein Stück Schokolade, so sucht das Kind nach dem zweiten Versuch systematisch das Ziel nicht in der Schachtel, in der es unmittelbar vorher zu finden war, sondern in der nächstfolgenden. Niedere Affen scheitern hier.«[12] Das Kind sucht die Süßigkeit spontan zunächst dort, wo sie *vorher* auch schon war, doch dort findet es sie nicht. Es sucht weiter und findet sie »in der nächsten«

12 Merleau-Ponty, SC 118, dt. 124.

Schachtel. Das Kind probiert noch einmal, wieder ist die Süßigkeit »in der nächsten Schachtel«. Es entdeckt und lernt die Regel, die ganz einfach lautet: »Die Süßigkeit ist immer in der nächsten Schachtel versteckt«. Sobald die Kinder das wissen, haben sie keine Schwierigkeiten mehr; sie gehen immer zur nächsten Schachtel und suchen die Süßigkeit nicht mehr dort, wo sie vorher war. Interessanterweise entdecken Kinder diese Regel relativ schnell, doch Affen gelingt dies nicht. Affen gehen immer wieder und unbeirrbar dorthin, wo die Süßigkeit vorher schon einmal war. Was wird hier gelernt? Das Kind erlernt nicht materiale Eigenschaften oder empirische Ortsbestimmungen im Sinne der Annahme: »Wenn die Süßigkeit jetzt hier ist, wird sie wohl beim nächsten Mal auch dort sein«, sondern es erlernt eine gewisse Struktur. Es muß lernen zu variieren, gerade darin besteht das eigentliche Lernen. Dieses elementare Beispiel zeigt, wie eine Ordnung zustande kommt. Für uns Erwachsene ist das eine ganz simple Sache, wenn man es einmal weiß, und interessant ist, daß die Affen daran scheitern. Köhler zeigt an solchen Beispielen, daß die Strukturierungsleistungen bei Kindern und bei Affen verschieden ablaufen. Die Frage ist, wieweit sich der Lernende von der Situation lösen kann, wieweit er sie zu variieren vermag. Die Regel »immer zum nächsten gehen« bedeutet beim Süßigkeitsversuch, daß immer schon eine andere Situation mitbedacht wird. Daraus ergibt sich ein größeres Möglichkeitsfeld als in dem Falle, wo ich etwas immer dort suche, wo es vorher schon war. In diesen Beispielen wird das Lernen selber differenziert, und zwar nicht im Sinne eines Entweder-oder: *entweder* lerne ich aufgrund von Regeln *oder* durch Zufall, sondern im Sinne wechselnder Schattierungen.

Was die verschiedenen Lerntheorien angeht, so schlägt heute das Pendel eher wieder in Richtung des Intellektualismus oder Rationalismus um; es werden genetische Programme oder überhaupt Programme für alles verantwortlich gemacht. Dieser intellektualistische Umschlag begann mit der Linguistik von Chomsky, der den Behavioristen eins ausgewischt hat, und davon haben sich die Behavioristen nie mehr erholt. Chomsky wies ganz einfach darauf hin, daß es Sprachregeln gibt und daß diese Sprachregeln festlegen, was richtig und was falsch ist. Der Regelbestand selbst hat nichts zu tun mit der Häufigkeit von auftretenden oder nicht auftretenden Ereignissen. Chomsky ist dann noch einen Schritt weitergegangen und hat seinen Regelfund mit einem ganz und gar cartesianischen Angeborenheitsmodell unterbaut.[13] Er behauptet, die eigentlichen sprachlichen Strukturen seien angeboren, wodurch Kompetenz und Performanz nur noch eine Ausführung dieses Regelbestands darstellen. Hier wären wir wieder bei einem rationalistischen Modell angelangt: Performanz wird reduziert auf eine Ausübung nach Regeln, und die Regeln sind vorgeschaltet. Dieses Modell war sehr attraktiv für gewisse kognitivistische Computerprogramme, denn die Programmierung ist in diesem Falle keine Einsicht, die man gewinnt, wenn ein neuer Aspekt ›aufleuchtet‹ oder Aha-Erlebnisse sich einstellen, sondern die Einsicht ist in ihren Grundzügen vorprogrammiert. In den Computermodellen gibt es eine bemerkenswerte Einseitigkeit. Wenn wir den Rundfunk anschalten, Wissenschaftsberichte verfolgen oder Zeitungen lesen, so zeigt sich dies schon in bestimmten Arten der Beschreibung. Vom Legastheniker, der Schwächen beim Wiedererkennen von Buchstaben, beim Schreiben oder Lesen hat, heißt es dann, bei ihm seien im Gehirn eben bestimmte Neuronenverbindungen geschwächt oder nicht recht entwickelt. Der Vorgang des Lesens und Schreibens wird im Rückgriff auf Programmier-Modelle beschrieben. Das konnektionistische Modell rekurriert z.B. auf Verbindungsmodelle, gemäß derer das Gehirn wie eine Telephonanlage funktioniert. Doch selbst neurologische Ausführungen sind nur zu verstehen, wenn wir zuvor wissen, was Farben, was Töne sind. Wenn wir lesen: »Farben entstehen durch gewisse Neuronenverbindungen«, so könnten wir dies überhaupt nicht verstehen, wüßten wir nicht schon, was Farben sind. In der Computersprache als einer völlig formalen Sprache ist die Alltagserfahrung mit ihren offenen Bedeutungen immer schon stillschweigend vorausgesetzt.

Wichtig ist, wo hier die Phänomenologie ihren Platz findet. Manchmal wird sie als Beschreibung von Oberflächenphänomenen charakterisiert in der Annahme, es werde erst richtig ernst,

13 Vgl. N. Chomsky, *Cartesianische Linguistik* (1971). Zu den Grenzen formalistischer Sprachmodelle vgl. Hans Hörmann, *Meinen und Verstehen* (1978), ein Buch, das in der besten Bühlerschen Tradition verfaßt ist und sich weigert, das Sprachphänomen in der Abfolge von Sprachmodellen aufgehen zu lassen. Von daher ergeben sich fruchtbare Bezüge zu Merleau-Pontys Theorie einer leibhaftigen Sprache. Hans Hörmann lehrte bis zu seinem Tod in Bochum.

wenn die Neurologen kommen. Das ist unsinnig. Lesen Sie dazu Platons *Phaidon*, wo Sokrates sich zum Problem der Ursachenforschung äußert.[14] Sokrates fragt sich: »Warum sitze ich hier im Gefängnis?« Er floh bekanntlich nicht, obwohl er es gekonnt hätte, und er fordert die Mitunterredner auf: »Jetzt erklärt mir mal, warum ich hier sitze«. Ein Physiologe aus der damaligen Zeit könnte nun die Erklärung abgeben: »Sokrates sitzt hier, weil seine Beinmuskeln, seine Sehnen nicht angespannt sind.« Sokrates sagt hierzu: »Gut, das stimmt, ohne die Beinmuskeln könnte ich hier tatsächlich nicht sitzen, dazu brauche ich meinen physiologisch funktionierenden Körper, aber die Frage, warum ich hier sitzen bleibe, ist eine ganz andere Frage. Denn ich sitze hier, weil ich es für besser halte, den Gesetzen zu folgen statt zu fliehen.«[15] Hier bringt Sokrates das Gute ins Spiel, ein Worumwillen seines Handelns. Ohne dieses Worumwillen einer Handlung ist nicht erklärt, warum ich etwas tue, warum ich hier sitze. Im *Phaidon* findet sich eine Formulierung, die die Sache bis heute noch trifft, Sokrates sagt dort: die physiologischen Vorgänge sind das *sine qua non*, auf Griechisch das ἄνευ οὗ οὐκ, »ohne das es nicht geht«.[16] Es gibt notwendige Bedingungen für die Realisierung des Sitzens und des im Gefängnis Bleibens, aber dieses *sine qua non* ist weder eine adäquate Erklärung noch eine adäquate Beschreibung dafür, was es heißt, im Gefängnis sitzen zu bleiben. Wenn wir auf einem Photo sähen, wie Sokrates im Gefängnis sitzt, so könnten wir nicht sagen: er blieb im Gefängnis und floh nicht. So etwas können wir nur

14 *Phaidon* 98 c: »Und mich dünkte, es sei ihm so gegangen, als wenn jemand zuerst sagte, Sokrates tut alles, was er tut, mit Vernunft, dann aber, wenn er sich daranmachte, die Gründe anzuführen von jeglichem, was ich tue, dann sagen wollte, zuerst daß ich jetzt deswegen hier säße, weil mein Leib aus Knochen und Sehnen besteht, und die Knochen sind dicht und durch Gelenke voneinander geschieden, die Sehnen aber so eingerichtet, daß sie angezogen und nachgelassen werden können, und die Knochen umgeben nebst dem Fleisch und der Haut, welche sie zusammenhält.« (Üb. Schleiermacher)

15 »Denn beim Hunde, schon lange, glaube ich wenigstens, wären diese Sehnen und Knochen in Megara oder bei den Böotiern durch die Vorstellung des Besseren in Bewegung gesetzt, hätte ich es nicht für gerechter und schöner gehalten, lieber, als daß ich fliehen und davongehen sollte, dem Staate die Strafe zu büßen, die er verordnet.« (*Phaidon* 98 e – 99 a)

16 Ebd. 99 b.

sagen, wenn wir die Handlungssituation kennen. Die rein physiologische oder sogar die visuelle Beschreibung dessen, was zu sehen ist, erfaßt noch nicht die Handlungssituation.

Dieser Einwand richtet sich auch gegen neurologische Modelle, obwohl diese mittlerweile einen ungeheuren Anspruch haben und auch ungleich differenzierter sind als die alten physiologischen Modelle zu Zeiten von Sokrates oder Descartes. Doch auch hier stellt sich die Frage, ob nicht vielfach bloß notwendige Bedingungen angegeben werden, die zur Realisierung beitragen, aber immer voraussetzen, daß ich schon erfahren habe, was Schmerz, was Rot ist, die kurz gesagt eine Alltagserfahrung voraussetzen.

Eine letzte Bemerkung zur Doppelheit von Vernunft und Lebewesen im Rahmen eines Schichtenmodells. Das Schichtenmodell mutet altmodisch an, so als ob wir es längst hinter uns gelassen hätten. Dennoch spielt es eine massive Rolle in der Erörterung der Frage, wie man den Tod definiert. Die neuerliche Rede vom ›Gehirntod‹ bezieht sich auf ein Aussetzen des Gehirns und nicht mehr auf das Sterben eines Menschen. Sie tönt wie eine physiologische Parodie auf die alte griechische Lehre, daß ein Lebewesen Vernunft, einen Logos und nun eben »ein Gehirn hat«. Sie schneidet ins Fleisch des Lebens: es gibt da irgendwelche Körperglieder, die noch zucken, es gibt das noch warme fließende Blut, aber da oben, im Gehirn ist die Befehlsstelle geschlossen, das Gehirn ist tot, also können wir Organe entnehmen. Wie immer das Problem der Organentnahme entschieden wird, es ist schon bezeichnend, wie darüber debattiert wird. Es werden Experten, unter anderem auch Philosophen geholt und gefragt: Wann ist jemand tot? – Würde über dieses Thema wirklich ernsthaft philosophiert, so müßte darüber nachgedacht werden: Wer *ist* eigentlich der Mensch mit seiner Leiblichkeit und Sterblichkeit? Was *bedeutet* Leiblichkeit, kann ein solcher Schnitt zwischen bewußten und anderen, rein physiologischen Prozessen gezogen werden?

Eine weitere Folge der Abtrennung einer Befehlsinstanz ›Gehirn‹ vom übrigen Körper wäre die Annahme, daß Gestörte, die nicht recht bei Verstand sind, eigentlich gar keine Menschen sind, weil wiederum die ›eigentlich menschliche‹ Befehlsinstanz ausfällt. Die gegenteilige Sichtweise, die ich hier zu skizzieren versuche, vermeidet derartig rigorose Einschnitte, mit denen Experten sich nicht selten zu Lebensrichtern aufwerfen. Mongoloide Menschen z. B., die so leichthin den ›Schwach-sinnigen‹ zugerechnet werden, sind ja nicht solche, die einfach weniger Verstand haben, sondern sie zeigen vielfach eine überstarke Affektivität, von der viele sogenannte Normale einiges lernen könnten. Die Einseitigkeit besteht darin, daß wir sagen: »Es fehlt an Verstand, das bedeutet einen Defekt.« Doch wenn bei uns im normalen Alltagsleben jemand überhaupt keine Gefühle zeigt, so wird das vielfach nicht als Defekt empfunden und auch nicht kritisiert. Cool sein gilt geradezu als normal. In die alltägliche Klassifikation von Menschen fließen die Präferenzen unserer Kultur mit ein. Im Bereich der Krankheit, wo es um Leben und Tod geht, müßte vieles zumindest im philosophischen Bereich neu diskutiert werden. Die diversen Kommissionen sind darin überfordert; man sollte Kommissionen sehr pragmatisch ansehen, nicht als Wahrheitsfindungsgremien, sondern betraut mit der Frage, wie unter Abwägung aller Umstände vorzugehen sei.

Meine letzte Bemerkung gilt dem Thema Bewegung, zu welchem die Phänomenologie sehr viel beizutragen hat. Dem Erkenntnisbereich wird zugestanden, daß die Wahrnehmung eine eigene Bedeutung hat, weil sich die Welt in der Wahrnehmung strukturiert und Gestalt annimmt, noch bevor Urteile und Stellungnahmen erfolgen. Im Handeln gibt es jedoch ähnliches: das Bewegen ist kein Unterbau, der bloß das Bewegungsmaterial für das Handeln liefert, sondern in der Bewegung bereitet sich das Handeln schon vor. Im Zusammenhang mit der Freiheit werde ich darauf zurückkommen: auch freiheitliches und ethisches Handeln läßt sich zunächst einmal in Form von Bewegungen beschreiben, sonst gerät man immer wieder in die dualistischen Spiele einer innerlich konzipierten Freiheit, die an äußerliche Abläufe gekoppelt ist.

2. Gewöhnung als Einverleibung von Strukturen

Ich komme nun wieder auf eine mittlere Möglichkeit zu sprechen, die jene einseitige Betonung von Einsicht oder Mechanismus vermeidet. Zwei zentrale Momente zeichnen das Lernen im Kontrast zu den erwähnten Modellen aus: das Lernen bedeutet 1. einen Erwerb *genereller Fähigkeiten*, also keine bloße Abrichtung auf Einzelaktionen, die sich lediglich dadurch auszeichnen, daß sie immer wieder auftreten. Ein Erwerb genereller Fähigkeiten bedeutet, daß wir in die Lage versetzt werden, auf typische Situationen, die nicht materialiter identisch sind, mit variablen Mitteln zu antworten, also nicht immer wieder dasselbe zu tun und uns dies langsam einzuprägen. Dem Modell *trial und error*, das von einer punktuellen Fähigkeit ausgeht, wird mithin eine generelle Fähigkeit entgegengestellt, in der eine Verallgemeinerung erreicht wird, denn Lernen bedeutet stets eine Ausbildung *allgemeiner* Strukturen.

2. Lernen besagt immer auch eine *Neuschöpfung*. Im Lernen ändert sich die Welt, sie nimmt eine andere Bedeutung an. Denn Lernen bedeutet keine bloße Anpassung an eine Welt, die schon fertig da ist oder von Anderen für mich produziert wurde, sondern das Lernen selber enthält ein Moment des Schöpferischen, zumindest unter gewissen Bedingungen. Dieses Lernen als Erwerb und als Ausübung von Gewohnheiten läßt sich also weder auf die intellektuelle Ebene der Ideen noch auf die mechanische Ebene von Reizen und Reizkomplexen verlegen.

An einem einfachen Beispiel läßt sich zeigen, was diese generelle Fähigkeit bedeutet. Ein Orgelspieler setzt sich an eine ihm unbekannte Orgel, um sie für ein Konzert einzuspielen. Wie tut er dies? Gewiß nicht, indem er nun alle Tasten und Pedale Punkt für Punkt durchgeht und alle Abweichungen notiert. Beim Einspielen wird nicht Punkt für Punkt das alte Modell durch ein anderes ersetzt, der Orgelspieler verschafft sich keine komplette Vorstellung vom neuen Instrument; würde er versuchen, die neue Orgel bis in alle Einzelheiten zu studieren, würde das Einspielen sehr lange dauern! Der Orgelspieler setzt sich beim Einspielen der Orgel »auf die Bank, bedient die Pedale, zieht die Register, nimmt dem Instrument mit seinem Leibe Maß, verleibt sich Richtung und Dimensionen ein, er richtet sich an der Orgel ein, wie man in einem Hause sich einrichtet.«[17] – Wenn wir uns in einem Haus orientieren, so prüfen wir auch nicht alle Einzelheiten, sondern orientieren uns an typischen Teilbereichen wie Küche, Bad, Gästezimmer etc. Ähnlich orientiert sich der Orgelspieler, wenn er die Register und Pedale abtastet und so eine erlernte Struktur unter neuen Bedingungen reaktiviert.

Das Orgelspielen und überhaupt das Musizieren ist etwas sehr

17 PP 170, dt. 175.

Kompliziertes, Vielschichtiges. Es gibt die Partitur auf dem Papier, es gibt die erklingende, ertönende Musik, die das Auditorium zu hören bekommt. Dazwischen schiebt sich der Leib und das Instrument, von denen Merleau-Ponty sagt, sie seien ein *lieu de passage*, ein Durchgangsort; denn Leib und Instrument sind aufeinander abgestimmt, sie sind der Durchgangsort von der Partitur, die dort auf dem Notenpult liegt, zur Musik, die im Saal erklingt.

Lernen bedeutet also ein Erlernen bestimmter Strukturen, das Erlernen eines Zusammenhangs und nicht das An-dressieren von Einzelheiten Schritt für Schritt.

Ein anderes Beispiel für das Erlernen des Körperschemas wäre die Frau mit Hut, die nicht weiß, ob sie durch die Tür kommt. Früher gab es ja noch ungeheure Hutaufsätze, mit denen man Schwierigkeiten hatte, durch die Tür zu kommen. – Auch der Lastwagenfahrer weiß im allgemeinen, wo er mit seinem schweren Lastwagen durchkommt und wo nicht, er hat ein Breitegefühl für sein Auto, eine Orientierung im Raum. Woher weiß er das? Er lernt es, eine bestimmte Breite abzuschätzen, ohne nachmessen zu müssen, indem er mit seinem Fahrgerät zusammenarbeitet.

Ein anderes Beispiel ist der berühmte Blindenstock, wo die Augen sozusagen im Stock, am Ende des Stocks sind, wo der Blindenstock den Körper des Blinden verlängert und eine Orientierung unmittelbar durch das Bedienen des Instruments erfolgt: auch hier verbindet sich der Körper mit einem Instrument. Hierher gehört die berühmte Definition des Werkzeugs als eines erweiterten Leibes, die sich schon bei Marx findet.[18]

Ein weiteres Beispiel findet sich bei Valéry, es betrifft das Gehen: »Niemand könnte gehen lernen, wenn er, um zu gehen, sich alle Bestandteile auch nur des geringsten Schrittes in Form von klaren Ideen vorstellen und über sie verfügen müßte.«[19] – Stellen wir uns ein programmiertes Gehen vor: das Programm müßte alle Einzelbewegungen berücksichtigen. Überlegen wir uns, *was* wir gelernt haben, als wir gehen lernten, wir wissen sicher auch heute noch sehr wenig über unsere eigene Physiologie, außer wir haben uns

18 Vgl. hierzu vom Verf.: »Die Reichweite der Technik«, in: *Der Stachel des Fremden* (1990). Ich versuche dort allerdings zu zeigen, daß die moderne Technologie über die erwähnte Definition weit hinausführt.

19 P. Valéry, *Œuvres*, Bd. 1 (1957), S. 1365. Vgl. hierzu von I. Kohler die detaillierte psychophysiologische Beschreibung einer Kopfbewegung im *Handbuch der Psychologie*, Bd. I/1 (Thomae 1966), S. 167f.

damit ausdrücklich befaßt. Das Gehen erwächst aus einem Zusammenspiel von Einzelheiten. Bestimmte markante Momente, so etwa: wie man auftritt, welches Tempo man anschlägt oder welchem Rhythmus man folgt, sind aufeinander abgestimmt. Das Gehen als Vorgang läßt sich nicht in einzelne Momente auflösen wie bei einem programmierten Apparat, zumindest bei traditionell programmierten Apparaten, bei denen man dem Computer noch nicht einfach sagen kann: »Mach es *ungefähr* so!«

Wird nun das Lernen als Erwerb genereller Fähigkeiten gefaßt, als Fähigkeit, sich auf neue Situationen einzustellen, so stellt sich die Frage, *wo* dieses Wissen denn lokalisiert ist? Dieses Wissen läßt sich auf gewisse Weise auflisten. Wird der Orgelspieler nach seinem Instrument gefragt, so kann er natürlich sagen: »Es gibt die und die Register«. Aber *wo* befindet sich dies Wissen des Orgelspielers? Die Antwort kann nur lauten: Dieses Wissen steckt in den Händen oder in den Füßen, es ist im Leib inkorporiert. Der Leib ist geradezu der Inbegriff dessen, was ›ich kann‹, ohne daß ich es mir ausdrücklich vorstellen *muß*, und teilweise auch, ohne daß ich es mir ausdrücklich vorstellen *kann*.

Wenn Sie auf einer Schreibmaschine schreiben können und nun aufgefordert werden, hier an der Wandtafel die Tastatur aufzuzeichnen, so gelänge dies wahrscheinlich nicht vielen von Ihnen. Manche verfügen zwar über ein eidetisches Gedächtnis, aber in der Regel gelingt dies nicht. Doch wenn Sie sich vor die Tastatur setzen, so fangen Sie ohne weiteres, ohne vorher die Tastatur zu untersuchen, zu schreiben an. Dieses inkorporierte Wissen läßt sich nur begrenzt explizit machen und in Worte fassen. Michael Polanyi spricht deshalb von einem *tacit knowledge*. Wir wissen zwar, es sind 24 Buchstaben auf der Tastatur, aber wir haben nur ein ungefähres Tableau vor uns, an dem wir uns orientieren, denn es sind die Finger selbst, die sich im Schreibraum zurechtfinden. Wenn jemand findig ist, dann unser Leib. Müßte jemand jeden Buchstaben umständlich auf der Tastatur suchen, so würde er schwerlich von sich behaupten wollen, er könne tippen.

Daß das Erlernte ein inkorporiertes Wissen ist, gilt auch für den Spracherwerb und für das Sprechen. Müßten wir bei jedem Satz überlegen, welche Regeln gelten, so würden wir bald nicht mehr sprechen. Eine Sprache flüssig sprechen heißt, daß die Regeln nur in Situationen auffallen, wo es Schwierigkeiten gibt. Und Schwierigkeiten gibt es in der eigenen Sprache ebenso wie in der Fremdsprache. Doch eine Sprache oder eine Fremdsprache sprechen lernen, heißt ja nicht, die Regeln zu kennen und diese dann im Einzelfall anzuwenden. Würden wir dies tun, so sprächen wir sehr stockend, und der Gesprächspartner würde bald die Geduld mit uns verlieren. Ein Kind lernt sprechen ganz ohne Grammatik. Das Lernen des Kindes ist ein wildes Lernen. Es lernt deutsch sprechen und kann nicht sagen, daß es vier Kasus gibt, und dennoch gebraucht es sie mehr oder weniger richtig. Die Regeln *wirken*, sie bestimmen das Sprechen selber, was sich schon daran zeigt, daß ich verstanden werde. Spräche ich andauernd falsch, so würde ich gar nicht verstanden. Das Explizitmachen der Regeln ist ein nachträglicher Vorgang.

Die ersten Grammatiken unserer westlichen Kultur sind im Hellenismus entstanden, d. h. relativ spät, bedenkt man, was die Griechen damals sonst schon alles hervorgebracht hatten. Die Griechen werden gedacht haben, wir haben Wichtigeres zu tun, als zunächst einmal Grammatiken zu verfassen, denn sprechen, das können wir auch so. Grammatiken sind interessant, aber man beherrscht eine Sprache nicht, wenn man nur die Grammatik kennt. Diese Beispiele verdeutlichen ein Wissen, das in der Tätigkeit, im Sprechen oder im Handeln selbst wirksam ist. Deshalb kann man auch von einer »motorischen Bedeutung« sprechen, wie Merleau-Ponty es tut, d. h. von einer Artikulation, die in der Bewegung selber erworben und eingeübt wird. Die Bedeutung wird gelernt, indem ich mich bewege, indem ich bestimmte Handgriffe mache oder indem ich spreche. Erlernt werden Strukturen und Gestalten, die einen bestimmten Bewegungsraum vorzeichnen, innerhalb dessen dann Modulationen möglich sind.

Nehmen wir noch einmal die Orgel. Was bedeuten hier Struktur und Gestalt? Die Orgel ist ein Bewegungsraum, in welchem bestimmte Apparaturen, z. B. die Tastatur, die Register, die Pedale so angeordnet sind, daß Hände und Füße sie bedienen können. Für Lenkrad und Kupplung beim Automobil gilt ähnliches. Etwas tun können, etwas gelernt haben heißt, sich in diesem Raum orientieren zu können. Man lernt also Strukturen und Gestalten, man lernt sich in einem Raum zurechtzufinden. Dies bedeutet weder, daß Einzelheiten additiv aneinandergefügt werden, noch daß ein intellektuell faßbares Wissen erworben wird, das man dann irgendwann, wenn man mal Glück hat, auch anwendet. So viel für heute.

Im letzten Abschnitt habe ich die Gewöhnung als Einverleibung von Strukturen behandelt. Der wichtige Gesichtspunkt, der diesen Ansatz vor allem von empiristischen Theorien unterscheidet, ist der folgende: Lernen bedeutet, daß man *generelle* Funktionen erlernt, daß man also lernt, auf typische Situationen zu antworten und nicht Punkt für Punkt vorgeht oder am Nullpunkt anfängt. Ich habe das Beispiel des Orgelspielers gewählt, der Orgel spielen und nicht nur ein bestimmtes Modell, etwa eine Silbermann-Orgel, handhaben kann. Zur Gewöhnung gehört zudem die Neuschöpfung, denn Lernen bedeutet nicht nur Anpassung an bestehende Strukturen, sondern auch deren Veränderung.

3. Lernen als Erwerb perzeptiver Strukturen

Bei meinen Beispielen bin ich vor allem vom motorischen Lernen ausgegangen, also von Bewegungen, die ich ausführe und dabei erlerne. Hinzufügen möchte ich aber, daß es hier ebensosehr auch um *perzeptive* Gewohnheiten geht, denn auch Wahrnehmungsgewohnheiten werden gelernt. Bewegung und Perzeption dürfen nicht getrennt werden, als ginge es beim Lernen nur um Bewegungen, die man ausführt, sondern Gewöhnung bedeutet imgleichen eine perzeptive Orientierung. Das Gewahren und Bemerken in der Welt ist verbunden mit einer motorischen Eingewöhnung und Einspielung.

Die klassischen leiblichen *Embleme* dieses Zusammenspiels von Merken und Wirken sind Auge und Hand, die ja nicht wie zwei völlig verschiedene Register bloß irgendwie verkoppelt sind, sondern ineinanderspielen. Die Hand wird geleitet vom Blick, und der Blick selber erprobt sich im Umgang und in der Berührung mit den Dingen.

Als Beispiel für das perzeptive Lernen nehme ich, wie schon in der 3. Vorlesung, die Farbwahrnehmung, die durch Eingewöhnung erlernt wird. Farbenlernen hieße nach dem empiristischen Modell, daß man Farbe für Farbe lernt, um am Ende über aufzählbare Einzelfarben zu verfügen. Das strukturale Modell dagegen, das in der Gestalttheorie, aber auch beim strukturalistischen Linguisten Roman Jakobson zu finden ist, besteht darin, daß man Differenzen erlernt.[20] Der Fortschritt im Erlernen von Farben liegt darin, daß man differenzieren lernt. Die erste Differenzierung wäre ›Farbig – Farblos‹, und innerhalb der Farben werden dann warme und kalte Farben (Rot und Gelb, vs. Blau und Grün) unterschieden. Es folgen weitere Differenzierungen innerhalb der warmen Farben, also z. B. Rot und Orange. Die Differenzen vervielfältigen sich. Das Lernen selber besteht nicht im Sehen und Identifizieren einzelner Farben, es geht hier nicht darum, Einzelheiten aufzulesen, sondern darum, Kontraste aufzubauen.

Wie Merleau-Ponty an einer Stelle bemerkt, tastet der Blick die Dinge ab, so wie der Stab des Blinden die Dinge abtastet, er registriert nicht bloße Einzelheiten. Dies betrifft den Gesamtbereich des perzeptiven Lernens. Dieses greift von einem Sinnenregister auf die anderen Register über. Cézanne verfolgt das Ziel, Äpfel so zu malen, daß sie sich anfassen lassen, doch er wählt keine optischen Eigenschaften, die dann mit anderen Sinneseindrücken verbunden werden, so daß zum Schluß ein Apfel herauskommt, sondern an der Art, wie der Apfel sich zeigt, wie er gemalt ist, sind stets alle Sinne beteiligt. In diesem Sinne versucht Cézanne auch taktile Eigenschaften farblich zu realisieren.

Dies verweist auf das, was früher über die Synästhesie ausgeführt wurde. Das Sensorium macht insgesamt Lernprozesse durch, und das Lernen verteilt sich nicht auf einzelne Kanäle, die dann irgendwie zusammenlaufen.

Ich möchte noch einmal auf das Buch *The Embodied Mind* von F. J. Varela und E. Thompson hinweisen. In Kapitel 8 wird das Farbenlernen interpretiert als ein Sich-umtun, als ein Sich-auskennen-lernen in der Welt, und dies im Gegensatz zu kognitivistischen Modellen. Kognitivistische Modelle gehen davon aus, daß äußere Daten innerlich repräsentiert und an Regeln, an Codes gemessen werden. Demgegenüber zeigt Varela – er nähert sich dabei der Phänomenologie, auf die er sich ausdrücklich beruft –, daß auch das Farbenlernen ein Handeln in der Welt ist. Wir gehen mit Farben um, wir bewegen uns in einer Welt, in der Farben uns entgegenspringen oder im Hintergrund bleiben. Die Farben sind beteiligt an der Weise, wie eine Welt uns entgegenkommt oder sich uns entzieht; sie sind nicht einfach bestimmte Einzeldaten bestimmter Sonderbereiche, die optisch, akustisch, taktil oder sonst-

20 Vgl. *Kindersprache, Aphasie und allgemeine Lautgesetze* (1969).

wie codiert werden. Der Code, die formale Regelung, das ist *ein* Faktor, der dabei eine Rolle spielt, aber er kann nicht für die elementare Strukturierung der Wirklichkeit aufkommen.
Aus diesen Überlegungen folgt weiterhin: Lernen bedeutet eine Bereicherung und eine Neuordnung des Körperschemas. Merleau-Ponty faßt das Körperschema nicht als optische Repräsentation (also nicht so, wie ich meinen Leib *sehe*, das wäre schon eine sehr vermittelte und indirekte Auffassungsweise), sondern zunächst als ein *motorisches Schema*, das hervorgeht aus den Aufgaben in der Welt, aus dem also, was es zu sehen, zu hören oder zu tun gibt. Von dorther gliedert sich der Leib in der Weise, daß die Hände, der Blick, das Gehör hervortreten und der Leib sich schematisiert. Dazu gehört auch die affektive Besetzung bestimmter Körperpartien und die Ausbildung erogener Zonen.
Man denke an den Anschlag des Pianisten auf die Tasten seines Instruments, wo Druck oder Härte sich außerordentlich verfeinern, wo Bewegungen an sich halten, sich zurücknehmen oder sich überstürzen. Oder man denke an die Lippenanspannung und die Atemsteuerung beim Flötenspielen. Ich habe die Gewöhnung als eine *Einverleibung* von Strukturen bezeichnet. Das Wort Einverleibung, das auch ältere Autoren im Gefolge von Freud benutzen, bedeutet, daß der Leib nicht einfach als Werkzeug eingesetzt wird, sondern daß die Dinge der Welt selber im Leib zur Erscheinung und zur Darstellung kommen. Das In-der-Welt-sein will gelernt sein.
In diesem Zusammenhang noch eine kritische Seitenbemerkung zur Theorie von Jean Piaget. Die Bereicherung des Körperschemas, dieser Erwerb genereller Fähigkeiten ist abzuheben von dem, was Piaget in seinem genetischen Strukturalismus ins Feld führt. Piaget, einer der Haupttheoretiker des Lernens, versucht, eine Rationalitätstheorie genetisch aufzubauen: rationale, d. h. wiederholbare und situationsunabhängige Strukturen werden in einem Prozeß erlernt. Dies ist ein fruchtbarer Gesichtspunkt, und nicht umsonst spielt Piaget eine große Rolle in allen Lerntheorien, die davon ausgehen, daß die Struktur der Welt sich für uns aufbaut und daß nicht einfach Material- und Datensammlungen angelegt werden. Das Problem liegt jedoch darin, daß Piaget ein sehr einseitiges Modell wählt.
Vorab eine Bemerkung biographischer Art. Merleau-Ponty hielt von 1949 bis 1952 an der Sorbonne Vorlesungen über Kinder-

psychologie; dorthin hatte man ihn abgeschoben, weil seine Philosophie existentialismusverdächtig und wohl auch politisch nicht recht akzeptabel erschien. Kinderpsychologie hat man ihm zugemutet und zugetraut, und er hat diese auch tatsächlich gelehrt. Die Sorbonne-Vorlesungen sind inzwischen auch auf deutsch veröffentlicht, sie bieten eine reiche Fundgrube für alle, die sich mit den philosophischen Hintergründen von Sozialwissenschaften, Sprachwissenschaften oder Pädagogik befassen. Der Titel dieser Vorlesungen lautet im Deutschen: *Keime* der *Vernunft*.[21] Merleau-Pontys Nachfolger war dann Jean Piaget, der zuvor in Genf gearbeitet hatte und nach Merleau-Ponty den Lehrstuhl übernahm, was den merkwürdigen Effekt hatte, daß Studenten von Piaget ihn plötzlich mit den Gegenargumenten von Merleau-Ponty konfrontierten und nicht realisierten, daß sie längst einen anderen vor sich hatten. Es wird berichtet, daß Piaget dies mit Fassung ertragen habe.[22]

Zwischen Merleau-Ponty und Piaget gibt es eine Auseinandersetzung präzis zum Thema Lernen und Gewöhnung. Piaget denkt die Entwicklung von Rationalitätsstrukturen als Prozeß einer zunehmenden *Dezentrierung*. Das Kind beginnt damit, daß es zunächst noch alles auf sich selbst bezieht, es ist ego-zentrisch, wie Piaget sagt. Der Fortschritt des Lernens besteht gemäß Piaget darin, daß das Kind es immer mehr lernt, sich zu de-zentrieren, also von seinem eigenen Standpunkt abzusehen. Diese Dezentrierung ist imgleichen ein Sozialisierungsprozeß, weil das Kind damit auch den Standpunkt der Anderen einzunehmen lernt. Und am Ende oder am Horizont dieses Prozesses steht – mit einem Ausdruck von Derrida – die Möglichkeit einer Logo-zentrik; am Ende steht im Zentrum ein allgemeines Gesetz, der Logos, so daß der Standpunkt, den ich hier und jetzt körperlich einnehme, als *einer*

21 *Merleau-Ponty à la Sorbonne* (1988) dt.: *Keime der Vernunft* (1994).

22 Zum Verhältnis von Phänomenologie und genetischer Epistemologie, also auch zur Auseinandersetzung zwischen Piaget und Merleau-Ponty, vgl. neben den bekannten Untersuchungen von Käte Meyer-Drawe (*Sozialität und Leiblichkeit*, 1986, Kap. IV und den Beitrag »Zähmung eines wilden Denkens?«, in: Métraux/Waldenfels 1986), zwei neuere Bochumer Dissertationen, von Burkhard Liebsch: *Spuren einer anderen Natur* (1992), und Ingrid Scharlau: *Erkenntnistheorie als Wissenschaft: Streitpunkte zwischen Husserl, Gurwitsch, Merleau-Ponty und Piaget* (1998).

unter anderen erscheint. Dezentrierung bedeutet: das Zentrum, von dem ich ausgehe, wird durch allmähliche Entfaltung von Ordnungsschemata zu einem Punkt unter anderen, es wird austauschbar. Wie Merleau-Ponty dazu bemerkt, traut Piaget uns zu, daß wir den Platz des lieben Gottes einnehmen, um die Welt von überall und nirgendwoher, also standortlos zu betrachten.[23]

Das entscheidende Problem liegt allerdings darin, daß der Logozentrismus bloß formale Strukturen zurückbehält. Dagegen, daß Piaget mit formalen und mathematischen Strukturen arbeitet, wäre ja nichts zu sagen, wohl aber dagegen, daß unter dem Deckmantel einer reinen Logik und im Zuge einer Formalisierung ein Wertmaßstab eingeführt wird, in dem Sinne nämlich, daß wissenschaftliche Rationalität und ebenso die dezentrierte moralische Rationalität höher gewertet werden als die vorausliegende zentrierte. Die Entwicklung wird als Höherentwicklung bewertet und nicht als ein bloßes Anderswerden oder als Erwerb neuer Möglichkeiten.

Piaget gilt noch immer als Patron der Lerntheorie. Habermas zitiert ihn so, wie man Einstein zitiert, das ist aber etwas übertrieben. – Man kann die Grenzen von Piagets Beschreibungen sehr wohl aufzeigen. Ich nehme als einfaches Beispiel das, was Piaget »Erlernen der Reversibilität von Prozessen« nennt, d. h. den Erwerb von Wissen darum, daß Prozesse umkehrbar sind. Wenn ich sage ›A ist gleich B‹, so kann ich diesen Satz auch umdrehen und sagen ›B ist gleich A‹. Es handelt sich hier um eine Identitätsaussage, die umkehrbar ist, um eine allgemeine, sehr einfache algebraische Operation, die so erlernt wird. Piaget hat mit Kindern experimentiert wie keiner vor ihm, und darin liegt auch sein Verdienst. Nehmen wir zwei Gefäße, ein sehr schmales, hohes auf der einen Seite und ein sehr dickes, niedriges auf der anderen Seite, die beide – wie man vorweg sagen sollte – das gleiche Volumen haben. Im Laufe des Versuchs wird das Kind gefragt: Welches Glas faßt mehr? Das Kind zeigt, wie bei unbefangener Sicht der Dinge zu erwarten ist, spontan auf das lange, hohe, weil dort das gleiche Volumen größer wirkt. Das Kind lernt dann, daß das gleiche Volumen auch anders wirken kann. Es lernt dies, indem es etwas tut, nämlich das Wasser von dem einen Gefäß in das andere gießt

23 Die pointierte Formulierung stammt von Piaget selbst. Vgl. *Keime der Vernunft*, S. 292, Anm. 46, frz. S. 275.

und dann sieht, daß die Flüssigkeitsmenge erhalten bleibt. Das Verständnis für solche einfachen Prozesse der Reversibilität wird also erlernt. Bei diesen Versuchen ist es am Ende gleichgültig – und darauf läuft alles hinaus –, ob ›A = B‹ oder ›B = A‹ ist. Welche Formel kommt zuerst? Die Antwort lautet: das ist gleichgültig, denn es ist immer dieselbe Quantität Wasser, ich könnte mit meinem Vergleich hier oder dort beginnen.

Dies wäre ein Beispiel dafür, wie Richtungsunterschiede unter einer ganz bestimmten, begrenzten Rücksicht ihre Bedeutung verlieren; denn ein Liter Wasser bleibt ein Liter Wasser, ob er sich nun in einem schmalen oder in einem weiten Gefäß befindet. Die Frage ist nur, *was* mit solchen Gleich-setzungen, mit solchen Messungen auf eine derart einfache Formel gebracht wird.

In der frühesten Zeit der Philosophie, bei Heraklit, stoßen wir auf den sehr einfachen Satz: »Der Weg hinauf und hinab ist ein und derselbe.«[24] Will Heraklit hier nur das wiedergeben, was Kinder gemäß der Theorie von Piaget lernen? Wir alle lernen, daß ein Weg, wenn wir ihn messen, nicht länger oder kürzer wird, ob ich nun den Hinweg oder den Rückweg messe. Der Satz von Heraklit kann aber auch so gelesen werden, daß eine solche Gleichsetzung nur durch das keineswegs selbstverständliche Absehen von konkreten Kontexten zustande kommt. Denn wenn wir den Weg hinauf und hinunter nicht *messen*, sondern ihn wirklich *gehen*, so bedeutet es bekanntlich etwas anderes, eine Treppe hinaufzusteigen als sie hinunterzugehen, was die Kraftanstrengung und vieles andere angeht. Oder nehmen wir den Schuljungen in Shakespeares Welttheater, *creeping like snail unwillingly to school*, dessen Schneckentempo den Schulweg unendlich dehnt.[25]

Ein anderes Beispiel für die Nicht-Umkehrbarkeit von konkreten Relationen stammt aus Bachelards *Poetik des Raumes.* [26] In jedem Haus gibt es ein Oben und ein Unten. Wenn wir das Haus rein metrisch beschreiben, so könnten wir es auch umstülpen, alles umkehren, Dach und Keller wären austauschbar. Bachelard weist darauf hin, daß bei einem Haus Keller und Dachgeschoß, oben und

24 Diels, Fragm. B 60. Vgl. dazu den Kommentar von Klaus Held: *Heraklit, Parmenides und der Anfang von Philosophie und Wissenschaft* (1980), S. 151-161.

25 *As you like it*, II, 7.

26 G. Bachelard, *La poétique de l'espace* (1957, dt. 1975), Kap. 1, in dem das Haus hinab zum Keller und hinauf zum Speicher beschrieben wird.

unten etwas qualitativ völlig Verschiedenes sind, selbst wenn die räumlichen Entfernungen dieselben bleiben. Das messende Gleichsetzen ist zwar immer möglich, aber es setzt qualitative Unterschiede, etwa die Helligkeit der Oberräume und die Finsternis der Kellerräume, voraus und hebt diese insofern nicht auf.
Ein weiteres Beispiel für die Nicht-Umkehrbarkeit stammt aus eigener Erfahrung: Ein fünfjähriger Junge wird gefragt: »Ist Aurel dein Bruder?« Das Kind antwortet: »Ja, er ist mein Bruder.« Ich frage zurück: »Bist du auch der Bruder von Aurel?« und bekomme die schöne Antwort: »Nein, ich bin schon älter.« Nun könnte man das so interpretieren: der Junge hat noch nicht gelernt, daß ›Brudersein von‹ eine reversible Beziehung ist nach dem Muster: wenn A der Bruder von B ist, so ist B auch der Bruder von A. (Bei einer Schwester wäre es schon anders, da kann man es ja nicht einfach umdrehen) – Eine andere Interpretation würde jedoch in dem kindlichen ›Fehler‹ eine bestimmte Weisheit entdecken, denn dem Erstgeborenen ist zumindest zuzubilligen, daß er nicht in gleicher Weise Bruder geworden ist wie der Zweitgeborene. Der jüngere der beiden Brüder fand den älteren schon vor, als er auf die Welt kam, er kam *als Bruder* auf die Welt. Der ältere jedoch wurde zum Bruder erst dadurch, daß ein Anderer in die Welt kam. Der Geschwisterneid entsteht dadurch, daß ein Anderer meine eigene Position verändert, deshalb ist der ältere Bruder nicht in der gleichen Weise Bruder wie der jüngere. Diese Genese geht verloren, wenn man sagt: »Aha, jetzt hat er endlich gelernt, daß man die Beziehung auch umdrehen kann, er weiß jetzt, der jüngere Bruder ist genauso Bruder wie er selbst, er hat gelernt, daß die Beziehung reversibel ist, daß eine Gleichheit besteht.« Durch die Reversibilität gehen die qualitativen Unterschiede verloren, sie werden sozusagen vergessen.
Freud achtet betont auf die Situation in der Familie, z. B. als wievieltes Kind jemand geboren wurde, an welcher Stelle der Geschwisterreihe es steht: erstes, zweites, drittes Kind, das ist nicht einfach eine Reihe, die ich abzählen und deren Plätze ich vertauschen kann, sondern die Geschwisterpositionen stehen für strukturelle Unterschiede. In einer Familie verändert jedes neugeborene Kind das relationale Gefüge aller beteiligten Personen untereinander, es werden nicht einfach drei Personen durch eine vierte, fünfte usw. ergänzt.
In der kindlichen Betrachtungsweise spielen also keine bloß quan-

titativen Verhältnisse und reversiblen Prozesse eine Rolle, sondern es kommt auf *qualitative* Unterschiede an. Das Kind gebraucht die Sprache und deutet die Wahrnehmung kontextueller als der Erwachsene, so daß z. B. eine Lokomotive, die zurückfährt (eine ›Rückwärtslok‹) nicht dieselbe ist wie die ›Vorwärtslok‹, die eben vorwärtsfährt.

Ein anderes berühmtes Beispiel stammt aus der Logik von Frege. Vom Abendstern und vom Morgenstern wissen wir zwar, daß es sich um denselben Stern handelt: es ist die gleiche Venus, die am Abend auftaucht und dann am Morgen wieder da steht, das lernt man. Doch diese Identität ist eine empirische, weil sie dem Stern als solchem ja nicht anzusehen ist. Der Unterschied ist – quantitativ betrachtet – ›nur‹ der, daß der Stern einmal am Abend- und einmal am Morgenhimmel steht. Aber Abend und Morgen bilden ganz verschiedene Szenerien. Bei Sappho ist es der Abendstern, der alles heimführt, Menschen und Herden.[27] Der Abendstern *tut* im Kontext eines Abends etwas anderes, der Abend ist ja nicht einfach ein umgekehrter Morgen. So *sind* Abendstern und Morgenstern dieselben bloß unter einer bestimmten Rücksicht, nämlich dann, wenn ich sie nach astronomischen Gesetzen berechne und feststelle: Es gibt Planeten, die ihre Kreisbahnen laufen, sich der Sicht des irdischen Beobachters einmal entziehen und das andere Mal nicht. Gestirne sind dieselben im Rahmen eines astronomischen Systems. Doch kontextuelle Gesichtspunkte sind nicht weniger wichtig, wenn wir daran denken, daß früher, etwa zu Homers Zeiten, Schiffer die Sterne als Kompaß benutzten. Ein Kind ist spontan kontextuell orientiert, doch es hat keinen Sinn, eine kontextfreiere Aussage höher zu bewerten als eine kontextabhängige, wie Piaget es nahelegt, sondern beides sind völlig andere Orientierungsweisen.

Der Sinn dieser Überlegungen: die Beschreibung von Lernprozessen als Dezentrierungsprozesse, in denen der Lernende zu immer allgemeineren und formelleren Strukturen fortschreitet, ist einseitig, weil bestimmte Unterschiede in der Ordnung und in der Rationalität zu Wertunterschieden umgedichtet werden.

27 »Abendstern, bringst alles heim, was / die strahlende Eos zerstreute: / bringst Schafe heim, / bringst heim Ziegen, – / bringst fort von der Mutter die Tochter!« (Übersetzung von Max Treu). Ein anderer Vers lautet: »Abendstern, Hochzeitslicht!«

Merleau-Ponty wendet sich in seiner Kritik an Piaget gegen eine Monopolisierung der Vernunft; er denkt dabei an die Vernunft der Erwachsenen gegenüber dem Kind, an die Vernunft der sogenannten Zivilisierten gegenüber den sogenannten Naturvölkern – oder auch an die Differenz zwischen Gesunden und Kranken –, wo immer eine Seite als Defizit, als geringfügiger, als weniger entwickelt betrachtet wird als die andere. Gegen diese Monopolisierung der Vernunft setzt Merleau-Ponty sehr frühzeitig eine Vielfalt von Rationalitäten. Er bemerkt in seiner *Phänomenologie der Wahrnehmung*: »In Wirklichkeit muß das Kind in gewisser Weise gegen die Erwachsenen – oder gegen Piaget – Recht behalten, es muß, soll es für den Erwachsenen auch eine einzige intersubjektive Welt geben, das barbarische Denken des frühen Kindesalters als unentbehrlicher Erwerb auch dem des Erwachsenen zugrunde liegen bleiben.«[28] Merleau-Ponty benutzt den Ausdruck »barbarisches Denken«. Diese pejorativ klingende Wendung ist nicht im Sinne roher Gedanken, roher Anfänge gemeint, wie man vielfach in der Aufklärungszeit zu sagen pflegte. Schelling spricht von der Natur als dem »barbarischen Prinzip«, daran knüpft Merleau-Ponty später ausdrücklich an[29], doch »barbarisch« bedeutet schon hier in der Wahrnehmungsanalyse ein unvordenkliches Sein, an das wir uns nicht in der gleichen Weise erinnern können wie an das, was bereits zur Kultur gehört. In der Kultur gibt es Momente, die diese durchbrechen, über sie hinausgehen und über sie hinausweisen. Die sogenannten barbarischen Gedanken des frühen Kindes halten bestimmte Möglichkeiten der Erfahrung fest, und das gilt auch für die frühen Vorfahren der zivilisierten Menschheit.

Man sollte sich hüten, ein einseitiges Rationalitätsideal in die Gewöhnung und in das Lernen hineinzutragen. Merleau-Ponty spricht deshalb auch von einem Polymorphismus, von einer Vielförmigkeit in bezug auf Gestaltungen und Strukturen. – Das erinnert an Freud, der die infantile Sexualität als polymorph-pervers bezeichnet[30]. Damit meint Freud, daß Abweichungen von der Normalität zur Normalität gehören. Es gibt also keine rigide Teilung in Normalität und Anomalität, sondern die Normalität hat sozusagen perverse Ränder, die auch in der Sexualität des

28 PP 408, dt. 407.
29 Vgl. *Signes*, S. 225, dt. *Das Auge und der Geist*, S. 64.
30 Vgl. *Drei Abhandlungen über Sexualtheorie*, GW v, S. 91 f.

Erwachsenen nicht völlig verschwinden. Verschwänden diese Ränder völlig, so führte dies selbst wieder zu einer bestimmten Form der Anomalie und Pathologie. Polymorph bedeutet sodann, daß in den Neugestaltungen die früheren Gestaltungen nicht völlig aufgehoben sind. Die Neugestaltungen werden also nicht auf Hegelsche Weise gedacht, sondern Neugestaltung bedeutet, daß Gestalten sich auch verlieren können. Es bedeutet, daß Lernen in sich selbst auch ein *Verlernen* ist. Wir verlernen ständig, wenn wir lernen, und gerade deshalb können wir von Kindern lernen. Wäre das kindliche Verhalten nur eine vorläufige oder vorrationale Stufe, so könnten die Kinder zwar von uns, aber nicht umgekehrt wir von ihnen lernen. Wenn jedes Lernen also nicht nur Gewinn, sondern auch Verluste bringt, so bedeutet das Zurückblicken auf sogenannte frühere Stufen kein Zurückschauen auf etwas, das wir überwunden hätten, sondern ein Zurückschauen auf etwas, das auch Möglichkeiten enthält, die einer bestimmten Rationalität zum Opfer gebracht oder von ihr an den Rand gedrängt worden sind.

Freud weist darauf hin, wie bestimmte kindliche Erfahrungen mit künstlerischen Erfahrungen und solchen wie Traum und Schlaf zusammenhängen. Die ironische Pointe liegt ja darin, daß Dichtern, die mit der Sprache spielen, ein Dichterpreis verliehen wird, während dem kindlichen Sprachspiel seine Fehler vorgerechnet werden. Doch Kinder machen oft produktive Fehler, wenn sie mit der Sprache so wie mit Dingen spielen und eine Polyfunktionalität der Dinge entfalten, die einem vorgefertigten Spielzeug, das allzu deutlich nur *einen* Zweck anbietet, schwerer zu entlocken ist. Oft verwenden und verwandeln Kinder in ihrem Spiel einen Gebrauchsgegenstand zu und in etwas, wozu er gar nicht hergestellt wurde. Die Erfindungskraft einer Kultur hat sehr viel damit zu tun, wieviel von der Kindheit wachgehalten wird. Eine gewisse Naivität des Blickes, die einem Kind ohne große Bemühung zufällt, müßte fortbestehen, sonst bleibt uns nur eine abgestandene Rationalität, die am Ende ins Schulmäßige oder ins bloß Wiederholende absinkt.

4. Aktuelle und habituelle Leiblichkeit, Situation und Welt

Es geht im folgenden um den Gesichtspunkt der Gewohnheit: also nicht mehr nur um das Lernen im Sinne einer Situationsbewältigung, sondern darum, daß in der Gewöhnung eine Welt *erworben* wird. Würde man diesen Gedanken weiter ausführen, so käme man zu einer Philosophie der Geschichte und der Institutionen, denn Institutionen beruhen z. T. auf Eingewöhnung. Ich belasse es hier aber bei relativ allgemeinen Gesichtspunkten und möchte lediglich eine Brücke schlagen zu dem, was Heidegger In-der-Welt-sein nennt und was sich in der Gewöhnung ausprägt.

Gehen wir aus vom Gegenwartsfeld, von dem, was wir aktuell um uns sehen, bleiben wir also im Bereich des Aktuellen, im Bereich der Dinge, mit denen wir praktisch umgehen, so zeigt sich, daß das, was uns in der aktuellen Situation begegnet, sich selbst als etwas Gewordenes bekundet. Dieser Gesichtspunkt ist leitend für Husserls genetische Phänomenologie. Eine statische Phänomenologie hält sich an Strukturen und Relationen, an Korrelationen wie Akt, Gegenstand und Bedeutung, während die genetische Phänomenologie beschreibt, wie der Sinn selbst ein Werden, eine Genesis durchmacht. Für Husserl ist die genetische Phänomenologie nicht so etwas wie eine Zusatzbetrachtung, sondern er betrachtet die Genese oder die Geschichte eines Gegenstandes als Phänomenologe. Nehmen wir ein einfaches Beispiel: das Kind sieht eine Schere, es weiß zunächst nicht, was eine Schere ist, spielt damit herum, wird gewarnt, es schneidet sich und lernt, wie die Erwachsenen die Schere benutzen, was also eine Schere ist.[31] Wenn wir Erwachsene nun dort eine Schere liegen sehen, so bekundet sich in diesem Gegenstand eine vielfältige Geschichte: zunächst eine persönliche Geschichte, in deren Verlauf ich gelernt habe, was eine Schere ist, was ja auch schon ein kulturelles Erlernen ist. Die Schere selber verweist außerdem auf eine Technik- und Werkzeuggeschichte und zudem auf eine Produktionsgeschichte. Sie nimmt teil an der Metaphorik des Schneidens, wo es ›einschneidende‹ Ereignisse und ›Schnittpunkte‹ gibt. Sie gewinnt im ›Scherenschnitt‹ eine künstlerische Komponente. Der einfache Gegenstand taucht also nicht völlig aus einem Nichts auf, sondern ver-

31 Vgl. *Cartesianische Meditationen* (Hua I), S. 112, 141.

körpert eine persönliche und kollektive Geschichte. Im Gegenstand selber bekundet sich eine Geschichte, sagt Husserl.
Ein zeitgenössisches Beispiel wäre der Computer. Für Ältere hat der Computer immer noch den Charakter einer Art von Monster, dem man gut zureden muß, bei dem man jedoch sehr viele Worte braucht, um ihm gut zureden zu *können*, während er für Jüngere fast wie eine Schere anmutet, nur etwas komplizierter. Ein Computer ist ein kultureller Gegenstand, dessen Gebrauch oder Bedienung man erlernt, doch in welchem Alter etwas erlernt wird, das verändert schon die Sachlage. Auch Generationen spielen hier eine Rolle. Lernen wir neue Dinge in einem höheren Alter kennen, so wirken sie weitaus fremdartiger, als wenn man damit groß wird. Filme beispielsweise waren für unsere Vorväter etwas ganz Fremdartiges, ins Kino gehen war wie nach Teneriffa fahren. Heute jedoch wird die Fernseh-Maschine mir nichts, dir nichts angedreht, der Bildschirm flimmert im Heimkino. An solchen Beispielen der Eingewöhnung wird leicht übersehen, welche und wie viele Strukturveränderungen dazu gehören.
Der Blick auf die Kindheit ist deshalb immer interessant, weil jedes Kind den kulturellen Erwerb auf gewisse Weise neu durchlaufen muß. Es weiß am Anfang nicht, was ein Film ist, sondern schaut hin, sieht plötzlich lebendige Wesen auf der Wand sich bewegen, merkt irgendwann, daß es Bilder sind, die sich bewegen. Dann sind die Spukgeister durch einen Knopfdruck schon wieder verschwunden. Für das Kind muß es sehr verwirrend sein, wenn es zum ersten Mal einen Fernsehapparat vor sich hat. Solche Lernprozesse gehen in die Dinge selber ein.

Kennen und Können, Sedimentierung und Habitualisierung

Das Lernen ist auf zwei Bereiche zu beziehen, auf die kognitive und auf die praktische Tätigkeit, auf das *Kennen* und auf das *Können*, wobei beide Bereiche ebenso wie das Sensorische und das Motorische eng zusammenhängen. Was heißt ›ich kenne etwas‹? Und was heißt ›ich kann etwas‹? Das Kennen verweist auf eine Geschichte des Kennenlernens, das Können auf eine Geschichte der Eingewöhnung durch Betätigung. Das Kennenlernen und Gebrauchenlernen habe ich vorhin als Eingewöhnung bezeichnet. Husserl spricht in bezug auf die Bedeutung der Dinge von *Sedimentierung* und in bezug auf Tätigkeiten von *Habitualisierung*.

Der Begriff der Sedimentierung stammt bekanntlich aus der Geologie. Husserl verwendet diesen Begriff, weil es nicht um eine bloß aktuelle Bedeutung geht, wenn ich jetzt etwas meine, etwas in den Blick nehme, etwas verstehe und deute, denn ich fange ja nicht jeden Augenblick neu an. Die Dinge erlangen und *haben* am Ende ihre Bedeutung: eine Schere hat einen bestimmten Zweck, der nicht einfach verschwindet, wenn ich schlafen gehe, sondern der Zweck haftet dem Ding selbst an. Und wenn wir keine Magie annehmen (im Sinne von: es gibt da eine Bedeutung, die irgendwie in der Materie herumspukt), so bedeutet das, daß die Art und Weise, wie die Dinge da sind, sich für uns verändert. Diese abgelagerten Bedeutungen nennt Husserl Sedimentierungen. Die Dinge selber bekommen einen ganz bestimmten funktionalen Wert oder eine bestimmte Bedeutung, so daß ich etwas immer wieder *als etwas* wiedererkenne. Sedimentierung besagt: das Erlernte geht in die Welt ein, lagert sich in ihr ab.

Auf der subjektiven Seite des menschlichen Tuns gebraucht Husserl den alten Begriff der Habitualität: ich erwerbe einen bestimmten Habitus durch wiederholtes Tun. ›Habitualität‹ verweist zurück auf Aristoteles, der von einer ἕξις spricht, was wörtlich ›Haben‹ bedeutet. Im *habitus* steckt ebenfalls *habere*, und so spricht Husserl an manchen Stellen etwas altmodisch von ›Erwerb‹ oder von ›Habe‹. Ich *habe* eine Gewohnheit, das ist nicht das, was ich *jetzt* tue, sondern es geht darüber hinaus. Es ist das, was mir zur Verfügung steht.

Vom Habitus spricht Aristoteles im 2. Buch der *Nikomachischen Ethik*, dem klassischen Text für die Prägung dieses Begriffs. Ich habe darauf hingewiesen, daß Lernen laut Aristoteles dadurch geschieht, daß ich Entsprechendes tue: Kitharaspielen lerne ich durch Kitharaspielen. Aristoteles fügt hinzu: eine wiederholte Handlung, die eine bestimmte typische Gestalt hat wie Handgriffe, die ich immer wieder ausführe, führt zur Gewohnheit. Die Hexis entsteht durch wiederholtes Handeln, ähnlich wie die Bedeutung der Dinge sich sedimentiert, indem uns etwas immer wieder als solches begegnet.

Hume erläutert unsere alltägliche Erfahrung mit folgendem Beispiel: ich lerne, daß die Sonne immer wieder auf- und untergeht.

Ich gewöhne mich daran, daß eine Tages-, Nacht-, Morgen- und Abendsituation immer wiederkehrt. So baut sich für uns eine Welt auf. Hume hat es natürlich schwerer, sich eine geordnete Welt vorzustellen; denn er geht nicht wie die Griechen von einem Kosmos aus, den wir langsam entziffern, sondern von einem Gewühl von Einzeldaten, und angesichts dieses Gewühls ist es viel schwieriger, zu einer Ordnung zu gelangen. Hume stellt erleichtert fest: Gottseidank (oder: Natur-seidank) benehmen sich die Dinge nicht immer ganz anders als vorher, zum Glück gibt es immer wieder ähnliche Verbindungen, etwa daß die Sonne zu einem gewissen Zeitpunkt, wenn auch mit gewissen Schwankungen, am Abend verschwindet und am Morgen aufgeht. Das führt zu einer Gewöhnung. Es *entsteht* eine Alltagswelt dadurch, daß es wiederkehrende Vorgänge im natürlichen Bereich ebenso gibt wie im sozialen Bereich, in der Wahrnehmung ebenso wie in der Sprache.

Nun ist dieser Begriff der Gewöhnung durch unsere wissenschaftliche Tradition so sehr psychologisiert worden, daß darunter lediglich meine eigenen persönlichen Dinge verstanden werden, z. B. meine Eigenarten oder irgendwelche Verhaltensprägungen, die nur mich etwas angehen. Husserl und auch andere Phänomenologen hingegen greifen auf Aristoteles zurück, indem sie zeigen, daß die Gewöhnung etwas mit der Welt und mit den Dingen selbst zu tun hat. Es ist nicht nur Sache der Psychologie oder der Soziologie, daß wir bestimmte Merkmale erwerben, sondern Gewöhnung bedeutet, daß für uns eine Welt entsteht.

Die Begriffe Sedimentierung und Habitus müssen also von einer ausschließlich psychologisierenden Betrachtungsweise abgelöst werden. Das ist keine Einwand gegen die Psychologie, sondern die Frage ist nur, wie man in der Psychologie mit diesen Konzepten umgeht. Es geht hier nicht um eine Betrachtung von subjektiven Seelenvorgängen oder objektiven Verhaltensweisen, sondern wir haben es bei der Eingewöhnung immer mit dem In-der-Welt-sein zu tun, mit unserem Verhältnis zu den Dingen. Gewöhnung heißt, daß wir lernen, in der Welt zu wohnen, und daß überhaupt eine Welt für uns entsteht, die es nicht gäbe, wenn von einem Augenblick zum anderen immer alles ganz anders liefe.

Die Situation, in der ich jetzt stehe, verweist schon auf mehr als auf das, was jetzt da und gegeben ist. Die Welt tritt nicht von außen hinzu als bloße Ergänzung, sondern die Situation enthüllt sich selber als welthaft, insofern als das, was mir hier und jetzt begegnet, über sich hinaus verweist, auf eine Vergangenheit des Lernens oder auf zukünftige Möglichkeiten.

Mit Husserl kann zwischen einem *aktiven* und einem *passiven Erwerb* unterschieden werden. Der aktive Erwerb wäre das, was aus früheren Aktivitäten stammt, was ich durch wiederholtes Handeln erworben habe, er gestaltet die persönliche Geschichte. Der passive Erwerb verweist auf das, was meiner eigenen Aktivität vorausgeht, auf ein Lernen, das der Vorgeschichte einer Person angehört. Der aktive Erwerb betrifft die Geschichte einer Person, der passive Erwerb ihre Vorgeschichte.

Diese Unterscheidung ist wichtig, wenn wir überhaupt so etwas wie eine Entwicklung, ein Älterwerden der Person annehmen wollen, bei dem die Kindheit eine Rolle spielt. Das Lernen beginnt bereits, bevor das Kind Pläne macht und Regeln befolgt. Der passive Erwerb geht auf eine Vorgeschichte zurück, die die Natur mit ihren biologischen Vorprägungen einbegreift.

Unterschied Kinder – Steinzeitmenschen, Primitive

Man vergleicht immer wieder Ontogenese und Phylogenese: das Kind entwickelt sich und ebenso die Menschheit. Doch die Menschen des Steinzeitalters *haben* im Steinzeitalter gelebt, während ein Kind nicht in einer isolierten Kinderwelt lebt, sondern trotz aller Abschirmung in einer Erwachsenenwelt aufwächst. Für das Kind bedeutet es ein besonderes Problem, daß es in einer Welt heranwächst, die es vorfindet, die schon von Anderen gestaltet ist. Deshalb ist die kindliche Entwicklung kein bloßer Stufengang, der irgendwo hinführt wie beim Steinzeitmenschen. Das Kind lernt eine ganze Menge durch Hören, Nachmachen, durch Mimesis, noch bevor es aktiv zu lernen beginnt. Es gibt ein Lernen auf der Stufe der eigenen Betätigung, wie wenn man sich vornimmt, eine Fremdsprache zu lernen, während das Erlernen der Muttersprache damit verglichen als passiver Erwerb zu bezeichnen ist. Das Kind ist dabei zwar nicht völlig untätig, aber es ist nicht tätig in der Weise, daß es bestimmte Ziele verfolgt und bestimmte Regeln einhält, sondern zunächst einmal macht es schlicht mit.

Kennen und Vergessen, Können und Verlernen

Die Unterscheidung zwischen Kennen und Können läßt sich verdeutlichen an der Möglichkeit des Verlernens oder des Vergessens. Gehen wir von der kognitiven Seite, vom Kennen aus, so bezeichnen wir den Verlust als ein Vergessen: ich habe etwas gekannt und es sodann vergessen. Gehen wir dagegen vom Können aus, so sagen wir, wir haben etwas verlernt. Vergessen und Verlernen sind zwei unterschiedliche Weisen des Verlustes. Es macht einen Unterschied, *wie* man vergißt, und es fragt sich, wieweit man überhaupt etwas vergessen oder verlernen *kann*.

Eine Fremdsprache, die wir nicht aktivieren, können wir verlernen. Aber können wir die eigene Sprache verlernen? Sicherlich, wir verlernen sie nicht, weil wir sie andauernd gebrauchen, doch damit ist die Unmöglichkeit des Verlernens der eigenen Muttersprache nicht erklärt. Wir können die Muttersprache nicht verlernen, weil wir sie in einer anderen Weise gelernt haben als die Fremdsprache. Mit der Muttersprache haben wir nicht nur eine bestimmte Sprache unter anderen gelernt, denn die Muttersprache eröffnet den Bereich des Sprechens überhaupt. Würde die Muttersprache verlernt, so müßte man überhaupt das Sprechen verlernen; dem entsprechen bestimmte Formen der Pathologie, bei denen die Sprachfähigkeit als solche beeinträchtigt ist, auch das gibt es ja. Jedenfalls verlernt sich die Muttersprache nicht in gleicher Weise wie eine Fremdsprache, die man nicht mehr aktiviert, oder wie ein Instrument, das man nicht mehr benutzt.

Nehmen wir als weiteres Beispiel das Gehen- oder Sitzenlernen, also elementare körperliche Tätigkeiten. Wir können uns gewiß schwer vorstellen, daß wir irgendwann bemerken, wir hätten das Gehen oder das Sitzen verlernt. Diese Lernprozesse liegen auf einer elementareren Stufe als das, was man im gewöhnlichen Sinne verlernt.[32]

Ein weiteres Beispiel für den Unterschied zwischen Verlernen und Vergessen liefert der Gedächtnisschwund bei älteren Leuten,

32 Dementsprechend spricht Alfred Schütz von grundlegenden Formen der Vertrautheit, einem »Wissen um das Was und Wie der menschlichen Situation in der Welt« und einem »Gewohnheitswissen«, das sich nicht einfach in die »Gliederung des Wissensvorrats« einordnen läßt (A. Schütz und Th. Luckmann, *Strukturen der Lebenswelt*, 1975, S. 144 f.).

die oft ein gutes Langzeitgedächtnis behalten, während das Kurzzeitgedächtnis sich rapid verschlechtert. Sie vergessen sofort, was am Tag vorher oder sogar eben noch passiert ist, können sich aber sehr gut an die Kindheit und an frühere Zeiten erinnern. Eigentlich sollte man meinen, es müßte gerade umgekehrt sein. Doch das Kurzzeitgedächtnis bereitet tatsächlich viel größere Schwierigkeiten als das Langzeitgedächtnis; manchmal geht das so weit, daß alte Menschen nicht einmal ihren Gesprächspartner wiedererkennen. Doch sie würden, wenn die Kindheitserinnerung wach wird, nicht Vater und Mutter verwechseln. Das läßt sich gewiß nur damit erklären, daß es einen Erwerb, ein weitgefaßtes Lernen gibt, das teilweise auf solche Stufen zurückgreift, die meine Identität ganz massiv betreffen. Wüßte ich nicht mehr, daß ich überhaupt Eltern habe, so wäre das eine Störung des Weltbezugs im Ganzen und nicht ein Vergessen von Einzelheiten. Wir können einen Bekannten aus dem Blick verlieren, seinen Namen vergessen, aber elementar Erlerntes vergißt sich nicht in gleicher Weise. Deshalb ist es so wichtig, zwischen einem Lernen zu unterscheiden, das auf Projekten beruht, wo auch ein Verlernen leichter möglich ist – und einem Erlernen, in dem ich selbst überhaupt erst zu demjenigen werde, der ich bin. Dieses passive Lernen, das mir widerfährt, weist zurück auf meine Vorgeschichte, die begonnen hat, noch bevor ich selber sie in Angriff genommen habe.

In der marxistischen Tradition wird behauptet, die Menschheit sei noch nicht aus der Vorgeschichte herausgetreten, und die volle Geschichte sei erst dann erreicht, wenn der Mensch sie mit vollem Bewußtsein selber macht. Gegen diese schönen Sätze der marxistischen Klassiker hat Merleau-Ponty immer opponiert, ähnlich wie er auch gegen Piaget argumentiert hat: dieses bewußte Machen der Geschichte wird überhaupt nie eintreten. Was heißt es denn, die Geschichte »mit vollem Bewußtsein« machen? Wer macht das schon? Es ereignet sich etwas, das uns überrascht. Auch im Erwachsenenstadium sind Geschichte und Vorgeschichte nicht in dieser Weise voneinander separierbar. Die Vorgeschichte ist nicht einfach das, was vorausgeht und dem dann ein Zustand folgt, wo wir etwas ganz und gar mit eigenem Bewußtsein und eigener Willensanstrengung hervorbringen, sondern die Vorgeschichte hört überhaupt nicht auf. Auch unsere Kindheit liegt nicht einfach zurück, sondern sie beunruhigt uns, sie hat uns traumatisiert, verzaubert, sie beschäftigt uns weiter und spielt auf diese Weise in die Gegenwart mit hinein.

Aktiver und passiver Erwerb sind deshalb nicht als zwei Stockwerke zu betrachten, sondern als ineinander verschränktes Geschehen. Wenn Walter Benjamin in seiner Geschichtsbetrachtung sagt, in der Geschichte gebe es Ungleichzeitiges, Unzeitgemäßes, das seine Wirkung in der »Jetztzeit« entfalte, und die Geschichte sei nie einfach abgetan, so widersetzt er sich damit jedem Aufhebungsdenken. Auf gewisse Weise stehen wir immer wieder am Anfang.

Aktueller und habitueller Leib

Wird der Leib einem solch weiten Begriff von Lernen zugeordnet, so spielt er hierbei eine Vermittlungsrolle: er ist die Instanz, die in der aktuellen Situation zwischen dem, was uns jetzt begegnet, und der abgelagerten Geschichte, die wir schon durchgemacht haben, vermittelt. Der Leib selber muß von dieser Geschichte her gedacht werden, als durchtränkt mit Geschichte. Wie die Dinge, so hat auch der Leib seine Geschichte.

Die Unterscheidung zwischen einem aktuellen Leib und einem habituellen Leib ist bei Husserl ebenfalls schon angelegt. Der aktuelle Leib ist der fungierende Leib, der im Sehen, im Hantieren, im Hören usw. tätig ist, während der habituelle Leib bestimmte Dispositionen enthält, die je nach Situation aktiviert werden. Dem entspricht Merleau-Pontys Unterscheidung zwischen natürlichem und kulturellem Leib, die er an einer sehr singulären Stelle vornimmt: beide Momente verhalten sich zueinander wie Vorgeschichte und eigentliche Geschichte, was bedeutet, daß sie ineinanderspielen.[33] Der Leib ist natürlich, sofern als die sinnlichen Qualitäten, das Nervensystem, der Blutkreislauf etc. keine Erfindungen des Menschen sind. Der Leib ist aber immer auch kulturell, sofern alles, was natürlich vorgegeben ist, eine bestimmte kulturelle Deutung, Organisation und Schematisierung erfährt. Merleau-Ponty sagt dies mit aller wünschenswerten Klar-

33 Vgl. schon SC 227, dt. 244; Merleau-Ponty beruft sich an dieser Stelle auf Husserls Unterscheidung zwischen »ursprünglicher« und »sekundärer Passivität«.

heit: »Alles beim Menschen ist zugleich hergestellt und natürlich«.[34]

Wir haben nicht einen Naturbereich, der uns äußerlich anhängt, und zusätzlich einen Kulturbetrieb, der uns prägt, sondern Kultur und Natur sind zwei Gesichtspunkte, die sich in allen Bereichen aufdrängen. Auch die Sprache hat ihre Naturmomente, sonst könnten die Laute, die wir hervorbringen, nicht auf einem Phonogramm aufgenommen werden. Die Natur ist *in* der Sprache gegenwärtig, ebenso wie biologische Antriebsmomente, Blutdruck, neurologische Prozesse etc. unser gesamtes Verhalten durchziehen. Neurologische Prozesse sind stets beteiligt, nur sind sie immer schon kulturell durchformt und bilden keine isolierte Eigenschicht.

Dies müßte auch modernen konstruktivistischen Bestrebungen entgegengehalten werden, bei denen die Unterscheidung zwischen Leib und Körper nach dem Muster des Computerprogramms gedacht wird: der Körper als natürlicher Rohstoff und der Leib als Kulturprodukt. In der Theorie der Geschlechterdifferenz, die in einer späteren Vorlesung ausführlicher zur Sprache kommt, wird vielfach zwischen *sex* und *gender* unterschieden, im ›sex‹ läge dann der biologische, im ›gender‹ der kulturelle Anteil. Diese Art der Unterscheidung ähnelt der zwischen ›hard-ware‹ und ›soft-ware‹. Die Kultur wäre dann sozusagen das Programm, die ›soft-ware‹, der Körper wäre die ›hard-ware‹. Es käme auf diese Weise zu einem neuen Cartesianismus unter technologischen Vorzeichen, und daraus folgt: wenn die Natur für die Kultur bloßes Material darstellt, so kann sie beliebig geformt werden.

Dagegen setze ich eine integrative Sichtweise, die besagt, daß die Unterscheidung zwischen Natur und Kultur *in* der Kultur getroffen wird.

Doch gibt es wirklich keine erste Natur, auf die dann die Kultur als zweite Natur aufgestockt wäre? Gibt es nicht einen natürlichen Körper, dem die kulturelle Ausstattung als Leib erst sekundär zufällt? – Nein, es gibt keinen originären Dualismus, sondern Natur und Kultur bilden wie Leib und Körper eine Differenz *innerhalb* der Leiblichkeit, *innerhalb* der Welt. Etwas auf bloße Natur reduzieren heißt, die Dinge *als* Naturdinge betrachten; und den Leib als Körper behandeln heißt wiederum, ihn unter einem

34 PP 221, dt. 224.

abstraktiven Gesichtspunkt behandeln. Hier ist kein Raum für einen Dualismus, es gibt lediglich eine Vielfalt von Aspekten, von Unterscheidungsmöglichkeiten und auch – bis ins Pathologische hinein – von Spaltungsmöglichkeiten. Mein Leib kann sich so sehr von mir ablösen, daß er wie bloße Natur wirkt; ich habe auf Derealisierungsprozesse hingewiesen, bei denen der eigene Körper oder die Hand wie ein Ding erscheint.[35] Solche Spaltungsprozesse setzen jedoch voraus, daß die Natur zunächst in der Kultur selber eine Rolle spielt und nicht außerhalb ihrer agiert.

5. Virtuelle Leiblichkeit und Spontaneität

Ich habe im vorherigen Abschnitt auf bestehende Strukturen zurückgeblickt, dort standen die Vergangenheitsstruktur und die Vergangenheitsdimension im Vordergrund: all das, was in der Geschichte uns vorausgeht, was wir gelernt haben, was uns nachgeht.

Im folgenden richte ich den Blick voraus auf die Zukunft. Wie ist die Zukunft, das, worauf ich im Handeln oder in der Bewegung ausgerichtet bin, in der Leiblichkeit mitenthalten? Hier wäre wiederum eine ganze Theorie der Institution nötig, eine Beschreibung des Spielraums der Freiheit, der innerhalb eines Regelsystems Kreativität möglich macht. Ich beschränke mich jedoch abermals auf den Aspekt der Leiblichkeit mit dem Ziel zu zeigen, wie unter dem Blickwinkel einer Phänomenologie der leiblichen Bewegung die Frage nach Spontaneität und Freiheit sich neu stellt. Um es vorweg zu sagen: unter diesem sibyllinischen Titel »Virtuelle Leiblichkeit und Spontaneität« spreche ich über das, was zumeist mit dem großen Wort ›Freiheit‹ benannt wird. Oft wird das Wort ›Freiheit‹ als Parole gebraucht, ohne daß darunter sehr viel vorgestellt wird, oder aber man stellt sich *zu* viel darunter vor und endet dann in einer sehr abgelösten Theorie.

Die Theorie der Leiblichkeit hat durchaus etwas zur Erneuerung jener Problematik beizutragen, die in der Tradition unter dem Namen der Freiheit behandelt wird. In diesem Zusammenhang weise ich darauf hin, daß die uns vertraute Freiheitsproblematik, die in der Entgegensetzung zu einem Determinismus der Natur

35 Siehe oben S. 31.

oder einer göttlichen Vorhersehung metaphysische Dimensionen erreicht, bei den Griechen kaum zu finden ist. ›Freiheit‹ (ἐλευθερία) ist dort primär ein politischer Begriff. In der Beschreibung und Bewertung von Handlungen sind Zielsetzung, Abwägung von Gründen, Wahl der Mittel, Berücksichtigung der Umstände und Ausbildung einer beständigen Haltung die entscheidenden Faktoren. Freiheit wird zumeist nur indirekt thematisiert, und auch ich möchte hier betont indirekt von ihr sprechen.

Warum diese Zurückhaltung? Die Freiheit ist durch das moderne cartesianische Denken ebenso wie vieles andere in einen Dualismus hineingeraten, weil nunmehr zwischen einer inneren Willenskausalität und den diesen Willen ausführenden äußeren Körpermechanismen unterschieden wird. Descartes denkt sich den Willen als Imperium: es gibt ein *imperium voluntatis*, eine Herrschaft oder Befehlsinstanz des Willens.[36] Dualistisch gesprochen wäre die Freiheit eine Willenskausalität, d. h. ein innerer Vorgang, dem dann, wenn es gutgeht, auch äußere Vorgänge entsprechen.

Gegen eine solche Blickweise bringt Max Scheler das schöne Beispiel des Lahmen, der den inneren Willen hat, ins Wasser zu springen, um den Ertrinkenden zu retten, nur daß sein Körper nicht mitmacht und den Befehl verweigert.[37] Innerlich wäre der Lahme ein Lebensretter, weil er ja retten *will*. Scheler analysiert dieses Beispiel sehr genau; er stellt fest, strenggenommen dürfte der Lahme gar nicht sagen: ›ich will‹, denn ›etwas wollen‹ heißt immer auch ›etwas *tun* wollen‹ und desgleichen ›etwas tun *können*‹. Das Tunwollen setzt ein Tunkönnen voraus. Ein Wollen, das abgeschnitten ist von einem entsprechenden Tun-können, wäre ein wirkungsloses Phantom.

Politische Tapferkeitsbekundungen aus dem Alltag wie: »Wenn ich am 20. Juli dabeigewesen wäre, so hätte ich das und das getan« hören sich wie moralistische und meist hypokritische Behauptungen an, denn ich *kann* ja nicht sagen, was ich damals getan hätte. Ich kann höchstens sagen: ich würde mir *wünschen*, ich hätte in jener Situation nicht weggeguckt, sondern protestiert, als die Juden aus ihren Ämtern vertrieben wurden. Anderslautende Äußerungen führen zu einem falschen Zungenschlag im Gespräch zwischen den Generationen. Und die Älteren haben recht, wenn sie sich

36 Vgl. *VI. Meditation*, A. T. VII, 84.

37 Max Scheler, *Der Formalismus in der Ethik*, GW 2, S. 134.

verteidigen und sagen: »Ihr wart nicht in der Situation, also tut nicht so, als hättet ihr alles besser gemacht.« Wir können uns wünschen und darauf hinwirken, daß wir in einer ähnlichen Situation anders handeln, doch ein Willensentschluß ist nicht retrospektiv ablösbar vom Tunkönnen.

Schelers Erläuterung am Beispiel des Lahmen ist im übrigen ganz aristotelisch: das Wollen ist ein »Tunwollen«, ein Verwirklichenwollen, welches ein Tunkönnen voraussetzt. Der am Ufer sitzende Lahme, der den Ertrinkenden sieht und nicht hineinzuspringen vermag, könnte zynisch äußern: »Gottseidank, endlich einer weniger«, doch er würde auch dann nicht wegen unterlassener Hilfeleistung verurteilt. Mitleid haben, teilnehmen, verzweifeln am Leid des Anderen, das kann auch der Lahme angesichts eines Ertrinkenden. Doch dem Handeln geht nicht als innerer Vorgang ein Wollen voraus in der Weise, daß das Handeln dann nur noch als der äußerliche Vollzug eines inneren Wollens mittels eines Körpervorgangs zu betrachten wäre – als wäre das Helfenwollen ein innerer Vorgang, dem das äußere Pendant abhanden gekommen ist.[38]

Diese Deutung entspräche einer Deutung der Halluzination, die nach folgendem Muster abläuft: Jemand hat innere Wahrnehmungen, nur entsprechen diese Wahrnehmungen nicht den Dingen der äußeren Welt. Ich höre Stimmen, aber da spricht keiner. Dualistisch geht man von einem inneren Vorgang aus, dem das Äußere fehlt, und wenn man Glück hat, taucht es auf, und ich muß schauen, wie beides zusammenkommt.

Nach dem cartesianischen Modell der Willenskausalität wird Freiheit als innerer Vorgang gefaßt, der kausal auf äußere mechanische Vorgänge einwirkt. Bei Kant ist die Sache sehr viel komplizierter. Kant vertritt keinen solchen Dualismus, sondern geht von zwei verschiedenen Gesichtspunkten aus. Wenn ich die Dinge betrachte, wie sie mir erscheinen, so gibt es überhaupt keine Freiheit im eigentlichen Sinne, weil ich für alles eine Ursache angeben kann. Davon unterschieden ist die praktische Perspektive des Handelnden, der sich nach eigenen Gesetzen richtet und nicht nur fremden Regeln unterliegt. Kant unterscheidet also nicht zwei Sachberei-

38 Bei den moralistischen Beispielen kommt bezeichnenderweise immer jemand um oder tut eine gute Tat, als wären wir von einem permanenten Handlungsfieber befallen.

che, einen Bereich der Natur und einen Bereich der Kultur oder des Geistes, sondern er geht von zwei gegensätzlichen Einstellungen aus, zunächst von einer theoretischen Einstellung, in der ich bei jedem Ereignis, bei jedem Vorgang auch im sozialen Bereich fragen kann: Unter welchen Bedingungen ist dies zustande gekommen? Freiheit im Sinne einer Spontaneität, mit der ein Ereignis ohne Vorbedingungen aus sich heraus anfängt, finden wir nach Kant in der Erfahrung nirgends. Deshalb setzt er der theoretischen eine praktische Einstellung entgegen. Wenn ich handle, so handle ich nach einem bestimmten Gesetz, nach einer bestimmten Regel, die mir eine Handlungsweise vorschreibt. Diese Regel erklärt das Handeln nicht, sondern lenkt und bestimmt es. Freiheit hat ihren genuinen Ort also nicht in der Beschreibung und Erklärung des Handelns seitens eines Beobachters, sondern in der performativen Einstellung des Handelnden selbst.

Der Weg, den Kant einschlägt, hat zum einen die Schwierigkeit, daß sich der theoretische Bereich stark vom praktischen abspaltet. Dies führt zu dem Problem der Antinomien: die Freiheit kommt in der Natur nicht vor, sondern beschränkt sich auf den moralisch-praktischen Bereich, obwohl die Handlung doch beide Bereiche berührt und auf eine Vermittlung angewiesen ist. Und zum anderen entsteht das Problem, daß Freiheit sehr stark vom Gesetz, von der Regel her gedacht wird. Das moralische Gesetz in seiner Unbedingtheit ist es, das mich frei macht. Das sind große Gedanken, die ich als solche überhaupt nicht kritisieren möchte, aber ich weise auf eine deutliche Einseitigkeit hin. Ist Freiheit so eindeutig von der Regel her zu denken, kommen nicht andere Momente des Handelns darüber zu kurz? Wo bleibt die *Situation* mit all dem, was mich aufruft zu handeln? Wo bleibt all das, was nicht auf Gesetze und auch nicht auf ein Moralgesetz oder ein iuridisches Gesetz zurückgeführt werden kann?

Die Alternative, die ich nun mit Kurt Goldstein und Merleau-Ponty entwickeln möchte, faßt die Freiheit als Art und Weise, *wie* wir uns leiblich in der Welt bewegen, wie wir die Welt gestalten und sie strukturieren. Das Spezifische des Menschen, das ihn als freiheitliches Wesen auszeichnet, wird in diesem Versuch mit Kategorien der Bewegung, der Eigenbewegung, der Gestaltung und Strukturierung beschrieben.

Varela und sein Mitautor greifen in ihrem Buch *Der mittlere Weg der Erkenntnis*, und zwar in Kapitel 8, das sich mit der Kognition als verkörpertem Handeln befaßt, ausdrücklich auf den frühen Merleau-Ponty zurück. Sie versuchen nicht nur vom alten Cartesianismus zweier Substanzen wegzukommen, ihr Angriff richtet sich auch gegen einen Kognitivismus, der einerseits mit bestimmten Programmen, Repräsentationen und Regeln arbeitet und anderseits von einer Wirklichkeit ausgeht, die diesem Programm unterworfen wird. Dagegen rekurrieren die beiden Autoren vor allem auf die Leibtheorie von Merleau-Ponty und auf Heideggers Hermeneutik des Daseins. Sie sprechen vom Handeln als von einem Inszenieren, wie Husserl es in einem anderen Zusammenhang auch schon tut[39]: wir bewegen uns auf einer Bühne, lassen eine Szenerie entstehen, verändern die Wirklichkeit und mithin uns selbst. Das Wahrnehmen und Handeln spielt sich in einer Szene ab, in der die Wirklichkeit selbst als Mitspielerin auftritt. Die Wirklichkeit ist nicht einfach da als etwas, das verändert oder bloß registriert wird, sondern sie ist als inszenierte da, indem wir Handlungen in ihr ausführen und aufführen. Varela und Thompson zitieren Merleau-Ponty: »Der Organismus läßt sich eben nicht vergleichen mit einer Klaviatur, auf der äußere Reize spielen und ihre eigentümliche Gestalt abzeichnen, aus dem einfachen Grunde, weil er selbst dazu beiträgt, die Gestalt zu bilden.«[40] Der Organismus ist keine Klaviatur, auf der Reize ihre Eindrücke hinterlassen, sondern der Organismus bildet eine Art von Klaviatur, die sich selbst bewegt, und zwar so »daß sie – nach wechselnden Rhythmen – diese oder jene Noten der Einwirkung eines äußeren Hammers aussetzt, die in sich selbst monoton ist.«[41] Hier ist die Rede von einer Klaviatur, die sich selbst bewegt, die selbst dazu beiträgt, den Hammer, der beim Klavier den Ton auslöst, zu bewegen. Hier wird ein Zusammenspiel von Wirklichkeit und leiblichem Verhalten anvisiert, es besteht kein lineares Kausalverhältnis im alten cartesianischen Sinne oder im Sinne eines Verhältnisses von Programm und Hardware.[42]

Wie ist nun Freiheit von der Bewegung her zu denken? Zunächst hierzu einige Stellen aus der *Phänomenologie der Wahrnehmung*:

39 *Ideen* II (Hua IV), S. 98, 259, 336.
40 SC 11, dt. 13 (im Anschluß an V. v. Weizsäcker).
41 SC 12, dt. 14.
42 Vgl. dazu Varela/Thompson, *Der mittlere Weg der Erkenntnis* (1992), S. 236-240.

Die konkrete Freiheit besteht in dem »allgemeinen Vermögen, sich in Situationen zu versetzen«.[43] Die Freiheit wird hier gefaßt als die Möglichkeit, Situationen zu generieren. Bei dem amerikanischen Soziologen W. I. Thomas, der von Alfred Schütz zustimmend zitiert wird, ist davon die Rede, daß Situationen »definiert« werden.[44] Aron Gurwitsch spricht von einer »Organisation des Erfahrungsfeldes«.[45] Die erste Leistung besteht also darin, die Situation als solche zu schaffen. Ein schönes Beispiel hierzu liefert das berühmte Depositum bei Kant.[46] Es geht dort um die Regel: »Wenn jemand mir etwas geliehen oder zur Aufbewahrung gegeben hat, so muß ich es zurückgeben.« Die Regel lautet also allgemein formuliert: Ich muß ein Versprechen halten. Solche Regeln sind immer Wenn-Dann-Regeln, jedes Gesetz hat die Struktur des Wenn-Dann: »Wenn du x tust, mußt du auch y tun«, d. h. eine erste Handlung zieht immer eine andere nach sich. Doch wie kommt es überhaupt zu dieser Regelanwendung? Was liegt der Regelanwendung voraus? Wenn ich Situationen, in denen jemand etwas bei mir deponiert, von vornherein zu vermeiden suche und sage: »Bitte nichts bei mir deponieren, geh woanders hin«, dann komme ich überhaupt nie in die Verlegenheit, etwas auch wieder zurückgeben zu müssen. Die erste Vorbedingung für die Anwendung einer Regel und eines Gesetzes besteht deshalb darin, daß überhaupt *eine Situation entsteht*, in der diese Regeln oder Gesetze anwendbar sind.

Die Definition der Situation oder die Freiheit als die Fähigkeit, Situationen zu generieren, betrifft die *Voraussetzungen* der Regelanwendung. Ich kann falsch spielen, *wenn* und sofern ich spiele, doch die Einführung eines Spiels besteht nicht darin, daß wir Spielregeln anwenden, denn die Spielregeln sind nur anwendbar, wenn ein Spiel überhaupt eingeführt ist bzw. wenn einer mitspielt. Die erste Freiheit besteht also darin, eine Situation zu schaffen, ›es soweit kommen zu lassen‹.

Ein weiteres Beispiel wäre ein triviales Gespräch, nach welchem ich denke: mein Gegenüber hat lauter richtige Dinge gesagt, aber um Gottes willen, das wußte ich alles schon. Ein Gespräch kann

43 PP 158, dt. 164: »le pouvoir général de se mettre en situation«.
44 Schütz, *Gesammelte Aufsätze*, Bd. 1, S. 10, 402.
45 Aron Gurwitsch, *Das Bewußtseinsfeld* (1975).
46 *Kritik der praktischen Vernunft*, A 49 u.ö.

aus lauter mehr oder weniger wahren Sätzen und plausiblen Vorschlägen bestehen, die aber nichts ergeben, weil sie bloße Allgemeinplätze liefern. Dann hat das Gespräch nichts ergeben. Ein produktives Gespräch ergibt sich erst dann, wenn eine Situation entsteht, in der Belangvolles zur Sprache kommt. Ob das Gesprochene wahr ist, das ist eine Zusatzbedingung. Produktiv ist ein Gespräch, wenn es dazu kommt, daß man in einer Situation, im privaten, im therapeutischen, im politischen Gespräch, ein wichtiges Stichwort, das richtige Wort findet.

Bei Merleau-Ponty lautet die einfache Formulierung, wie schon erwähnt: konkrete Freiheit besteht in der allgemeinen Fähigkeit, sich in eine Situation zu versetzen, doch eben diese Situation wird auf gewisse Weise kreiert. Ich kann in eine Situation hineingeraten, aber selbst dann bin ich beteiligt daran, wie ich diese Situation aufnehme, wie ich auf sie antworte. Diese Fassung der Freiheit geht also von Strukturierungsprozessen aus, die noch vor einer Regelanwendung liegen. Was kommt zur Sprache? Was ist wichtig oder nicht? Schon darin liegt ein Moment der Freiheit, ob wir dieses oder jenes zur Sprache bringen. Nochmals, die erste Form der Freiheit wäre: Situationen zu schaffen, auf sie zu antworten, sie zu strukturieren.

Was die Unterscheidung zwischen tierischem und menschlichem Verhalten angeht, so würde dies bedeuten, daß das spezifisch menschliche gegenüber dem tierischen Verhalten nicht darin besteht, daß beim menschlichen Verhalten ein Logos, in diesem Falle ein Logos der praktischen Entscheidung hinzukäme. Diese alte Definition interpretiert den Menschen als ein Lebewesen, das einen Logos hat: der Mensch ist ein Lebewesen, das wächst, sich fortpflanzt, sich bewegt, den Ort verläßt, doch das spezifisch Menschliche an ihm wäre der Logos, der all den übrigen Bestimmungen eines Lebewesens noch hinzugefügt wäre. In einer massiven Deutung besagt dies: der Mensch verfügt im Gegensatz zu den übrigen Lebewesen über eine Instanz, die Befehle gibt und Ziele setzt. Doch gegenüber einem solch dualistischen Zusatzdenken müßte das spezifisch Menschliche als bestimmte Veränderung der Struktur der Animalität gefaßt werden. Der Logos als eine andere, höhere Form der Betätigung im Sinne der Entschlußfassung ist kein Zusatz zum Animalischen, das einer Unterschicht angehört, sondern dieses Andere, spezifisch Menschliche ist als andersartige Struktur, als andere Seinsweise zu fassen.

Merleau-Ponty hat dort, wo er über Freiheit spricht, als Antipoden immer Sartre vor Augen. Sartre vertrat eine sehr voluntaristische Theorie, er sprach massiv über Freiheit, vorrangig bei ihm waren immer Entscheidung und Entwurf. Der Verlagerung der Freiheit in die Entscheidung hält Merleau-Ponty entgegen: »Wenn ich sage, ich entscheide mich zu etwas, so habe ich mich im Grunde schon entschieden«. Ernsthafte Entscheidungen bereiten sich lange vor, so daß die Entscheidung selbst dann immer nur das letzte Wort hat in einem Prozeß der Entscheidungsfindung.[47] Die Freiheit selbst liegt in der Art und Weise, wie wir etwas abwägen, welche Aufmerksamkeit wir auf etwas verwenden, wie wir überhaupt etwas in den Blick geraten lassen. Die Freiheit liegt nicht in dem großen Schlußwort ›Ja‹ oder ›Nein›, das einen Prozeß der Entscheidungsfindung im allgemeinen nur abbricht.
Freiheitliches Verhalten besteht also nicht in einer höheren Form der Tätigkeit, die von außen in etwas eingreift, sondern Freiheit bedeutet, »die geschaffenen Strukturen zu übersteigen, um daraus andere zu schaffen«.[48] Wir leben immer schon in bestimmten Strukturen, selbst das Kind fängt nie am Nullpunkt an, sondern lebt in einer Welt von Erwachsenen, die immer schon gestaltet und organisiert ist. Die Freiheit besteht nicht in einer willkürlichen Setzung, sondern in einer Umgestaltung und Umstrukturierung der Situation.
Worin besteht die Freiheit des Schriftstellers? Ein Literat erschafft nicht eine neue Sprache, er ist kein Esperanto-Autor, sondern er verändert die Sprache, in der er aufgewachsen ist, die Sprache der Anderen, die er mehr oder weniger selber spricht. Er arbeitet an der Sprache, findet neue Wege, etwas zu sagen. Die Freiheit eines Literaten bedeutet nicht, daß er neue Regeln einführt, sondern daß er überkommene Sprechweisen verändert.
Die spezifische Fähigkeit des Menschen bestünde dann darin, Gesichtspunkte zu vervielfältigen und gegenüber vorgegebenen Strukturen verschiedene Möglichkeiten der Strukturierung zu bedenken und zu berücksichtigen. Desgleichen ist damit die Fähigkeit angesprochen, Ambiguitäten, Zweideutigkeiten zu ertragen

47 Außer in extremen Fällen, wo ich geradesogut würfeln könnte, wo ich mich nicht entscheiden kann, aber das sind Grenzfälle einer *libertas indifferentiae*.

48 SC 189, dt. 200.

oder den Sinn für das Mögliche zu entfalten. Mit der Fähigkeit, die Gesichtspunkte zu vervielfältigen, ist gemeint, daß ich nicht in einen einzigen Gesichtspunkt, der mir ›zugewachsen‹ ist, sozusagen einbetoniert bin. Die Fähigkeit, Ambiguitäten zu ertragen, ist in der Psychologie unter dem Namen Ambiguitätstoleranz bekannt. Das Beispiel des Pawlowschen Hundes habe ich ja schon einmal erwähnt: der Hund wurde darauf trainiert, daß er sein Futter immer in Verbindung mit einem Kreis bekam. In dem kritischen Versuch wurde nun der Kreis immer mehr der Ellipse angenähert, so daß der Hund am Ende nicht mehr wußte, ob er nun einen Kreis oder eine Ellipse vor sich hatte. In der Folge hat der Hund auf diese Zweideutigkeit neurotisch reagiert, nämlich mit einer Futterverweigerung, die jeder schlichten Selbsterhaltung Hohn spricht. Dieses bemerkenswerte Beispiel zeigt, daß Tiere nicht ›bloß‹ im Sinne eines Reflexes reagieren. Doch auch Menschen können auf ambivalente Situationen panisch reagieren, z.B wenn es keinen Paragraphen gibt, der sie anleitet, sich so oder so zu verhalten. Die Psychologen nennen das mangelnde Ambiguitätstoleranz. Menschen ertragen im Normalfall eine gewisse Vieldeutigkeit, weil sie davon ausgehen, daß die Wirklichkeit nicht dazu da ist, Regeln zu erfüllen, sondern daß Regeln bloße Hilfestellung leisten und gewisse Ordnungsfunktionen wahrnehmen.[49] Aber die Wirklichkeit selber läßt immer viel mehr Möglichkeiten zu, so daß sich das Menschliche vom Tierischen durch die Fähigkeit unterscheidet, mit vieldeutigen Situationen zu leben, etwas zu tun und

49 »Unsere psychische Realität ist ebenso von ›Wunschgegensätzen‹ beherrscht, wie die soziale Wirklichkeit von Widersprüchen durchzogen ist. In jedem Fall sind die ›gemischten Gefühle‹ Ausdruck von objektiven und subjektiven Konflikten. Die Art und Weise, wie wir uns an ihnen abarbeiten, bestimmt unser Vermögen oder Unvermögen, mit Krisen, Umbrüchen, gesellschaftlichen Herausforderungen umzugehen. Wenn wir uns Konflikten stellen, sie aushalten, sprechen wir von ›Ambivalenztoleranz‹, wenn wir ihnen ausweichen, von ›Ambivalenzabwehr‹. Solche Umgangsweisen mit Problemen werden früh angelegt in der Auseinandersetzung von Kindern mit ihren ersten Liebesobjekten. Unsere Analysen versuchen beide Konfliktebenen zusammen zu denken: die der gegensätzlichen psychischen Antriebe und die der widersprüchlichen gesellschaftlichen Realität.« Regina Becker-Schmidt und Gudrun-Axeli Knapp, *Geschlechtertrennung – Geschlechterdifferenz. Suchbewegungen sozialen Lernens* (1987).

doch zu wissen, daß das, was ich so deute oder verstehe, nicht alle Möglichkeiten ausschöpft und nicht der Weisheit letzter Schluß ist.

Das dritte Charakteristikum der menschlichen Freiheit bestünde darin, daß der Sinn für das Mögliche, eben die Virtualität entfaltet wird. Über virtuelle Welten werde ich in der nächsten Stunde noch etwas sagen. Den Ausdruck ›Virtualität‹ gebraucht schon Wolfgang Köhler, der in der Charakterisierung des tierischen im Gegensatz zum menschlichen Verhalten zwischen aktuellem und virtuellem Handlungsraum unterscheidet, und Merleau-Ponty schlägt von daher eine Brücke zur Pathologie der leiblichen Motorik, mit der Kurt Goldstein sich befaßt.[50] Das »eingeschränkte Milieu«, das Goldstein seinem Patienten zuschreibt, läßt sich als Schwinden des Möglichkeitssinnes bestimmen. Robert Musil unterscheidet in seinem Roman *Der Mann ohne Eigenschaften* den Wirklichkeitssinn vom Möglichkeitssinn.[51] Die Hauptfigur Ulrich wird eingeführt als Mann ohne Eigenschaften, der sich seinen Möglichkeitssinn bewahrt: die Dinge könnten auch anders sein. Musils Aufzeichnungen beschreiben vielfach sehr extreme Formen, aber zunächst einmal trifft er etwas sehr Wichtiges und Allgemeines: zum Menschen gehört immer das Bewußtsein oder Gefühl, die Wirklichkeit könnte auch anders sein. Unser Dasein ist nicht durch bestimmte Regeln und Ziele schlechthin definiert. Schon in diesem Möglichkeitssinn liegt etwas Befreiendes.

Max Scheler spricht bei der Unterscheidung zwischen Mensch und Tier von *Umwelt* und *Welt*.[52] Die Umwelt wäre der Bereich vorhandener Strukturen, diese sind teils genetisch angelegt, teils werden sie erlernt. Selbst der Gesang der Singvögel ist nicht rein genetisch vorgegeben, nicht ein reines Abspulen von Programmen, sondern Singvögel imitieren auch und bilden ›Dialekte‹. Doch das tierische Verhalten bleibt in einem bestimmten Umkreis, eben in seiner Umwelt befangen. Wenn im Zusammenhang mit dem menschlichen Verhalten von Welt die Rede ist, so bedeutet das nicht, daß *alles* möglich ist, sondern, daß *mehr* möglich ist, als

50 Vgl. zu Köhler: SC 122-130, dt. 128-135, zu Goldstein: PP 132-138, dt. 124-130, und zur gegenwärtigen Prolematik der Virtualisierung der Realität vom Verf. *Grenzen der Normalisierung*, S. 239-244.

51 *Der Mann ohne Eigenschaften* (1978), S. 16ff.

52 Vgl. *Die Stellung des Menschen im Kosmos* (1928 bzw. 1976: GW 9).

wirklich ist. Dadurch unterscheidet sich eine menschliche Welt von einem bloß tierischen Milieu.
Wollte man den Unterschied zwischen Mensch und Tier sehr einfach definieren, so könnte man diesen Unterschied auch so fassen: Könnte ein Löwe sagen: »Ich bin ein Löwe, und zudem bin ich stolz darauf«, oder: »Leider bin ich nur ein Löwe« – so wäre er ein Mensch. Genau das nämlich tut der Mensch, er sagt: Ich bin ein Mensch, habe diese Hautfarbe, bin dort und dort geboren. Er kann darunter leiden, sich darüber freuen, er kann sich ironisch betrachten, doch all dies sind Distanznahmen. Das Tier vermag nicht in dieser Weise von sich selbst Abstand zu nehmen.
Doch auch dabei ist Vorsicht geboten, denn selbst die Frage, ob Tiere Humor haben, ist nicht so eindeutig zu beantworten. Aussagen wie »Tiere haben keinen Humor« oder »Tiere haben etwas *nicht*, was der Mensch hat« geraten immer daneben, denn die Frage wäre eher so zu stellen: Was hat es zu bedeuten, wenn eine Katze spielt? Was bedeutet es, wenn ein Kind spielt? Im Spielverhalten der Tiere sind analoge Formen zu finden, doch nichts ist einfach so wie beim Menschen. Merleau-Ponty schlägt vor, die Natur so denken, daß sie den Menschen vorbereitet und Vorbedingungen dafür schafft, vorgegebene Strukturen zu verwandeln. Im tierischen Bereich gibt es Skizzen, manchmal auch gewisse Karikaturen des Menschlichen.[53] Doch der entscheidende Unterschied zum Menschen besteht nicht darin, daß die Tiere anders fressen, anders wahrnehmen, anders leben, das ist sowieso klar, sondern darin, daß sie nicht in vergleichbarer Weise zu ihrem eigenen Verhalten auf Distanz gehen können. Dies hat etwas damit zu tun, wie man Möglichkeiten definiert. Auch Tiere verfügen innerhalb ihres Rahmens über verschiedene Möglichkeiten des Verhaltens, sie bewegen sich ja auch nicht nur nach einem vorgegebenen Mechanismus. Die Frage ist nur, ob es ihnen auch möglich ist, diesen Rahmen selber umzugestalten? Mit realer Umgestaltung der Situation meint Kurt Goldstein eine Umgestaltung, bei der ich nicht nur *denke*, es könnte anders sein, sondern wo das Leben selber sich verändert und das Milieu ein anderes wird.[54] – Darin liegt eine

53 Vgl. *Signes* (1960), S. 157, dt.: Métraux/Waldenfels, *Leibhaftige Vernunft* (1986), S. 27.

54 SC 238, dt. 255; Merleau-Ponty unterscheidet im Anschluß an Goldstein zwischen »ideeller« und »realer Befreiung«.

bestimmte Chance, Freiheit zu denken, ohne einer äußeren Kausalität das zweite Prinzip einer inneren Kausalität hinzuzufügen. In der nächsten Stunde beziehe ich das hier Angedeutete noch einmal schärfer auf das Problem der Freiheit.

8. Vorlesung vom 10. 12. 96

Ausgehend von einer virtuellen Leiblichkeit, bei der ein Spielraum von Möglichkeiten den zentralen Platz einnnimmt, kann so etwas wie Spontaneität neu gedacht werden. Spontaneität war in der letzten Vorlesung mein Problemtitel für das alte Wort Freiheit. Im folgenden resümiere ich meine Überlegungen.

a) Freiheit und Spontaneität

Freiheit ist eine *Spontaneität innerhalb von Strukturen.* Schiller dagegen spricht von einer rein inneren Freiheit: »Der Mensch ist frei, und wär er in Ketten geboren.« Im Gegensatz hierzu betone ich, daß Freiheit sich bloß innerhalb von Strukturen und Regeln realisieren läßt – und nicht außerhalb ihrer.

b) Die Kontingenz jeder Ordnung

Eine Ordnung, die auch anders sein könnte, läßt es im Handeln und im menschlichen Verhalten nicht nur zu, daß wir Situationen *ein*ordnen, d. h. eine Situation nach einer bestimmten Regel oder einem Schema interpretieren, sondern darüber hinaus gibt es die Möglichkeit einer *Umordnung* oder einer *Umgestaltung*, durch welche die Situation selber in ein anderes Arrangement verwandelt wird. Im Alltagsverhalten werden vertraute Situationen nach gewohnten Schemata bewältigt, das wäre das Moment der Gewöhnung. Darüber hinaus gibt es außerordentliche Situationen, in denen unsere Schemata versagen, in denen wir uns, wie Wittgenstein sagt, nicht mehr auskennen und wir aus der vertrauten Situation herausgerissen werden. Freiheit würde dann Umgestaltung, Umordnung der gewohnten Ordnungen bedeuten.

c) Graduelle Differenzierung von Freiheit und Unfreiheit

Zwischen Freiheit und Unfreiheit gibt es keine reine Bereichsabgrenzung, die dadurch zustande käme, daß auf der einen Seite die Naturgesetze herrschen, uns determinieren und daß für jedes Ereignis zureichende Bedingungen angegeben werden können – und daß auf der anderen Seite die Freiheit sozusagen als eine andere Kausalität herrscht. Meine Überlegungen zielen vielmehr auf eine leibliche Freiheit des Verhaltens hin, in der es Graduierungen und eine Skala von Möglichkeiten gibt. Man kann sich mehr oder weniger dem Pol der Determinierung annähern, wo nur noch *eine einzige* Möglichkeit bleibt, oder dem Pol der Beliebigkeit, wo ich *irgendeine* Möglichkeit wähle.

Ich greife noch einmal die Begriffe des konkreten und des abstrakten Verhaltens von Kurt Goldstein auf. Goldstein unterscheidet zwischen einer abstrakten und einer konkreten Umgestaltung der Situation. Erstere wäre eine solche, die sich sozusagen im Bewußtsein abspielt, ich ändere lediglich die Sicht der Dinge, während eine konkrete Umgestaltung bedeutet, daß meine leibliche Situation sich verändert, daß sich also auf gewisse Weise mein Leben verändert und nicht nur mein Bewußtsein vom Leben. Schon Karl Marx hat immer sehr betont, daß eine Änderung im Bewußtsein noch keine Änderung der Lebenspraxis selber sei. Die konkrete Umgestaltung grenzt sich ab von der Möglichkeit einer bloß abstrakten Umgestaltung einerseits und vom Verhaftetsein an bestimmte Gestalten, vom Konkretismus anderseits. Das eine Extrem besagt, daß man nur abstrakt, ganz abgelöst von der Situation fixe Ideen verfolgt, die nie realisiert werden, nie realisierbar sind: ein Wunschdenken oder ein Leben in Wunschvorstellungen. Das andere Extrem wäre ein Verhaftetsein an bestimmte Gestalten, das nur geringfügige Veränderungen zuläßt; mit einem sozialtheoretischen Begriff gesagt wären dies Stereotypen, d. h. feste Typen[55], die unverändert angewendet werden, keine Flexibilität zulassen und deshalb der Situation einen schematischen Charakter aufzwängen.

Stereotypes Verhalten besagt also, daß wiederkehrende Situationen immerzu nach dem gleichen Schema behandelt werden. Dies

55 στέρεος heißt auf Griechisch ›fest‹.

kann bis ins Klinische hineingehen. Der Fall Schneider, den Goldstein untersucht hat, wäre ein Beispiel für ein konkretistisches Verhalten. Goldstein schreibt zweimal den Buchstaben K an die Tafel, einmal in Schreib-, einmal in Druckschrift. Schneider scheitert an diesen zweierlei Ks und behauptet, die beiden Ks seien *ganz* verschiedene Buchstaben, der eine sei der vom Doktor, der andere sei ein Druckbuchstabe. Rein von der optischen Gestalt her ist der Unterschied kaum ersichtlich; achtet man aber darauf, wie der Buchstabe in Druckschrift und in Schreibschrift ausgeführt wird, so unterscheidet sich beim Schreib-K und beim Druck-K die Strichführung. Beim normalen Lesen vernachlässigen wir solche Momente, sonst kämen wir in unabsehbare Schwierigkeiten. Es gibt eine Toleranzgrenze, wie lange ein Zeichen noch als ein und derselbe Buchstabe gilt. Solche Toleranzgrenzen lassen sich selbst in das Programm gestalterkennender Maschinen einbauen; Schrifterkennungsmaschinen geraten nicht bei jeder kleinen Abweichung in Schwierigkeiten, obwohl selbst Druckbuchstaben sich beträchtlich voneinander unterscheiden. Der Einzelbuchstabe ist ein Typus, der in verschiedenen Tokens realisiert werden kann. Konkretistisches Verhalten bedeutet nun, daß jede noch so minimale Einzelheit berücksichtigt wird, so daß entsprechende Schreibvarianten als *zwei* verschiedene Buchstaben interpretiert werden. Die Wirklichkeit wird kompliziert bis zur Unbewältigbarkeit, wenn nicht beachtet wird, welche Momente relevant sind und welche nicht.[56]

Das normale Verhalten berücksichtigt nie alle Einzelheiten, sondern vernachlässigt das, worauf es nicht ankommt. Stellen Sie sich vor, Ihr Freund trägt plötzlich einen Hut oder einen anderen Mantel. Da fragen Sie sich nicht, ob er noch derselbe sei. Sie rechnen damit, daß ein Freund auch mal etwas Ungewöhnliches trägt. Normalerweise rechnen wir damit, daß jemand je nach Situation sehr verschieden aussehen kann.

56 Schwierig wird es nur, wenn zwei Buchstaben so geschrieben werden, daß man sie kaum noch unterscheiden kann. Ist dies z. B. ein u oder ein n? Früher machte man in Deutschland einen Kringel auf das u, um es vom n zu unterscheiden. In diesem Fall wird der Unterschied auch für den normalen Leser belangvoll, da Zweifel aufkommen, um welchen Buchstaben es sich handelt, während es bei den zweierlei K's um Unterschiede geht, die nicht ins Gewicht fallen. Entscheidend ist, ob die Zeichen ihrer distinktiven Funktion gerecht werden.

Ein konkretistisches Sehen bliebe so sehr auf konkrete Einzelheiten fixiert, daß ›dasselbe‹ in verschiedenen Situationen nicht wiedererkannt wird. Zur Freiheit gehört jedoch ein Spielen mit Möglichkeiten. Die oben genannte Polarität kann mit den Worten von Musil als Spannung zwischen dem Wirklichkeitssinn und dem Möglichkeitssinn gefaßt werden: es gibt eine sehr starke Fixierung auf den Wirklichkeitssinn, eine Fixierung auf das, was ist, bis hin zu allen Einzelheiten. Der andere Pol wäre die Hypostasierung des Möglichkeitssinnes: das Gesehene wird nicht genommen als das, was es ist, sondern es wird immer schon im Hinblick auf sein Anderssein gesehen. Normalerweise bewegen wir uns zwischen beiden Extremen. Wir sehen z. B. einen Gegenstand am Rand eines Tisches liegen und schieben ihn zurück, weil wir mit der Möglichkeit rechnen, er könnte herunterfallen. Wir sehen die Möglichkeit des Herunterfallens im Gegenstande mit. Wir sehen nicht nur das, was jetzt und realiter da ist, sondern zum Gegenwartsfeld gehören auch drohende Gefahren oder willkommene Chancen. Wir finden schließlich auch Vergangenes im Gegenwartsfeld vor, sonst gäbe es kein Lernen. Das Möglichkeitsfeld, das Husserl als Horizont aus Möglichkeiten denkt, beruht nicht auf irgendwelchen Zusatzerkenntnissen, sondern die Möglichkeiten wohnen der Wahrnehmung inne. Ich rechne stets mit dem, was sein könnte.

Das Spiel mit Möglichkeiten betrifft ebenfalls das eigene Verhalten. Ein Schauspieler führt geradezu berufsmäßig mögliche Existenzen auf. Mit Hamlet gerät er ins Zögern und wird vom toten Vater heimgesucht; mit Jago vollzieht er den Eifersuchtsmord an Othello, den wir hoffentlich nie begehen werden, durch den wir aber Versuchungen und Gefährdungen an uns selber entdecken. Der Möglichkeitssinn spielt mit dem Gedanken, daß die Welt, ich selber oder der Andere auch anders sein könnten.

Polarisierung von Wirklichkeitssinn und Möglichkeitssinn würde bedeuten, daß entweder der eine oder der andere dominiert. Dominiert der Wirklichkeitssinn, so sind die Dinge so, wie sie sind. Husserl spricht von Tatsachenmenschen.[57] Tatsachenmenschen gehen davon aus, daß die Dinge schlicht *so* sind, aber die Dinge *sind* nicht einfach so, sie werden zu dem gemacht oder auf das festgelegt, was sie sind. Werden Möglichkeiten beschnitten oder

57 *Krisis* (Hua VI), S. 4: »Bloße Tatsachenwissenschaften machen bloße Tatsachenmenschen.«

nicht genutzt, so bedeutet schon das eine Verarmung, die jeder schlichten Tatsächlichkeit entgegensteht.

Die Dominanz des Möglichkeitssinnes begegnet uns, wenn wir an moderne Techniken, an virtuelle Welten, Räume, Hantierungen und an Operationen denken, die virtuell ausgeführt werden; dort kann die Virtualisierung so weit gehen, daß die Verankerung in der Wirklichkeit dahinschwindet. Flugpiloten werden in einem virtuellen Cockpit ausgebildet; tut der Pilot einen falschen Handgriff, so stürzt das Flugzeug nicht ab. Der Pilot tut nur so, als flöge er, er lernt Handgriffe, die zunächst keine reale Wirkung haben. Man kann sein ganzes Leben in einem solch künstlichen Cockpit verbringen. Und so sagen manche: warum sollen wir nach Spanien fahren, wenn wir alles zu Hause am Bildschirm haben können, dazu in drei Dimensionen und selbst mit Geräuschen und demnächst auch mit Gerüchen durchsetzt? Warum soll man nach Spanien fahren, wenn es ein virtuelles Spanien zu erkunden gibt? Man sitzt an seinem Tisch und fährt in der Welt herum. Wenn die Möglichkeitsformen derart überhandnehmen, daß sie sich von dem Ort, wo ich jetzt bin, ablösen, so führt dies zu einer Verflüchtigung des Lebens selber. Wir geraten in den luftigen, widerstandsschwachen Bereich einer Beliebigkeit, die durch keine Anforderungen hier und jetzt eingeschränkt wird.

Freiheit und Unfreiheit lassen eine doppelte Polarisierung zu. Unsere heutige Technik weist eher in die Richtung einer generellen Virtualisierung, so daß die Wirklichkeit zum Anwendungsbereich von irgendwelchen Programmen herabsinkt. *You see what you get*. Hier stellt sich die Frage nach der Technisierung des Leiblichen, auf die ich in diesem Zusammenhang nicht weiter eingehe.[58]

d) Der Spielraum

Freiheit taucht entschieden dann auf, wenn wir zur Situation auf Distanz gehen. Zur Situation gehört immer ein gewisser Rand nicht fest eingebundener Möglichkeiten: das, was wir Spielraum nennen. Der Spielraum entstammt einer Bewegung, die wie etwa

58 Ich verweise unter anderem auf die eingangs erwähnten Untersuchungen von John O'Neill und Käte Meyer-Drawe.

im Falle der Tanzbewegung einen bestimmten Raum um sich verbreitet.

Wiederum beziehe ich mich auf den Patienten Schneider. Man möge mir verzeihen, daß ich immer wieder auf diesen Fall zu sprechen komme, aber er bietet sich so anschaulich in allen Einzelheiten dar. Das alles läßt sich jederzeit auf nicht-pathologische Fälle übertragen. Schneider hat Schwierigkeiten mit Spiel und Fiktion, als er aufgefordert wird, so zu tun, als ob er militärisch grüßen würde.[59] Er scheitert an der Aufgabe, sich eine Situation vorzustellen, die nicht wirklich ist. Er hat ebensolche Schwierigkeiten mit dem Witz, also damit, daß man die Dinge nicht ganz so genau nimmt. Auch der Witz bedeutet eine gewisse Distanz zur Situation, der übertriebene Ernst dagegen nimmt alles allzu wörtlich. Die Franzosen sprechen von einem *jeu d'esprit*, von einem Geistesspiel, in dem Möglichkeiten ausprobiert werden. In der ironischen Sprechweise wird etwas indirekt zum Ausdruck gebracht, und damit mildert sich die allzu direkte Attacke ab. Das sind entschiedene Formen der Freiheit, definiert man diese dadurch, daß man nicht ganz in der Rolle aufgeht, die man spielt. Bei einem Beamten, der nicht nur seine Funktion ausübt, sondern zu gelegentlichen Scherzen aufgelegt ist, müßte man weniger befürchten, daß er hemmungslos seine Paragraphen anwendet. Freud behandelt Witz und Humor ausführlich, weil sie nicht zu steuernde und nicht in Regeln zu fassende Einfälle aus dem Unbewußten hervordringen lassen.

Man könnte Witzregeln aufstellen und versuchen, Witze nach Regeln zu produzieren; doch wenn der Witz zu einer Anwendung von Regeln wird, dann ist er weg. Wie wir alle wissen, verschwindet ein Witz, wenn man ihn stockend und umständlich erzählt oder ihn erklären will. Zum Witz gehört ein Überraschungseffekt, so daß eine Wortbedeutung plötzlich in eine andere umschlägt. Freud bringt das Beispiel einer Fehlleistung, die einem Witz sehr nahe kommt: Ein junger Mann spricht eine Frau auf der Straße an, indem er ihr anbietet, sie zu »begleit-digen«.[60] Damit tut sich plötzlich etwas kund, was nicht ausdrücklich gemeint ist, sich aber unversehens einmischt und zu widerstreitenden Ausdrücken führt, die sich an widerstreitende Gefühle heften. Mir selbst ist es

59 Vgl. oben S. 135, 139.

60 S. Freud, *Zur Psychopathologie des Alltagslebens*, GW IV, S. 77.

einmal passiert, daß ich einem berühmten Kollegen eine bestimmte »Selbstübereinschätzung« zuschrieb (der Lektor hat's gemerkt und getilgt). Witze und Fehlleistungen in der Sprache verweisen auf einen gewissen Rand an Freiheit. Der sogenannte tierische Ernst ist ein Krankheitssymptom, und dabei ist der Ausdruck *tierischer* Ernst ziemlich dumm, denn der tierische Ernst ist eine menschliche Eigenschaft. Sind Tiere ernst? Was soll das heißen? An dieser gedankenlosen Formulierung trifft vielleicht nur zu, daß Tiere nicht *so* wie die Menschen lachen können.

Die Polarität von Spontaneität und Gewöhnung verkörpert zwei Momente der Weltstruktur: daß wir durch Strukturen, Wiederholungen eine Welt erwerben, und daß wir zugleich für neue Möglichkeiten offen sind, die über diese Regeln und Strukturen hinausführen.

e) Zum Verhältnis von Spontaneität und Kunst

Eine letzte Bemerkung betrifft das Verhältnis von Spontaneität und Kunst. Merleau-Ponty zieht häufig das Modell des Künstlers heran: den Maler, der an der bildlichen Darstellung arbeitet, oder den Organisten, der sein Instrument einsetzt. Künstlerische Momente treten nicht bloß dort auf, wo es ausdrücklich um Musik oder Malerei geht, sondern jeder Arbeit und jeder Handlung ist ein Moment der Erfindung, ein künstlerisches Moment beigemischt. Diesen Gedanken finden wir bei Nietzsche oder bei Musil: das Erfinderische und Künstlerische ist in allen Lebensbereichen zu finden, sobald es darum geht, nicht bloß bestimmte Regeln anzuwenden oder Programme durchzuführen, sondern Situationen zu definieren, neue Perspektiven zu gewinnen.

Das Zustandekommen einer Lebensentscheidung gleicht der Arbeit des Künstlers.[61] Eine Entscheidung beruht nicht einfach auf einer Anwendung von Regeln, denn solche Entscheidungen wären im Grunde schon gefallen, wenn entsprechende Handlungen anstehen. Entscheidungen, die das eigene und das fremde Leben

61 »Die revolutionäre Bewegung ist, wie die Arbeit eines Künstlers, eine Intention, die sich selbst ihre Werkzeuge und Ausdrucksmittel schafft.« (PP 508, dt. 506) Die Entscheidung des Arbeiters wird »im Leben ausgearbeitet«, sie »erwächst aus seinem Leben« (510, dt. 507).

verändern, bereiten sich allmählich vor, ähnlich wie der Maler nicht blitzartig und plötzlich eine fertige Idee mit Hilfe von Farben und Linien auf die Leinwand bringt, sondern diese langsam aus einem Prozeß des Malens hervorgehen läßt. Dies gilt ebenso für wichtige Lebensentscheidungen: das Resultat entsteht langsam aus dem Stoff verschiedener Situationen. Dazu gehören Mühsal und Leichtigkeit, beides. Leichtigkeit, wenn es gut vorangeht, wenn Einfälle kommen; Mühsal, wenn es darum geht, einem widerspenstigen Material einen bestimmten Sinn oder eine bestimmte Gestalt abzutrotzen.

f) Der *Begriff Spontaneität* taucht in den klassischen Freiheitslehren immer wieder auf. Bei Kant bedeutet Spontaneität die Fähigkeit, eine Bewegung bei sich selbst anzufangen, wobei Kant daran denkt, daß eine Handlung normalerweise – wenn wir sie als ein Ereignis in der Welt betrachten – nie völlig bei sich selbst anfängt, sondern immer auf Vorbedingungen zurückgeht. Wenn ich eine Handlung als ein soziales, persönliches Ereignis betrachte, so kann ich immer fragen, wie es dahin gekommen ist. Kant definiert Spontaneität deshalb als etwas, das die Kette der Bedingungen bzw. die Naturkausalität durchbricht. Die Frage ist nur: Läßt sich Spontaneität *so* denken, daß der Kausalitätszusammenhang punktuell durchbrochen wird, oder bestehen Freiheit und Spontaneität nicht vielmehr darin, daß man die Möglichkeiten *selber* nutzt und in verschiedene Richtungen lenkt?

g) Husserl gebraucht bisweilen den Begriff des *Inszenierens*: eine Handlung wird inszeniert. Auch Varela benutzt diesen Begriff unter Berufung auf Merleau-Ponty in seinen Betrachtungen zur Selbstorganisation von Systemen.[62] Inszenieren heißt nicht produzieren, es heißt nicht, daß man eine Handlung von vorne bis hinten nach Strich und Faden hervorbringt, sondern es bedeutet, daß auf der Bühne (gr. σκηνή, Szene) verschiedene Kräfte zusammentreffen: der Regisseur, der eine Aufführung konzipiert und einstudiert, Schauspieler, die ihre Rolle spielen, ein Bühnenbild, das den Handlungsrahmen betont. Wird das Handeln als ein Inszenieren gedacht, so spielt der Körper in seiner Materialität mit, ohne daß die

62 Siehe oben S. 194.

Tätigkeit des Bewegungsapparates ganz und gar auf einen Bewegungsablauf reduziert werden könnte.
Es fragt sich schließlich, ob diese Freiheit des Inszenierens nur im menschlichen Bereich zu finden ist? Paul Valéry beschreibt in seinem Essay *Die Seele und der Tanz* eine Kakophonie von Ursachen und Wirkungen, bei der nichts recht zusammenpaßt. Bei der körperlichen Bewegung kommt vieles zusammen: die Glieder, die Nerven, die Schwerkraft und alles, was sonst mitspielt. Valéry deutet in mythischer Form eine besondere Leichtigkeit der Bewegung an: »Hercule changé en hirondelle – ce mythe existe-il?« (»Herkules verwandelt in eine Schwalbe – existiert dieser Mythos?«).[63] Herkules, auf dem die mühsam auszuführenden *labores* lasten, verwandelt sich in eine Schwalbe, gewinnt eine Leichtigkeit, die ihn über die alltägliche Erdenschwere hinaushebt. Valéry interpretiert den Tanz als eine Bewegung, die sich dem Schweben annähert; er denkt dabei an den europäischen Tanz, der auf einen Spitzentanz hinzielt, bei dem alles in einem Punkt kulminiert: die Ballerina berührt die Erde nur noch auf den Zehenspitzen. In dieser Eigenbewegung wird die Erdenschwere des Gliederbaus nahezu überwunden.
Ich hoffe, es ist deutlich geworden, daß es bei dem Wechselspiel von Spontaneität und Gewöhnung um eine Polarität geht und daß es keinen Sinn hat, eines gegen das andere auszuspielen. Gewöhnung heißt, einen Ort finden in der Welt, und Spontaneität heißt, den Ort wechseln, wandern, offen sein für anderes und andere.

63 P. Valéry, *L'âme et la dance* (*Œuvres*, Bd. II, S. 161).

V. Der leibliche Ausdruck

Bisher habe ich den Leib als Medium unseres Bezuges zur Welt betrachtet; er spielt eine Rolle in der Empfindung, in der Wahrnehmung und in der Bewegung, mit der wir uns unter den Dingen und mit der wir die Dinge selber bewegen. Der Leib verankert uns in der Welt, ich bin hier und jetzt eingewöhnt in die Welt. In diesen Bereichen befindet der Leib darüber, wie eine Welt sich für uns organisiert, anordnet, artikuliert und verändert und wie wir in dieser Welt unseren Platz finden.
Nun kommt aber als weitere Problematik die des Ausdrucks ins Spiel: der Leib ist der sichtbare Ausdruck meiner selbst. Der Leib wird nun nicht als Medium des Weltbezugs, sondern als Medium der Selbstdarstellung anvisiert. Im Ausdruck stelle ich mich selbst leiblich dar als jemand, der etwas erlebt, fühlt, denkt usw. Die Darstellung nimmt die Form einer Darstellung für mich selbst an, wenn ich mir selbst etwas vorspiele. Man denke an das Spiegelbild und an das Echo, bei denen ich mich optisch oder akustisch verdoppele, mir selber etwas vor Augen führe oder mich selber anrufe. Diese Selbstdarstellung ist nicht nur eine Darstellung für mich selber, sondern auch eine Darstellung für jemanden, der Zeuge meines Verhaltens wird oder geradezu als ihr Adressat auftritt. Selbstdarstellung bedeutet also gleichzeitig eine Darstellung für den Anderen. Hier stellt sich das Problem des Ausdrucks.

1. Barriere zwischen Innen und Außen

Ich gehe zunächst auf die Geschichte des Ausdrucks ein und auch auf die Problematisierung und Verarmung des Ausdrucks in der Neuzeit im Gefolge Descartes', um dann nach Alternativen Ausschau zu halten. Es gibt eine alte Tradition der Ausdruckslehre. Unter dem Namen Aristoteles z. B. ist eine Schrift mit dem Titel *Physiognomica*[1] überliefert, dort findet sich eine Deutung der Mimik, des Antlitzes, der leiblichen Gebärden und schließlich der

1 Der Bestandteil *physio* – verweist auf die Natur, und *gnomica* leitet sich

Sprechweisen. Das Interesse an einer solchen Physiognomie ist Sache verschiedener Disziplinen, die am Rande der Philosophie angesiedelt sind und die eher auf das praktische Verhalten abzielen. Die *Redekunst* hat sich seit altersher viele Gedanken gemacht über den menschlichen Ausdruck. Schon die aristotelische Rhetorik fragt sich, wie der Redner seine Gedanken darstellt, wie er Überzeugungen weckt und Gefühle steuert, wie er auftritt. Die *Theaterkunst* beschäftigt sich professionell mit der Frage, wie man etwas auf die Bühne bringen kann, die Darstellung ist ihr bevorzugtes Thema. Schließlich spielt die Ausdruckslehre eine Rolle in der *ärztlichen Diagnostik*, die heute z. T. maschinell ausgeführt wird. Früher stand im Vordergrund eine Schulung des ärztlichen Blickes, der Krankheiten an bestimmten Symptomen erkennt: z. B. an der Rötung der Haut, an seltsamen Bewegungsweisen, an Gerüchen oder Schlafstörungen. Zu den drei Bereichen Redekunst, Theaterkunst und ärztliche Diagnostik kommt als vierte Disziplin die *Charakterologie* hinzu, die keine Erfindung der modernen Psychologie, sondern ebenfalls eine ganz alte Disziplin ist. Bei Plutarch gibt es bestimmte Charakterbilder, die noch Shakespeare in seinen Dramen benutzt. Der Drückeberger oder der Aufschneider sind Figuren, die konkret beschrieben und im Stile der Commedia dell'arte als Charaktere auf die Bühne gebracht wurden. Ein relativ modernes Buch, das diese Tradition sehr gut darstellt, stammt von Karl Bühler: *Die Ausdruckstheorie*, erschienen in den 30er Jahren.[2] Dort findet sich sehr vieles, was man leicht übersieht, weil heute beim Thema Ausdruck allzu schnell an Ausdruckstests und Verhaltenskontrollen gedacht wird. Die klassische Tradition der Griechen, in der sich diese Kunst der Ausdrucksdeutung entwickelte, hat bei der Deutung des fremden Verhaltens keine prinzipiellen Schwierigkeiten; denn sie nimmt an, die Natur sei wie ein großes Buch, in dem man zu lesen lernen muß. Manchmal ist dieses Buch zwar ein Buch mit sieben Siegeln, aber es läßt sich entziffern. Bis in die Renaissance hinein war von einer *signatura rerum* die Rede: die Natur hat eine Signatur, sie gibt bestimmte Zeichen. Solche Signaturen bedürfen einer Entzifferungskunst, manchmal sogar einer Detektivkunst. Doch da die Wirklichkeit

her von γνώμη = der Sinn, die Deutung, das Sprichwort. *Physiognomica* bedeutet demnach die Naturdeutung. Vgl. oben S. 69.

2 K. Bühler, *Ausdruckstheorie* (1933).

als ganze solcherart ist, daß sie nach Deutungen verlangt, ist die Physiognomie nichts Besonderes, sondern nur ein Ausschnitt aus dem Bereich der Deutung, der alles mögliche umfaßt. Zur römischen Tradition gehörte z. B. die Deutung des Vogelflugs. Auguren waren als Staatspriester angestellt, sie mußten den Vogelflug deuten. Sie haben natürlich oft auch gemogelt und für gutes Honorar dem Vogelflug etwas nachgeholfen, aber dahinter stand der Gedanke, daß der Vogelflug, ähnlich wie Wetterzeichen, einen Zusammenhang andeutet, der diesen Zeichen auf geschickte Weise abzulesen ist. Es gibt den alten Satz: πάντα πλήρη θεῶν, »Alles ist voller Götter«, er läßt sich umwandeln in den Satz: »Alles ist voller Sinn«; Sinn gibt es, wo immer man mit lesenden Augen hinschaut. Diese Sichtweise hält sich bis an die Schwelle der Neuzeit. Die Ausdruckslehre ist von den Griechen bis in die Renaissance hinein in eine allgemeine Ausdruckshaftigkeit der Dinge und der Natur eingebettet, so daß die Deutung des Ausdrucks, wie gesagt, keine besonderen Schwierigkeiten bereitet.

Die moderne Entzauberung der Natur bedeutet auch einen Einschnitt in bezug auf die Problematik des Ausdrucks. Wir begegnen auch hier wiederum dem Cartesianismus und einem gewissen Empirismus, der die Entfaltung dieser Zusammenhänge stets begleitet.

Ich weise hier nur auf einige Grundschwierigkeiten hin, zunächst einmal wieder auf den *Dualismus* zweier selbständiger Bereiche. Auf der einen Seite haben wir innere oder eigene Erlebnisse und auf der anderen Seite äußere oder fremde Körpermechanismen. Die Frage ist nun, wie der Dualismus überbrückt wird. Äußere, fremde Körpermechanismen gehören zu dem, was in der Natur geschieht, sie können nach mechanischen Gesetzen, als Mechanismen erklärt werden, aber es hat in diesem Naturbereich keinen rechten Sinn, auch nur nach Deutungen zu fragen. Wird beispielsweise der Regen als Naturprozeß betrachtet, so können zwar statistische Regeln angegeben werden, nach denen in dem und dem Augenblick etwas so oder so geschieht, aber nach einer Bedeutung für uns zu fragen, liegt einer solchen Betrachtung fern. Die Natur wird als etwas betrachtet, das überhaupt keinen Bezug auf mich als Betrachter hat. Das Naturgeschehen läuft nach ehernen Gesetzen ab, und es wäre verfehlt, dort nach Bedeutsamkeiten zu suchen. Die Bedeutung wandert somit hinüber in den inneren Bereich der eigenen Erlebnisse.

Der zweite Punkt wäre der *Atomismus*, der das empiristische Denken in besonderem Maße kennzeichnet. Dieser Atomismus besteht erneut darin, daß Ausdrucksphänomene in Einzelelemente aufgelöst werden: das Gesicht und die Gebärde zerfallen in Einzelheiten, so wie die Natur überhaupt in Einzelheiten zerfällt. Gesicht und Gebärde werden interpretiert als Komplexe von Empfindungsdaten, und auch der Ausdruck erscheint als Komplex von Empfindungsdaten, Sinnesdaten oder Reizen, die als einzelne nichts besagen, sondern als etwas rein Äußerliches betrachtet werden: etwas Äußeres, das sich bewegt, bestimmte räumliche Orte einnimmt, aber keinen Zusammenhang bildet, der als solcher verstanden werden kann.

Ausgehend von diesem Zerfall der Wirklichkeit in Einzelheiten stellt sich alsbald das Problem: Wie kann man zurückfinden zur menschlichen Welt, in der es ja notwendigerweise bestimmte Zusammenhänge gibt? Wie können angesichts eines solchen Zerfalls der Wirklichkeit so komplizierte und komplexe Situationen beschrieben werden, wie sie mir im Alltag beständig begegnen, z. B. wenn ich jemanden sehe, der zornig oder traurig aussieht? Als Allheilmittel bietet der Empirismus den Assoziationismus und den analogisierenden Vergleich an. Assoziationismus bedeutet, daß einzelne, isolierte Gegebenheiten assoziiert, d. h. in einen Zusammenhang gebracht werden in dem Sinne, daß ein bestimmtes Einzelnes immer wieder zusammen mit einem anderen Einzelnen in räumlicher, zeitlicher und kausaler Verbundenheit auftritt. Das andere Allheilmittel, der Vergleich, besagt, daß ähnliche Situationen miteinander verglichen werden.

Für die Deutung des Ausdrucks heißt das: zunächst werden Körperprozesse bzw. Körperzustände auf der einen Seite mit dem eigenen Erleben auf der anderen Seite verknüpft. Auf dem Hintergrund einer Dichotomie von Innen und Außen verbinden sich eigene Erlebnisse – durch Gewohnheit und Vergleich – mit bestimmten Körperprozessen und Körperzuständen. Beim fremden Leib gewahren wir entsprechende Körpervorgänge, z. B. sehen wir, wie die Haut sich rötet. Die Frage ist dann: Was hat es mit dem fremden Erlebnis auf sich? Wie kommen wir an das fremde Erleben heran, wie wissen wir, was der Andere erlebt? Bei unserm eigenen Erleben sind wir dessen gewiß, was wir erleben. Wer wäre ich, wenn ich das nicht wüßte? Zugleich können wir an uns selbst wahrnehmen, wie bestimmte Körperprozesse sich mit diesen eigenen Erlebnissen verbinden. Dies geschieht demnach durch eine Form von Assoziation. Bei den Anderen sehen wir nur natürliche Vorgänge, und wir müssen dann zusehen, wie wir hinter ihren Sinn kommen. Dies erfolgt aus empiristischer Sicht durch ein vergleichendes Sehen: wenn bei uns selbst sich der Zorn damit verbindet, daß unser Gesicht rot wird, so können wir dem fremden roten Gesicht entnehmen, daß auch der Andere zornig ist. Einfacher gesagt: es gibt eine gleichbleibende Verbindung, die sich durch Analogie auf das fremde Verhalten überträgt. Bei entsprechendem Körperverhalten nehmen wir an, daß damit auch ein bestimmtes seelisches Verhalten verbunden ist. Wir haben also für die Deutung des fremden Verhaltens ebensolche Zeichen zur Verfügung, wie wir sie in der Natur finden. Der Druck, den wir beispielsweise am Zeigerstand einer Maschine ablesen, deutet auf bestimmte Prozesse im Inneren der Maschine hin.

Der Rationalismus geht nicht von bloßen ähnlichen Gegebenheiten aus, die assoziiert werden, sondern er nimmt das Denken zu Hilfe. Das Allheilmittel ist hier das Schlußverfahren: der Zorn des Anderen erschließt sich mir per Analogieschluß. Immer wenn ein bestimmter Körpervorgang bei mir gegeben ist, ist mir auch ein bestimmtes Erlebnis gegeben, und der Analogieschluß bestünde dann darin, daß ich das vierte Glied dieses Vergleichs erschließe aufgrund von Ähnlichkeiten im Bereich der körperlichen Vorgänge.

In der *Ersten Meditation* spricht Descartes davon, daß Hüte und Gestalten am Fenster vorbeigehen. Er fragt sich: sehe ich nun Attrappen oder Menschen? Er sieht Körpervorgänge: Hüte, Gestalten, die sich bewegen, die aussehen wie Menschen. Darauf folgt: »*iudico* homines esse«, ich urteile, daß es Menschen sind. Ich selber bin mir gegenwärtig als ein Denkender, während ich durch einen Analogieschluß zum Urteil gelange, daß es dort außer mir auch Menschen gibt. Ich sehe keine Menschen, ich sehe nicht den Zorn, ich erlebe nicht die Trauer, sondern ich *urteile*, daß auch der Andere in einer bestimmten Gemütsverfassung ist, wenn er bestimmte körperliche Merkmale zeigt. Es geht hier nicht um eine Ausdruckswahrnehmung, sondern um ein gültiges Erschließen. Descartes fragt sich selbst: aufgrund welcher Kriterien kann ich darauf schließen, daß diese Gestalten, die da draußen vorbeigehen, keine Maschinen sind?

Die Gedanken, die Descartes dazu äußert, sind bis heute erwägenswert. Zum menschlichen Verhalten gehört, daß es sich nicht immerzu wie eine Maschine nach vorgegebenen Regeln bewegt, sondern auch von den Regeln abweichen und Neues erfinden kann. Nur ist dieses Kriterium der möglichen Regelabweichung ein sehr weiches Kriterium. Denn es gibt mittlerweile auch Computer, die nicht einfach nach Programm ablaufen, sondern neue Möglichkeiten generieren, so daß Regelabweichung und Erfindung für sich genommen nicht ausreichen, um Menschen von Maschinen zu unterscheiden. Aber interessant ist die Fragestellung: Menschen sehen aus wie Maschinen, wie kann ich dann wissen, daß beim Menschen noch etwas mehr ins Spiel kommt als bei bloßen Maschinen? Descartes deutet den Körper als Maschine, und die Seele ist dann das, was die Körpervorgänge begleitet. Bei mir selber weiß ich, wie es mit mir steht, bei den Anderen muß ich mir dies mühsam erarbeiten.

Diese Sichtweise unterscheidet sich ganz diametral von älteren Texten, etwa von den *Physiognomica*, die noch davon ausgehen, daß ich den Zorn *erlebe*, daß ich *sehe*, wenn jemand zornig ist. Aufgrund dieser neuen, von Descartes induzierten Problemlage ergibt sich ein ganzes Arsenal von Methoden, die dann im 19. Jahrhundert verfeinert worden sind. Das Wort *Einfühlung* (Empathie) stammt von Theodor Lipps: ich fühle dem Anderen Gefühle ein, ich selber habe eigene Gefühle, dem Anderen werden sie eingefühlt. Es ist auch die Rede von *Intro-jektion*: man führt in seine Seele etwas hinein, was man Anderen entnimmt. Oder es ist die Rede von *Pro-jektion*: man verlegt in das Innere des Anderen, was man in sich selbst vorfindet. Bei sich selbst ist man zu Haus, in den Anderen dagegen muß man sich hineinversetzen.[3] Diese Optik ist kennzeichnend für die Psychologie von Wilhelm Wundt oder

3 Bei Laplanche und Pontalis findet sich folgende kurze Definition der Introjektion: »Das Subjekt läßt in seinen Phantasien Objekte und diesen Objekten inhärente Qualitäten von ›außen‹ nach ›innen‹ gelangen.« – Und Projektion »im eigentlichen psychoanalytischen Sinne« ist die »Operation, durch die das Subjekt Qualitäten, Gefühle, Wünsche, sogar ›Objekte‹, die es verkennt oder in sich ablehnt, aus sich ausschließt und in dem Anderen, Person oder Sache, lokalisiert. Es handelt sich hier um eine Abwehr sehr archaischen Ursprungs, die man besonders bei der Paranoia am Werk findet, aber auch in ›normalen‹ Denkformen wie dem Aberglauben.« *Das Vokabular der Psychoanalyse*, S. 235 und 400. Die Topik der Psychoanalyse, die von psychischen Kräften ausgeht, läßt

Theodor Lipps. Bei Rudolf Carnap, einem der prononciertesten Vertreter des Wiener Kreises, wird das »Fremdpsychische« vollends auf Physisches und dieses wiederum auf »Eigenpsychisches« reduziert.[4] Es geht immerzu darum, wie ich vom Eigenen, das ich kenne, zum Fremden gelange, das ich nicht kenne.

Diesen Vorgehensweisen treten Gegenbewegungen entgegen, die ich hier nur summarisch erwähnen möchte. Max Scheler versucht in seinem Buch über Sympathiegefühle[5], ein direktes Erfassen der Gefühle von der Beschreibung der Erfahrung her zurückzugewinnen, so daß sich der künstliche Mechanismus des Analogieschlusses erübrigt. – Bei Husserl gibt es Ähnliches, aber auch bei Analytikern wie Ryle, Austin oder Wittgenstein. Wer an der Geschichte der Revision dieser Theorien interessiert ist, lese *Die mitmenschlichen Begegnungen in der Milieuwelt*, verfaßt von Aron Gurwitsch.[6]

Der gemeinsame Grundmangel dieser empiristischen und rationalistischen Deutungsweise liegt darin, daß schon die Frage »Wie kann ich Zugang zum Anderen finden?« falsch gestellt ist. Mit dieser Frageweise fühle ich mich in meinem eigenen Innenraum eingesperrt und muß mir dann überlegen, wie ich den Anderen draußen erreichen kann. Das Eigene wird als Innenraum beschrieben, die Anderen werden in einem Außenraum angesiedelt. Ähnliches finden wir in der Sprache des 19. Jahrhunderts, z. B. in der Annahme einer ›Außenwelt‹. Die Außenwelt wäre demnach ein Bereich, der mir fremd ist. Erst mit der Statuierung der Außenwelt stellt sich das Problem, wie ich von meinem Innenbereich des Bewußtseins und des Erlebens in die Welt nach außen gelangen kann. Wie kann ich von meiner Eigenwelt zur Fremdwelt kommen? Diese Frage impliziert, daß man über sich selbst Bescheid weiß, bei sich selbst zu Hause ist und daß nur die Anderen sich ausweisen müssen. Dies bedeutet eine Privilegierung der Eigener-

allerdings den schlichten psycho-physischen Dualismus hinter sich, trotz aller begrifflichen Anklänge an ihn.

4 R. Carnap, *Scheinprobleme in der Philosophie. Das Fremdpsychische und der Realismusstreit* (1966), vgl. das Resultat auf S. 41 f. Diese stufenförmige Konstitutionstheorie ist ein positivistischer Widerhall der Konstitutionstheorie von Husserl, bei dem Carnap kurze Zeit studierte.

5 Max Scheler, *Wesen und Formen der Sympathie.*

6 Dies war die geplante Habilitationsschrift von Aron Gurwitsch, postum herausgegeben von Alexandre Métraux (1977).

fahrung gegenüber der Fremderfahrung. Doch diese Vorordnung des Eigenen, von der hier so selbstverständlich ausgegangen wird, ist in sich selbst fragwürdig. Freuds Diktum »Der Mensch ist nicht Herr im eigenen Haus« besagt erkenntnistheoretisch, daß wir nicht schlicht davon ausgehen können, wir seien uns selber vorweg bekannt und die Anderen kämen erst sekundär ins Spiel.

Der Behaviorismus, der vom wahrnehmbaren und beobachtbaren Verhalten ausgeht, hatte zunächst auch etwas Gesundes und Befreiendes: Wir schauen, wie der Andere sich verhält. Zorn ist ein Zornesverhalten, Angst ist Angstverhalten, und das Verhalten selbst ist nicht gewissermaßen eine Außenseite, eine Kulisse, hinter der irgend etwas anderes steckt. Der Behaviorismus beginnt auf der Außenseite: Ich *sehe* das Verhalten, ich sehe auch, was der andere erlebt. Nur gerät der Behaviorismus dann ins andere Extrem, indem er das Innere ganz und gar durch beobachtbare Verhaltensvorgänge zu erklären trachtet.

Eine integrative Verhaltenstheorie revidiert diese extremen Sichtweisen und geht nicht mehr vom Außen als einem Gegensatz zum Innen aus, sondern zieht ein Zusammenspiel von Innen und Außen, von Eigenem und Fremdem in Betracht. Ich möchte in diesem Zusammenhang auf die frühen Arbeiten von Merleau-Ponty hinweisen. In seinem Buch *Die Struktur des Verhaltens* nimmt er von vornherein Abstand von einer introspektiven Theorie und einer entsprechenden Privilegierung des eigenen Bewußtseins. Bisweilen findet man noch heute die Ansicht, die Phänomenologie beruhe auf Introspektion, das ist der größte Unsinn, den man sich denken kann. Schon auf Husserl trifft das nicht zu. Die Phänomenologie ist keine Introspektion, die es mit Seelenvorgängen im Gegensatz zu Körpervorgängen oder Vorgängen in den Dingen zu tun hat, sondern Phänomenologie analysiert den Sinn, den wir meinen, wenn wir etwas erleben. Husserl steht mit seiner Intentionalität immer schon jenseits von psychischem Innen und physischem Außen, denn Intentionalität bedeutet ein Übersteigen dessen, was ich selber erlebe.

Merleau-Ponty hat vor allem im Hinblick auf die Psychologie entsprechende Folgerungen gezogen. Gegen eine Privilegierung der Introspektion führt er zwei Argumente ins Feld. 1. Das Verhalten weist bestimmte Strukturen auf, d. h. wiederholbare Momente, die am Verhalten abzulesen sind. Das Verhalten (etwa eine Bewegung, die ich sehe) hat eine bestimmte *Richtung*, es ist keine bloße Ortsveränderung. Das Fallen etwa besteht in einer Bewegung nach unten. Das Verhalten hat 2. eine bestimmte *Rhythmik*, es stellt sich dar als eine abgehackte oder gleitende Bewegung, als eine bestimmte Artikulation. Mit dem Wort Verhalten sind nicht Erlebnisse gemeint, die ich habe oder die der Andere hat, ohne daß ich weiß, welche er hat, sondern das Verhalten versetzt mich von vornherein in eine gemeinsame Welt, sofern Strukturen und Sinngestalten bei mir und den Anderen wiederkehren.

Diese phänomenologische Sichtweise setzt schon bei einfachen Beispielen an wie etwa bei der sogenannten Rotwahrnehmung. Es taucht immer wieder der Gedanke der berühmten Qualia auf, die man nicht recht abbilden kann, auch maschinell nicht, zumindest bisher nicht. Von einer Rotempfindung, die ich habe, wenn ich etwas ›rot‹ nenne, und die andere haben, wenn sie etwas ›rot‹ nennen, bleibt unklar, ob sie dieselbe ist, und ob wir dasselbe sehen, wissen wir ja gar nicht. Ist eine Empfindung ein Zustand, den ich habe, so kann ich nur *vermuten*, daß andere einen ähnlichen Zustand haben. Ist die Empfindung wie bei Hume eine einfache Gegebenheit, so ist sie im Grunde nicht wiederholbar.

Ich kann einen Schmerz nicht wiederholen, wie ich einen mathematischen Satz wiederhole. Wenn ich den Schmerz noch einmal habe, dann habe ich einen neuen Schmerz, es sind immer einzelne Ereignisse, die in Raum und Zeit als neue Vorgänge auftauchen. Eine Empfindung läßt sich schon bei mir selbst nicht wiederholen. Das ist nicht viel anders, als wenn ich sage: »Ich habe Zahnschmerzen und du hast sie nicht«. Und wenn ich Rot sehe, so sehen andere unter ähnlichen Bedingungen zunächst einmal etwas Verschiedenes. Wieso dürfen wir annehmen, daß wir überhaupt über dasselbe sprechen? Und tun wir das nicht, wo ist dann das Problem?

Aus diesem Engpaß kommt man heraus, wenn man gemeinsam mit der Gestalttheorie und mit der Phänomenologie, die dort anknüpft, annimmt, daß Rot von vornherein als wiederholbare Gestalt und auch als Differenz auftritt. Rot sehen heißt, einen Farbgegensatz sehen, auf dem Hintergrund von Nichtfarbigem und im Kontrast zu anderen Farben.[7] Jede Farbe ist auf gewisse Weise eine Kontrastfarbe, und sei es, daß sie Kontraste in sich selbst ausbildet; denn selbst eine monochrome Farbschicht entwickelt Eigendifferenzen und Unterscheidungseffekte. Eine Farbe verkörpert als

7 Auch Husserl betrachtet den Kontrast als »Urphänomen« (Hua XI, 138).

diese Farbe immer schon eine Differenz zu anderen Farben und nimmt damit eine bestimmte wiederholbare Struktur an. Ein Kontrast kann sich wiederholen, während das Einzeldatum ein physisches Ereignis ist, das kommt und geht. Ein Einzeldatum wird durch anderes ersetzt, während ein Farbkontrast sich transponieren läßt und auf diese Weise im Anderen fortdauert. Insofern bringt es nicht erst die Sprache dahin, daß etwas eine Bedeutung gewinnt, die auch morgen noch dieselbe ist, wenn ich etwa einen Satz unter vergleichbaren Umständen wiederhole – auch für Farben gilt schon, daß bestimmte Ordnungsstrukturen wiederkehren.[8] Und das bedeutet auch: sie sind nicht einfach nur meine, sondern als Strukturen sind sie vervielfältigbar in bezug auf das Verhalten mehrerer Individuen. Damit ist man von vornherein über den Gegensatz von Innen und Außen hinaus. Farbstrukturen und Strukturen überhaupt sind weder innen noch außen, sondern sie sind genau die Art und Weise, wie die Wirklichkeit, wie die Welt sich uns im Erleben und im Verhalten in ihren Einzelheiten darstellt.

Zwar kann es sein, daß ein Verhalten unverständlich bleibt. Das ist oft der Fall, wenn wir in fremde Kulturen oder fremde Milieus geraten und nicht recht verstehen, was da vor sich geht. Aber dies heißt nicht, daß wir bloße Körpermechanismen vor uns haben, hinter denen wir alles mögliche vermuten müßten, sondern es ist wie beim Hören einer fremden Sprache. Eine fremde Sprache nicht verstehen heißt ja nicht, daß ich bloß physische Laute höre. Wäre die Sprache auf physische Laute reduziert, so würde ich sie nicht einmal als Fremdsprache wahrnehmen. Eine Fremdsprache hören heißt, etwas nicht zu verstehen, was durchaus einen bestimmten Sinn hat und etwas ausdrückt. Das Rätsel beginnt schon damit: Wie kann ich wissen, daß das, was ich höre, eine sprachliche Äußerung ist? Wie kann ich eine Fremdsprache als Fremdsprache erfassen? Daß mir dies möglich ist, bedeutet, daß auch die fremdeste Sprache mir nicht ganz und gar fremd ist, als handle es sich um physische Laute, die niemand verstehen kann.

Sehe ich eine Spur im Sand, so frage ich mich: War es der Wind, der sie hergeweht hat? Dann wäre es ein natürliches Phänomen. Oder

8 Ich sehe hier davon ab, daß Wiederholung immer auch ein Moment der Nicht-Wiederholung einschließt. Vgl. *Ordnung im Zwielicht* (1987), S. 63-66.

kam jemand vorbei und hat Linien in den Sand gezogen? Dann hätte die Spur Zeichencharakter.
Die Fremdsprache weckt zumindest die Erwartung, ich könnte sie unter bestimmten Bedingungen verstehen. Wenn die physischen Klänge, in denen Sprache sich realisiert, aufgenommen werden, so handelt es sich weder um ein Übersetzen noch um ein Verstehen. Doch eine Fremdsprache hören bedeutet, daß ich es von Anfang an mit einem bestimmten Ausdrucksgehalt zu tun habe, selbst wenn ich ihn nicht verstehe. Eine Fremdsprache hören bedeutet zu verstehen, daß ich nichts verstehe. Das ist ein Paradox, aber es ist genau dieser paradoxe Umstand, der es ermöglicht, daß wir irgendwann in eine Fremdsprache Einlaß finden und mit dem Verstehen beginnen.
Beim Spracherwerb des Kindes geschieht etwas Ähnliches. Jedes Kind lernt seine Muttersprache sozusagen als eine Fremdsprache; denn dem Kind begegnet seine künftige Sprache zunächst als Sprache der Erwachsenen. Und das setzt voraus, daß ein Kind bemerkt, daß da nicht irgendwelche unverständlichen Töne hervorgebracht werden. Es hört den Tonfall, es nimmt wahr, daß jemand spricht. Das Kind wächst auf unter Erwachsenen, die sprechen, am Anfang versteht es nichts, wie wenn wir als Erwachsene in eine fremde Sprachwelt verschlagen werden. Jede Sprache beginnt auf gewisse Weise als Fremdsprache, als Sprache der Anderen. Wenn wir mit den separaten Mechanismen von Außen und Innen arbeiten, können wir nicht einmal sagen, daß ein Kind die Sprache der Eltern hört. Fremdheit der Sprache besagt nicht, daß ›außen‹ bloße physische Mechanismen vorhanden sind, denen ich nachträglich einen Sinn unterlege, sondern ich *höre* eine fremde Sprache. Die Sprache ist nie ganz fremd, nie ganz außen.
Vergleichbares gilt auch für die *Introspektion*. Ich kann sagen: also gut, ich schaue in mich hinein, ich beschreibe Empfindungen, die ich habe, in einer Innenschau. Bei diesem Versuch liegt das erste Problem schon darin, daß ich eine Innenschau nicht denken kann, ohne die Sprache zu benutzen, die ja nicht ›innen‹ ist. Schon wenn ich sage: »Das sind *meine* Empfindungen«, so gebrauche ich das Possessivpronomen, und schon dieses »mein« oder das »ich«, das ich bei der Beschreibung meiner eigenen Erfahrung benutze, ist nicht *mein* Wort. Es gehört zum Wesen von sprachlichen Ausdrucksformen, daß sie bestimmten Regeln unterliegen, die ich nicht beliebig ändern kann. Das Argument von Wittgenstein lau-

tet: Eine Privatsprache im strengen Sinne, bei der ich irgendeinen Laut mit einem beliebigen Sinn verbände, wäre keine Sprache, weil es keine Instanz gäbe, die mir sagen könnte, daß ich diese Bezeichnung richtig verwendet habe oder nicht. Die Introspektion ist schon deshalb keine reine Innenschau, weil sie als Beschreibung immer schon *in* einer Sprache erfolgt, die nicht nur meine eigene ist. Bei der Introspektion werden eigene Erfahrungen beschrieben, so wie man fremde Erfahrungen beschreiben kann. Die Beschreibung eigener und fremder Erfahrung ist selbstverständlich zu unterscheiden, doch der Unterschied liegt nicht darin, daß die Introspektion einen primären, die Beschreibung fremder Erfahrung einen sekundären Zugang zur Erfahrung eröffnet. Es ist nicht so, daß ich bei der Introspektion schlechthin wüßte, was mit mir geschieht, und daß die Beschreibung fremder Erfahrung ein sekundärer Vorgang wäre, bei dem ich die fremde Erfahrung mühsam und indirekt aufgrund meiner eigenen Erfahrung erschließen oder erraten müßte unter Zuhilfenahme von Analogie, Modifikation, Abwandlung usw. Vielmehr gibt es zwei Zugangsweisen, eine zu mir und eine zum Anderen, die auf sehr schwierige Weise zusammenhängen. Darüber werde ich in späteren Zusammenhängen Ausführlicheres sagen. Aber zunächst lautet meine These: Fremdes und eigenes Verhalten sind zwar auf verschiedene Weise zugänglich, jedoch nicht im Sinne einer Introspektion, die primär, und einer Fremderfahrung, die sekundär wäre.

Wie lernen Sie beispielweise, was Zorn heißt? Wissen Sie, wie Sie aussehen, wenn Sie zornig sind? Gucken Sie dabei in den Spiegel – oder haben Sie gelernt, wie Sie aussehen, wenn Sie zornig sind? Vieles an ihren eigenen Gebärden haben Sie nie gesehen, sondern Sie sehen es primär bei den Anderen. Die Bewegung des ausdrücklichen Verstehens geht nicht von innen nach außen, sondern umgekehrt, vom Anderen zu mir und erst dann von mir selber zum Anderen.

Der Rückgang auf die reine Introspektion erscheint schon deshalb als fragwürdig, weil unser Verhalten selber Strukturen und Gestalten hat. Doch darüber hinaus hat nicht nur das Verhalten bestimmte Strukturen, sondern dies gilt auch für die Dinge. In der Psychologie ist von Ausdrucks- oder Anmutungsqualitäten die Rede, die wir den Dingen zusprechen. Auch die Dinge begegnen uns auf eine bestimmte Art, auf bedrohliche, auf freundliche oder auf widerwärtige Weise. Wir haben also von vornherein nichts von dieser Dichotomie, dieser Barriere zwischen Innen und Außen, von der unsere kritischen Überlegungen ausgingen. Diese Barriere ist immer schon unterhöhlt, weil in unserem Verhalten Eigenes mit Fremdem zusammenspielt, vermittelt durch allgemeine Gestalten und Strukturen, die sich nicht auf zwei Bereiche aufteilen lassen.

2. Ausdruck als Realisierung von Sinn; das Beispiel der Aphonie

Doch wie kann die Alternative aussehen, wenn man nicht von einem Innen- und einem Außenbereich und deren sekundärer Verknüpfung ausgeht? Was heißt Aus-druck, wenn die Annahme entfällt, daß innen etwas ist, das sekundär nach außen tritt? Ich verweise hier noch einmal auf Merleau-Pontys *Phänomenologie der Wahrnehmung*, und zwar auf die Kapitel über die Sexualität und über die Sprache, in denen die Ausdrucksbeziehung eine ganz entscheidende Rolle spielt.[9]

An einigen Beispielen werde ich erläutern, was es bedeutet, wenn Merleau-Ponty sagt: »Im Ausdruck realisiert sich ein Sinn«. Ausdruck bedeutet nicht einfach ein Nachaußentreten dessen, was ich innerlich bereits habe, sondern der Ausdruck *ist* die Realisierung des Sinnes; er bedeutet nicht das äußerliche Sichtbarwerden eines Sinnes, der innerlich schon vorhanden wäre.

Das Beispiel der Aphonie stammt aus dem Bereich der Sprache und reicht hinein in die Abgründe des Begehrens und der Sexualität. Binswanger berichtet über einen Fall der Aphonie, den Merleau-Ponty dann in seinem Kapitel über die Sexualität ausdeutet.[10] Es handelt sich um ein siebzehnjähriges Mädchen, dem die Mutter verbietet ihren Freund zu sehen. Das Mädchen reagiert darauf ganz extrem, es verliert den Schlaf, den Appetit, und es verliert schließlich die Sprache. Aphonie bedeutet Sprachverlust, der in diesem Fall nicht mit einer physiologischen Störung einhergeht,

9 Zur Vertiefung der Problematik vgl. vom Verfasser den Aufsatz »Das Paradox des Ausdrucks« in: *Deutsch-Französische Gedankengänge* (1995), S. 104-123 und zum Beispiel der Aphonie: *Grenzen der Normalisierung* (1998), S. 144-146.

10 L. Binswanger, *Über Psychotherapie*, in: *Ausgewählte Werke*, Bd. 3 (1994). Vgl. dazu PP 187-193, dt. 192-198.

denn der Sprachapparat ist weiterhin intakt, vielmehr vermag das Mädchen die Sprache nicht mehr zu gebrauchen. Schon die alltägliche Redeweise ›es verschlägt mir die Sprache‹ meint nicht ein Stummwerden im physiologischen Sinne, sondern sie bedeutet, daß ich verstumme, weil ich keine Worte finde. Wie ist das Beispiel eines pathologischen Sprachverlustes zu interpretieren? Merleau-Ponty schließt sich stark an Binswanger an, indem er feststellt: es handelt sich um eine Verweigerung der Koexistenz, des Mitseins. Die Aphonie bedeutet eine Weigerung, mit der Mutter, die das Verbot ausgesprochen hat, noch zu sprechen. Die Verweigerung der Nahrung besagt eine Verweigerung des Lebens, eine Art von weicher Selbsttötung. Der Körper tritt nicht als ein äußerlicher Datenkomplex auf, bei dem bestimmte Daten abgerufen und bestimmte Mechanismen eingesetzt werden, sondern er selber realisiert diese Verweigerung des Lebens mit den Anderen und des Lebens selbst. Binswanger weist hin auf Alltagsausdrücke wie: ›es sich verbeißen‹, einen Ärger nicht ›schlucken‹ können; hier geht es um Verbote oder um andere Zumutungen, mit denen wir nicht fertig werden. Die Schluckgebärde oder Schluckbewegung wäre nach dem cartesianischen Muster ein rein äußerlicher Prozeß; das innere Erlebnis oder der mentale Zustand wäre der Ärger, und außerdem gäbe es noch bestimmte körperliche Begleiterscheinungen, z. B. daß der Appetit gestört ist oder die Sprache aussetzt.

Die Alternative zu dieser Interpretation bestünde darin, daß die Körperlichkeit bzw. Leiblichkeit diese Verweigerung buchstäblich realisiert. Das Verbot und das Reagieren auf das Verbot gehen in das Sprechen und in die Leibessprache mit ein. Freud hat Symptome deshalb als eine Art von Körpersprache verstanden: der Körper selber tritt in Aktion, und zwar nicht im Sinne bloßer Begleiterscheinungen, sondern als der, der *von sich aus* spricht. Wir haben es hier nicht mit äußeren Zeichen zu tun, die gleich einem Straßenschild eine Straße bezeichnen, sondern das Zeichen – in diesem Falle das Verhalten – wird durch seine Bedeutung bewohnt, es *ist*, was es bezeichnet. Das körperliche Verhalten *ist* die Verweigerung selber und bezeichnet nicht nur äußerlich etwas, das schon vordem und außerdem eine innerliche Wirklichkeit hätte. Wir haben hier deshalb eigentlich keinen *Aus*druck vor uns; das Wort ist mißverständlich, denn ›Aus-druck‹ (oder Expression) klingt immer so, als hätten wir innen etwas, das nach außen gedrückt wird, und innen hätten wir umgekehrt den ›Ein-druck‹ (die Impression). Mit diesen Bezeichnungen wären wir genau wieder bei dem kritisierten Dualismus eines Außen *oder* Innen. Die Ausdruckslehre, die Merleau-Ponty vertritt, bedeutet dagegen: das Ausgedrückte *realisiert* sich im Ausdruck selbst, es inkarniert sich, es ist ein verkörperter Sinn und keine äußere Kundgabe. Der Leib selber vollzieht eine Art von Metamorphose zwischen Ideen, Vorstellungen und Dingen. Der Leib läßt sich weder reinen Körpermechanismen noch einer freien Sinngebung zuordnen, sondern er ist genau der ›Umschlagsort‹ zwischen Sinn und Kausalität, den schon Husserl anvisiert.

Das Beispiel der Aphonie weist ähnlich wie das des Phantomglieds nachdrücklich auf diese Mittellage hin. Die Aphonie ist nicht physiologisch erklärbar, denn physiologisch ist der Sprechapparat nicht beeinträchtigt. Sie ist aber auch nicht behebbar durch gutes Zureden, als ginge es um ein mangelndes Wissen oder Wollen. Die Interpretation der Aphonie als *willentliche* Sprach*verweigerung* würde dazu führen, daß man der Betroffenen Vorwürfe machen kann (»Rede doch!«); doch das würde voraussetzen, daß jemand vorsätzlich schweigt und also reden *könnte*, daß er also über die nötige Redefähigkeit verfügt. Im Beispiel der Aphonie liegt eine Mittellage vor, eine Art von Sprach*verdrängung*, ein Nicht-sprechen-können, das sich *vor* der Unterscheidung von Wissen und Nichtwissen, von willentlicher Bejahung oder willentlicher Verneinung bewegt. Es ist dem freien Entschluß entzogen, und deshalb kann die Therapie auch nicht mit gutem Zureden oder mit Vorwürfen kommen, wie man das pädagogisch in früheren Zeiten oft getan hat: sogleich moralisierend, wenn das Kind nicht essen oder nicht sprechen will. Es wurde vorausgesetzt: da ist ein Subjekt, das will etwas nicht, und würde es seinen Willen ändern, dann ginge es – während ein Ernstnehmen der Leiblichkeit bedeutet, daß auch der Wille beeinträchtigt ist; der Wille realisiert sich im Leiblichen selber. Man kann sich auch nicht auf Befehl freuen, und ebensowenig kann das Mädchen auf Befehl hin essen oder sprechen, sonst würde es nicht zum Therapeuten geschickt. Das Kind hat die Sprache verloren, so wie jemandem ein Name entfällt. Merleau-Ponty erwähnt das Vergessen, das ja auch eine bestimmte Weise des Verlustes ist. Ich weiß den Namen nicht mehr, kann ihn nicht mehr gebrauchen. Auch gegen dieses Vergessen hilft kein Willensentschluß; wir können zwar nach dem Namen *suchen*, aber ihn nicht *benennen*. Doch wenn er entfallen ist, so ist er trotzdem auf gewisse Weise da. Die Heilung des Mädchens erfolgt dann durch eine Art von *Konversion* – nicht durch einen Wissenszuwachs oder durch einen Entschluß, sondern durch das Wiederfinden der Sprachfähigkeit; so wie uns ein entfallener Name irgendwann wieder einfällt. Wenn uns der Name entfällt, wo ist er in der Zwischenzeit? Wäre er nur irgendwelchen mechanischen Speichervorgängen überlassen, wie könnte *ich* ihn dann überhaupt suchen? Bei Augustinus findet sich das bekannte Bild: was wir vergessen haben, ruht in den Kammern des Gedächtnisses, wie Schätze, die wir hervorholen müssen.[11] Auch das ist noch eine sehr dualistische Sprechweise. Wir hätten ein Lagerhaus, einen Speicher, so wie wir heute von Speicherkapazitäten und Festplatten sprechen. Solche mechanischen Bilder können aber nicht erklären, was Vergessen eigentlich heißt: daß nämlich etwas da ist und auch nicht da. Ein Name, den wir vergessen haben, *ist* da, sonst könnten wir ihn nicht wiederfinden, sondern könnten ihn nur *er*finden, dann würde er ganz neu auftreten. Wir merken aber, wenn er wieder da ist wie ein alter Bekannter oder eine alte Bekannte: »Ja, genau *den* oder *die* habe ich gesucht«. Dies setzt eine Grauzone voraus, wo mir etwas ›auf den Lippen liegt‹, wo etwas durchaus da ist, aber nicht zur Verfügung steht. Die Heilung bestünde dann in einer leibhaftigen Veränderung unserer Existenz und nicht in einem Wissenserwerb oder in einer moralischen Umkehr, sie bestünde im Rückgängigmachen einer bestimmten Verdrängung.

Nehmen wir nochmals das Beispiel des Zornes. Scheler behandelt den Zorn und andere Formen des Gefühlsausdrucks in seinem Buch über Sympathiegefühle.[12] Wir könnten den Zorn beispielsweise auch so beschreiben: die geballte Faust, die Stirnfalten, die gerötete Haut sind Zeichen eines inneren Erlebnisses, das wir ›Zorn‹ nennen, wobei der Zorn selbst verschieden definiert werden könnte: »Zorn als Unwille, der entsteht, wenn das Erreichenwollen eines Zieles auf Hindernisse stößt« oder »Zorn als emotionale Reaktion über eine ungerechte Behandlung«. Man kann den Zorn zunächst inhaltlich beschreiben und dann sagen, der Zorn verbindet sich außerdem mit bestimmten Körperprozessen. – Gegen eine

11 Augustinus, *Confessiones*, x, 8, 12.

12 M. Scheler, *Wesen und Formen der Sympathie*, GW 7, S. 254-258.

solche Beschreibungsweise wendet sich Scheler, wenn er schreibt: der Zorn *ist* die geballte Faust. Das Erröten beschränkt sich nicht auf die äußere Erscheinungsweise des Zorns, sondern es *ist* der Zorn, darin realisiert er sich. Deshalb können wir auch einen Zorn nicht einfach wiederholen wie etwas, das von der leiblichen Situation relativ ablösbar ist. Wir können einen Satz, eine Einsicht wiederholen und sagen: »Ich habe dasselbe noch einmal gesagt«. Während wir beim Zorn nicht nach drei Tagen sagen können: »Ich habe denselben Zorn noch einmal gehabt«. Das ginge nur, wenn der Zorn nach Regeln abliefe, dann wäre der augenblickliche Zorn der bloße Anwendungsfall einer Zornregel. Wir könnten dann sagen: »Diesen Zorn habe ich schon einmal erlebt.« Wenn jemand zum Jähzorn neigt, dann wiederholen sich zwar ähnliche Situationen. Aber der Zorn selbst kann nicht in gleicher Weise wiederholt werden, wie ein allgemeiner Satz, eine Melodie oder ein bestimmter Willensentschluß wiederholt werden.

Die Wiederholung des Zornes gleicht dem wiederholten Essen: Wir haben ja gestern schon einmal gegessen, wir essen heute vielleicht dasselbe wie gestern, aber dennoch ist das keine eigentliche Wiederholung. Das Essen erweist sich als die *Realisierung* von etwas in der Speisung und allem, was dazugehört, es bedeutet mehr als bloße physiologische Ernährung, aber es ist nicht vergleichbar einem idealen Gebilde, das sich geradezu durch seine Wiederholbarkeit in verschiedenen Situationen definiert. Der Zorn ist ebenfalls eine Form der Realisierung von Sinn und nicht die äußere Darstellung eines Sinngehaltes in verschiedenen Situationen. Man kann den Zorn natürlich spielen, man kann schauspielern. Aber gespielter und echter Zorn sind nicht dasselbe. Ein guter Schauspieler vollzieht ja dieses Paradox, daß er den Zorn so natürlich wie möglich nachspielt. Wenn er Abend für Abend auf der Bühne einen wirklichen Zorn hätte, dann hätte er ein schwieriges Leben. Er erlebt den Zorn nicht wirklich, doch wenn er ihn bloß äußerlich spielen würde, wäre er ein schlechter Schauspieler. Der Schauspieler muß den Zorn realisieren im Sinne des Als-ob, das ist seine schwierige Aufgabe, er muß in der Situation von jemandem leben, der vom Zorn erfaßt ist. Wären gespielte Zornes- oder Eifersuchtshandlungen nur äußerlich eingeübte Deklamationen und Gestikulationen, so würde das Schauspiel niemanden mitreißen. Der Schauspieler befindet sich in einer ganz merkwürdigen Mittellage. Sein Spiel ist durchaus künstlich, aber es muß eine Realisierung des

Als-ob hinzukommen, die mehr bedeutet als das bloße Nach-außen-dringen-lassen eines inneren Gefühls.[13]

Auch in der Musik und allgemein in der Kunst wird deutlich, was Realisierung von Sinn besagt. – Einen normalen Satz wie »Der König von Frankreich ist kahl« kann man auf englisch oder auf französisch sagen; dasselbe verwirklicht sich in bestimmten Zeichen. Die hiermit ausgedrückte Proposition kann außerdem in verschiedenen Medien zum Ausdruck gebracht werden. – Doch eine Sonate steckt nicht einfach in den Notenzeichen; der »kleine Satz« aus der Sonate von Vinteuil, die in bestimmten Situationen z. B., als Odette und Swann sich kennenlernen, eine große Rolle spielt, die deshalb auch überdeterminiert ist wie eine Traumszene und eine bestimmte amouröse Situation verkörpert, lebt von ihrer Realisierung.[14] Wo ist diese musikalische Phrase? Man könnte antworten: »In der Partitur«. Aber die Musik steckt nicht einfach in den Zeichen, die Sonate *realisiert* sich in den Tönen selber. Die Aufführung der Musik ist auf das Hören von Klangzusammenhängen abgestellt, so daß Musik auch nicht in der gleichen Weise wie konventionelle Zeichen übersetzt und durch andere Zeichen ersetzt werden kann.

Dies gilt selbst für das Hören mit dem sogenannten inneren Ohr, den ›Ohren des Geistes‹[15]. Beethoven hat, nachdem er taub geworden war, weiterkomponiert, wie wir wissen. Hat er sich die Klänge dann nur noch vorgestellt? Gewiß nicht. In diesem Falle, der auch bei Musikkundigen eintritt, wenn sie Partituren lesen, hat sich das Hören *relativ* unabhängig gemacht von der Materialisierung, aber doch in einer von akustischer Sinnlichkeit durchtränkten (auch neuronal veränderten) Vorstellungs- und Erinnerungskraft.

Daß sich im Ausdruck Sinn *realisiert*, gilt für alle Künste. Cézannes Äpfel sind keine Merk- oder Markenzeichen für Bekanntes, sondern sie lassen uns die bekannten Früchte mit neuen Augen sehen, und zwar so, daß Geschmack, Duft und Körnigkeit der Schale mitbeteiligt sind und etwas von der Verführungskraft des

13 Zur schauspielerischen Ausdruckskunst vgl. Merleau-Ponty, *Keime der Vernunft*, S. 431-438, frz. S. 558-563.

14 Zu diesem Motiv aus dem 1. Band von Prousts *Recherche* vgl. Merleau-Ponty, *Le visible et l'invisible*, S. 195-204, dt. S. 195-203.

15 Vgl. Platon, *Politeia* 531 a – b.

Paradiesapfels durchschimmern lassen. Selbst die Reklame spielt mit sinnesbetörenden Überraschungseffekten, auch wenn das in der Reklame Dargestellte oft nur sehr indirekt etwas mit der angepriesenen Ware zu tun hat.

Schließlich das literarische Schreiben. Von Kafka wird überliefert, daß er Geschichten unterwegs beim Spazierengehen förmlich ausdachte, so daß er sie, an seinen Schreibtisch zurückgekehrt, in kurzer Zeit zu Papier brachte, »als diktiere ihm der Heilige Geist«. Dieses ›innere‹ Schreiben wäre dem ›inneren‹ Komponieren vergleichbar, aber es ist als *beginnendes* Schreiben zu verstehen, als Vor-stellen im zeitlichen Sinn und nicht als Rückzug in eine autarke Innenwelt, die nur äußere Botschaften aussendet. Wenn es bei Nietzsche heißt: »Je gedankenfähiger Auge und Ohr werden, um so mehr kommen sie an die Grenze, wo sie unsinnlich werden«[16], so gehören diese Grenzgänge, wie wir sie aus der modernen Kunst kennen, zur *Realisierung* des Unhörbaren und Unsichtbaren, die nirgends anders als im Hörbaren und Sichtbaren möglich ist. – Ich wünsche Ihnen schöne Weihnachtsferien.

9. Vorlesung vom 7. 1. 97

Nachdem ich in früheren Kapiteln die Aspekte des Leibes behandelt habe, die das Verhältnis zu den Dingen, zur Welt betreffen (Wahrnehmung, Bewegung, räumliche Orientierung, Handeln usf.), geht es bei dem leiblichen Ausdruck um die leibliche Selbstdarstellung desjenigen, der die Welt erfährt. Traditionell gesagt geht es um die Selbstdarstellung des Subjekts, obwohl ich dieses Wort nach Möglichkeit vermeide. Im ersten Teil dieses Kapitels habe ich die Barriere zwischen Innen und Außen thematisiert und gezeigt, wie der Cartesianismus auch auf das Ausdrucksproblem durchschlägt in der Weise, daß innere eigene Erlebnisse in Gegensatz zu äußeren Körperereignissen treten, die ich am Anderen wahrnehme. Die Frage, wie ich wissen kann, was im Anderen vor sich geht, wird damit beantwortet, daß der Andere sozusagen als eine Black Box gilt. Es gibt dann verschiedene Methoden, einen Zugang zu dieser Dunkelkammer zu finden: z. B. indem ich von *sichtbaren* Ähnlichkeiten im Körperverhalten ausgehe oder wie Descartes von meinem Verhalten auf das des Anderen *schließe*.

16 *Menschliches, Allzumenschliches*, 1. Bd., Aph. 217 (KSA 2, 177).

Diese komplizierte Ausgangsposition verwandelt sich, wenn wir von einem leiblichen Wesen ausgehen, das zur Welt gehört, das sich in der Welt bewegt und deshalb der Erfahrung des Anderen immer schon zugänglich ist. Verhalten bedeutet nicht, daß ein Innen mit dem Außen verbunden ist, sondern Verhalten *hat* eine Bedeutung, eine Richtung, die ich dem Verhalten des Anderen ansehen oder ablesen kann.

Unter dem Stichwort »Ausdruck als Realisierung von Sinn« habe ich dann einen Gedanken von Merleau-Ponty aufgegriffen: Ausdruck bedeutet nicht, daß ein inneres Erleben nach außen tritt, etwa vermittels konventioneller Zeichen, wie wir es von der Sprache her kennen, sondern Realisierung von Sinn bedeutet, daß der Sinn im Verhalten selber wirklich wird. – Der Zorn ist nicht ein inneres Erlebnis, das wir dann mit konventionellen Mitteln nach außen kehren, indem wir rot werden oder andere Verkehrszeichen einsetzen, sondern die Zornesgebärde *ist* die Realisierung des Zornes. Ein Zorn, der nicht zu einem leiblichen Ausdruck führen würde, wäre ein merkwürdig künstliches Phänomen, er wäre ein gespielter Zorn. – Das andere Beispiel stammte von Binswanger. Es ging um dieses junge Mädchen, das die Sprache verliert, wobei sich dieses Phänomen nicht physiologisch erklären läßt, weil es sich nicht um eine körperliche Störung handelt, da der Sprechapparat intakt ist. Der Sprachverlust ist aber auch nicht ein rein psychologisches Phänomen in dem Sinne, daß dieses Mädchen sich *weigert* zu sprechen und doch sprechen könnte, wenn es nur wollte, sondern dieses Schweigen verkörpert eine Ohnmacht, die nach einer Heilung verlangt. Durch die Heilung erst wird die Sprachfähigkeit zurückerlangt. Die Störung und deren Heilung sind nicht Prozesse, die sich *entweder* im Körperapparat *oder* in der Seele abspielen, sondern das Verhalten zu den Anderen selber wird verändert. Das Mädchen, das die Sprache verweigert, verweigert den Zugang zu den Anderen, und dies verbindet sich mit der Nahrungsverweigerung – was eine Existenzverweigerung einschließt. Die Heilung wird durch eine Art von Konversion hervorgerufen, das Verhalten ändert sich; die Heilung läuft bemerkenswerterweise über eine körperliche Berührung, Binswanger faßt das Mädchen an der Gurgel, dort wo die Stimme sitzt, und löst durch körperliche Behandlung eine Lockerung und Enthemmung dieses Schweigeverhaltens aus.

3. Körpersprache

Das Wort ›Körpersprache‹[17] ist sehr geläufig, es begegnet uns mittlerweile auch im Alltag. Doch was heißt hier Körpersprache? Bedeutet es, daß der Körper spricht? Oder bedeutet es, daß die Seele vermittels des Körpers spricht? Platon fragt im *Theaitet*: Wer sieht denn eigentlich? Sieht das Auge, oder sieht die Seele mit dem Auge? Platon wehrt damit eine Beschreibung des Sehens ab, die das Sehen als einen mechanischen Vorgang der Registrierung versteht. Doch die Gegeninterpretation, die annimmt, daß die Seele *durch* das Auge sieht, führt alsbald zur Frage, ob dann die Seele auch *ohne* das Auge sehen könnte? Ist das Auge ein bloßes Instrument, oder ist es ein Medium, in dem die Seele erst zu dem wird, was sie ist? Die platonische Formulierung steckt voller Rätsel. Man kann Platon natürlich auch so lesen: die Seele ist beteiligt, die Augen sind beteiligt, und die Frage wäre nun, wie beides zusammenwirkt.

Die Rede von einer ›Körpersprache‹ wirft zudem folgende Frage auf: Ist das Wort ›Körpersprache‹ eine Metapher? Die eigentliche Sprache wäre dann die Wort- und die Schriftsprache. Die Redeweise ›auch der Körper spricht‹ wäre dann eine metaphorische Sprechweise. Wenn wir lachen, so wäre das bloß eine übertragene Form des Sprechens. Diese Sichtweise würde der Körpersprache kein besonders Gewicht zumessen.

Doch Körpersprache bedeutet *mehr* als das. Im folgenden gehe ich aus von einer allgemeinen *Ausdruckssphäre*, die nicht einseitig von der Sprache her aufgebaut wird, sondern in alle Bereiche des Verhaltens und Erlebens vordringt – weiterhin gehe ich von einer allgemeinen *Medialität* aus, d. h. das Medium, das eine bestimmte Bedeutung vermittelt, ist nicht ausschließlich an die Sprache, an die Schrift oder an das Wort gebunden, sondern läßt alle Möglichkeiten offen. Ausdruckssphäre und Medialität wären allgemeine Bereiche, die sich ausdifferenzieren.

Ich unterscheide im folgenden vier verschiedene Formen der Körperlichkeit, vier Weisen, in denen der Körper tätig ist, sich am Sprechen beteiligt und dann am Ende selber spricht.

a) Die erste Stufe nenne ich *intralinguistische Körperlichkeit*. Dabei denke ich an das, was uns hinreichend vertraut ist: die Mitwirkung

17 Vgl hierzu *Antwortregister*, S. 466-468.

des Körpers beim Sprechen mittels der Stimme, beim Schreiben mittels der Hand. Diese Mitwirkung von Stimme und Hand kann technisch verstärkt oder erweitert werden. Hörgeräte, Sprechgeräte und Telephon gehören zu den technischen Möglichkeiten, die Stimme zu übertragen. Schreibgeräte wie Feder, Tinte, Füller, Schreibmaschine usw. wären ebenfalls eine Erweiterung des Körpers. Beim Sprechen, d.h. bei der Hervorbringung von Lauten oder von Marken, wirkt der Körper mit. Ich gebrauche dieses Wort ›Marken‹ so, wie es in der Erlanger Schule benutzt wird.[18] Marken wären bestimmte Zeichen, die sich in der Welt realisieren, so z.B. der Buchstabe auf der Tafel oder auf dem Briefbogen. Diese Laute und Marken haben eine bestimmte Zeichenmaterie, realisieren sich als Zeichen und unterliegen sprachlichen Regeln. Die Laute werden – entsprechend einem bestimmten Lautsystem – als *Phoneme*, als Sprachlaute entziffert; die Marken werden – bezogen auf ein bestimmtes Alphabet oder Schreibsystem – als *Grapheme*, als Schreibeinheiten entziffert. Der Körper ist auch hier beteiligt, aber auf eine sehr beschränkte Art; die Stimme bewirkt eine Umsetzung der Bedeutung ins Sprechen, die Hand ist notwendig zur Umsetzung der Bedeutung in Schrift. Auf dieser ersten Stufe haben wir es mit einem bloßen Sprachkörper zu tun, d. h. die Körperlichkeit des Leibes reduziert sich darauf, daß die Sprache selbst eine Körperlichkeit hat.

b) Die zweite Stufe nenne ich *semilinguistische Körperlichkeit*. Hierbei denke ich an die sprachliche Symbolik, die sich in der Zeigegeste bekundet, bei der der Mensch auf stärkere Weise beteiligt ist. Beim Zeigen produziert der Mensch nicht nur Laute, sondern vollzieht eine Geste, indem er »seinen Körper verspürt und zeigend einsetzt«.[19] Man denke an den ausgestreckten Arm oder den Fingerzeig. Verkehrszeichen ahmen die Körperbewegung des Zeigens nach, indem eine Pfeilrichtung einem Schild aufgeprägt wird, während bei der Zeiggeste der Körper selber als lebendiger Wegzeiger auftritt. Karl Bühler weist darauf hin, daß diese Zeigebewegung auch in die Schrift eingeht, er spricht von einem »Zeigen am Phantasma«.[20] Wir zeigen nicht bloß auf real begegnende Dinge, sondern auch auf vorgestellte Dinge, auf das,

18 Vgl. W. Kamlah und P. Lorenzen, *Logische Propädeutik* (1973), S. 59.
19 K. Bühler, *Sprachtheorie* (1982), S. 129.
20 Ebd., S. 133 ff.

was hier Phantasma genannt wird. Ein einfaches Beispiel für dieses Zeigen am Phantasma wären Hinweise in einem Buchtext wie ›siehe unten‹ oder ›siehe oben‹. Das Angezeigte steht gewöhnlich nicht mehr oben oder unten auf der Seite, sondern auf einer früheren oder späteren Seite; die räumliche Verweisung ist ein Relikt und stammt aus der Zeit, in der es noch Bücherrollen mit einem fortlaufenden Oben und Unten gab. Aber davon abgesehen handelt es sich um einen Verweis innerhalb des Leseraumes, des Buches. In solchen Vor- und Rückverweisen tritt eine Art Räumlichkeit des Schreibens zutage. Diese Zeigegeste bezieht sich nicht auf real situierte Dinge, sondern auf das Buch als eine vorgestellte Leseeinheit.

Das Zeigen ist besonders interessant, weil hier das Sprechen eine Verbindung mit dem Sehen und dem Hören eingeht. Die Zeigegeste setzt voraus, daß der Andere meine Geste sieht. So ist die Sprache eng an die Situation verknüpft und in ihr verankert. Das Zeigen ist auch deshalb interessant, weil das Sprechen dadurch einen eigentümlichen Ort bekommt. Das betrifft auch die soziale Konstitution von Räumen. Das ›Hier‹, das ich ausspreche und das im Zeigen immer impliziert ist, verweist nicht in der gleichen Weise auf eine Stelle im Raum, wie ein Ding im Raum ist, sondern es verweist auf den Ort, von dem aus ich spreche. Das Zeigen konstituiert eine Räumlichkeit ähnlich wie der Blick, der von hier aus in die Ferne schweift oder einen Blickwinkel bildet.

c) Die dritte Stufe, die *paralinguistische Körperlichkeit*, betrifft alles, was zur Sprachproduktion bzw. zur Sprachrezeption gehört, was aber nicht in den syntaktischen und semantischen Sprachgehalt miteingeht. Die syntaktische Ebene betrifft bestimmte Verbindungen von Zeichen, etwa die Satzstruktur. Die semantische Stufe besagt: das Sprechen hat eine bestimmte Bedeutung, eine Referenz, es verweist auf etwas. Auf der intra-linguistischen und der semi-linguistischen Stufe ist der Körper nur im Medium von Lauten und Schriftzeichen beteiligt, während die paralinguistische Stufe jene Dimension der Leiblichkeit eröffnet, derzufolge zum Sprechen mehr gehört als eine bestimmte Sprachform und ein bestimmter Sprachgehalt: nämlich der Tonfall, das Sprechtempo, der Rhythmus und all das, was die Sprache der Musik naherückt. Bei den Griechen war die Musik sehr eng mit der Sprache verbunden. Die Melodie (das Melos) prägt schon den Fluß der Rede; Akzente und Satzzeichen rhythmisieren die Rede ähnlich wie die

Taktzeichen in der Musik. Bei der Schreibweise finden wir die paralinguistische Dimension im Schriftbild oder im Schreibduktus wieder. Diesen ganzen Bereich der paralinguistischen Körperlichkeit kann man mit den Worten von Wilhelm Wundt als ›Sprachgebärde‹ bezeichnen.[21] In den Gebärden der Schauspielkunst und der alten Rhetorik wird dieser Ausdruck methodisch eingeübt, was stets die Gefahr des gekünstelten Ausdrucks heraufbeschwört.

Die Aufführungsweise der Rede ist deshalb so wichtig, weil das *Sagen* weiter reicht und mehr beinhaltet als das bloß *Gesagte*. Man kann das, *was* jemand gesagt hat, zwar weitergeben, aber die paralinguistische Körperlichkeit, die Sprachgebärde, betrifft die Art und Weise, *wie* etwas gesagt wird: die Aufführung der Rede, die Performanz in diesem weiten Sinne, der über den mitteilbaren Sinngehalt einer Rede hinausgeht. Das Sprichwort »Der Ton macht die Musik« verweist darauf, daß das *Wie* der Rede nicht ein bloß zufällig hinzukommender Aspekt ist, sondern die Rede mit prägt. Der Ton der Rede verrät mehr und anderes als das, was gesagt wird.

Früher mußte man bei Bewerbungen einen handgeschriebenen Lebenslauf einreichen. Dahinter stand der Gedanke, daß die Handschrift mehr verrät als die normierten Druckbuchstaben der Schreibmaschine. Dieser ganze Bereich kann auch als *Subsprache*, als eine Sprache unterhalb des Niveaus der offiziellen Sprache betrachtet werden. In verschiedenen Kulturen, z. B. in jener des Mittelalters, spielt die Kalligraphie (wörtlich: Schönschrift) eine große Rolle. In asiatischen Kulturen gibt es die Tradition der Schreibmönche, die Kalligraphie ausüben und auch lehren. In Japan ging man früher in den Kalligraphie-Unterricht, wie man bei uns in den Tanzunterricht ging. Hier kommt es nicht auf Orthographie, auf Rechtschreibung an, sondern auf die Pinselführung; Federführung und Schönschreibschwung stehen im Vordergrund. Interessant ist, daß Pinselstrich und Federstrich im Chinesischen sehr eng zusammenhängen, für Malen und Schreiben wird ein und dasselbe Wort benutzt.[22] Das Schreiben ist dort noch

21 Im Sprachkapitel seiner *Phänomenologie der Wahrnehmung* bezeichnet Merleau-Ponty dementsprechend die Rede als *geste*.

22 Ähnliches gilt für das Wort *scribere* im Mittelalter. Vgl. H. Wenzel, *Hören und Sehen, Schrift und Bild* (1995), Kap. VI.

weniger auf bestimmte Zwecke abgerichtet, es ist noch eingebettet in ein allgemeineres körperliches Verhalten. Das Wort ›schreiben‹ (γράφειν) bedeutet im übrigen auch ›ritzen‹, ›einritzen‹.

Natürlich kann man sagen, daß die Handschrift an Bedeutung verliert, seit Schreibmaschinen oder Computer eingesetzt werden. Die Frage ist nicht, ob dies gut oder verderblich ist, sondern es fragt sich, was es für die Leiblichkeit bedeutet, wenn solch zentrale Betätigungsfelder wie das Schreiben in hohem Maße technisiert werden. Bei dem Paläontologen André Leroi-Gourhan, der am Collège de France in Paris lehrte, finden sich zwei sehr prägnante Seiten, die das kulturelle Schicksal der Hand nachzeichnen.[23] Leroi-Gourhan verfolgt die Entwicklung von Hand und Wort bis in die archaischen Stufen der menschlichen Entwicklung zurück. In der Menschheitsentwicklung spielt die Hand eine große Rolle. In den frühesten archaischen Zeiten fungiert sie wie eine Zange, die etwas festhält. Später kommt die Fingerfertigkeit hinzu: die Art und Weise, wie man beim Kneten von Ton, beim Knüpfen von Netzen oder beim Schnitzen mit dem Material umgeht. Aristoteles spricht an einer vielzitierten Stelle von der Hand als dem »Organ der Organe«, dem »Werkzeug der Werkzeuge«.[24] Die Hand ist beim Gebrauch von Werkzeugen immerzu beteiligt. Im Verlaufe der ersten Industrialisierung wird der Hand einiges von ihren Tätigkeiten durch die Kraftmaschinen abgenommen, und in einer Industrialisierung zweiter Stufe werden dann selbststeuernde Maschinen eingesetzt, die vielfach nur noch auf Knopfdruck funktionieren. Hier ist die Hand nur noch rudimentär beteiligt. Angesichts des Unterschiedes zwischen der Fingerfertigkeit des Schnitzens und dem einförmigen Knopfdruck kann man mit Leroi-Gourhan von einer Regression der Hand sprechen. Leroi-Gourhan extrapoliert die Entwicklung: bekommt die Hand nichts mehr zu tun, so ändert sich auch das menschliche Denken. Als Bergsonianer vertritt er eine intensive Theorie des Körpers: das Denken spielt sich nicht bloß irgendwo im Gehirn ab, es gibt ein Denken mit der Hand. Und wenn die Hand durch die Technisierung dermaßen funktionsarm wird, daß sie nur noch Prozesse durch Knopfdruck auslöst, so kommt es zu einer Verkümmerung. Es fragt sich dann, wodurch diese einseitige Entwicklung aufzufangen wäre?

23 *Hand und Wort* (1984), S. 319 f.

24 Siehe oben S. 41.

Hier liegen Probleme, die sehr weit in die Technologie hineinreichen. Denn Wirklichkeitserfahrung hat auch etwas mit Handgreiflichkeit zu tun, so daß wir z. B. von der ›handgreiflichen Wirklichkeit‹ sprechen. Im lateinischen Wort ›mani-fest‹ steckt ebenfalls die Hand: etwas ist mit Händen zu greifen. Der Einsatz technischer Mittel verändert unser Wirklichkeitsverhältnis. Was bedeutet eine Wirklichkeit, die wir digital (wörtlich: per Fingerdruck) erzeugen? Was bedeuten virtuelle Realitäten? Diese Problematik greift auf die Körperlichkeit über. Welche Rolle spielt der Körper noch, droht ihm das Schicksal eines Cyberbody, der in einem virtuellen Raum heimisch wird?

d) Die vierte Stufe nenne ich *extralinguistische Körperlichkeit*. Hier haben wir das Gegenextrem zur ersten Stufe, zum Sprachkörper: eine *Körpersprache* im eigentlichen Sinne. Der Körper ist nicht nur am Sprechen beteiligt ist, sondern er bildet selber eine Sprache aus.

Diese genuine Körpersprache beginnt nicht beim Körper, sondern schließt die Dinge der Welt mit ein. Fangen wir also draußen in der Welt an. Wenn wir ein Zimmer betreten, sehen wir, wie der Raum eingerichtet ist, wie die Möbel angeordnet sind, wo Schmuck angebracht ist, wie voll oder wie leer ein Zimmer ist usw. Der Bewohner des Raumes ist schon in der Art gegenwärtig, wie das Zimmer oder eine Wohnung eingerichtet ist. – Auch Geschenke übernehmen eine Ausdrucksfunktion. In den Geschenken gibt man etwas von sich selbst preis, wenn man nicht nur ein Ritual vollzieht. Im Geschenk ist der Schenkende gegenwärtig. Beim sprichwörtlichen »Laßt Blumen sprechen« wird die Blume zum Ausdrucksträger. – Auch der soziale Raum hat einen Ausdrucksaspekt etwa in Gestalt von Nähe und Distanz: man kann dem Anderen zu nahe treten oder jemand als unzugänglich empfinden. Solche räumlichen Vorstellungen betreffen den Anderen nicht wie ein Ding, das im Raum ist, sondern sie betreffen ihn, sofern er den Raum mit uns zusammen bewohnt, uns nahesteht oder fernrückt. Dies erfordert Takt, Aufgeschlossenheit, Zurückhaltung und ähnliche Verhaltensweisen.

Schließlich gehört zur Körpersprache die Sprache des Körpers im engeren Sinne: der Gesichtsausdruck, der Blickkontakt, ohne den kein Gespräch zustande kommt. Wer mit einem Anderen spricht, kontrolliert auf gewisse Weise stets die Art, wie das Gesagte ankommt. Hierzu gehören Gestik, Mimik, Pantomimik, Gangweise und überhaupt die Körperhaltung. Brecht erzählt in seinen Geschichten vom *Herrn Keuner*, wie ein Besucher, übrigens ein Philosophieprofessor, daherkommt und besonders gescheit daherredet. Herr K. unterbricht seinen Redefluß und entgegnet: »Du sitzt unbequem, du redest schlecht, du denkst unbequem [...] Sehend deine Haltung, interessiert mich dein Ziel nicht«. In dieser schönen Geschichte ist nicht wichtig, *was* der Gesprächspartner von Herr K. sagt, er disqualifiziert sich durch die Art, *wie* er es sagt.

Schließlich gehören zur extralinguistischen Körperlichkeit auch die Kleidung und der Putz, dazu in frühen archaischen Kulturen und auch bei uns wieder die Tätowierung der Haut. Auffällig ist, daß in der europäischen Philosophie außerordentlich wenig über Kleidung geschrieben wurde. Ich lasse mich gerne korrigieren, aber ich kenne fast gar nichts, außer etwa einen Autor wie Georg Simmel, den man etwas hochmütig angeschaut hat, weil er über solch merkwürdige Dinge wie die Mode schrieb[25]. Womit hängt diese Abstinenz zusammen? Wenn wir bedenken, daß die Kleidung eine ganz elementare Sache nicht nur des Kälteschutzes, sondern auch der Selbstdarstellung, des Sichzeigens und Sichverbergens ist (der ganze Bereich der Mode hat damit zu tun), so wundert und fragt man sich, wo dieser wichtige Bereich in der Philosophie geblieben ist. Der Dualismus von Seele und Körper wirkt sich offensichtlich auch hier aus. Die Körpersprache gewinnt erst an Bedeutung, wenn das leibliche Verhalten nicht in diese Dualität von Innen und Außen auseinanderbricht. Denn diese Dualität verleitet zu der Auffassung, daß die Seele keine Kleider hat, daß sie auch keine Kleider braucht. Die Kleider, die am Körper hängen, und sogar der Körper selbst sind dann kaum mehr als ein Zubehör.

Folgendes Beispiel zeigt dagegen, wie Körper- und Wortsprache sich wechselseitig durchdringen. Der russische Regisseur Konstantin S. Stanislawski, der eine berühmte Schauspielschule leitete, stellte den Bewerbern seiner Schule die Aufgabe, 40mal auf verschiedene Arten und Weisen »Heute abend« (*segodnja vecerom*) zu sagen, wobei es darauf ankam, mit jedem Aussprechen dieser einfachen Alltagsphrase eine andere Szene entstehen zu lassen.

25 G. Simmel, *Philosophie der Mode*, ein Aufsatz von 1905, in: Gesamtausgabe, Bd. x.

Stanislawski macht aus dem einfachen Aussprechen eines Grußes also den Kern einer Bühnenszene. Dies ist ein sehr eindrucksvolles Beispiel für das, was Verkörperung im Wort bedeutet. Die Szene wird nicht nur angezeigt, benannt oder beurteilt, sondern *in* der Sprache gespielt. – Soviel zu diesen vier Möglichkeiten einer Beteiligung des Körpers an der Sprache.

Ist die Körpersprache wirklich eine *Sprache*, oder ist sie bloß im übertragenen Sinne eine Sprache zu nennen? Im Zeichenschema bzw. im Organonmodell von Karl Bühler und auch in dem erweiterten Modell von Roman Jakobson verweist das Zeichen auf die Sache, auf den Sprecher und auf den Hörer. Informationstheoretisch pflegen wir von Sender und Empfänger zu sprechen.

Schema 12: Organon-Modell

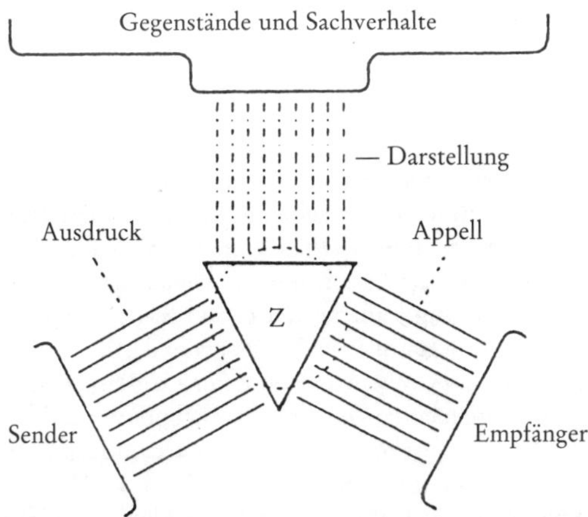

Im Bühlerschen Modell übernimmt das Zeichen eine dreifache Funktion: eine Darstellungsfunktion (Sachbezug), eine Ausdrucksfunktion (der Bezug auf den Sprecher) und eine Appellfunktion (der Bezug auf den Hörer). Dieses Sprachmodell gilt, wenn wir einen Satz bilden, wenn wir sprechen. Was bedeutet nun die Rede von einer *Körper*sprache? Bei der Körpersprache haben wir offenbar keine Zeichen, Satzformen, grammatische Formen, vermittels derer wir einen Sinn ausdrücken, sondern die Sachlage ist verwickelter. Die Körpersprache übernimmt nicht in gleicher Weise eine Darstellungsfunktion. Ein Satz hat – funktional betrachtet – einen bestimmten propositionalen Gehalt, einen Aussagegehalt, er hat einen noematischen Gehalt, einen Bedeutungsgehalt bzw. einen gemeinten Inhalt: *Etwas* wird zum Ausdruck gebracht. Zur minimalen Bestimmung des propositionalen Gehaltes gehört dessen Wiederholbarkeit: ein Anderer kann den Gehalt eines Satzes an meiner Stelle oder unter anderen Umständen wiederholen. Die Wiedergabe des propositionalen Gehaltes ist infolgedessen auch erlernbar, ich kann mir bestimmte Aussagen aneignen oder sie mir immer wieder deutlich machen.

Wie sieht es nun bei der Körpersprache aus, etwa bei dem schon erwähnten Zorn? Hat der Zorn auch einen propositionalen Gehalt? Eine Proposition, eine Einsicht kann einem Anderen vermittelt, wiederholt, erklärt werden. Doch können wir auch einen Zorn wiederholen? Diese Frage gleicht der Frage: Kann ich einen Schmerz wiederholen? Oder kann ich mein Mittagessen von gestern wiederholen? Bedeutet »noch einmal dasselbe essen« das gleiche, wie wenn ich den Pythagoräischen Satz noch einmal an die Tafel schreibe? Wird der Satz ein anderer, wenn ich ihn heute oder morgen anschreibe? Und können wir, wenn wir essen, umgekehrt sagen, dieses Essen sei eine Wiederholung? Der Zorn ist eher dem Essen als dem Pythagoräischen Satz vergleichbar. Wir müssen immer wieder essen, immer wieder satt werden; es gibt zwar einen Eßstil und wiederkehrende Eßrituale, aber das Essen selbst ereignet sich immer wieder neu, weil das Bedürfnis zu essen und zu trinken immer wieder neu erwacht. Beim Zorn gilt Ähnliches. Wir können einen Zorn auch nicht spontan erzeugen, außer den gespielten, künstlichen Zorn. Doch der gespielte Zorn ist schon ein Zorn aus zweiter Hand, während der Zornesausbruch kommt und geht, man läßt sich hinreißen. Der Zorn läßt sich nicht wiederholen, wie man eine Aussage wiederholt oder einen Entschluß bekräftigt.

Verglichen mit den Satzäußerungen der normalen Sprache, ist die Körpersprache *keine* Sprache, weil Zorn oder Trauergefühl keinen wiederholbaren Gehalt haben und keinen allgemeinen Regeln folgen.

Doch vielleicht tun wir uns mit der Körpersprache so schwer, weil wir supponieren, der propositionale Gehalt sei das Wichtigste an der Sprache. Wir versuchen dann die Körpersprache zu retten, indem wir sagen: die Körpersprache hat einen *indirekten* propositionalen Gehalt. Dieser tritt zwar nicht in ausdrücklicher Form auf, aber es gibt ihn. Zorn wäre dann zu übersetzen in Floskeln wie: »ich bin empört«, »ich will das nicht«, »dieses Hindernis muß weg«. Durch solche Übersetzungen würde der Zorn selbst in eine implizite Aussage umgewandelt. Das hätte aber zur Folge, daß der Körpersprache eine eigene, genuine Ausdruckskraft abgesprochen wird. So z. B. in der *Theorie des kommunikativen Handelns* von Jürgen Habermas[26], wo die Körpersprache zwar eine Rolle spielt, jedoch als bloße sekundäre Begleiterscheinung. Bei symbolischen Handlungen wird eine bestimmte (kausal, semantisch oder expressiv relevante) Körperbewegung jeweils mitvollzogen. Das gewöhnliche Handeln ist begleitet von kausal-relevanten Körperbewegungen: beim Öffnen des Fensters sind *kausal relevante* Körperbewegungen mit im Spiel; der Körper wird eingesetzt, indem die Hand am Griff zieht usf. Die Handlung selbst besagt dann: »Ich öffne das Fenster«. Auch am Aussprechen eines Satzes ist der Körper beteiligt. Körperbewegungen wie etwa die Produktion von bestimmten physischen Lauten gelten als *semantisch relevant*. Schließlich spricht Habermas von *expressiv relevanten* Körperbewegungen, die unsere Ausdruckshandlungen begleiten. Der Zorn beispielsweise wird begleitet von aufgeregten Gestikulationen oder vom Erröten der Gesichtshaut. Habermas' Theorie des kommunikativen Handelns beherbergt weiterhin einen gewissen Dualismus cartesianischer Art, indem er strikt unterscheidet zwischen dem, was ich erlebe oder tue, und den Körperbewegungen, die damit einhergehen und teils auch maschinell abbildbar sind.

Gegen diese Sichtweise möchte ich drei Argumente ins Feld führen:

1. Es geht bei der Körperlichkeit nicht nur um die Frage: Wird etwas realisiert oder nicht?, sondern es geht um *Realisierungsgrade*: Etwas kann sich mehr oder weniger realisieren. Bei der Körpersprache bin ich stärker beteiligt, auch ein Zorn realisiert mehr als ein Satz, den ich irgendwann aufschnappe und wiederhole. Die Realisierungsgrade bemessen sich danach, wieweit meine leibliche Existenz als ganze in Mitleidenschaft gezogen wird.

2. Der Begriff des Ausdrucks müßte radikal *entsubjektiviert* wer-

26 Bd. 1, S. 144 ff.

den. Die cartesianische Tradition berücksichtigt immer drei Dimensionen: die der Dinge, die der Anderen und die des Ich. Die Ausdrucksfunktion wird dann (übrigens auch bei Karl Bühler) primär auf den Sprecher bezogen: Ausdruck gilt als Ausdruck meiner selbst als eines Sprechenden, er gilt als subjektiver Ausdruck. Damit verbindet sich folgende Annahme: Ich drücke mich selber aus, ich habe einen originären Zugang zu dem, was ich selber erlebe, die Anderen haben nur einen indirekten Zugang; das Ich ist privilegiert, es *hat* den Zorn und die Anderen können ihn nur durch bestimmte Indizien erfassen oder deuten. Im cartesianischen Modell wird der Ausdrucksbereich derart auf die Subjektivität reduziert. Doch der Ausdruck betrifft alle drei Bereiche. Ausdruck bedeutet nicht bloß Ausdruck des eigenen Erlebens, denn Realisierung von Sinn heißt auch, daß die Dinge selber zur Sprache kommen und daß der Andere mit zur Sprache kommt. Die Thematisierung der leiblichen Existenz wäre der Gegenversuch zur cartesianischen Sichtweise, die so tut, als hätte ich zu mir selber einen privilegierten, zu den Anderen einen indirekten Zugang. Leiblich existieren heißt, daß man im Blick der Anderen und unter dem Zugriff der Anderen existiert. Mein leibliches Verhalten hat immer schon eine öffentliche Seite. Die Zornesgebärde ist eine Gebärde, die an den Dingen Anstoß nimmt und Andere in Mitleidenschaft zieht.

3. Zur Leiblichkeit gehört von vornherein eine *Zwischenleiblichkeit* in dem Sinne, daß der eigene Leib auf die Anderen bezogen ist.[27] Zur Körpersprache gehört auch ein Körpergespräch. Merleau-Ponty hat diesen Gedanken in seiner Theorie der Sexualität aufgegriffen, wo ein Körper den anderen sucht, ihm zugewandt ist. Erotische Attraktion und Repulsion hängen damit zusammen, daß ein Körper auf den anderen gerichtet ist und es auf der Ebene des Leiblichen selber ein Zwischen gibt. Der Körper ist nicht derart individuiert, daß er mir allein gehört und infolgedessen bloß indirekt mit dem fremden Körper in Beziehung tritt.

27 Vgl. dazu die übernächste Vorlesung.

4. Ausdruckswelt und der sogenannte Animismus

Die Ausdruckswelt betrifft also nicht nur mich selbst, sondern greift über auf die Welt und auf die Anderen. Beim Kleinkind spielt die Ausdruckskraft von Anfang an eine zentrale Rolle: von einem bestimmten Augenblick an erkennt es das Gesicht der Mutter wieder, es lächelt. Dieses Lächeln taucht schon bei Vergil auf[28], und René Spitz[29] hat diesem frühen Ausdrucksgeschehen besondere Aufmerksamkeit geschenkt. Die Welt begegnet dem Kind zunächst ausdruckshaft, es erkennt die Physiognomie der Mutter nicht aufgrund bestimmter empirischer Einzelheiten, sondern in Form eines Gesamteindrucks, der eine signifikante Tönung annimmt. Der Ausdruck spielt schließlich auch in der Tierwelt eine Rolle: Verhaltensakte werden ausgelöst durch Auslöserschemata, die aufgrund bestimmter Merkzeichen wahrgenommen werden – dies auf einer Stufe, die weit unterhalb von Aussagen, Urteilen, Stellungnahmen liegt.

Nun könnte der Einwurf erhoben werden, die Ausdruckshaftigkeit der Welt bedeute eine Anthropomorphisierung der Welt. Dieser Vorwurf steht in der cartesianischen Tradition; die Natur, die physische Natur, die Außenwelt gilt als eine Welt an sich ohne Bedeutung, ohne Ausdruck. Die Welt gewinnt ihren Ausdruck erst als menschliche Kulturwelt, während die Natur selber von sich aus nichts mit dem Menschen zu tun hat. Eine Lawine, die herunterrollt, kümmert sich nicht um irgendwelche Skifahrer, die da im Weg stehen könnten. Die Evolution der Natur nimmt ihren Weg ohne Bezug auf den Menschen. Physiko-chemische Prozesse haben nichts mit Erkrankungen zu tun, sondern folgen ihren eigenen Gesetzen. Der Cartesianismus, der von einer Natur an sich ausgeht, behauptet also erstens, daß dieser Ausdruck bloß sekundär, und zweitens, daß er bloß subjektiv sei.

Der Einwand der Cartesianer geht aber noch weiter und führt zum Animismusvorwurf, der wie folgt lautet: Die Zuordnung subjektiver menschlicher Prädikate zu Dingen oder Vorgängen der Natur an sich (etwa wenn wir sagen »die Sonne lacht« oder »das Wetter ist

28 *Bucolica, 4. Ekloge*, v. 60: »incipe, parve puer, risu cognoscere matrem«.

29 R. Spitz, *Vom Säugling zum Kleinkind* (1967), Kap. 5. Dieses Kapitel hat das Vergil-Zitat zum Motto.

schön«) erfolgt aufgrund von Projektionen: eigene Erlebnisse werden in die Welt hinein-projiziert. Der Ausdruck ›Animismus‹ stammt aus der Ethnologie des 19. Jahrhunderts und will besagen, daß leblose Dinge als lebendig und als beseelt vorgestellt werden, was sie gar nicht sind. Lebloses wird mit Lebendigem verwechselt, so wie beim Kind eine Verwechslung vorliegt, wenn es die Puppe mit lebendigen Gefühlen ausstattet. Archaische Kulturen machen sich eines Anthropomorphismus schuldig, sofern sie alle Welt als beseelt ansehen und erst langsam lernen müssen, daß dies nicht der Fall ist. Diese animistische Phase wiederholt sich angeblich bei jedem Kind. Piaget spricht in ähnlicher Weise vom frühkindlichen Animismus, z. B. wenn ein Kind Mitleid hat mit seinem Spielzeug, das herunterfällt, und es tröstet. Er bezeichnet dieses Verhalten als animistisch, weil Kinder und archaische Kulturen noch nicht zwischen der objektiven Außenwelt und subjektiven Erlebnisweisen unterscheiden können. Erst die Wissenschaft führe dazu, daß dieser Animismus als erlebte Illusion durchschaut und eliminiert werde. Dann erst vermögen Kinder und sogenannte Primitive zu unterscheiden zwischen der Außenwelt der Dinge, der Innenwelt eigener Erlebnisse und der sozialen Welt, die durch Normen bestimmt ist. Ähnliche Cartesianismen finden sich auch bei Habermas, der die verschiedenen Geltungsansprüche der Kommunikation drei verschiedenen Welten zuordnet, der *objektiven* Welt, die von der Wissenschaft verwaltet wird, der *subjektiven* Welt, in der die Kunst als Ausdruckskunst eine Rolle spielt (was eine sehr verengte Betrachtung der Kunst darstellt), und der *sozialen* Welt, die durch Moral und Recht, also durch praktische Aspekte bestimmt ist.

Der Animismus von Erwachsenen und Zivilisierten läßt sich dann als Entdifferenzierung charakterisieren, als Zurücknahme unerläßlicher Differenzen: der Natur selber werden bestimmte Ausdrucksgehalte zugesprochen, wodurch subjektive Aspekte mit objektiven vermengt und verwechselt werden. Zudem komme es zu einer Ästhetisierung von Wissenschaft und Moral, wenn diese mit Ausdrucksgehalten durchsetzt werden.

Gegen diesen Animismusvorwurf möchte ich drei Gegeneinwände geltend machen, die schon bei Merleau-Ponty und anderen Phänomenologen zu finden sind.

1. Die Projektionsthese, die im Animismusvorwurf enthalten ist und die besagt, etwas werde in die Dinge projiziert, was gar nicht in ihnen zu finden sei, setzt voraus, was sie beweisen will. Denn der

Animismusvorwurf kommt nicht um die Tatsache herum, daß wir unsere Gefühle nur dann projizieren können, wenn das Entsprechende, etwa das tierische Verhalten, eine solche Projektion nahelegt. Andernfalls bliebe es bei der beliebigen Auftragung von Inhalten auf eine Projektionsfläche. Schon Scheler weist darauf hin, daß die sogenannten Primitiven durchaus zwischen Stein und Vogel unterscheiden.[30] Der Animismusvorwurf ist allzu simpel. Außerdem versteht das Kind das Lächeln der Mutter bereits, bevor es von seinem eigenen Gefühlsausdruck auf Gefühle der anderen schließen kann, bevor es nämlich sein eigenes Lächeln in einem Spiegel gesehen hat. Eine Ähnlichkeitsrelation, die es dem Kind gestatten würde, sein eigenes Lächeln mit dem der Mutter zu vergleichen, ist gar nicht gegeben. Womit soll das Kind das Lächeln der Mutter vergleichen? Der Außenblick verfügt über keine internen Kriterien, um Fremdes nach dem Muster des Eigenen zu deuten.

2. Der Animismusvorwurf impliziert überdies einen Anachronismus, denn er geht davon aus, daß Unlebendiges und Totes früher bekannt sei als das Lebendige. Doch es ist gerade umgekehrt: das Lebendige und das Beseelte ist früher bekannt als das Unlebendige. In der Menschenwelt, in der das Ich sich entwickelt, sind physiognomische Bedeutungen vorherrschend. Solche physiognomischen Bedeutungen finden wir auch als Erwachsene, wenn wir ein Gesicht wiedererkennen, ohne Merkmale wie Augenfarbe oder Nasenform angeben zu können. Oft sind wir überfragt, wenn wir sagen müßten, welche Augenfarbe eine uns sonst bekannte Person hat. Ein Gesicht lernt man nicht kennen, indem man einzelne empirische Daten registriert, um daraus dann ein Etwas, ein x, ein Gesicht zusammenzusetzen, sondern den Einzelheiten geht eine Physiognomie voraus, in der bestimme Momente wie Mimik, Lebendigkeit und Blickweise schlagartig hervortreten. Die Beobachtung von Einzelheiten expliziert das Gesehene, sie inauguriert nicht das Sehen.

3. Verfolgt man den Gedanken des Anthropomorphismus konsequent bis ans Ziel und scheidet man das Menschenförmige aus der Naturbetrachtung vollends aus, so müßte man am Ende das Menschliche, das Menschenförmige auch aus dem Menschen selber austreiben. Wird die Natur restlos naturalisiert und in Lebloses

30 *Der Formalismus in der Ethik*, GW 2, S. 404.

verwandelt, so schlägt dies auf den Menschen selber zurück. Wir finden das schon bei Descartes, es fängt damit an daß er den Körper als Maschine beschreibt, d. h. als Träger von Prozessen, die unabhängig von unserem Erleben abrollen. Das wesentliche Moment an der Unterscheidung von *res extensa* und *res cogitans* liegt darin, daß die eine Substanz *ohne* die andere existieren kann. Ein Körpermechanismus kann als Mechanismus abrollen, ohne sich innerlich auf Erlebnisweisen zu beziehen, und umgekehrt treten Erlebnisse unabhängig von der Körpermaschine auf. Zwischen Körpermaschine und Denkwesen sind bloß kontingente Beziehungen denkbar. Schon hier wird deutlich, wie die Entmenschlichung auf den Körper übergreift.

Inzwischen sind wir noch ein Stück weiter gegangen. Lange Zeit hat man dem Geist als etwas, das durch Reflexion zugänglich und den Naturprozessen entrückt ist, eine Ausnahmestellung zugestanden, doch inzwischen sind wir so weit, daß wir statt ›Geist‹ oder ›Esprit‹ ›Mind‹ sagen; damit sind wir schon in der Nähe des Gehirns, und noch ein Schritt weiter, und wir sind bei der Software. Wird der Geist auf Funktionen reduziert, so gilt für ihn das gleiche wie für Körperfunktionen: man kann sie maschinell nachbauen.

Eine Theorie der Leiblichkeit, die integrativ in beide Richtungen, in Richtung Natur und Geist geht, ohne beides voneinander zu trennen, wird durchaus zugeben, daß das menschliche Verhalten maschinenartige Züge annimmt, wenn es sich unter gleichen Bedingungen relativ gleichförmig wiederholt. Menschen können sich einer Maschine sehr weit annähern, etwa beim stereotypen Verhalten, wo das Gewohnte sich fixiert und der Mensch selbst maschinenartig, das heißt nicht nur mechanisch, sondern programmgemäß reagiert. Darin liegt die Wahrheit von Descartes' Maschinenmodell.

In der Computerherstellung ist der *Schachcomputer* ein experimenteller Dauerbrenner: aber ist der Computer einmal erfunden, so sind auch die Bedingungen für einen Schachcomputer gegeben. Das Schachspiel ist berechenbar, da die Spielzüge präzisen Regeln folgen und jede Spielstellung genau beschrieben werden kann wie ein Laplacescher Weltzustand im Kleinen. Ein entsprechend instruierter Computer kann natürlich jede Hängepartie fortsetzen, und er spielt dann auf die Dauer sogar besser als der Mensch, weil er alle Möglichkeiten durchrechnen kann. Bisher hat Karpow es ja immer noch geschafft, aber das heißt nicht, daß die Computer zu dumm wären, sondern daß sie sehr viel Zeit brauchen, um alles durchzurechnen. Die Computer sind den Menschen nicht unbedingt überlegen, wenn sie nur eine Zeitspanne zur Verfügung haben. Menschen benehmen sich gewöhnlich nicht wie Computer, als hätten sie Schachprobleme, die sie dann irgendwann lösen, sondern Entscheidungen fallen *immer* unter Zeitdruck. Eine große Rolle spielt, daß der Computer *alles* oder möglichst viel durchrechnen muß, um seine Überlegenheit voll auszuspielen. Ein guter Schachspieler dagegen tritt an das Brett heran und sieht, worauf es ankommt. Er sieht: da ist etwas zu machen, dort nicht, er übt eine Art von physiognomischem Sehen, er überblickt das Schachbrett, auf dem wie auf einem Schlachtfeld die Entscheidungen an bestimmten Stellen fallen. Der Zeitfaktor spielt eine große Rolle, und beim Schachspiel wird er ja auch berücksichtigt, wenn man nach der Uhr spielt, was zwar rein von der Eleganz der Problemlösung her betrachtet unschön ist, denn die Zeitmessung ist ein sehr äußerliches Kriterium. Wenn einer ein Blackout hat und fünf Minuten verliert, dann verliert er womöglich das ganze Spiel. Doch de facto spielt der Zeitfaktor auch beim Computer eine Rolle, solange die materielle Realisierung von Programmen nicht Teil des Programmes ist.

Ich wollte mit diesen Überlegungen darauf hinweisen, daß die Entmenschlichung der Natur eine gewisse Wahrheit hat, weil es in der menschlichen Natur auch mechanische Momente gibt und funktionale Verknüpfungen nach Regeln, die sich künstlich nachbauen lassen. Die Frage ist nur, ob wir methodisch von diesen Mechanismen und Regelungen ausgehen können oder ob diese nicht bereits bestimmte Reduktionsprodukte darstellen. Den Zusammenhang zwischen Kultur und Natur, der hier zutage tritt, werde ich im folgenden nochmals zur Sprache bringen.

VI. Der Leib als Umschlagstelle

1. Methodische Zwischenüberlegung

Als Introduktion wähle ich die drei Textstellen, die schon in früheren Zusammenhängen angeklungen sind und die nun ihre volle Aussagekraft entfalten können.

a) *Nietzsche* sagt an einer Stelle: »Leib bin ich ganz und gar, und nichts außerdem.«[1] Diese Formulierung ist unter zweierlei Hinsicht erläuterungsbedürftig. Wenn der Leib auf gewisse Weise alles ist, so erinnert das an den alten Satz von Aristoteles: »Die Seele ist auf gewisse Weise alles«. Nietzsches Satz könnte man wie folgt umformen: Der Leib ist auf gewisse Weise alles, er ist an allem beteiligt, und eben das meint Nietzsche: Der Leib ist beteiligt an einfachen physiologischen Vorgängen wie Verdauung, Fortpflanzung usw. Er ist aber auch auf den höchsten Gipfeln des Denkens zu finden, er ist in allem dabei. Wenn der Leib aber auf gewisse Weise alles ist, dann kommt es zu inneren Differenzierungen, dann muß innerhalb der Leiblichkeit selber unterschieden werden, etwa zwischen Wiederkäuen von physischer Nahrung und dem Wiederkäuen von Gedanken oder zwischen lokalisierbarem Schmerz und einem alles durchdringenden Leid.[2]

In dem Satz »Leib bin ich ganz und gar und nichts außerdem« taucht zudem das *Ich* auf. Dieses Ich schließt die Möglichkeit aus, daß dieser Leib von außen wie ein Etwas, wie ein Ding, das uns in der Welt begegnet, betrachtet wird. Was heißt nun aber: »Ich bin Leib«, »ich habe einen Leib«, »dieser Leib gehört mir«? Dies sind rätselhafte Sätze, die uns einiges zu schaffen machen werden.

b) Die zweite Textstelle stammt von *Beckett*, ich beziehe mich auf die schon erwähnte Schrift *Stirrings Still*. Im deutschen Titel *Immer noch nicht mehr* sind Zukunft und Vergangenheit ineinander verschränkt. Dieser späte Text von Beckett beginnt damit, daß der Protagonist der Erzählung in einem abgeschlossenen Raum, in einer Art Zelle sitzt, und sich selbst beobachtet: »One night as

1 Von den Verächtern des Leibes, in: *Also sprach Zarathustra*.

2 Die Küche spielt bei Nietzsche eine ebenso wichtige Rolle wie das Widerspiel von Lust und Schmerz.

he sat at his table head on hands, he saw himself rise and go«. In dieser kurzen Erzählung beschreibt Beckett eine Art von Außensicht, mit der sich der Erzähler selbst gegenübertritt. Es wäre trivial, wenn Beckett schreiben würde: »Da saß jemand am Tisch und stand auf«, damit bliebe der Beobachter von dem Beobachteten geschieden. Doch in Becketts Text kommt es zu einer Art von Selbstbeobachtung: der Protagonist schaut sich selber zu, wie er durch den Raum geht. Er sieht sich selbst in einer Art Video seiner selbst. Diese Erzählsituation kann als eine Form von gelebtem Cartesianismus verstanden werden: ich sehe, wie ich nach außen trete und auf gewisse Weise doch noch dieses Außen bin. In diesem eindrücklichen Text wird ein Zusammenhang sichtbar gemacht mittels einer Art von Spaltung. Hierzu später mehr.

c) *Husserl* spricht in den *Ideen* II vom Leib als einer Umschlagstelle zwischen verständlichem Sinn und Naturkausalität.[3] Das leibliche Verhalten hat eine Bedeutung, ich kann es verstehen, gleichzeitig greift aber die Naturkausalität bei der Realisierung des Sinnes mit ein. Der Leib ist Umschlagstelle, d. h. er läßt sich weder eindeutig dem Bereich des Geistes und der Kultur noch dem Bereich der Natur zuordnen, sondern beide Momente sind in ihm verschränkt.

2. Der Leib zwischen Kultur und Natur

Ich knüpfe noch einmal an Descartes an und weise hin auf zeitgenössische Umformungen der Zweizsubstanzenlehre. Descartes' ontologische Unterscheidung zweier Substanzen betrifft Seiendes als das, *was* in und aus sich selber existiert. In moderneren Versionen haben wir nicht zwei Substanzen, sondern zwei Sicht- oder Sprechweisen, zwei Formen *wie* das Seiende uns gegeben ist. Damit verschwinden einige Probleme, die bei Descartes noch bestehen. Erinnern wir uns an Descartes' Problem, wie zwei verschiedenartige Seiende als zusammenhängend gedacht werden können; erinnern wir uns an die Funktion der Zirbeldrüse, an die Wechselwirkungstheorie, die schwer zu denken ist, weil die Wechselwirkung ja ein Medium voraussetzt, *innerhalb* dessen die Wirkung vom einen zum anderen übergeht. Diese Problematik

3 Hua IV, 286.

verliert sich, wenn die Doppelheit zweier Substanzen ersetzt wird durch zwei *Blick*weisen als zwei Weisen, wie etwas erscheint – oder durch zwei *Sprech*weisen als zwei Weisen, wie man über etwas spricht.

Personalistische und naturalistische Einstellung: fungierender Leib und Körperding

Bei Husserl konkretisiert sich diese Doppelheit in zwei Einstellungen, der *naturalistischen* und der *personalistischen*. Einstellung bedeutet, daß ich eine bestimmte Blickhaltung einnehme, die über die einzelnen Akte hinaus einen Erfahrungsbereich eröffnet[4]. Einstellung ist somit immer etwas Habituelles, eine dauerhafte Haltung, die ich über vereinzelte Situationen hinaus einnehme. – Die personalistische Einstellung bedeutet: ich fasse mich auf als jemand, der als Person in der Welt, in der Mitwelt lebt. Sie erlaubt eine teilnehmende Beobachtung, die dadurch entsteht, daß ich an einer bestimmten Lebenspraxis mitwirke. – In der naturalistischen Einstellung dagegen betrachte ich mich und die Anderen als ein Etwas, das bestimmte Prozesse durchläuft oder bestimmte Zustände aufweist. Ich oder die Anderen werden hier in Form einer distanzierten Beobachtung erfaßt. Diese Beobachtung ist nicht mit einem Lebensprozeß, sondern mit einer Naturtechnik verbunden. – In der personalistischen Einstellung geht es um *jemanden*, in der naturalistischen Einstellung um *etwas*. Man kann es mit Heidegger sagen: dieser *Jemand* betrifft das In-der-Welt-sein, ich befinde mich in der Welt, verstehe mich in der Welt, betätige mich mit Anderen in der Welt. Das *Etwas* hingegen wäre ein innerweltliches Moment, ich werde als ein Etwas in die Welt oder in den Naturzusammenhang eingeordnet, und insofern verschwinden hier die menschlichen Attribute als solche.

Wird diese Doppelheit nun auf den Leib übertragen (und das ist ja mein Thema), so tritt der Leib auf zweifache Weise auf: in der personalistischen Einstellung als fungierender Leib und als Medium, in der naturalistischen Einstellung als Körperding. Wichtig

4 Zur Vielfalt des Husserlschen Einstellungsbegriffs vgl. von Matthias Fischer: *Differente Wissensfelder – Einheitlicher Vernunftraum* (1985).

ist hier dieses *Als*. Es werden nicht Substanzen oder Entitäten unterschieden, sondern unterschiedliche Gesichtspunkte markiert. Der Leib taucht somit zweimal auf, einmal als *fungierender* Leib. Er fungiert als Medium, z. B. in der Bewegung als Sichbewegender, er fungiert als Wahrnehmungsorgan, als das Hier, von dem aus ich wahrnehme – all diese Momente betreffen den fungierenden Leib, sofern er innerhalb der Erfahrung der Dinge, der Welt, der Anderen und meiner selbst auftritt. ›Fungieren‹ bedeutet: er leistet etwas, spielt eine Rolle, ist Bedingung für etwas. Der Leib ist das Medium, in dem eine Welt als solche auftritt.

In der naturalistischen Einstellung hingegen wird der Leib als *Körperding* genommen, als etwas, das in der Welt vorkommt wie ein Ding. Wenn Sie Ihr Körpergewicht mit dem Gewicht des Tisches vergleichen, so behandeln Sie den eigenen Leib wie ein Körperding. Sie können Ihren Körper beobachten und sagen: »Mein Körper ist 2 Meter von diesem Projektor entfernt«. Damit behandeln Sie ihren Leib abermals wie ein Körperding. Das ist jederzeit möglich, und experimentell tut man das ja immer wieder: z. B. wenn der Blutdruck gemessen wird oder Körpersymptome registriert werden.

Leib im Vergleich mit Wort und Bild

Diese doppelte Sichtweise tritt sehr deutlich zutage beim Vergleich mit der Sprache. Wir können ein Wort *als* Zeichen betrachten, das dazu beiträgt, einen bestimmten Sinn zu artikulieren oder weiterzugeben – das wäre die Perspektive des Sprachgebrauchs, die fungierende Sprache. Wir können das Wort aber auch *als* physischen Laut oder *als* physische Masse betrachten. Und hierbei können wir nicht einfach sagen, das eine (die Sprache als physischer Laut) ist ein natürliches Ding und das andere (der Sinnträger) hat eine Funktion, sondern wir unterscheiden *am Wort selbst* zwei Gesichtspunkte. Wir können beispielsweise einen Strich an der Wandtafel als Teil eines Buchstabens betrachten oder denselben Strich als etwas beschreiben, das eine bestimmte Ausdehnung, eine bestimmte Farbe und krümmelige Materialität aufweist. Es geht hier um eine doppelte Betrachtung *desselben*.

Entsprechend gibt es zwei verschiedenartige Disziplinen: die Phonematik (oder Phonologie) behandelt die Sprachlautsphäre, die

Phonetik dagegen naturalisiert die Sprache. Sprachlaute lassen sich mit den Mitteln der Tontechnik aufzeichnen, und das läßt sich nur machen, weil die Sprache selber nicht nur eine Bedeutung hat, sondern sich gleich einem Geräusch auch physisch realisiert. Auf dieser Ebene der Naturalisierung ist ein sprachlicher Laut von einem Geräusch nicht zu unterscheiden. Beide bestehen rein physikalisch aus bestimmten akustischen Schwingungen und Amplituden.

Beim Leib ist es ähnlich. Wir können ihn einerseits betrachten, sofern er als das Hier, von dem aus ich etwas wahrnehme, als Bewegungsorgan, als Wahrnehmungsorgan, als Inbegriff von Empfindungen fungiert. Und umgekehrt läßt der gleiche Leib sich auch als ein Ding unter anderen betrachten.

Diese doppelte Sichtweise läßt sich auf alle Kulturgegenstände übertragen, z. B. auf Gemälde. Ein Gemälde als Gemälde sehen ist etwas anderes, als es chemisch zu analysieren. Es ist ja bekannt, wieviel inzwischen mit chemischen Analysen gearbeitet wird, etwa bei der röntgenartig vorgenommenen Untersuchung verschiedener Bildschichten. Das Gemälde wird auf seine chemischen Bestandteile reduziert. Das hat nur sehr indirekt etwas mit dem Bildaufbau oder der Bildsymbolik zu tun. Auch in diesem Bereich gibt es also eine Art Bildphonematik und eine Art Bildphonetik.

Auf diese Weise würde die cartesianische Substanzenlehre in eine Lehre von Gesichtspunkten und Einstellungen verwandelt.

Selbstverdoppelung

Zunächst etwas zur *Selbstverdoppelung*. Interessant ist, daß »der Leib« in der Aussage »Dieser *Leib* erscheint als *Leib* und als Körper« zweimal vorkommt. Wie könnte man das vermeiden? Eine Alternative wäre es, zu sagen: »Dieses X erscheint als Leib und als Körper«; dabei stünden Leib und Körper für zwei Attribute oder Aspekte, die dem X zugeschrieben werden. Dieses X wäre dem Leib und dem Körper gegenüber neutral. Wir würden dann sagen: hier gibt es ein X, das in doppelter Gestalt auftritt. Spinoza denkt es sich so: *Deus sive natura*. Natur und Geist sind zwei Aspekte desselben, das Zugrundeliegende ist dasselbe, das sich in zwei Aspekten zeigt. Ein anderes vielzitiertes Beispiel findet sich bei Frege: Der Planet Venus taucht auf als Abendstern und als Morgenstern. Es gäbe also den physischen Planetenkörper, der in zwei Konstellationen auftaucht: am Morgen *als* Morgenstern und am Abend *als* Abendstern. Dahinter stünde ein identischer Planet, der – wenn man von einer Natur an sich ausgeht – weder abends noch morgens auftritt, weil er ja von sich selbst aus keinen Bezug zu einem bestimmten Beobachter und seinen Tageszeiten hat. Doch können wir beim Leib auch so vorgehen? Wir hätten dann ein identisches X im Hintergrund, das einmal als Leib einer Person und einmal als Körperding erscheint. Das zugrundeliegende X wäre eine neutrale Instanz. Bei einem solchen Vorgehen würde der Leib *von außen* betrachtet als ein *Etwas*, das sich als Differenz zweier Seins- oder Gegebenheitsweisen darstellt. Doch das Problem liegt darin, daß wir bei der leiblichen Erfahrung immer schon auf *einer* Seite stehen. Wir betrachten den Leib nie rein von außen, wir *sind* ja der Leib; auch der Andere *ist* der Leib, an dem ich auf gewisse Weise partizipiere. Wir haben es immer schon mit einer Selbst-differenzierung zu tun. Selbst wenn wir den Leib als Körper betrachten, so ist er ebenfalls daran beteiligt; er fungiert auf seiten des Beobachters – und sei es als der bloße Ort, von wo aus der Körper gemessen wird. Der Leib ist immer schon in unserem Rücken, wir können ihn nie so weit von uns wegrükken, daß wir sagen könnten: »Da drüben ist der Leib«. Das Ganze hat auch eine sprachliche Seite. Wir können das Ich nicht *als Moment des Gesagten in die Welt* versetzen; das Ich ist die Instanz dessen, *der ›Ich‹ sagt und eine Welt hat.* Das Ich wird im Sprechen selber in Anspruch genommen; ein Satz wie »Da sagt jemand etwas über ein Ich« hat strenggenommen keinen Sinn, da das Ich als Referent nicht auftreten kann, ohne zugleich als ›Redeinstanz‹ aufzutreten.[5] Ebenso ist der Leib beteiligt, wenn ich über ihn spreche; er läßt sich nicht nach außen verlagern und beobachten wie ein ferner Planet. In diesem Sinne ist die Verdoppelung, von der hier die Rede ist, stets eine Selbstverdoppelung. Der Leib verdoppelt sich selbst in Leib und Körperding.

5 Vgl. die linguistische Unterscheidung zwischen Ich des Aussagevorgangs (*énonciation*) und Ich des Aussagegehaltes (*énoncé*) und zuvor schon die Unterscheidung von »anzeigender« und »angezeigter Bedeutung« in: *I. Logische Untersuchung*, § 26 (vgl. Hua XIX/1, 89).

Nun könnte man weiter fragen: Warum verwende ich in der Aussage »Dieser *Leib* erscheint als *Leib* und als Körper« zweimal den Ausdruck »Leib«? Ich könnte ja auch sagen: »Hier ist ein Körper, der sich einmal als Leib, einmal als Körper darstellt«. Interessanterweise gebrauchen viele Phänomenologen das Doppelwort »*Leibkörper*«. Wir finden diese Formulierung bei Husserl, bei Scheler, bei Plessner. Das Wort weist auf einen Zusammenhang von Leiblichkeit und Körperlichkeit hin. Doch warum sprechen die Phänomenologen vom *Leibkörper* und nicht vom *Körperleib*? Wäre der Leib ein neutrales x, so könnte ich mit gleichen Recht sagen, er ist ein Körperleib, also ein Ding, das auch noch gewisse Empfindungen hat. Und es gibt tatsächlich Versuche, den Leib als einen materiellen Körper zu konzipieren, der sich zudem noch empfindet und bewegt; man nähert sich damit einem menschenähnlichen Roboter, einem hergestellten Automaten.
Von einem Leibkörper statt von einem Körperleib sprechen wir aber deshalb, weil der Leib, von dem hier die Rede ist, nicht ein Etwas ist, das von einem Außenblick her von anderem unterschieden wird, sondern weil er an dieser Unterscheidung selber beteiligt ist. Er *fungiert* in der Unterscheidung selber. Denn – so lautet das Argument –: Leib und Körper treten nicht innerhalb einer Unterscheidung auf, deren Glieder man beliebig vertauschen könnte (was der Fall wäre, wenn es hier einfach um A und B ginge, bei denen es gleichgültig wäre, ob wir A von B oder B von A unterscheiden). Die personalistische Einstellung und mit ihr der Leib hat vielmehr der naturalistischen Einstellung und dem Körper gegenüber einen gewissen Vorrang. Und warum hat sie diesen Vorrang? Die Antwort von Husserl lautet – das ganze *Krisis*-Werk handelt darüber –: weil die naturalistische Einstellung durch eine bestimmte *Umstellung* entsteht. Die personalistische Einstellung ist in der naturalistischen vorausgesetzt, denn Naturalisierung bedeutet, daß ich den eigenen oder den fremden Leib oder einen Kulturgegenstand *als bloße Natur* betrachte. Die bloße Naturbetrachtung ist ein Reduktionsprozeß.

Man kann noch weiter gehen und sagen: die naturalistische Einstellung ist immer auch eine kulturelle Einstellung, eine eminent kulturelle Veranstaltung. Galilei ging davon aus, daß die Natur wie ein Buch in Zahlen und Maßen geschrieben ist. Doch dieses Buch der Natur ist ein durchaus kulturelles Produkt, es ist ein Konstrukt: die Kultivierung des menschlichen Verhaltens läßt die Möglichkeit zu, von etwas abzusehen, zu abstrahieren. Die Natur an sich entsteht genau durch diesen Prozeß des systematischen Absehens von Lebensbedeutsamkeiten. Darin liegt die Wahrheit von Galilei: daß die Dinge uns unter diesen Umständen nichts mehr bedeuten, daß sie nicht mehr geschmackvoll oder schädigend sind. Galileis Betrachtungsweise abstrahiert von den Lebensumständen, die der personalistischen Einstellung zugeordnet bleiben. Das bedeutet nicht, daß die Natur sich schlechthin auf das reduzieren ließe, was die Naturwissenschaftler von ihr wissen, als *bloße* Natur tritt sie erst in einem ganz bestimmten methodischen Zusammenhang auf. Dies muß nicht zu einem radikalen Konstruktivismus in dem Sinne führen, daß die Natur selber als bloßes Konstrukt zu betrachten ist, doch dieses Absehen-von und das Bloßlegen bestimmter Prozesse, die sonst in lebensbedeutsame Zusammenhänge eingebettet sind, ist ein unter bestimmten kulturellen Bedingungen entstandenes Verfahren. Die Naturwissenschaften sind selbst ein kulturelles Produkt, sie entstammen einer historischen Stiftung.

Husserl charakterisiert den Leib als *Umschlagstelle* zwischen Kultur und Natur in dem Sinne, daß er weder der einen noch der anderen eindeutig zuzuordnen ist. Umschlagstelle bedeutet, daß wir uns immer zwischen beidem bewegen, und Husserl spricht deshalb auch von einer *fungierenden* Natur. Die Natur ist nicht nur die Natur an sich, die Natur *fungiert* innerhalb der Kultur.[6] Die Naturmomente meiner Körperlichkeit sind vergleichbar den Vorgängen in leblosen, in tierischen oder pflanzlichen Körpern: auch im menschlichen Körper gibt es Elektrizität, z. B. in Gestalt von Nervenimpulsen, und Stoffwechsel wie in der Pflanzenwelt. Doch darüber hinaus fungiert die Natur im menschlichen Verhalten und Erleben selber als »meine Natur«, wie Husserl sich aus-

6 Vgl. Hua 1, 162.

drückt.[7] Diese Natur, die an meinem Erleben mitbeteiligt ist, bildet den Ausgangspunkt. Nur durch gezieltes Absehen von diesen Lebenszusammenhängen kommt so etwas wie ein bloßes Körperding oder eine bloße Natur zustande.

Der Gedanke der Umschlagstelle taucht dann bei Merleau-Ponty auf im Sinne einer *Ambiguität*. Der Leib hat eine zweideutige Seinsweise; er läßt sich weder eindeutig der Kultur noch der Natur zuordnen. Helmuth Plessner faßt diese Doppelheit als »exzentrische Position« des Menschen, die ein gleichzeitiges »Körpersein« und »Körperhaben« einschließt. »Er *ist* weder allein Leib noch *hat* er allein Leib (Körper).«[8] Die Äußerung »ich *bin* mein Leib« thematisiert somit das Fungieren des Leibes in dem, was ich selber bin. Und »ich *habe* einen Körper« bedeutet, ich kann von mir Abstand nehmen, so weitgehend, daß ich mich selber wie ein Naturding betrachte. Aber das sind Selbstverdoppelungs- und Selbstdifferenzierungsprozesse und keine bloßen Außenbeschreibungen, wie wir sie an einem beliebigen Gegenstand vornehmen können. So viel für heute.

Rekapitulation

10. Vorlesung vom 14. 1. 97

Das laufende Kapitel über »Der Leib als Umschlagstelle« bildet eine methodische Zwischenbetrachtung, die man auch unter den Titel stellen könnte: Wie vom Leib sprechen und wie nicht vom Leib sprechen bzw.: Wie den Leib erfassen und thematisieren? In der letzten Stunde habe ich die Unterscheidung zwischen personalistischer und naturalistischer Einstellung expliziert. Mit dieser ersten Unterscheidung ergibt sich die Doppelheit des Leibes: daß er einmal als fungierender Leib und einmal als Körperding auftritt. Fungierender Leib bedeutet: der Leib ist beteiligt an der Konstitution der Welt, während der Leib unter dem zweiten Aspekt ein Ding in der Welt ist wie jedes andere Ding. Zur Erläuterung dieser Differenz habe ich von einer Selbstverdoppelung gesprochen. Das entscheidende Problem ist, daß es beim Leib nicht um ein Etwas geht, das wir von einem neutralen Standpunkt aus betrachten, um

7 Vgl. Hua IV, 280.
8 Vgl.: *Lachen und Weinen*, in: *Ges. Schriften*, Bd. VII, S. 241.

ein x, das mit zwei Attributen versehen auftritt, so wie man sagen kann: es gibt ein Dreieck, das einmal als rechtwinklig, einmal als ungleichseitig erscheint. Der Leib ist kein x, bezogen auf einen neutralen Standpunkt, von dem aus man diese Unterscheidung zwischen Leib und Körper macht, sondern hier liegt eine Selbstdifferenzierung vor, weil der Leib, mit dem wir die Welt erfahren, selbst an dieser Differenz beteiligt ist. Daß der Leib nach außen tritt und zu einem Körper gemacht wird, auch das setzt den Leib noch voraus. Betrachten wir den Leib als Körper, so impliziert dies ein Absehen von dem Standort des Hier, ohne dieses Absehen wäre der Körper irgendein Ding unter anderen. Selbst die im folgenden erörterte Spaltung besagt ja nicht, daß die Hand wirklich ist wie ein Tintenfaß, sondern daß sie betrachtet wird *wie* ein Tintenfaß. Selbst wenn der Leib als Körper betrachtet wird, ist also noch eine leibliche Komponente im Spiel.

Zu diesem Thema gäbe es eine Menge zu sagen, auch zur Rolle der Körperlichkeit in den Naturwissenschaften, denn selbst die naturalistische Einstellung kommt nicht ohne Leiblichkeit aus.[9] Jedes Meßverfahren ist an die Leiblichkeit gebunden, an den Ort der Messung, der nicht mit einem gemessenen Raumdatum zu verwechseln ist, nur wird der Leib, der bei der Bedienung der Meßgeräte und der Datengewinnung beteiligt ist, dort nicht zum Thema gemacht.

Selbstspaltung: Naturalisierung und Spiritualisierung

Doch wir haben es nicht nur mit einer Selbstdifferenzierung zu tun dergestalt, daß der Erlebende und Sichverhaltende sich selber in zwei Gegebenheitsweisen darstellt, sondern wir müssen auch mit einer möglichen *Selbstspaltung* rechnen. Damit komme ich noch einmal auf die Herkunft der cartesianischen Differenz zu sprechen.

Die Spaltung tritt genau in dem Augenblick auf, wo eine der beiden maßgebenden Einstellungen verabsolutiert wird. Die für uns im westlich neuzeitlichen Denken gängige Form der Spaltung besteht darin, daß die naturalistische Einstellung den Ton angibt. Gehen wir zunächst von einer mittleren Position aus, worin der

9 Vgl. W. Kutschmann, *Der Naturwissenschaftler und sein Körper* (1986).

Schema 13: Leibspaltung

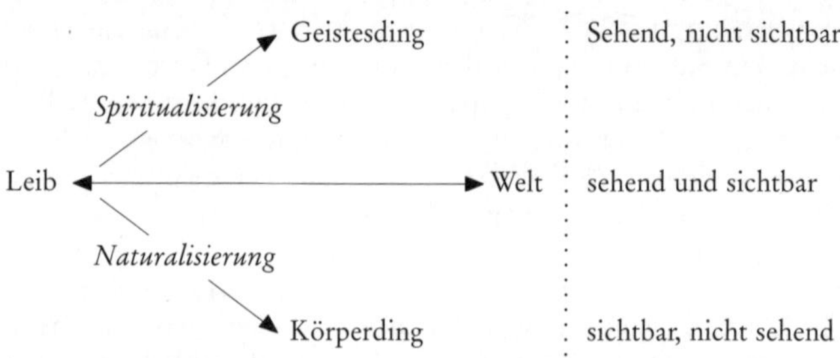

Leib oder das leibliche Ich auf die Welt bezogen ist. *Naturalisierung* hieße, daß der Leib als Körperding, als Naturding unter anderen auftritt. Wie kommt es nun zum Dualismus, zur Spaltung? Dazu kommt es, wie Husserl sagt, aufgrund einer »ergänzenden Abstraktion«.[10] Die *erste* Reduktion wäre die Reduktion des Leibes auf den Körper: wir abstrahieren zunächst von aller Lebensbedeutsamkeit, von Erlebnisweisen wie dem Unterscheiden von Farbqualitäten oder dem Verspüren eines Druckes bei der Bedienung einer Tastatur – das wäre die physische Abstraktion. Dazu tritt, wie Husserl zu Recht sagt, noch eine *ergänzende* Abstraktion, durch die ein Geistesding entsteht. Ich gebrauche hier das Wort Ding im sehr neutralen Sinne, so wie Descartes von einer *res extensa*, aber auch von einer *res cogitans* spricht. Descartes meint hier nicht Dinge im Sinne von Gegenständen, sondern ein Etwas. Dem geistlosen Körperding, das *ein* Beispiel eines ausgedehnten Dinges ist, entspricht auf der anderen Seite ein Geistesding, also ein reines Ich, das *körperlos* wäre. Wir hätten also ein körperloses Ich und ein körperliches Etwas. Diese zweite Abstraktion, bei der so etwas wie ein reines Geisteswesen entsteht, könnte als *Spiritualisierung* bezeichnet werden. Der Ausgangspunkt wäre der Leib, das leibliche In-der-Welt-sein, und der Dualismus entsteht durch die Verabsolutierung *einer* der beiden Einstellungen. Die anfängliche Verabsolutierung des Außenstandpunktes wird sodann durch eine *Gegen*verabsolutierung oder besser durch eine Gegenbetrachtung kompensiert. Das wäre – kurz gesagt – die Herkunft des cartesianischen Dualismus.

10 *Krisis* (Hua VI), S. 231.

Bei der weiteren Ausformung dieser Differenz gelangen wir in das herkömmliche Feld metaphysischer Unterscheidungen. Eine uralte metaphysische Unterscheidung ist die zwischen dem, was mit leiblichen Augen sichtbar ist (das ὁρατόν bei Platon), und dem, was man mit geistigen Augen schaut (das νοητόν). Im Bereich des Sehens und der Sichtbarkeit, dem auch unser Leib angehört, führt dies zu folgender Alternative. Für das Körperding gilt: *es ist sichtbar, aber nicht sehend.* Für das körperlose Ich, das Ego, gilt, *es ist sehend, aber nicht sichtbar.* Für Descartes gehört das sehende Empfinden natürlich auch zum Denken, aber als ein *cogito me videre* (ich denke mich sehend). Das Sehen selber ist nicht verkörpert, es ist nicht im Raum, sondern außerhalb des Raumes, es ist nicht ausgedehnt und in dem Sinne auch nicht sichtbar. Wir haben also eine Dualität: auf der einen Seite das, was sichtbar ist und nicht sehend, und auf der anderen Seite das, was sehend ist und nicht sichtbar. Meine Überlegungen wollen zeigen, daß der Leib sich dieser Doppelheit genau entzieht. Was Leiblichkeit als ein Drittes ausmacht, ist genau die Tatsache, daß der Leib *sehend und sichtbar zugleich* ist. Diese Seinsweise des Leibes verlieren wir systematisch aus dem Auge, wenn die Verdoppelung des Leibes in dieser eben geschilderten einseitigen Form vorgenommen wird.

Spaltung und Schizophrenie

Ich spreche hier von einer Spaltung, weil die beiden Bereiche systematisch voneinander getrennt sind. Ich habe schon darauf aufmerksam gemacht, daß selbst die naturalistische Einstellung nicht ohne Leib auskommt. Denn die Naturalisierung geschieht ja nicht irgendwo; da müßte man den Naturwissenschaftler vergessen. Genau das behauptet Husserl: die Naturalisierung gelingt nur, wenn der Naturwissenschaftler, der diese Einstellung vollzieht, sich selber vergißt. Das gilt schon für die Messung, denn der Ort der Messung ist ein leiblicher Ort. Wenn wir an Heisenbergs Unschärferelation denken, bei der der Messungsvorgang in das Gesetz der Unschärferelation selber miteingeht, so zeigt sich, daß Naturalisierung nicht heißen kann, die Natur ist *an sich* dort, sondern sie ist dies nur in einer ganz bestimmten methodischen Blick- und Meßweise. Und daran ist der Körper natürlich beteiligt: bei der Installierung eines Meßfeldes, bei der Bedienung von

Meßgeräten, beim Ablesen von Meßdaten auf einer eigens eingeführten Meßskala usf. Auch wenn wir an die Naturgeschichte denken, so verkörpert auch sie kein rekursives System, das immer wieder in sich selbst zurückkehrt, sondern auch diese Naturgeschichte wird von einem bestimmten Zeit-Ort her rekonstruiert. Eben deshalb sprechen wir von einer natürlichen *Vor*geschichte des Menschen, die rückblickend geschrieben wird und nicht einfachhin geschieht.

Was die Spaltung angeht, so spricht ein weiteres Argument dafür, daß sie nicht das Letzte sein kann. Spaltungsprozesse sind uns nicht nur als methodische Kunstgriffe bekannt, sondern sie begegnen uns auch als erlebte Spaltung in der Psychopathologie, namentlich in der sogenannten Schizophrenie. Im Ausdruck Schizo-phrenie steckt das Wort σχίζειν (=spalten). In der Schizophrenie erleben wir durchaus so etwas wie eine Derealisierung oder Depersonalisierung. Hier finden wir in erlebter Form das, was Descartes theoretisch darstellt. Derealisierung heißt, daß der eigene Körper tatsächlich wie etwas völlig Fremdes erscheint: die eigene Hand z. B. wird als ein dort auf dem Tisch liegendes fremdes Ding empfunden. Derealisierung bedeutet eine Distanz zu sich selbst, so daß sich das eigene Selbst vervielfältigt und sich in dem, was es tut, nicht mehr wiedererkennt. Doch auch diese Spaltungsprozesse setzen immer schon einen Zusammenhang voraus: was sich spaltet, gehört zusammen. Würde überhaupt kein Zusammenhang vorausgesetzt, so wäre die Spaltung ja keine Krankheitserscheinung, sondern eine schlichte Zerteilung oder Zerstückelung, wie wenn ich ein Holzscheit spalte, dann sind es halt zwei Stücke. Bei der Ichspaltung muß also ein Zusammenhang bestehen, der auf gewisse Weise gestört und beeinträchtigt wird. Selbst die Spaltung – auch im pathologischen Sinne – setzt voraus, daß der, der sich verdoppelt (sich als von sich selbst verfolgt fühlt, sich zerteilt in Verfolger und Verfolgter), mit sich selbst Kontakt hat.

Die mittlere Form des gleichzeitigen Sehens und Sichtbarwerdens wird bei Husserl in einer sehr einfachen Form zum Ausdruck gebracht, wenn er davon spricht, daß der Leib auf sich selbst zurückbezogen ist. Husserl sagt nicht: »Ich bin auf den Leib zurückbezogen«, sondern er sagt: »Der Leib ist auf sich selbst zurückbezogen«. Husserl denkt hier nicht bloß an das Sehen, etwa an das eklatante Beispiel des Spiegels, er denkt auch an praktisches Verhalten, etwa an ein leibliches Hantieren, bei dem ich nicht nur etwas, sondern gleichzeitig mich selber verändere. Man kann nicht etwas berühren, ohne sich selber zu verändern. Das Berühren selber ist Bewirken und Bemerken in eins. Wenn Sie einen heißen Gegenstand anfassen, so merken Sie, wie Ihr Körper sich erwärmt. Es ist also keine bloße Tastbewegung, die etwas ertastet. Zum Leib gehört, daß er sich selber ertastet.

Merleau-Ponty hat diesen Gedanken einer sinnlichen Reflexion ganz zentral aufgenommen. Der Leib definiert sich geradezu dadurch, daß er auf sich selbst rückbezogen ist in dem Sinne, daß man sich in Spiegelungen sieht, sich im Echo sprechen hört. Schließlich bedeutet auch das Sichberühren, bei dem eine Hand die andere berührt, eine Verdoppelung. Diese Kennzeichnung kommt einem Ding nicht zu, denn bei Dingen werden wir höchstens metaphorisch davon sprechen, daß eines an das andere rührt.

Die entscheidende Stelle bei Husserl, auf die sich Merleau-Ponty bezieht, findet sich in den *Cartesianischen Meditationen* (S. 128).[11] Merleau-Ponty spricht in diesem Zusammenhang von einer *réfléxion sensible*. Eine sinnliche Reflexion besteht nicht in einem geistigen Akt, der sich außerhalb von Raum oder Zeit vollzöge, sondern in einer Selbstbezogenheit auf der Ebene der leiblichen Existenz.

Keine Koinzidenz von Sehendem und Sichtbarem

Doch zu erwähnen ist außerdem, daß die Aussage »sehend und sichtbar« nicht heißt, daß Sehender und Sichtbarer jemals in Form einer Koinzidenz zusammenfallen. Im Gegenteil. Nehmen Sie das Spiegelbild: Sie können sagen, Sie sehen *sich* im Spiegel, auf gewisse Weise sind Sie der, der im Spiegel auftritt. Wir können im Spiegel ja auch jemand anderen oder einen Gegenstand sehen, aber nun sehen Sie sich selber im Spiegel. Das ist überhaupt nicht trivial. Ein Kind muß allererst lernen, *sich als es selbst* im Spiegel zu sehen. Sieht es sich zum ersten Mal im Spiegel, so sieht es anfänglich ein *anderes* Kind. Tiere reagieren sehr unterschiedlich auf ihr Spiegelbild und teils gar nicht.[12] Doch erst wenn jemand sich im Spiegel

11 Hua I, 128.

12 Vgl. oben S. 33f. Natürlich müßte hier weiter differenziert werden zwischen verschiedenen Formen des Sichwiedererkennens und Sich-

wiedererkennt, funktioniert der Spiegel *als* Spiegel, sonst ist er wie ein Ding im Raum, wie eine glatte Fläche oder wie ein Bildschirm, der etwas wiedergibt.

Dieses ›Sich‹-sehen ist nun eine merkwürdige Weise von Koinzidenz und Nichtkoinzidenz: Sie sehen *sich*, und trotzdem unterscheiden Sie sich von dem, was sie da von sich zu sehen bekommen. Sie sehen sich im Spiegel – spiegelverkehrt –, nämlich so, wie andere Sie sehen. Sie können sich, wenn Sie geeignete Spiegel arrangieren, auch von hinten sehen und alle möglichen Seheffekte erzielen, aber Sehen und Gesehenes sind niemals völlig identisch, Sie sehen sich *als* gespiegelt, also immer mit einer gewissen Distanz.

Hinzu kommt eine zeitliche Verschiebung. Denken Sie, Sie überraschen sich im Spiegel; angenommen Sie gehen an einem spiegelnden Schaufenster vorbei, und plötzlich sehen Sie jemanden, der Sie selbst sind. Ich habe das Beispiel von Ernst Mach erwähnt, der sich, als er in den Bus steigt, plötzlich in einer Scheibe gespiegelt sieht und zuerst gar nicht merkt, daß das er selber ist.[13] Da liegt ein Moment der zeitlichen Überraschung, man *entdeckt* sich im Spiegel, geht sich selber voraus. Es ist keine schiere Identität (falls es so etwas überhaupt gibt), sondern eine Identität in der Nicht-Identität – oder wie Merleau-Ponty es häufig nennt – eine Koinzidenz in der Nichtkoinzidenz.

Leiblichkeit besagt also, daß wir auf uns bezogen sind, aber *wer* auf sich bezogen ist, ist nie identisch mit dem, *worauf* er bezogen ist, Sehen und Gesehenes und so auch die anderen Sinnesdarstellungen sind immer auf gewisse Weise gespalten. Dies unterscheidet das leibliche *Wer* von einem bloßen körperlichen *Was*.

3. Der Leib als Eigenleib

Wie wir gesehen haben, ist die Doppelheit des Leibes ist kein bloßer Parallelismus. Natur und Kultur bzw. Körper und Leib sind nicht zwei parallel angeordnete Arrangements, sondern es liegt hier eine Form der *Selbst*verdoppelung vor. Ich möchte nun

verkennens; das Tier wäre sonst ein Fast-Mensch, und es bliebe die Frage, warum es sich damit begnügt.

13 Vgl. oben S. 32.

eine zweite Unterscheidung einführen, die nochmals auf Descartes zurückgeht.

Cogito und res cogitans

Descartes spricht in der *II. Meditation* ursprünglich nicht von einer *res cogitans* (von einem denkenden Etwas) und von einer *res extensa* (einem ausgedehnten Etwas), sondern zunächst einmal spricht er vom Cogito in der ersten Person. Wir geraten allzu schnell ins metaphysische Fahrwasser, wenn wir solche Substanzen unterscheiden, die auf zwei Welten verweisen. In der Zweifelsbetrachtung (wenn ich denke, kann ich mich nicht darin täuschen, *daß* ich denke) taucht das Denken jedoch in der Vollzugsform der ersten Person auf. Das ist alles andere als selbstverständlich, und man sollte dies bedenken, bevor man den Vorwurf der Egozentrik erhebt.
Die Zugangsweise über die erste Person finden wir bei den Griechen nicht. Die Griechen haben über vieles nachgedacht, doch das Ich spielt nur eine beiläufige Rolle. Die erste Person ist nicht besonders philosophiewürdig, weil sie eine zufällige Sache ist. Wer ist das Ich? Ist Ich der, der gerade ›ich‹ sagt? Oder – wenn ein Anderer spricht – steht das Ich nicht dann schon wieder für jemand anderen? Das ›Ich‹ hat nichts von einer Substanz, nichts von einem Etwas, dem man bestimmte bleibende und zufällige Eigenschaften zuweisen könnte, sondern es bezeichnet eine Funktion, die wandert.
Descartes geht nun also genau von diesem Ich aus, er spricht auch von »meinem« Leib, da taucht das Possessivpronomen auf, das seinen Sinn ebenfalls einem Ich verdankt. *Mein* Leib, d. h. der Leib dessen, der ›ich‹ sagt. In den Termini der Sprachlogik handelt es sich beim ›Ich‹ um einen indexikalischen Ausdruck. ›Ich‹ ist ein hinweisender Ausdruck, der die Situation dessen anzeigt, der spricht. Husserl nennt das ›ich‹ einen okkasionellen Ausdruck, weil er auf die *occasio*, auf den Anlaß, bei dem dieses Wort gebraucht wird, Bezug nimmt.[14]
Wenn wir diesen Gedanken des ›Ich denke‹ aufnehmen und auch den Leib in dem Sinne betrachten, daß er auf Jemanden, auf ein Ich bezogen ist, so kommen wir zu einer zweiten Unterscheidung.

14 Vgl. *I. Logische Untersuchung*, § 26.

Performative und konstative Einstellung: leibliche Ich-Rede und Rede über das leibliche Ich

Der zweiten Differenz entsprechen zwei weitere Einstellungen: die performative und die konstative Einstellung. Ich greife hier die Begriffe aus der Sprechakttheorie von Austin auf, der von Performativen spricht, d. h. von bestimmen Satzäußerungen, in denen etwas ausgeführt, nämlich versprochen, gewünscht, angedroht oder auch ausgesagt wird. Konstativa wären andererseits bloße Aussagen. Performativ wäre der weitere Ausdruck, weil in jedem Sprechen etwas Bestimmtes getan wird und die Reduktion auf bloße Aussagen schon eine Verengung dessen darstellt, was Sprache bedeutet.

Bezogen auf meinen Leib bezeichne ich die performative Einstellung als »Ichrede« oder als »Ichsagen«. Eine konstative Einstellung einnehmen hieße dann, »über das Ich reden«.

Performative Rede heißt: »Ich verspreche dir, daß...« oder: »Ich ernenne dich zum...«. Doch das Ich muß nicht einmal ausgesprochen werden, es ist vielfach nur unausdrücklich da, es fungiert einfach als Sprecher, während in der konstativen Einstellung das Ich expressis verbis vorkommt, etwa in der Erzählung, in der ich etwas über mich berichte: »Gestern war ich dort und dort«. Daß *ich* dort war, läßt sich der Berichterstattung als solcher nicht entnehmen. In der konstativen Einstellung taucht das Ich auf, aber als ein Jemand, *über* den ich spreche. Im Englischen und Französischen gibt es für das performative und für das konstative ›ich‹ zwei verschiedene Sprachformen, im Englischen das *I* und das *me*, im Französischen *je* und *moi*. Sie finden diese Unterscheidung bei Mead, angelegt ist sie schon bei James. Mit ›I‹ und ›me‹ ist genau die erwähnte Doppelheit gemeint: das ›Ich‹ kann die Funktion des Ichsagens übernehmen, oder es kann als ›me‹ Thema der Rede sein.

Doch was bedeutet diese Unterscheidung zweier Einstellungen im Hinblick auf den Leib? Noch einmal zu Descartes zurück. Ich würde sagen, Descartes hat mit der Entdeckung des Subjekts ähnliches erreicht wie das, was Husserl Galilei nachsagt: es ist ihm zugleich eine Entdeckung und eine Verdeckung gelungen.[15] Zunächst einmal verdankt die Entdeckung des Leibes bestimmte

15 Vgl. Hua VI, 53.

Momente Descartes, denn der Leib ist *als Leib* nur thematisierbar, wenn ich ausgehe von einem Ich, das hier und jetzt agiert, lebt, liebt und haßt. Die Entdeckung des Leibes hängt damit zusammen, daß es eine Ichrede gibt, die sich hier und jetzt vollzieht, und der Leib ist beteiligt an der Konstitution dieses Ortes der Rede. Das Ich, von dem Descartes spricht, hat im Grunde nur Sinn im Hinblick auf eine leiblich-räumliche Situation. Es hat noch nichts von einem ›Ich überhaupt‹. Es bleibt bezogen auf eine leibliche Situation, nämlich auf den, der hier und jetzt ›ich‹ sagt, hier und jetzt etwas tut oder hier und jetzt etwas erfährt. Die Entdeckung des Leibes hängt also mit der des *ego cogito* zusammen.

Die Verdeckung entsteht dann, wenn dieses performative Ich, das als Pronomen fungiert, normalisiert wird in ein Substantiv, in *das Ich*. Das geschieht notwendigerweise, wenn wir das Ich zum Thema machen, ich tue das jetzt auch, aber man muß sich immer bewußt sein, daß diese Substantivierung des ›ICH‹ immer schon eine sekundäre Form darstellt. Wenn wir das übersehen, so sind wir von vornherein schon auf dieser Stufe des Substantivischen: wir reden dann *über* das Ich wie über ein Ding. Aber dies bedeutet eine Substantivierung dessen, was zunächst überhaupt keine Substanz, kein substantivisches Etwas ist, sondern eine allgemeine Funktion der Rede, die reihum geht. Ich bin nicht *das* Ich. Gehen wir einen Schritt weiter, so können wir aus dem Ich eine *Ichheit* machen im Sinne einer allgemeinen Wesensstruktur oder einer generellen Funktion.[16] Sofern die Transzendentalphilosophie an Descartes anknüpft, kann sie als Reduktion des Cogito auf eine allgemeine Ichfunktion verstanden werden. In dieser Weise wurde Kant dann besonders im Neukantianismus interpretiert. *Ich* bedeutet ganz einfach einen einheitlichen Bezugspunkt, den alles, was uns in der Welt begegnet, voraussetzt, von dem her alles als solches bestimmbar ist. In dieser Interpretation des Ich bleibt vom okkasionellen oder indexikalischen Ich nahezu nichts übrig. Das meine ich mit Entdeckung-Verdeckung. Die Entdeckung liegt darin, daß jemand, der ›ich‹ sagt, in die Philosophie aufgenommen wird und daß von daher auch die leibliche Situation artikuliert und thematisiert wird. Die Verdeckung entsteht dann, wenn dieses Ich nicht als fungierendes Ich festgehalten, sondern in ein Substantiv oder in eine allgemeine Funktion verwandelt wird. Wird diese

16 Vgl. hierzu Scheler, *Der Formalismus in der Ethik*, GW 2, S. 373-381.

Verwandlung vorgenommen, so gelangen wir am Ende dahin, daß das Ich ›jemand‹ ist, ›der oder die einen Leib hat‹. Doch was ist dies für ein merkwürdiges Ich? Es ist schon ein verallgemeinertes, ein in ein Prinzip verwandeltes Ich. Der Dualismus entsteht also durch ein doppelte Entleiblichung. Einerseits wird der Leib veräußert zum Körper, der in der Welt der Dinge versinkt, und andererseits wird das leibliche Ich zu einem reinen Ich emporgesteigert, das sich aus der Situation zurückzieht.

VII. Eigenleib und Fremdleib

Nach dieser methodischen Zwischenbetrachtung nehme ich den Faden der früheren Deskription wieder auf. Ich bin ausgegangen von einer Selbstverdoppelung des Leibes in Leib und Körper und zuletzt von einer Selbstbezüglichkeit des Leibes. Die entscheidende Frage, die ich mir nun vorlege, ist die: Wie verhalten sich Selbstbezug und Fremdbezug zueinander, wie gehen beide Momente zusammen?

1. Selbstbezug und Fremdbezug

Wie wird diese neue Differenz zwischen Selbstbezug und Fremdbezug, wie wird das leibliche Selbst gedacht? Die Selbstheit, die Eigenheit des Leibes, ist ein unhintergehbares Moment jeder Erfahrung, soviel kann man von Descartes eigentlich immer festhalten. Würde der eigene Leib ganz und gar *irgend* jemandem gehören, so würde das Ich sich auflösen, die Rede vom Ich ließe sich überhaupt nicht mehr realisieren. Doch in diesem Moment der Selbstbezüglichkeit und der Eigenheit liegt eine Zweideutigkeit, auf die ich jetzt gründlich zu sprechen komme.

Man kann diese beiden Unterscheidungen von Fremd- und Selbstbezug, von Leib- und Körperbezug, einer Alternative unterwerfen, indem man entweder von einem Selbstbezug *vor* dem Fremdbezug oder aber von einem Selbstbezug *im* Fremdbezug ausgeht.

Die erste Möglichkeit würde besagen, daß der Selbstbezug sich *vor* dem Fremdbezug realisiert. Auf den Leib bezogen: der Leibbezug kommt *vor* dem Körperbezug. Dieses *Vor* müßte nicht unbedingt zeitlich verstanden werden, und in vielen Fällen wird es auch nicht zeitlich, sondern im Sinne einer Genese oder eines strukturellen Prius verstanden: in dem Sinne, daß der Selbstbezug *mich selbst* voraussetzt, während der Fremdbezug einen Selbstbezug schon voraussetzt. Dieses *Vor* hieße: der Fremdbezug, der Bezug zu den Anderen ließe sich nur von einem Selbst her denken, während das Selbst nicht wiederum relativ auf etwas anderes wäre. Ähnlich beim Leib- oder Körperbezug: der Körper als Außenseite würde

in der Konsequenz den Leib voraussetzen, aber nicht umgekehrt.
Dem möchte ich als zweite Möglichkeit eine Korrektur entgegensetzen. Die Korrektur heißt einmal: Selbstbezug ist nur *im* Fremdbezug zu fassen. Und umgekehrt: der Leibbezug ist zu fassen als innerer Entzug. Die Rede von einem Leibkörper bedeutet nicht, daß der Leib als inneres Erleben einem äußeren Körper vorausginge, sondern in der Leiblichkeit selber, im leiblichen Erleben entzieht sich etwas, im Innen tritt schon ein Außen auf. Der Körper tritt nicht ergänzend hinzu, sondern die Körperlichkeit wird auf eine Weise selbst erlebt in dem Sinne, daß der Leib sich entzieht. Ein Beispiel wäre etwa die Müdigkeit, wo der Leib etwas Lastendes bekommt und seine Funktion nicht mehr voll erfüllt. Ein anderes Beispiel wäre eine Verletzung, bei der die Körperlichkeit erlebt wird als Leib, der seine Funktion nicht mehr ausübt, die er normalerweise übernimmt.
Noch einmal, ich hoffe, daß deutlich wird: hier geht es um das *Vor* oder das *In* als eine Alternative. Ich greife zunächst eine Theorie auf, die den Selbstbezug *vor* dem Fremdbezug verteidigt. In einem zweiten Teil werde ich dann die Alternative eines Selbstbezugs *im* Fremdbezug stark machen.

Selbstbezug vor dem Fremdbezug?

Bevor ich mit dieser Frage beginne, stelle ich mir die Vorfrage: Warum kümmern sich Philosophen um so viele Dinge, von denen sie dann am Ende doch sagen, sie seien falsch? Hierzu eine *methodische Zwischenbemerkung*: ein berühmtes Beispiel aus der Antike ist der fliegende Pfeil von Zenon. Zenon hat mit allen Regeln der Logik bewiesen, daß der fliegende Pfeil sich nicht bewegt, daß er immer an einem bestimmten Ort ist. Man kann den Raum aufteilen, solange man will, der Pfeil ist immer an irgendeiner Stelle, er ruht immer, weil er stets an *einem* Punkt des Raumes zu lokalisieren ist. Ein noch besseres Beispiel liefern Achill und die Schildkröte. Achill kann die Schildkröte nie überholen, denn wenn er sich fortbewegt, hat die Schildkröte, die zwar viel langsamer ist, doch stets einen Bruchteil der Bewegung mitvollzogen, so daß also, selbst wenn Achill hundertmal schneller ist als die Schildkröte, die Schildkröte doch immer auch ein

Hundertstel der Bewegung von Achill vollzogen hat. Achill rückt zwar immer näher an die Schildkröte heran, aber er kann sie nie überholen, weil sie dann auch immer schon wieder ein Stück weiter ist. Das war der Beweis von Zenon. Die Griechen hatten sicherlich einen gehörigen Witz oder Humor, denn jeder hat natürlich gewußt, daß ein Achill die Schildkröte mit Siebenmeilenschritten hinter sich läßt. Zenon war auch nicht so verrückt, den Leuten so etwas auszureden, und dennoch hat er sich damit befaßt. Aristoteles hat dann in seiner Bewegungslehre zu zeigen versucht, warum Zenons Beispiel nicht stimmt. Diese extreme Form einer Paradoxie, von der man im Falle der Schildkröte jederzeit ad oculos demonstrieren kann, daß sie nicht der Wirklichkeit entspricht, ist deshalb äußerst lehrreich, weil man zeigen kann, *was* daran nicht stimmt. Aristoteles hat gegen Zenon bekanntlich so argumentiert: der Pfeil ist nie einfach an *einem* Punkt, sondern Bewegung heißt, daß die Möglichkeit des Dortseins schon im aktuellen Hiersein mit da ist. Ähnlich Husserl, der von Sinnhorizonten ausgeht. Das Jetzt verweist in sich schon auf anderes, so daß Bewegung ein Durchgang, ein Übergang ist und nicht aufzuteilen auf Abstände, die man immer weiter verkleinern kann.[1] Die aristotelische Bewegungslehre, die das Zentralstück seiner Physik ausmacht, gibt eine Antwort auf eine reichlich verrückte Idee von Zenon, von der jeder merkt, daß irgend etwas daran nicht stimmt. Aber zu zeigen *was* jeweils nicht stimmt, das ist in vielen Fällen fruchtbar und im übrigen gar nicht so leicht.

Zur Theorie des Leibes von Hermann Schmitz

Es gibt also interessante Irrtümer. Wie weit es sich im folgenden um einen solchen handelt, möchte ich nicht unbedingt entscheiden, es handelt sich jedenfalls um die Leibtheorie von Hermann Schmitz, die dieser als Phänomenologe entwickelt hat. Diese Leibtheorie hat gewisse Ähnlichkeiten, aber doch ebensosehr massive Unähnlichkeiten mit dem, was ich anschließend in eigener Sache vorbringen möchte. Ich beziehe mich in erster Linie auf das Buch

1 Auch das ist leichter gesagt als getan; das ›immer weiter‹ stößt auf Grenzen der Meßtechnik.

Der unerschöpfliche Gegenstand[2], das ein Resümee der philosophischen Summa des Autors darstellt.[3] Den zweiten Text, den ich heranziehe, trägt den Titel »Leibliche und personale Konkurrenz im Selbstbewußtsein«.[4]

a) Darstellung der Theorie in Grundzügen

Ich möchte vorweg einige Voraussetzungen dieser Leibtheorie kurz entfalten. Das Kapitel »Leiblichkeit« beginnt mit dem Satz: »Wenn ich vom Leib spreche, denke ich nicht an den menschlichen oder tierischen Körper, den man besichtigen und betasten kann, sondern an das, was man in dessen Gegend von sich spürt, ohne über ein ›Sinnesorgan‹ wie Auge oder Hand zu verfügen, das man zum Zweck dieses Spürens willkürlich einsetzen könnte.«[5] Entscheidend ist hier, wie zwischen Leib und Körper unterschieden wird. Schmitz macht an einer bemerkenswerten Stelle einen Schnitt. Er versteht unter dem Leib dasjenige, was *innerlich gespürt* wird, während der Körper das ist, was durch die traditionellen Sinne (Auge, Hand, Ohr) *äußerlich wahrgenommen* wird. Der Körper umfaßt all das, was gesehen, gehört oder betastet wird. Leiblichkeit wird hier also viel enger gefaßt, als ich es selbst in meinen Ausführungen getan habe. Leiblichkeit wird nicht als Bewegungsorgan gefaßt oder als Selbstreflexion im Sehen, sondern Leiblichkeit im engeren Sinne bedeutet für Schmitz ein inneres Spüren oder – wie wir es in der Tradition eher ausdrücken – ein Empfinden. Der Leib wird *empfunden*, er wird nicht wahrgenommen, d. h. er wird auch nicht ›behandelt‹, darin läge schon ein Nachaußentreten. Die Wahl dieses Ausgangspunktes wirft eine Reihe von Problemen auf.
1. Die erste Schwierigkeit liegt in der Differenz zwischen gesehenem und ertastetem Körper auf der einen Seite und gespürtem Leib auf der anderen.
2. Zudem stellt sich die Frage: Was ist unter Spüren zu verstehen?

2 Erschienen 1990.

3 Das *System der Philosophie* umfaßt zehn Bände, von denen der zweite, 1965 erschienene Band das Thema »Leib« behandelt.

4 Der genannte Text ist abgedruckt in: Kienzle/Pape (Hg.), *Dimensionen des Selbst* (1991). Es gibt dort übrigens auch eine Kritik an Schmitzens Theorie von sprachanalytischer Seite aus, verfaßt von Manfred Spitzer.

5 *Der unerschöpfliche Gegenstand*, S. 115.

Das Spüren liefert in der Theorie von Schmitz die phänomenale Definition des Leibes, es wird bestimmt als affektives Betroffensein. Darunter versteht Schmitz, daß jemandem etwas nahegeht: »Affektives Betroffensein in dem Sinn, daß jemandem etwas nahegeht, kann nicht unbewußt bleiben; er muß etwas davon merken und muß merken, daß es sich um ihn selber handelt, denn sonst würde es ihm nicht nahe gehen, wie der Volksmund sagt: ›Was ich nicht weiß, macht mich nicht heiß.‹«[6] Affektives Betroffensein meint das eigene Ich selber: wenn ich mich spüre, so als jemanden, der angesprochen ist, der gemeint ist, den es angeht.

3. Das dritte Moment wäre der erkenntnistheoretische Aspekt: Schmitz spricht von einer »subjektiven Tatsache«. Tatsachen sind Sachverhalte, die der Fall sind. Tatsache ist, daß heute Dienstag ist, daß der Mond so und so weit entfernt ist von der Erde, das wären *objektive* Tatsachen. Mit *subjektiven* Tatsachen meint Schmitz Tatsachen, die nur von jemand ganz Bestimmtem ausgesagt werden können. Der Satz »Ich bin traurig« z. B. ist ein Sachverhalt, den höchstens einer und zwar im eigenen Namen aussagen kann.[7] Wenn ich sage »Heute ist Dienstag«, so können *Sie* das genauso sagen wie *ich*, ohne daß sich an dem Wahrheits- und an dem Sinngehalt vieles ändert. Wenn ich dagegen sage »Ich bin traurig«, so können Sie höchstens sagen »Ich bin *auch* traurig«, dies wäre dann eine zweite subjektive Tatsache. Den Satz »Ich bin traurig« kann also keiner in meinem Namen aussagen. – Hier haben wir einen Versuch, das cartesianische Ego per Ichaussage zu retten. Das »Ich denke« ist ein Satz, den nur ich aussprechen kann, der aber in jeder Rede vorausgesetzt wird.- Entscheidend ist also, daß der Leib vom Spüren her gedacht wird. Spüren ist ein affektives Betroffensein, das jeweils mich als den, der jeweils spürt, angeht und niemanden an meiner Stelle.

4. Nun wird es komplizierter. Es fragt sich: Was bedeutet diese Betroffenheit? Wie wird der Leib in das Theoriegefüge eingebaut? Dies geschieht auf sehr lapidare Weise. Es heißt »Alles affektive Betroffensein ist leiblich«. Hermann Schmitz, der sonst viel Scharfsinn um sich verbreitet, begnügt sich an dieser Stelle mit einer schlichten Zirkeldefinition. Ich zitiere ausführlich: »Alles affektive Betroffensein ist leiblich. Unter dem Leib verstehe ich

6 Ebd., S. 196.
7 Ebd., S. 6.

zunächst das Gegenstandsgebiet der leiblichen Regungen, die am eigenen Leib ohne Beistand des Besehens und Betastens gespürt werden können wie zum Beispiel Angst, Schmerz, Schrecken, Hunger, Durst, Wollust, Behagen, Frische, Mattigkeit, Ein- und Ausatmen.«[8] Der Leib wird dahingehend definiert, daß es sich um leibliche Regungen am eigenen Leib handelt. Wenn Schmitz an dieser Stelle mit einer solchen Zirkeldefinition arbeitet, so ist dies ein Alarmzeichen. Es ist offenbar schwierig, den Leib zu fassen und ohne weiteres über ihn zu sprechen. Das Sprechen über den Leib setzt nämlich eine gewisse Differenz und eine gewisse Distanz zum Leib voraus. Über den Leib zu sprechen heißt nicht einfach, ›aus dem Leib heraus‹ zu sprechen. Hier wird der Leib also *implizit* definiert durch die Beschreibung affektiver Betroffenheiten. Formaliter ist nichts gegen die Annahme einzuwenden, daß es eine Sphäre gibt, die Angst, Schmerz, Schreck, Hunger usf. umfaßt, also Erlebnisse, die mich selber betreffen; die Frage ist nur, welche Konsequenzen daraus gezogen werden.

5. Was bei Schmitz Spüren heißt, ist uns aus der Tradition als *Koinaisthesis* bekannt. Koinaisthesis bedeutet wörtlich: ein Gemeinsinn, ein gemeinsames Empfinden. Doch bei Schmitz ist nicht der gewöhnliche soziokulturelle Gemeinsinn gemeint, sondern eine Aisthesis, die nicht auf spezifische Sinnesmodalitäten eingestellt ist wie Sehen, Hören, Tasten, Geruch usw., sondern als Gesamtbefinden, Wohlbefinden, Mißbefinden erlebt wird. Der Bereich der Befindlichkeit ist natürlich keine Entdeckung von Hermann Schmitz. In der Tradition wird diese ganze Sphäre unter dem Titel der Affekte oder Passionen behandelt, und Schmitz beruft sich ausdrücklich auf diese Tradition.

6. Die spezielle Ausdeutung besteht jedoch darin, daß diese Sphäre der Koinaisthesis, des allgemeinen Wohl- und Mißbefindens, mit einer bestimmten leiblichen Dynamik zusammengebracht wird. Das Spüren am eigenen Leib tritt als Polarität von *Engung* und *Weitung* in Erscheinung:[9] Engung ohne Weitung begegnet uns im heftigen Schreck, Weitung ohne Engung beim Einschlafen und in verwandten Trancezuständen. Engung und Weitung bedeuten, in der landläufigen phänomenologischen Begrifflichkeit gefaßt, eine doppelte Weise, das Erlebnisfeld zu erleben, sich im Erlebnisfeld

8 »Leibliche und personale Konkurrenz im Selbstbewußtsein«, S. 158.
9 Vgl. ebd., S. 159.

zu bewegen: entweder in starker Zentrierung auf das Hier oder aber in Form eines offenen Feldes, wo die Horizonte als solche wichtig werden. Wir kennen dies unter dem Terminus des Stimmungsraumes. Enge und Weite, auch Einatmen und Ausatmen, die Goethe als zweierlei ›Gnaden‹ preist, wären bestimmte leiblich akzentuierte Weisen, das Erlebnis- oder Handlungsfeld zu besetzen.

Ich lasse die Frage auf sich beruhen, inwieweit es sich bei Hermann Schmitz um förmliche Pionierleistungen handelt, er selbst preist seine Pioniertaten immer wieder in hohen Tönen. In seinem Buch *Neue Phänomenologie* herrscht ein Pathos des »Siehe, ich mache alles neu«, aber wenn wir genau hinschauen, so finden wir, was Husserl angeht, nur Plattitüden. Diese Sache ist ärgerlich. Es gibt einen gewissen Stand der Husserlinterpretation, ebenso wie es einen Stand der Hegel- oder Kantinterpretation gibt. Neues hätte sich daran zu messen, oder es disqualifiziert sich selbst. Zu Merleau-Ponty finden sich nur einige gönnerhafte Stellen, wo dessen Leibphänomenologie eben mal gestreift wird. Ein Autor wie Erwin Straus, der in seinem Werk *Vom Sinn der Sinne* dem Thema, das Schmitz im Auge hat, ziemlich nahekommt, wird in diesem Zusammenhang überhaupt nicht erwähnt. Straus geht, wie schon gezeigt, vom Empfinden, vom Sichempfinden in der Welt, vom Empfinden als Kommunikation mit der Welt aus. Das Kapitel über das Empfinden in der *Phänomenologie der Wahrnehmung* von Merleau-Ponty greift in wichtigen Stücken zurück auf Erwin Straus. Zu diesem Thema liegen also, bis in den medizinischen Bereich hinein, differenzierte Analysen vor, an denen auch eine ›Neue Phänomenologie‹ nicht vorbeigehen sollte.

7. Aber kommen wir zum Kern der Sache. Es geht mir hier um Selbstbezug und Fremdbezug und zudem um die Frage, wie die Anderen in diesem Zusammenhang behandelt werden. Hermann Schmitz schreibt über Gott und die Welt, es gibt kaum etwas, was bei ihm nicht vorkäme, also behandelt er auch die Anderen. Man kann das in einem Kapitel nachlesen, das sehr traditionell mit dem Titel »Die Partnerfindung« überschrieben ist.[10] Schon dieser Titel läßt wenig Neues erhoffen. Der erste Satz des Kapitels lautet denn auch: »Wie kommen wir an andere Bewußthaber heran, woraus entspringt die Du-evidenz?« Es ist eklatant, daß man die Frage

10 *Der unerschöpfliche Gegenstand*, S. 147 ff.

kaum vorbelasteter formulieren kann als in dieser cartesianischen Form. Die Antwort von Schmitz lautet: Man kann die Anderen am eigenen Leibe spüren, die Partnerfindung geschieht am eigenen Leib, es gibt eine einseitige und eine wechselseitige »Einleibung«. Auf Schmitzens Sprache möchte ich hier nicht eingehen. Entscheidend ist, daß der Andere am *eigenen* Leib gespürt wird. Dies ist ein präzises Beispiel dafür, was ich mit *Selbstbezug vor dem Fremdbezug* meine: Ich spüre mich selber im Hunger, in der Angst, in Behagen, Frische, Wollust, und genauso spüre ich nun auch den Anderen. Der Andere taucht als etwas auf, das ich *an mir* spüre. Ich will damit nicht sagen, daß es dieses Moment des Spürens nicht gibt, doch das Spüren unterliegt bei Schmitz einer sehr cartesianischen Deutung. Nur ist dieser Cartesianismus nicht auf der Ebene des Denkens angesiedelt, sondern auf der des Empfindens. Bei Schmitz heißt es nicht »Ich *denke* den Andern als das andere Ich«, sondern »Ich *empfinde* den Anderen als anderes Ich«. Der Andere wäre damit der empfundene Andere, der am eigenen Leib gespürt wird.

Ich möchte meine Kritik hier nicht weiter ausführen, sondern nur auf die Art und Weise hinweisen, wie in diesem Kapitel der Zusammenhang mit den Anderen erklärt wird. Bei der Beschreibung dieses Zusammenhanges werden z. B. Termini wie »übergreifendes Leben« benutzt. Diese an Klages erinnernde lebensphilosophische Sichtweise ist alles andere als unproblematisch. Das »übergreifende Leben« löst das Problem der Fremdheit des Anderen vorweg, noch bevor es gestellt wird. Wenn wir alle am *gleichen* Leben partizipieren, so kann es Fremdes im radikalen Sinne in der Tat nicht geben. Bei Schmitz ist auch von »Verschmelzung« die Rede, die das bloße Gegenteil der cartesianischen Trennung darstellt. Die Frage »Wie stellt sich von der Leiblichkeit ein Zusammenhang mit dem Anderen her?« löst sich auf in einem traditionellen Schema, das sich wie folgt zusammenfassen läßt. 1. Das Eigene wird vorausgesetzt: es ist mein eigener Leib, den ich spüre; 2. es wird eine gewisse Gemeinsamkeit vorausgesetzt; und 3. bewegt man sich zwischen diesen beiden Polen, d. h. zwischen der Eigenheit des eigenen Leibes und der Gemeinsamkeit, die hier als Leben verstanden wird. Die Fremdheit des Anderen versinkt also teils in der Abwandlung des Eigenen, teils in der Teilnahme an einem gemeinsamen Leben. Von einer genuinen Fremdheit bleibt nichts übrig. Ich nenne Schmitzens Kommentar zu Husserl deshalb eine Plattitüde, weil die Erfahrung des Fremden als Fremden, die Husserl (und so mancher nach ihm) ausdrücklich zu einem ganz wichtigen Thema gemacht hat, bei Schmitz einfach verschwindet.

b) Kurze historische Zwischenbetrachtung zum Spüren und Empfinden bei den Griechen, im Empirismus und in der Phänomenologie

Bevor ich meine kritische Bemerkungen noch präziser formuliere, schiebe ich eine kurze *historische Zwischenbetrachtung* ein. Manche fangen ihr Philosophiestudium mit Foucault an, andere mit Merleau-Ponty, wieder andere fangen mit Hermann Schmitz an. Irgendwo fängt man immer an, dagegen ist nichts zu sagen. Aber man läuft stets Gefahr, daß man etwas für absolut neu hält, was zumindest eine gewisse Vorgeschichte hat.

Nehmen wir z.B. das ›Spüren‹ des eigenen Leibes. Das Wort *Spüren* hat, so viel ich weiß, kein Philosoph je als Grundterminus gebraucht. Die Frage ist nur: hat das, was darunter zu verstehen ist, nicht auch seine Vorgeschichte?

Das entscheidende Grundwort, mit dem die Griechen das hier anvisierte Phänomen beschreiben, lautet *Pathos*, ein Wort, das außerordentlich vieldeutig ist. *Pathos* bedeutet *Leidenschaft*, *Leiden*, *Affekt* (im sehr neutralen Sinne wie Hunger, Ärger) und schließlich einen *Zustand*. In der Urteilslehre (*De interpretatione*) von Aristoteles heißt auch das, was wir heute Vorstellungen nennen, παφήματα τῆς ϑυχῆς, Zustände der Seele, das, was die Seele vorstellt. Der Begriff ›Pathos‹ ist also sehr weit gefaßt. Dies kommt auch in der lateinischen Wiedergabe des Wortes zum Ausdruck. Die Wiedergabe mit *affectio* oder *affectus* (vgl. ›Affektion‹, ›Affizieren‹) meint generell eine Befindlichkeit, einen Zustand, während die Wiedergabe durch *passio* das Moment der Leidenschaft, der ›Passion‹ hervorhebt. Soviel zur Begriffsgeschichte dessen, was Schmitz *Spüren* nennt.

Der Empirismus hinwiederum faßt die Empfindung als *sensation*. Für Hume ist Empfindung ausdrücklich ein subjektiver Zustand, ein *mental state*, wie man heute sagt, ein Zustand des Geistes im weiteren Sinne. Wird Empfindung als Zustand gedacht, so ist daran problematisch, daß Sinnlichkeit und Empfindung dann keinen Gegenstands- oder Weltbezug mehr aufweisen, der über bloße kausale Einwirkungen hinausgeht. Bei den Empfindungen bin bloß ich in einem bestimmten Zustand. – Eine solche Auffassung finden wir heute noch, und zwar dort, wo große kognitive Modelle entworfen und Emotionen als bloße Begleitvorgänge und Begleitzustände beigefügt werden. Die Frage ist aber: Sind Emotionen bloße Zustände, die das Erkennen und Handeln begleiten, oder ist das Empfinden selber etwas, das uns etwas über die Welt verrät? Ich habe in meinem früheren Kapitel über das Empfinden hierzu schon einiges gesagt.

Der dritte Traditionsstrang wäre in der Phänomenologie selbst zu suchen, wo das Empfinden eine besondere Rolle spielt. Husserl unterscheidet im § 15 der *V. Logischen Untersuchung* zwischen *intentionalen* und *nicht-intentionalen* Erlebnissen. Intentional sind solche Erlebnisse, die etwas meinen und die einen bestimmten Sinngehalt haben, den ich formulieren und auch weitergeben kann, z. B. »Ich freue mich über etwas«. Das Freuen wäre ein intentionales Erleben, insofern als Freude immer *über etwas* geht. Oder ich kann *über etwas* Zorn empfinden. Auch der Hunger wäre wiederum auch *auf etwas* gerichtet, ich habe Hunger nach etwas, selbst wenn dieser Hunger mehr oder weniger diffus auftreten kann. Das Kleinkind weiß zwar noch nicht, wonach es Hunger hat, es hat einen unbestimmten Drang, den es aber später als Bedürfnis nach etwas verstehen lernt. Beispiele für nicht-intentionale Erlebnisse wären dagegen Müdigkeit, Erschöpfung oder auch ein allgemeines Wohlbefinden. Ich bin müde *wegen etwas*, aber keineswegs *über etwas*. Die Kategorie der nicht-intentionalen Erlebnisse umfaßt alle Erlebnisse, *in denen* es mir nicht *um etwas* geht, sondern ich mich in einem bestimmten Zustand befinde. Problematisch an Husserls Sprachweise ist jedoch, daß er sich mit einer negativen Formulierung zufrieden gibt. Diese Erlebnisse haben *keinen* Sinn. Doch welches positive Phänomen verbirgt sich hinter der negativen Bestimmung? Das bloße Absprechen einer Eigenschaft führt nicht weiter als zu einem Defizit. Doch so ist es von Husserl keineswegs gemeint, und seine Phänomenologie hat hier auch nicht haltgemacht.

Aufs Ganze und auf die Dauer betrachtet artikuliert Husserl Empfindung auf dreifache Weise.

1. Die Empfindung ist eine bestimmte ›Hyle‹, ein bestimmter *Stoff*, aus dem ein gegenständlicher Sinn aufgebaut wird. Damit stehen wir noch sehr nahe bei der Affektionslehre von Kant. Es gibt dort

ein bestimmtes *Woraus*, es gibt das, woraus der Gegenstand aufgebaut wird. Die Rotempfindung geht ein in den roten Gegenstand, der als rot wahrgenommen wird.

2. Husserl bleibt dabei aber nicht stehen. Zur Empfindung gehört außerdem eine Art von *Selbstaffektion*. Empfindung bedeutet, daß ich auf mich selber bezogen bin, daß ich mich selber empfinde. Dieser Aspekt wird bei Husserl vor allem in der Zeitlehre ausgeführt. Er sagt sich mit gutem Recht, daß wir nicht annehmen können, es gäbe gewisse Empfindungsmaterien im Bewußtsein; denn wenn im Bewußtsein irgend etwas vorkäme, das keinen Sinn hat, so wären diese Empfindungsmaterien wie unverdauliche Steine, die man im Magen mitschleppt. Husserl hat seine frühen Analysen also später revidiert. Der zeitliche Verweisungszusammenhang bedeutet, daß ich im Empfinden selbst, im Zustand also, in dem ich mich befinde, in gewisser Weise auf mich selbst zurückbezogen bin.

3. Es bleibt noch das, was Husserl in den Bänden zur Intersubjektivität »Anruf« nennt: etwas geht mich an, ruft mich an, rührt mich an. Affektion wird gedeutet als »Antun« (dies die wörtliche Wiedergabe von *afficere*), und dies besagt, daß bei der Affektion immer auch etwas Fremdes im Spiel ist. Schon in der einfachen Farbempfindung ist Ich-Fremdes im Spiel. Ich produziere diese Empfindung nicht einfach, sondern bin mit etwas konfrontiert, das mich herausfordert, mich lockt, bedrängt. Man denke auch an die ganze Lehre der Empfindlichkeit, die nicht auf reine Selbst-entwürfe reduziert werden kann.

Während Husserl die Empfindung also unter diesen drei Gesichtspunkten betrachtet, begreift Heidegger diese gesamte Sphäre als eine Daseinsform, die er »Befindlichkeit« und »Stimmung« nennt. »Ich befinde mich« bedeutet nicht, daß ich in einen bestimmten Zustand geraten bin, wie ein Organismus sich erwärmt, oder wie ein Wärmeapparat, der eine bestimmte Temperatur erreicht, sondern Befindlichkeit heißt: ich befinde mich *in* der Welt und *mit* Anderen. Heidegger hat mit dieser glücklichen Wortwahl auf neue Weise thematisiert, was in der traditionellen Philosophie Empfinden heißt – und dies mit der deutlichen Absicht, die Empfindungen von jener Subjektivierung zu befreien, die in der Rede vom »inneren Zustand« zutage tritt. Empfinden ist kein Zustand, in dem ich bin und der Andere nicht (von den Dingen ganz zu schweigen), sondern wenn ich sage: »Ich bin traurig« oder »Ich bin fröhlich«, so kann ich an den Dingen selber ablesen, daß sie etwas Niederdrückendes oder etwas Beschwingtes für mich haben, und dies geht auch in die Leichtigkeit oder Beschwerlichkeit praktischer Verrichtungen ein, wie die Arbeitspsychologie zeigt. Und die Anderen sind im Spiel, sofern es gemeinsame, übergreifende Befindlichkeiten gibt. Wenn wir sehen, daß der Andere niedergeschlagen ist, dann läßt auch unsere eigene Fröhlichkeit nach, wir trauern mit, oder es meldet sich die Schadenfreude. Solche Befindlichkeiten sind nicht reduzierbar auf den Zustand eines Einzelnen, auf einen Seelen- oder Körperzustand oder einen spürbaren Leibzustand, sondern Befinden ist die Art und Weise, wie ich mit den Anderen in der Welt bin, und dies in wechselnder Tonart. Stimmungen gleichen Tonarten in der Musik oder dem Kolorit in der Malerei, weil sie nicht etwas Bestimmtes meinen, sondern die Gesamtlage beleuchten, sie in einem bestimmten Licht oder Klang erscheinen lassen. So viel zu Heidegger.

Erwin Straus gibt in seinem Buch *Vom Sinn der Sinne* dem ›Empfinden‹ ebenfalls eine verbale Fassung. Empfinden heißt nicht, Träger eines Zustandes sein, sondern sich im Kontakt befinden mit anderem, das mich auf bestimme Weise anspricht. Empfinden ist ein Sichempfinden im Anderen, das sich ausweitet zu einem Empfinden mit Anderen. Das Empfinden bedeutet weder einen Zustand der Verschmelzung, in dem die Unterschiede untergehen, noch eine Trennung, in dem Unterschiedliches einander gegenübertritt. Das Empfinden ist sich selbst gegenüber verschoben.

Diese historischen Zwischenbemerkungen lassen erkennen, daß Hermann Schmitz in seiner Theorie des Spürens das Moment des Selbstbezugs in den Mittelpunkt rückt: nämlich das, was man mit Husserl und Kant als Selbstaffektion bezeichnen kann. Doch dies ist nur *ein* Aspekt, der die Sache nicht erschöpft.

Problematisch an der Tradition, von der sich die Phänomenologie im allgemeinen kritisch absetzt, ist vor allem die fortdauernde Parallelisierung von Außen- und Innenerfahrung. Diese Parallelisierung setzt voraus, daß es eine Außenerfahrung gibt, die sich der äußeren Sinne bedient und bei der ich es mit Dingen zu tun habe, und zudem eine Innenerfahrung, die den inneren Sinn aktiviert und bei der ich mit eigenen Zuständen oder eigenen Vorgängen konfrontiert bin. Gilbert Ryle nennt diese Innenerfahrung den »Geist in der Maschine«: in der Körpermaschine befindet sich eine Art Monitor, ein Geist, der die physischen Vorgänge beobachtet nach Art einer Paraphysik, die der Physik an die Seite tritt.[11]

Hermann Schmitz sucht dieser erfahrungsfernen Konstruktion zu entkommen, indem er die Selbsterfahrung als unmittelbares Innesein bestimmt.[12] Das Leben ist seiner selbst inne, wie Dilthey sagt, das Leben ist bei sich selber, unabhängig von Wahrnehmungen, vom Außenblick, von der Außenbehandlung und auch vom Blick des Anderen. Die Selbsterfahrung wird damit *vor* der Unterscheidung von Jemand (oder Subjekt) und Etwas (oder Objekt) angesetzt. In der Empfindung gibt es noch keinen *Jemand*, der *Etwas* spürt. Im Schmerz richte ich mich nicht auf etwas, sondern ich selber bin der Schmerz, durchlebe den Schmerz.

Bei Husserl finden wir übrigens ähnliches schon in der *V. Logischen Untersuchung*, wo es heißt, Empfinden und Empfundenes sind eins.[13] Eine vorintentionale Erlebensweise wäre einer Sphäre zugehörig, wo noch nicht »etwas als etwas« aufgefaßt wird.

Dazu eine methodische Nebenbemerkung: Ich habe die Intentionalität immer so verstanden, daß *›etwas als etwas‹* aufgefaßt, gemeint, behandelt oder betrachtet wird. Vor-intentionalität besagt dann, daß dieses *Etwas*, das als etwas aufgefaßt wird, nie völlig in den verschiedenen Auffassungen und Deutungen aufgeht. Der gegenständlichen Auffassung geht immer etwas noch voraus, das kein Gegenstand ist, sondern allenfalls vergegenständlicht wird. Nur ist die Frage: wie kann ich über dieses Vorausliegende sprechen? Kann ich über ein Etwas, über ein Erleben sprechen, ohne es auszulegen, ohne ihm in Form der Auffassung einen bestimmten Sinn zuzuschreiben? Mit dieser Frage beende ich meinen historischen und methodischen Einschub.

11 G. Ryle, *Der Begriff des Geistes* (1969).

12 Ähnliches findet sich in der materiellen oder hyletischen Phänomenologie von Michel Henry. Vgl. von diesem Autor *Phénoménologie materielle* (1990) und auf deutsch die von Rolf Kühn herausgegebene Textsammlung: *Radikale Lebensphänomenologie* (1992).

13 Hua XIX/1, 362.

c) Abschließende Kritik an der Leibphänomenologie von Hermann Schmitz

1. Das erste Problem also liegt in diesem *Vor*. Wie kann ich sprechen über dieses *Vor*intentionale, über dieses *vor* Subjekt und Objekt Liegende, über diesen Bereich vor der ausdrücklichen Beziehung auf etwas? Husserls Antwort auf diese Frage lautet: dieses *Vor*, das dem gegenständlichen Erkennen oder gar dem Beurteilen oder der Entscheidung vorausgeht, läßt sich nur fassen in Form einer Rückfrage. Diese Formulierung kommt in der *Krisis* immer wieder vor, so vor allem in der Rückfrage nach der Lebenswelt. Husserl hat sehr viel geschrieben über die vorprädikative Erfahrung. Damit meint er eine Erfahrung, die noch nicht in Aussagegehalte verwandelt wird wie »Der Mond steht am Himmel«; vorprädikative Erfahrung meint das Sehen selber in einer bestimmten Situation. Eine Konfiguration tritt in der Erfahrung auf, noch bevor sie ausdrücklich expliziert, zur Sprache gebracht und in propositionale Gehalte übersetzt wird. Das *vor* in ›vorprädikativ‹ könnte heißen, da ist etwas schlicht schon vorher da, doch wie kann man dann darüber sprechen? Methodisch gesehen bedeutet *vor* für Husserl immer eine Relation: etwas ist vor-gegeben, es liegt voraus in bezug auf eine spätere Stufe. Wenn ich über Erfahrungen spreche, so tue ich dies in Form der Aussage, nicht indem ich singe, strahle oder sonst etwas tue. Dagegen könnte man einwenden: Du sprichst über Empfindungen, die noch gar nicht sprachlich verfaßt sein sollen. Wie kann man etwas zur Sprache bringen, das noch nicht zur Sprache gehört? Hier gibt es folgende Alternative: Wir können entweder nur schweigend empfinden, oder wir sprechen auf indirekte Weise und sagen: es gibt ›davor‹ noch mehr, es ist etwas voraus-gesetzt; was sich zeigt, zeigt sich noch anders. Husserl hält sich an die zweite Möglichkeit: Es gibt ein leibliches Erleben, das noch nicht in Sprache gekommen ist, aber ich kann darüber nur sprechen, indem ich darauf *zurück*gehe oder *zurück*blicke.

Dieses Problem der Rückfrage verweist auf eine alte Debatte. Seit Rousseau wird das berühmte »Zurück zur Natur« diskutiert. Wie sollen wir dieses Zurück verstehen, das schon früher in dem Motto »Zurück zu den Quellen« anklingt? In seiner Polemik sagt Voltaire spöttisch über Rousseau: »Ach, jetzt will er die Menschen wieder auf die Bäume schicken wie die Affen«. Doch dieses »Zurück zur

Natur aus der Zivilisation heraus«, dieser Überdruß an der Zivilisation ist ja doch wohl selbst ein sehr zivilisatorisches Phänomen. Der Überdruß an der Zivilisation verleiht der Natur ein besonderes Gewicht. Wenn wir zurück wollen zur Natur, so wollen wir es als zivilisierte Menschen. Kant war ein gemäßigter Sympathisant von Rousseau, er hat vorgeschlagen, das Zurück*gehen* als ein Zurück*blicken* zu fassen.[14] Die Menschen können nicht wieder auf die Bäume zurück wollen, aber es hat Sinn, auf die Vorstufen der Zivilisation zurückzublicken und auf diese Weise die Zivilisation mit anderen Augen zu sehen, weniger selbstverständlich und weniger einförmig. Auf diese Art und Weise wird ein gewisser Rousseauismus praktikabel.

Dieses Zurückblicken betrifft nicht bloß die gemeinsamen Vorstufen der menschlichen Entwicklung, sondern auch die eigene Kindheit. Man folgt einer falschen Romantik, wenn man versucht, wieder dahin zurückzugelangen, aber es hat sehr wohl Sinn, auf die eigene Kindheit zurückzublicken, und dies nicht nur im Sinne eines: »Wie weit habe ich es gebracht«, auch nicht nur im Sinne eines »Gottseidank bin ich davon weggekommen«, sondern Zurückblicken heißt immer auch, daß dieses *Vor* mehr Möglichkeiten enthält, als später zum Zuge kommen. Das Zurückblicken auf vergangene Phasen des Lebens verändert die Gegenwart, aber Bezugspunkt bleibt doch immer die entfaltete Gegenwart, die ihre Vorgeschichte hat.

Im Hinblick auf Hermann Schmitz bedeutet dies, daß ich nicht mit dem reinen Spüren beginnen kann, außer ich schlafe ein, aber dann philosophiere oder rede ich auch nicht mehr. Wenn wir genau hinschauen, beginnt Schmitz gar nicht mit dem reinen Spüren, er redet nämlich unaufhörlich über etwas, das angeblich vor aller Sprache da ist. Das tut die Philosophie fast immer, wenn es ernst wird, und das ist auch niemandem einfach vorzuwerfen, nur reflektiert Schmitz nicht auf diese Situation, sondern er schmuggelt – stets im Zeichen des Spürens und der Unmittelbarkeit – eine ganze Menge Dinge ein, etwa den eigenen Namen. Sein Beispiel für die subjektive Tatsache lautet: »Ich, Hermann Schmitz, bin traurig«.

14 In seiner Anthropologie (B 322, Ausg. Weischedel, Bd. VI, S. 680) heißt es: »Rousseau wollte im Grunde nicht, daß der Mensch wiederum in den Naturzustand zurück gehen, sondern von der Stufe, auf der er jetzt steht, zurück sehen sollte.«

Doch spricht dieses Beispiel für einen unmittelbaren Selbstbezug? Verkörpert der eigene Name einen Selbstbezug vor dem Fremdbezug? Evidenterweise nicht, denn Hermann Schmitz hat sich seinen Namen nicht selbst zugelegt. Wenn er sich Hermann Schmitz nennt, so spricht er schon von Anderen her und beginnt nicht bei sich selber. Schon die Namensgebung hat einen Bezug auf Andere. – Zudem führt Schmitz bei der Beschreibung des Erlebens, des Spürens des eigenen Leibes Artefakte ein wie z. B. beim behaglichen Bad die Badewanne, die ja ein recht zvilisatorisches Produkt ist. Solche Alltagsverrichtungen, die auch unsere Gefühle modeln, werden jedoch nicht ausdrücklich als solche bedacht. Daraus resultiert eine Art von Schielen, ein Doppelblick oder – wenn wir uns auf die Sprache beziehen – eine Art von Bauchrednerei. Es spricht immer etwas anderes mit, was nicht ausdrücklich als solches kenntlich gemacht wird. Der Blick kreist in sich und schweift doch immer wieder ab auf etwas, das nicht ausdrücklich genannt ist. Unterschlagen wird die Differenz zwischen der Leiberfahrung einerseits und andererseits einer Erfahrung des Leibes *als* solchen bzw. einer entsprechenden Sprache, die auch den Umgang mit dem Leib bestimmt. Gegen Schmitz ist ins Feld zu führen, daß eine Erfahrung des Leibes, die sich artikuliert oder gar problematisiert, eine gewisse Distanz voraussetzt, und diese wird unterschlagen, wenn man so tut, als könne man mit der eigenen Betroffenheit einfach beginnen. Das Resultat dieses Vorgehens ist eine Art von neuer Innerlichkeit, übrigens mit einem Hauch von Biedermeier in der Beschreibung. Schmitz stellt den Leib doch wieder in die cartesianische Tradition einer Subjektphilosophie. Es ändert sich daran nicht viel, wenn er statt beim denkenden Subjekt bei einem empfindenden Leib ansetzt, denn im Grunde geht es weiterhin um ein Verhaftetsein an sich selbst. Vermutlich entstammt der Sog zu einer solchen Leibphilosophie, der auf so manche Leser übergreift, einer Art von übertriebenem Selbstinteresse, das sich von einer derartigen Theorie seine Befriedigung erhofft.

Das erste Argument lautet also zusammengefaßt: Mein Sprechen über das Spüren des Leibes, über das, was der ausdrücklichen Außenerfassung vorausliegt, schließt immer eine Rückfrage in sich, die sich nicht in eine direkte Aussprache leiblicher Erfahrungen verwandeln läßt.

2. Mein zweites kritisches Argument betrifft die Differenz von Leib und Körper. Schmitz schreibt: »Leib und Körper sind we-

sensverschieden.«[15] Dies ist tatsächlich so gemeint, daß es keine intelligible Brücke zwischen Leib und Körper gibt und also auch keine zwischen dem gespürten Leib und dem wahrgenommenen Körper. Wir stoßen einzig auf ein »Faktum der Entsprechung«.[16] Der Autor weist an derselben Stelle hin auf die Medizin und ihre »segensreichen Werke« (das klingt wie aus Schillers Glocke). Hier finden wir den Cartesianismus in einer nicht sonderlich neuen Weise formuliert: Die Körperbetrachtung kommt schlicht und einfach von außen. Schmitz wehrt sich verständlicherweise gegen eine Alternative, die man als »metaphysische Usurpation« bezeichnen könnte und die darin bestünde, daß man Geist und Natur also wieder aus einer Einheit heraus zu denken versucht, sei es mit Spinoza, Hegel oder sonst wem. Aber diese Abwehr einer metaphysischen Vereinnahmung und Vereinheitlichung von Geist und Natur, die mir durchaus am Platz scheint, führt wieder zu einer Halbwahrheit. Wenn wir Körper und Leib unterscheiden, so sind zwar Differenzen im Spiel, die sich nicht auf eine Einheit zurückführen lassen, es fragt sich nur, wie differenziert wird.

Die Griechen haben noch versucht, Leib und Seele zu vereinheitlichen. Sie sind davon ausgegangen, daß die Natur als solche lebendig und selbst bewegt ist, so daß es einen ›bloßen‹ Körper gar nicht gibt. Ein bloßer Körper wäre für die Griechen ein toter Körper. Doch der Kosmos gilt als belebt, so daß die Belebung auf alles ausgreift und alles Seiende durchdringt. Wenn wir diese große Vision aufgeben, dann heißt das, daß Leib und Körper Differenzen unterliegen, die einer Vereinheitlichung widerstreben.

Diese Korrektur bedeutet nun aber nicht, daß Leib und Körper in einer Korrelation zueinander stehen, die ihre Bezugsglieder unverändert läßt. Wird der Leib-Körper als ein Zusammenhang gedacht, so heißt das, daß der Leib selber nicht mehr reiner Leib ist. Wird das Wort Leibkörper ernst genommen, wie Husserl, Scheler, Plessner und auf seine Weise auch Merleau-Ponty dies tun, dann besagt dies nicht: »Da gibt es einen reinen Leib vor dem Körper«, sondern die Körperlichkeit betrifft den Leib selber; der Leib ist nicht rein bei sich selbst. Schmitz begnügt sich jedoch mit einer bloß faktischen Entsprechung zwischen dem Körper als Teil der

15 *Der unerschöpfliche Gegenstand*, S. 132.
16 Ebd., S. 116.

Natur und dem erlebten oder gespürten Leib als einer Binnensphäre. Und diese Entsprechung endet dann wieder bei parallelen Tatsachenreihen, also bei einer Korrelation zwischen körperlichen, z. B. neurophysiologischen und zerebralen Prozessen einerseits und leiblichen Regungen andererseits.

Dieser verborgene Cartesianismus führt innerhalb der gegenwärtigen Theorielandschaft zu einer natürlichen Allianz mit dem Konstruktivismus. Konstruktivisten konstruieren den Körper von außen und beschreiben dann, wie dieser konstruierte Körper von innen erlebt wird. Außen und Innen wären dann zwei Register, die bloß durch empirische Korrelationen verknüpft sind.

Schmitz geht nicht wie Husserl vom Leib als von einer »Umschlagstelle« aus. In Husserls Betrachtung kann der Leib weder auf reine Naturkausalität noch auf einen geistigen, erlebbaren Sinn bzw. auf ein subjektives Spüren reduziert werden. Doch ohne die Annahme einer solchen Umschlagstelle gerät man wieder zurück in die naturalistische Einstellung und konstatiert bestimmte Relationen des Typus Wenn-dann. Diese Betrachtung ist eine völlig kausale: »Immer wenn sich in einer bestimmten Gehirnzone elektrische Vorgänge abspielen, erlebt jemand das und das«. Solche Korrelationen lassen sich empirisch aufweisen, wenn man Patienten oder Versuchspersonen ihre Empfindungen und Vorstellungen beschreiben läßt und gleichzeitig Messungen durchführt. Solche Forschungsverfahren, in denen Korrelationen zwischen bestimmten Verfahrensabläufen aufgewiesen werden, bewegen sich, was ihre Methodik angeht, in der naturalistischen Einstellung. Es wäre abwegig, die Ergiebigkeit solcher Forschungen und Messungen zu bestreiten. Doch hat diese Korrelationsbeziehung das letzte Wort? Wenn als letzter Standpunkt eine Korrelation zwischen Körperprozessen und innerem Erleben oder Spüren angenommen wird, so fragt sich: Von woher wird dieser Zusammenhang gedacht, von woher ergibt er sich? Entweder man nimmt wie Husserl, der auch von *meiner* Natur spricht[17], einen inneren Bezug des Leibes auf den Körper an in dem Sinne, daß der Leib selber ein Außen hat, nie ganz und gar erlebter und fungierender Leib ist, sondern sich stets auch entzieht, sich selbständig macht und über die Ausübung seiner Funktionen hinausgeht – oder aber man stellt sich, wie dies bei naturalistischen Ansätzen geschieht, jenseits von Leib

17 Vgl. oben S. 253.

und Körper und blickt von nirgendwoher auf eine Korrelation, die man lediglich konstatiert.
Wenn ich die Texte von Hermann Schmitz lese, wird mir gar nicht deutlich, worin dieser Zusammenhang zwischen Leib und Körper bestehen soll. Bei Descartes wird der Zusammenhang durch Gott hergestellt. Descartes kann den Bereich der ausgedehnten Dinge und den der gedachten Dinge voneinander unterscheiden, weil er Gott als die unendliche Substanz in petto hat, die sowohl die geistige wie die körperliche Welt im Dasein erhält. Die Theologie hat bei Descartes mehrere Funktionen, doch eine ihrer Funktionen liegt darin, daß sie einen integrativen Gesichtspunkt liefert: Gott ist jenseits von Geist und Natur. Bei Spinoza heißt es dann *Deus sive natura*, Gott ist alles in allem. Ist bei Hermann Schmitz auch alles in allem? Manchmal hat man den Eindruck, daß er ebenfalls eine göttliche Perspektive einnimmt, aus der er über die getrennten Bereiche spricht. Die Frage bleibt aber: Wenn es eine Differenz von Leib und Körper gibt, von woher wird diese Differenz dann beschrieben? Mein Vorschlag läuft darauf hinaus, diese Differenz als eine Selbstdifferenzierung zu fassen, die an mir selber und an den Anderen aufzuzeigen ist.
3. Mein gravierendster Einwand gegen Schmitz lautet: die Differenz von Eigenem und Fremdem wird schlichtweg überspielt. Ich habe die entsprechende Stelle schon zitiert: »Man spürt den Anderen am eigenen Leibe«. Dieser Selbstbezug im Bezug auf den Anderen ist zwar *ein* Aspekt des Bezugs zum Anderen, doch nicht der einzige. Dieser Selbstbezug ist gewiß nicht zu überspringen, denn wenn man den Anderen spürt, spürt man immer sich selber auch mit (so wie für die Griechen Liebe und Freundschaft zu Anderen immer auch Selbstliebe oder Selbstaffektion bedeuten) – das ist also nicht zu leugnen, die Frage ist nur, ob dieses »den Anderen am eigenen Leibe Spüren« der einzige Weg ist, um »zu anderen Bewußthabern« zu kommen, wie es an gleicher Stelle heißt. Hier wird eine Eigenheit ganz unproblematisch vorausgesetzt. Der Selbstbezug, wie Schmitz ihn faßt, setzt eine Eigenheit voraus, die nicht selbst als Differenzbestimmung gefaßt wird. Ich würde Eigenheit immer als eine Differenz zum Fremden fassen, Eigenheit setzt immer schon eine Sphäre oder Instanz voraus, von der ich mich absetze. Wenn ich sage »Das Leben lebt sich«, so ist kein Eigenes im Spiel. Denn wie sollte sich etwas aneignen, was Alles in Einem ist? Wo sollte die An-eignung ansetzen? Wir

würden in einen differenzlosen Lebensstrom hineingeraten, von dem niemand mehr sagen könnte, er wäre der eigene. Der cartesianische Gedanke nimmt bei Schmitz folgende Form an: das Eigene sind subjektive Tatsachen, bezogen auf mich, der sie spürt. Hier wird eine Eigenheit in Anspruch genommen, die nicht weiter expliziert werden kann. Die Eigenheit gilt als Selbstverständlichkeit: ich bin ich, mein Leib ist mein Leib.

Das hat auch den etwas ärgerlichen Effekt, den jene zu spüren bekommen, die versuchen, mit Schmitz einen Disput anzufangen und alsbald von ihm eingesponnen werden. Die Texte von Schmitz atmen einen gewissen Autismus in dem Sinne, daß das *autos*, das Selbst als unproblematisch vorausgesetzt wird, während alles Fremde sekundär hinzukommt. Doch so manche gegenwärtigen Überlegungen zum Eigenen und Fremden lehren, daß die Eigenheit als solche in Frage steht. Freuds Diktum »Der Mensch ist nicht Herr im eigenen Haus« bedeutet, daß die Fremdheit schon in meinem eigenen Leben und am eigenen Leibe beginnt. Deshalb möchte ich als Alternative formulieren: Es gibt einen Selbstbezug *im* Fremdbezug, ich bin auf mich bezogen, aber indem ich immer auch schon auf Anderes und Andere aus bin. In der nächsten Stunde werde ich erläutern, was daraus für die Theorie der Leiblichkeit folgt.

2. Zwischenleiblichkeit als Verschränkung von eigenem und fremdem Leib

11. Vorlesung vom 21. 1. 97

In der letzten Stunde habe ich eine Alternative aufgezeigt zu einem Vorgehen, das einen Selbstbezug *vor* dem Fremdbezug annimmt, also davon ausgeht, daß jemand schon bei sich selbst ist, bevor er zum Anderen vordringt. Zu dieser Vorordnung des Selbstbezugs gehört die Annahme eines leiblichen Spürens, das dem Außenbezug, also auch der Erfassung des eigenen Leibes als Körper, vorausgeht.

Die Alternative hierzu besteht darin, daß der Selbstbezug *im* Fremdbezug auftritt, daß ich also zunächst einmal in der Beziehung auf den Anderen auf mich selbst bezogen bin: es gibt die Beziehung auf den Anderen, und gleichzeitig die Beziehung des Leibes auf sich selbst. Der Selbstbezug geht dem Bezug zum Anderen nicht voraus, dadurch würde dieser zum sekundären Bezug, sondern Selbstbezug und Bezug zum Anderen sind synchron zu lesen. Ein Beispiel dafür, das ich in früheren Zusammenhängen schon erörtert habe, ist das Sichempfinden in der Welt. Diese Formulierung stammt von Erwin Straus: ich empfinde, wie die Dinge mich bedrücken oder mir Auftrieb geben. Es begegnet mir in der Empfindung die Welt, und im Empfinden, in der Art und Weise, wie die Welt uns begegnet, empfinde ich gleichzeitig mich selbst, fühle ich mich selber erleichtert, belastet oder wie immer. Ich habe auf reflexive Verben in der deutschen Sprache hingewiesen und in anderen Sprachen findet sich ähnliches: das Sich-freuen besteht nicht darin, daß man sich über etwas freut und dann gleichzeitig auch noch auf sich selber bezogen ist, sondern das *Sich*-freuen hat ein Worüber, einen Anlaß in der Welt oder im Anderen. ›Gleichzeitig‹ bedeutet, daß ich mich so oder so befinde. Heideggers Ausdruck der Befindlichkeit trifft diese Sache sehr glücklich: ich befinde *mich mit Anderen in der Welt*. Die Reflexivität der *Selbst*befindlichkeit ist hier nicht als bloß sekundäres Moment anzusetzen.

Die Gleichzeitigkeit von Fremdbezug und Selbstbezug setzt allerdings eine gewisse Form der Fremdheit schon in mir selbst voraus. Die Frage nach dem Primat des Dialogs oder des Monologs liefert das klassische Beispiel für diese ganze Problematik. Die Frage lautet dann: Was ist eher, der Monolog oder der Dialog? Die Antwort würde so lauten: Im Monolog liegt immer schon ein Dialog vor, im Selbstgespräch liegt immer schon ein Fremdgespräch vor. Fehlt der Bezug auf Andere, so fehlt er nie völlig, denn im Selbstgespräch zerteile ich mich selbst, indem ich mit mir selbst spreche. Im *Sophistes* bei Platon finden wir diese berühmte Definition des Denkens: Das Denken ist ein lautloses Gespräch der Seele mit sich selbst.[18] Mit sich selber sprechen heißt nicht, einfach *einer* sein, sondern verschiedene Rollen übernehmen; ich antworte mir selber, falle mir selber ins Wort. Das sogenannte Selbstgespräch bedeutet nicht, daß die Fremdheit des Anderen wegfällt, sondern im Selbstgespräch sprechen die Anderen in mir selber mit. Im Selbstgespräch mache nicht nur ich selber mir Einwände, sondern jedes Selbstgespräch ist immer schon durchtönt von fremden Stimmen, die nicht erst nachträglich in mein Leben eindringen.

18 *Sophistes* 263 d.

Diese allgemeinen Überlegungen zum Selbstbezug im Fremdbezug finden ihre Stütze in einem gemeinsamen Weltbezug. Anläßlich der Frage, wie wir uns gemeinsam auf die Dinge in der Welt beziehen, greife ich zurück auf den Begriff der *intercorporéité*, den Merleau-Ponty geprägt hat und der am besten mit ›Zwischenleiblichkeit‹ zu übersetzen wäre. Wir kennen die Ausdrücke Intersubjektivität und Inter-aktion, Merleau-Ponty hat diesen Begriffen den der Interkorporeität hinzugefügt. Der Zwischenleiblichkeit entspricht die Zwischenwelt (*intermonde*), die sich von vornherein als Zwischensphäre darstellt. Das Zwischen (lateinisch: *inter*) kommt in der Philosophie des 20. Jahrhunderts häufig vor: bei Martin Buber geht das Zwischen dem Ich und dem Du voraus, bei Heidegger ist der Bezug zum Sein eine Sphäre des Zwischen. In ostasiatischen Interpretationen, etwa bei japanischen Philosophen, wird auch das Ki als Zwischen interpretiert: es bezeichnet eine soziale Atmosphäre, in der wir schon leben, bevor sich bestimmte Personen oder Individuen herauskristallisieren.[19] Dieses Zwischen bedeutet nicht, daß es ein A und ein B und einen Zwischenraum zwischen beiden gibt, denn das Zwischen ist nicht das, was zwischen A und B ist, sondern dieses Zwischen bezeichnet die Sphäre, die allererst zur Ausdifferenzierung von A und B führt.[20] Im sozialen Bereich bedeutet dieses Zwischen nicht, daß es Individuen gibt, die – wie dies ein empiristischer Ansatz sehen würde – durch Assoziation zueinander in Beziehung treten. Eine Zwischensphäre wäre am besten zu charakterisieren als eine Sphäre der Differenzierung. Ich nehme als Beispiel die Familie als eine wandelbare Struktur, innerhalb derer die Mitglieder in der Absetzung, auch in der Trennung voneinander und in der Bindung aneinander ihre Eigenart herausbilden

Merleau-Ponty hat diese Zwischensphäre auch mit der Figur des Chiasmus umschrieben. Der Chiasmus ist eine rhetorische Figur, benannt nach dem griechischen Buchstaben Chi (geschrieben: X). Chiasmus bedeutet, A und B überkreuzen sich in C. Das Entscheidende am Chiasmus ist, daß die Kreuzungsstelle weder zu der einen Linie gehört noch zu der anderen.[21] Andere Autoren be-

19 Cf. hierzu Ichiro Yamaguchi, *Ki als leibhaftige Vernunft. Beitrag zur interkulturellen Phänomenologie der Leiblichkeit* (1997).

20 Vgl hierzu M. Merleau-Ponty, *Keime der Vernunft*, S. 194, frz. S. 196.

21 Genaueres zum Chiasmus findet sich im Antwortregister (1994), S. 423,

nutzen zur Beschreibung dieser Zwischensphäre das Bild der ›Verflechtung‹ (Norbert Elias), bei der verschiedene Linien ineinanderlaufen, oder das der ›Verschränkung‹ (Helmuth Plessner). Im Hinblick auf den Eigenleib und den Fremdleib bedeuten Chiasmus oder Verflechtung, daß beide Resultate einer immer nur relativen Differenzierung sind. Eigenleib und Fremdleib sind eigene Sphären, die jeweils durch einen Selbstbezug charakterisiert sind und durch einen Fremdbezug, der in beiden Richtungen verläuft. Dabei befinden sich beide Sphären in einer partiellen Deckung, sie sind mehr oder weniger gegeneinander verschoben.

Schema 14: Zwischenleiblichkeit

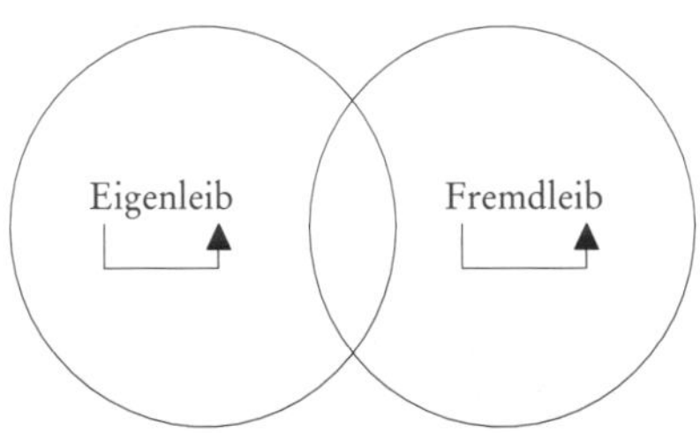

Damit wird die in den Sozialwissenschaften gängige Alternative von Individualismus und Holismus vermieden. Der Individualismus geht von Einzelwesen aus, die sekundär zu anderen Einzelwesen in Beziehung treten, der Holismus geht von einem Ganzen aus, innerhalb dessen der Einzelne nur einen Teil bildet. Den Holismus findet man z. B. in organizistischen Gesellschaftstheorien, die außerordentlich fragwürdig sind und einen Zug zum Totalitären haben. Im Gegensatz hierzu vermeidet das Modell des Zwischen solche Extreme; der Einzelne ist nicht bloß Teil eines Ganzen (etwa einer Familie, einer Nation, einer Kultur), er hat durchaus Eigenes, aber dies Eigene immer in Abhebung von Fremdem. Das Individuum entstammt immer einem Differenzierungsgeschehen, es entsteht – wie Merleau-Ponty es mit

447 u. 491 sowie in: *Deutsch-Französische Gedankengänge* (1995), S. 358-366.

strukturalen Begriffen sagt – durch Abweichung in einem Feld.[22] Dabei sind Individuierungsgrad und Individuierungsweise von Kultur zu Kultur verschieden. In gewissen fernöstlichen Sozialstrukturen geht die Ablösung viel weniger weit als bei uns seit der frühen Neuzeit; im Mittelalter sah es übrigens auch bei uns anders aus. Norbert Elias geht in seinem Buch *Die Gesellschaft der Individuen*[23] von Descartes aus und zeigt die Grenze dieses Ansatzes auf. Er beschreibt, wie sich ein gesellschaftliches »Überindividuelles« herausbildet; Gesellschaft wird gedacht als eine, die überhaupt erst durch Verträge zwischen Individuen zustande kommt. Norbert Elias arbeitet mit der Metapher des Geflechtes: der Einzelne ist aus dem sozialen »Netzgeflecht« gar nicht herauslösbar, eine Gesellschaft hat ein Muster, so wie der Teppich ein Muster hat; es gibt verschiedene Fäden, die ineinanderlaufen, doch man kann das Muster nicht aus einzelnen Fäden einfach additiv zusammensetzen.

Dieses Zwischen betrifft die Zwischenwelt, das Zwischengeschehen zwischen mir und Anderen. Es läßt sich auf allen Erlebnisstufen aufzeigen, ich erwähne nur die wichtigsten. Ausgehend von dieser Zwischensphäre wäre das *Empfinden* von vornherein zu denken als ein Mitempfinden im Sinne von Mitfreude und Mitleid. Mitleid entsteht nicht durch ein Hinzutreten sozialer Gefühle, sondern dadurch, daß ich in meinem Leben teilhabe am Anderen, daß ich mitbetroffen bin vom Leben der Anderen. Geht es dem Anderen schlecht, so auch mir. Diese direkte und intensive Mitbetroffenheit spielt sich ab in einer begrenzten Lebenssphäre; Mitleid und Mitfreude greifen über vom Einen auf den Anderen. Scheler spricht von einer »Gefühlsansteckung«, so wie man von ansteckenden Krankheiten spricht.[24] In der Philosophie spielt das Mitleid nur eine begrenzte Rolle. Interessanterweise beansprucht das Mitleid in unserer frühen Tradition einen ganz zentralen Platz.

22 Vgl. das Stichwort »Abweichung« im Register von: *Das Sichtbare und das Unsichtbare* (1986).

23 Das Buch erschien 1987, doch der entscheidende Titelaufsatz wurde bereits 1939 verfaßt und konnte wegen der politischen Umstände nicht veröffentlicht werden. Zum folgenden vgl. S. 36 (»Überindividuelles), S. 53-56 (»Verflechtung«, »Geflecht«). Zu den historischen und kulturellen Wandlungen vgl. den Schlußaufsatz: »Wandlungen der Wir-Ich-Balance«.

24 *Wesen und Form der Sympathie*, GW 7, siehe Register.

In der griechischen Tragödie, die ja in gewisser Weise für unser westliches Theater Pate gestanden und die in der aristotelischen *Poetik* ihren theoretischen Ausdruck gefunden hat, treten Mitleid und Furcht als *die* Grundbefindlichkeiten auf. In der Philosophie kommt das Mitleid erst viel später zu Wort. In den antiken Tugendlehren wird es zwar gestreift, aber zentral wird es erst bei Rousseau, der die Hobbessche Aggressivität eines Kampfes aller gegen alle durch Teilnahme am Befinden des Anderen abmildert. Schopenhauer verankert dann das Mitleid im Lebensuntergrund.

Entscheidend ist hier der Gedanke, wie immer man ihn im einzelnen ausführt, daß Gefühle keine – wie man in der modernen Tradition sagt – bloßen Zustände sind, die dem Einzelnen zugeschrieben werden, etwa so: einer ist traurig, d. h. er befindet sich in einem Zustand, den man nach Bedarf auch messen kann, z. B. über den Blutdruck oder über Hormonausschüttungen. Die radikale Revision dieser Auffassung besteht bei allen phänomenologischen Autoren darin, daß Gefühle aufgefaßt werden als die Art und Weise, sich auf die Dinge zu beziehen, und daran sind die Anderen von vornherein elementar beteiligt. Die Freude ist nicht ein Zustand, in dem ich mich befinde oder den ich herbeiführe, sondern ein Sichbefinden mit den Anderen in der Welt. Damit verlieren die Gefühle den Anflug bloßer Subjektivierung. Ich habe auf Befindlichkeit und Stimmung bei Heidegger hingewiesen, aber bei anderen Autoren findet sich ähnliches.

Das Zwischen kann auch am *Handeln* verdeutlicht werden. Ausgehend von einer Sphäre des Zwischen ist das Handeln mit dem Begriff der *Synergie* zu charakterisieren. Der Terminus Synergie ist keine Erfindung von Hermann Haken aus Stuttgart[25], sondern es ist ein altes Wort. ›Synaisthesis‹ heißt wörtlich Mit-wahrnehmen und dies bezogen auf die verschiedenen Sinnesmodalitäten. ›Synergie‹, heißt wörtlich Mit-tätigkeit (*ergon* = Werk, Tätigkeit). Merleau-Ponty gebraucht das Wort übrigens auch.[26] Synergie im Handeln bedeutet ein Ineinandergreifen von eigenem und fremdem Tun. Hier geht es nicht um eine Interaktion im Sinne individueller Handlungen, die durch irgendwelche Instanzen koordiniert würden. Eine solche Interaktion könnte man auch vermittels

25 Haken spricht in bezug auf die Untersysteme eines sich selbst organisierenden Gesamtsystems von Synergetik (vgl. *Synergetik*, ^{2}1983).

26 PP 269, dt. 272.

Computerschaltung nachbauen, so daß die Operation des einen Apparats sich mit der des anderen zusammenschließt. Synergie bedeutet jedoch keine Verkoppelung individueller Apparate, sondern sie besagt wiederum, daß das Handeln sich zunächst in einer Zwischensphäre abspielt, in der ich nicht eindeutig entscheiden kann, was auf Konto *meiner* Handlung und was auf Konto einer *fremden* Handlung geht. Entscheidend ist, daß das Zwischen sich differenziert und nicht aus Einzelleistungen zusammensetzt.

Ein weiteres Beispiel wären *Hantierungen*, d.h. Tätigkeiten, bei denen ein Handgriff in den nächsten übergeht. Denken Sie etwa an das gemeinsame Musizieren, dem Alfred Schütz, der selbst ein begeisterter Quartettspieler war, einen schönen Aufsatz gewidmet hat.[27] In einem Quartett sind Hören des fremden Spielens und eigenes Spielen aufeinander abgestimmt, obwohl es keinen Dirigenten gibt. Es entsteht ein Zusammenspiel, bei dem der Einzelspieler nicht für sich selber spielt, sondern in das Spiel der anderen ›einstimmt‹. – Oder nehmen wir eine symbolische Handlung, ich gebe jemandem die Hand. Hier greifen Hände nicht nur in einem metaphorischen Sinne ineinander, sondern wir vollziehen eine zugleich reale und symbolische Handlung, die eben diese Verflechtung ausdrückt: eine Hand umschlingt die andere.[28]

Schließlich einige Bemerkungen zur *Räumlichkeit*. Auch hier müssen wir uns vor der Vorstellung hüten, ich sei hier, der Andere dort, und das Problem bestünde darin, wie der Eine zum Anderen kommt. Denn gemeinsame Räumlichkeit besagt, daß ich zwar hier bin (hier, wo ich stehe, wo ich spreche und handle), aber daß ich nie ganz und gar und nur hier, sondern auf gewisse Weise auch dort bin, wo es etwas zu tun gibt, wo die Anderen mich beanspruchen.[29] Mein Blick weilt dort, wo ich etwas erwarte. Blicke ich erwartungsvoll auf die Tür, um zu sehen, ob jemand hereinkommt, so bin ich im Blick dort bei der Tür, die sich öffnet, und nicht wie ein Ding an dieser Stelle im Raum. Und wenn mein Blick umherirrt, so schillert mein Hiersein bis zu dem Punkt, wo »ich nicht mehr weiß, wo mir der Kopf steht«. Dies betrifft auch die Teilnahme am Leben Anderer, wo die Möglichkeit besteht, daß ich geradezu

27 Alfred Schütz, »Gemeinsam Musizieren«, in: *Gesammelte Aufsätze*, Bd. 2.

28 Vgl. hierzu *Antwortregister* (1994), S. 506ff.

29 Cf. hierzu Heidegger, *Sein und Zeit*, S. 107.

anderswo bin, nämlich dort, wo jemand anders sich aufhält. Nehmen Sie an, Ihr Freund ist in einer schwierigen Examenssituation; wenn Sie an seinen Nöten Anteil nehmen, so sind Sie dort, wo er sich abmüht. Ich kann nicht sagen: »Ich bin hier wie ein Ding«, denn die Räumlichkeit selber ist eine gemeinsam geteilte, so daß ich zugleich woanders bin, wenn ich hier bin. Das kann so weit gehen, daß ich nur noch woanders lebe. Im Französischen nennt man dies unter Anspielung auf Flauberts *Madame Bovary* Bovarysmus; das hieße ein Leben, das ganz und gar woanders, nur noch in einem anderen ist und das Eigene darüber völlig verliert.[30] Auch Räumlichkeit bedeutet also nicht: »Ich bin wie ein Ding im Raum«, sondern Hiersein bedeutet zugleich ein Dortsein, wo andere sind, wo sich etwas Wichtiges abspielt.

Schließlich ist auch die *Sprache* von der Zwischensphäre her als Gespräch zu fassen. »Seit ein Gespräch wir sind« – Hölderlin wird immer wieder zitiert und sehr schnell auch in Diskurstheorien umgesetzt. ›Gespräch‹ ist hier in einem sehr elementaren Sinne zu nehmen. »Die Sprache ist ein Gespräch« bedeutet: das Sprechen selber entfaltet sich im Hören, im Antworten auf das, was der Andere sagt. Was ich jetzt sage, ist in sich selber bestimmt durch die Gesprächssituation, und zwar schon dadurch, daß der Andere mir zuhört. Auch das Zuhören gestaltet ein Gespräch mit, es ist keine bloße Passivität. Es ist selber eine Weise, am Gespräch teilzunehmen. Deshalb sind Andere selbst dort, wo nur einer spricht (wie hier in dieser Vorlesung), doch beteiligt, und das Sagen ist auf dieses Hören hin abgestellt, selbst wenn es »über die Köpfe hinweggeht« und die Adressaten verfehlt. Das Gespräch ist keine Summe aus individuellen Äußerungen, sondern ein Zwischenbereich, in dem Äußerungen hervor- und zurücktreten und miteinander wetteifern.

Nach diesen Ausflügen in verschiedene Sphären der Gemeinsamkeit möchte ich das Gesagte vertiefen, indem ich auf einige phänomenologische Grundbegriffe eingehe. Ich schließe mich an Merleau-Pontys Kapitel über den Anderen in der *Phänomenologie der Wahrnehmung* an. Erläutern möchte ich die Sphäre der Zwischenleiblichkeit auf der Ebene dessen, was man eine *gelebte Gemeinsamkeit* nennen könnte, auf einer Ebene, die der ausdrücklichen Gemeinschaftsbildung durch Vertrag oder Einführung von

30 Vgl. Merleau-Ponty, PP 330, dt. 332.

Regeln vorausliegt. Beim Wort ›Gesellschaft‹ denken wir allzu rasch an Gesellschaften, in denen Verträge geschlossen werden und die Zugangsweise zu sozialen Positionen geregelt ist. Eine Vertragsgesellschaft beruht auf einer bestimmten Form von instituierter oder institutionalisierter Gemeinsamkeit. Dem voraus liegt, was die Soziologen als informelle Sozialität oder informelle Gemeinsamkeit bezeichnen, wo Äußerungen und Handlungen ohne ausdrückliche Abmachung aufeinander eingestimmt sind. Hier zeigt sich eine gewisse Parallele zu Husserls Analysen der Erfahrung. Husserl spricht von einer vorprädikativen Erfahrung. Prädikation heißt, daß ich etwas über etwas aussage, daß ich Stellung nehme, daß ich mit Ja und Nein antworte, während die vorprädikative Erfahrung noch viel flüssiger abläuft. Sie bewegt sich in Sinnzusammenhängen, die noch nicht aus aktiven Stellungnahmen hervorgehen. Wahrnehmen heißt nicht urteilen, sondern es besagt, daß etwas vor meinen Augen, vor meinen Ohren und unter meinen Händen Gestalt gewinnt. Dies läßt sich auf den sozialen Bereich übertragen: es gibt eine vorinstitutionelle Gemeinsamkeit und eine solche, die durch Satzungen und Regelungen zusammengehalten wird. Aufmerksamkeit läßt sich nicht auf gleiche Weise einklagen wie eine ausstehende Zahlung.

Diese Überlegungen werde ich nun auf die Ebene der Wahrnehmung zurückverfolgen, wie auch Merleau-Ponty es tut.

Die Frage lautet: Wieso ist die Wahrnehmungswelt eine *Welt für uns alle* und nicht bloß für mich allein, bzw. in welchem Umfang ist die Welt eine Welt für uns alle? Ich gehe noch einmal zurück auf das, was ich früher über Wahrnehmung und Empfindung gesagt habe, um dies jetzt auf die soziale Situation oder auf soziale Zusammenhänge anzuwenden.

Nehmen wir noch einmal die Alternative von Empirismus und Rationalismus. Im *Empirismus*, also z. B. in Humes Wahrnehmungslehre, entsteht die Wahrnehmung dadurch, daß Empfindungsdaten auftreten. Rot sehen heißt für Hume, eine Rotempfindung haben, so wie man eine Schmerzempfindung hat. Die Rotempfindung habe *ich* im Gegensatz zu Anderen, genauso wie meine Zahnschmerzen *meine* Zahnschmerzen sind und nicht die eines Anderen. Das Empfinden ist individuiert, es entspricht einem Zustand, in dem ein Organismus oder ein Individuum sich befindet, d. h. das Empfinden ist streng privat, *subjektiv*. Alsbald taucht dann die Frage auf: Wenn ich etwas Rotes sehe, wie kann ich dann, auch wenn der Andere ähnlich wie ich reagiert, eigentlich wissen, was *er* empfindet? Die Antwort wird z. B. in Analogieschlüssen gesucht. Wichtig ist, daß bei dieser Art der Fragestellung vorausgesetzt wird, daß zunächst *ich* Empfindungen habe und kein anderer, daß also eine Art von Besitzergreifung der Welt im Medium der Empfindung am Anfang steht.

In *rationalistischen* Denkversuchen haben wir es dagegen mit Denkobjekten zu tun, diese sind *transsubjektiv*. Bei objektiven Sachverhalten spielt die Intersubjektivität und die Scheidung in ›mein‹ und ›dein‹ dann keine Rolle. Wir haben also die Ebene des Subjektiven, die Ebene von Empfindungen, die ein jeder hat, aber nur für sich, vertauscht gegen die Ebene des Transsubjektiven, wo die Subjektivität zur Rolle des Jedermann zusammenschmilzt. In der *Kritik der reinen Vernunft* kommt die Intersubjektivität nicht vor, doch wie sollte sie auch? Wenn gefragt wird: Unter welchen Bedingungen konstituiert sich ein Gegenstand überhaupt als Gegenstand möglicher Erkenntnis, so ist es *gleichgültig*, ob ich diese Frage stelle oder ein Anderer. Transsubjektiv ist die Fragestellung der *Kritik der reinen Vernunft*, weil die Frage nach den Möglichkeitsbedingungen von Erkenntnis über die Intersubjektivität hinauszielt, denn *jeder* könnte dieses einheitliche Subjekt repräsentieren.

Die Zwischenleiblichkeit, d. h. diese ganze Sphäre des Zwischen wäre also schon auf der Ebene der Wahrnehmung anzusetzen. *Intersubjektiv* wäre – mit traditionellen Worten – eine Subjektivität, die auf Andere übergreift und nicht bloß additiv zusammengesetzt wäre aus verschiedenen Subjekten. Was bedeutet eine Phänomenologie der Wahrnehmung für die Sozialität? Läßt sich von dorther eine Intersubjektivität denken, die nicht unter diese Dichotomie von noch Subjektivem oder schon Transsubjektivem fällt? Ein Wahrnehmungsgegenstand, so wie Husserl ihn beschreibt, ist ein und derselbe nicht in dem Sinne, daß hinter den Erscheinungen irgendein X (ein Ding an sich) läge, das wir denken, sondern das Ding *ist dasselbe*, indem es in verschiedenen Gegebenheitsweisen *als dasselbe* auftritt. Zur Wahrnehmung gehört die Perspektivität, eine Abwandlung von Gegebenheitsweisen, die ineinander übergehen. Wir haben von vornherein ein offenes System vor uns, zu dem Andere Zugang haben. Wenn ich einen Gegenstand sehe, so gehört er mir nicht alleine, ich sehe ihn ja ohnehin nur in einer bestimmten räumlichen Perspektive. Es gibt immer Aspekte, die sich mir verschließen, die mir entgehen, und dies nicht nur im Sinne einer räumlichen Perspektive, sondern auch im Sinne einer Vielfalt von Deutungen, die getroffen werden können. Diese Endlichkeit der Wahrnehmung – daß mir etwas erscheint, aber nur in beschränkter Weise zugänglich ist – läßt von vornherein zu, daß Andere zum gleichen Gegenstand Zugang haben.

Ein gedachter Gegenstand besteht für sich selbst, einen Empfindungszustand habe nur ich, während die Ausrichtung auf ein Wahrnehmungsding mir zwar nur einen partiellen Zugang gestattet, doch gleichzeitig andere Zugänge offenläßt; es sind mehrere Perspektiven möglich, so daß der gleiche Gegenstand sich immer schon auf mögliche Andere bezieht. Wahrnehmung bewirkt ein offenes System, das immer mehr Möglichkeiten enthält als jene, die jeweils verwirklicht werden. Merleau-Ponty sagt an einer Stelle ausdrücklich und überzeugend: Wahrnehmung bildet eine »dépossession«, eine Enteignung des Bewußtsein.[31] Schon in der Wahrnehmung gilt: die Dinge gehören mir nicht. Und auch für die praktische Verfügung gilt: Wir bekommen einen Gegenstand nie so in unsere Gewalt, daß nicht Nebenwirkungen, Störungen auftreten können, die sich den eigenen Entwürfen entziehen. Es sind also immer *mehr* Möglichkeiten im Spiel als jene, die sich verwirklichen, sowohl ergänzende als auch störende. Husserl geht so weit, von widerstreitenden Erfahrungen zu reden, bei denen die Wahrnehmung »explodiert«[32]; vielleicht haben Kriegsereignisse ihn zu dieser drastischen Redeweise veranlaßt. In der Erfahrung können plötzlich Aspekte auftreten, die nicht zu meiner früheren Erfahrung passen, so daß die Einheitssynthese, die sich herausgebildet hat, zerbricht.

Diese offene Wahrnehmung eröffnet einen Zugang zu den Anderen. Entscheidend ist hier, daß es einen *intra*-subjektiven Zusammenhang gibt zwischen den Aspekten meiner eigenen Erfahrung. Dieser intra-subjektive Zusammenhang gleicht den *inter*-subjektiven Zusammenhängen. Schon bei Husserl begegnet uns diese Parallele.

Die Frage ist nun, wie es zu einer Einheit kommt und wie aus der Vielfalt eine Gemeinsamkeit entsteht. Merleau-Ponty spricht da-

31 *Signes* (1960), S. 215, dt. *Das Auge und der Geist*, S. 56.

32 *Ideen I* (Hua III), S. 339.

von, daß die Perspektiven in meiner eigenen Wahrnehmung ständig ineinander übergleiten; und auf ähnliche Weise gehen auch eigene und fremde Perspektiven ineinander über.[33] Ähnlich spricht Gadamer im Bereich historischer Überlieferungen von Horizontverschmelzung.[34] Ich kann keinen strengen Schnitt zwischen verschiedenen Traditionen ziehen und nicht sagen: »Hier genau beginnt das Mittelalter, dort die Neuzeit«, sondern Verschmelzung bedeutet, daß das, was wir Neuzeit nennen, ganz und gar durch bestimmte Vorgaben sowohl des Mittelalters wie auch des griechischen Denkens geprägt ist. Husserl versieht dieses Ineinandergreifen mit einem neuartigen Begriff, der auch für uns interessant ist. Er spricht von einer *passiven Synthesis*.[35] Syn-thesis bedeutet kantisch gesagt, daß etwas zusammengesetzt wird. Und *passiv* ist diese Synthesis, die eigentlich keine Thesis ist, weil nicht etwas zusammen*gesetzt* wird, sondern etwas zusammen*kommt*. Platon[36] verwendet den Begriff der Syn-opsis, des Zusammenschauens, der die Sache genauer trifft: denn anvisiert ist nicht eigentlich eine Zusammensetzung, in der das Zusammen-gesetzte ausdrücklich unterschieden würde, sondern es geht um ein Zusammmen im Übergang. Ein einfaches Schema für die aktive Synthesis wäre, daß einem Gegenstand bestimmte Merkmale oder Eigenschaften (a, b, c) zugeschrieben werden. Von einem einheitlichen Bezugspunkt her urteilt ein Subjekt über den Gegenstand: »Die Zitrone ist gelb, sie ist scharf, sie hat eine bestimmte Kugelform«.[37] In der *aktiven Synthesis* werden bestimmte Aspekte unterschieden und auf einen Einheitspol bezogen. Passive Synthesis besagt dagegen, daß b von a zu c übergeht und *im Übergang*, also implizit auf a und c voraus- bzw. zurückverweist. Ein sehr sprechendes Beispiel hierzu bietet die Problematik der *Zeit*. Wir stehen nicht außerhalb der Zeit, deren Modi Gegenwart, Vergangenheit und Zukunft darauf warten, von uns in eine Einheit gebracht zu werden. Wäre es so, die Zeit wäre aufgehoben, alles wäre gegenwärtig vor dem Blicke desjenigen, der die Zeit denkt und ihre verschiedenen Aspekte in eine ausdrückliche Einheit bringt. Sie finden

33 PP frz. u. dt. 407.

34 *Wahrheit und Methode* (1965), S. 289 f.

35 Vgl. Hua XI.

36 Vgl. *Phaidros* 265 d.

37 Zu diesem Beispiel vgl. M. Merleau-Ponty, *Keime der Vernunft*, S. 189, frz. S. 192.

diese Überlegung bei Augustinus in Buch XI der *Confessiones.* Es gibt eine Gegenwart des Vergangenen, eine Gegenwart des Gegenwärtigen und eine Gegenwart des Zukünftigen; in der Gegenwart versammelt sich also die Zeit, indem sie sich selbst überschreitet in Form eines *nunc stans*. Die Alternative, die Husserl entwickelt – und sie halte ich für eines der interessantesten Bestandstücke der phänomenologischen Tradition –, bietet eine Zeitlehre, in der die Zeit selbst als ein Übergangsphänomen auftritt. Wo ist die Vergangenheit? Die Vergangenheit ist *in der Gegenwart* selber gegenwärtig als das, was verschwindet, was in den Hintergrund gedrängt wird, was vergessen oder erinnert wird. Wo ist die Zukunft? Die Zukunft habe ich nirgends anders als in den Erwartungen, Befürchtungen und Planungen, die *jetzt* erfolgen. Es gibt einen Übergang zwischen den Zeiten, und gerade dieser Übergang macht die Zeit aus. Man findet den Begriff des Überganges übrigens auch schon bei Augustinus: die Zeit ist ein *trans-ire*, ein *transitus*, und die Einheit stellt sich her in diesem Übergang. Einfache Zeitprozesse wie etwa das Altern spielen sich ja nicht in der Weise ab, daß wir bestimmte Eigenschaften hatten, von denen wir sagen, sie sind jetzt anders, sondern das Altern ist die Veränderung selber: bestimmte Veränderungen im Erleben, in der Körperkraft, in den Gedächtnisleistungen und ähnlichem.

Auch die Raumwahrnehmung unterliegt einer passiven Synthesis. Es gibt am Gegenstand eine Vorderseite, eine Rückseite, der Gegenstand entsteht ja nicht als *einer*, indem ich ihm eine Vorderseite und eine Rückseite zuspreche, sondern Vorder- und Rückseite gehören zum räumlichen In-Erscheinung-treten des Gegenstandes selber. Die Rückseite ist das, was in der Wahrnehmung sich dem Blick entzieht, und nicht etwas, von dem ich zusätzlich weiß und das ich dann mit anderem Gewußten verknüpfe. Eine solche Verknüpfung vollziehe ich erst in einer intellektuellen Verarbeitung der Erfahrung, wenn ich etwa frage: »Was mag dort sein, wo mein Blick nicht hinreicht, was geschieht hinter meinem Rücken?« Man darf solche Vergewisserungs- und Erkundungsakte nicht mit der Erfahrung selbst verwechseln.

Der Wahrnehmungswelt, von der bisher die Rede war, korrespondiert das eigene und fremde Wahrnehmungsverhalten. Wenn ich hier von Wahrnehmungsverhalten spreche, so ist damit, traditionell gesprochen, das Wahrnehmungssubjekt angesprochen. Im 19. Jahrhundert und auch noch am Anfang unseres Jahrhunderts taucht bei Empiristen wie bei Cartesianern immer wieder folgendes Problem auf. Vom Anderen gewahre ich das äußere Verhalten. Dahinter scheint es, wie ich aufgrund bestimmter Indizien annehme, ebenfalls so etwas wie Bewußtsein zu geben: fremde Erlebnisse also, zu denen ich nur einen indirekten Zugang habe. Die Phänomenologie führt auch hier zu einer Revision. Wir gehen nicht nur von einer gemeinsamen Welt aus, die auch Anderen schon offensteht, sondern auch das Verhalten des Anderen wird wahrgenommen als bedeutsames Verhalten, das sich auf etwas richtet und strukturiert ist. Wenn Sie jemanden eine Tätigkeit verrichten sehen, jemanden, der ein Kind füttert, einen Apparat bedient oder Holz hackt, dann haben Sie keine großen Probleme, zu verstehen, was der Andere tut. Wenn das Verhalten des Anderen einer gemeinsamen Lebensform angehört, so sehen Sie: die Andere sitzt am Computer, hackt Holz oder schmückt irgend einen Tototempfahl für ein Fest. Dem Tun des Anderen können Sie natürlich nicht all seine Bedeutung ohne weiteres ablesen, es kann sein, daß Sie manches nicht verstehen. Doch in dem Maße, wie Sie mit ihm das Leben teilen, so wie man eine gemeinsame Sprache spricht, sehen Sie, was der Andere tut, ohne daß dieses Tun in ein beobachtbares Außen und ein hypothetisch zu erschließendes Innen zerfällt. Diese Möglichkeit des Verstehens beruht darauf, daß das Verhalten als solches in eine bestimmte Richtung weist und eine bestimmte Struktur aufweist. Man kann im Verhalten lesen, wie man in einem Buch liest, und wenn die Sprache des Verhaltens nicht schon die eigene ist, so muß man sie eben, so gut es geht, lernen. Das Verhalten ist lesbar wie das menschliche Angesicht.

Zum menschlichen Antlitz gibt es nicht erst bei Levinas, sondern auch schon bei Merleau-Ponty einiges Beachtenswertes. Von der Physiognomie des Gesichts sagt Merleau-Ponty in der *Struktur des Verhaltens*: Gesichter sind keine rein optischen Gegebenheiten, sondern sie sind »sakrale Dinge«.[38] Dieser Sprachgebrauch, der bei George Bataille, Roger Caillois und überhaupt in der Durkheim-Schule gebräuchlich ist, gibt den sozialen Phänomenen einen religiösen Hintergrund: das Antlitz hat etwas Unantastbares, Unnahbares; es ist kein Etwas, über das wir nach Gutdünken verfügen. Das gehört zu unseren geläufigen Erfahrungen: jemandem ins Gesicht schlagen, ist immer ein Gewaltakt. Warum? Was

38 SC 181, dt. 192.

unterscheidet diesen Akt davon, daß man auf irgendeinen Gegenstand einschlägt? Das Antlitz verbreitet eine Tabuzone um sich, es verweigert sich dem Blick und Zugriff. Merleau-Ponty spricht weiterhin auch von der Spur des Anderen.[39] Die Spur bringt ein Zeitmoment ins Spiel, denn der Andere begegnet uns als einer, der immer schon da *war*, so wie der eigene Leib immer schon da war, wenn wir auf ihn zurückkommen. Die Spur des Anderen bedeutet nicht, daß alles offen zutage liegt, sie bedeutet aber auch nicht, daß etwas im verborgenen da ist, auf das ich durch Analogieschlüsse oder andere intellektuelle Überlegungen erst käme, sondern es bedeutet: es gibt Hinweise auf etwas, das in seiner Abwesenheit da ist. Die Mimik, das Verhalten des Anderen hat Zeichencharakter. So wie die Vergangenheit in ihren Spuren, in Relikten, Reliquien und Zeugnissen da ist, so ist auch das, was der Andere erlebt, in der leiblichen Spur gegenwärtig. Bei Levinas wird dies weiter vertieft: das menschliche Antlitz wird dort ganz und gar von der Spur her gedacht.[40] Das hat wiederum mit dem Cartesianismus nichts zu tun, Levinas greift auf die jüdische Tradition zurück. Spur bedeutet dort: ER ist vorbeigegangen, um es sehr vorsichtig auszudrücken. Alttestamentliche Szenen wie der brennende Dornbusch deuten darauf hin, daß das Ereignis nur in Spuren, also nicht unmittelbar als es selbst faßbar ist. Levinas bezieht diesen Gedanken allgemein auf den Anderen: der Andere ist nicht einfach in meinem Erfahrungsfeld gegenwärtig, sondern er wird als Fremder erfahren, er ist immer schon vorbeigegangen, er steht nie frontal vor mir als ein Gegen-stand, als ein Etwas, das ich bestimmen kann. Alle Dialogphilosophen sind sich darin einig, daß der Andere als Anderer keine bestimmte Augenfarbe, Haarfarbe, Größe hat, sondern diese Eigenschaften erst bekommt, wenn ich ihn mir als jemand Bestimmten vor Augen führe. Der Blick des Anderen, der mir entgegenleuchtet oder mich herausfordert, bedeutet, daß wir einer Wirkung unterliegen, die unserem eigenen Zugriff immer schon zuvorkommt. Ich

39 »Auf gleiche Weise verstehe ich den Anderen. Auch hier finde ich nur die Spur eines Bewußtseins, dessen Aktualität sich mir entzieht, und indem mein Blick sich mit dem eines Anderen kreuzt, vollziehe ich die fremde Existenz in einer Art Reflexion nach. Mit einem ›Analogieschluß‹ hat das nichts zu tun.« PP 404, dt. 402.

40 Vgl. E. Levinas, *Die Spur des Anderen* (1983), darin das gleichnamige Kapitel.

möchte die Theorie des Blicks, die bei Sartre und anderen Autoren eine Rolle spielt, hier nicht weiter ausführen. Entscheidendes Moment ist, daß der Andere bereits auf der Ebene der Wahrnehmung auftritt: die Wahrnehmungswelt ist nicht meine Privatwelt. Schon die Dinge verweisen auf Andere, und ein wahrnehmendes Wesen, das sich in der Welt befindet und in ihr wirkt, ist immer schon durch die gemeinsame Bezugnahme auf die Dinge mitgeprägt.

Ich möchte diese Skizze hier nicht zu weit ausdehnen, sondern nur noch einmal die beiden entscheidenden Stufen dieser Zwischenwelt markieren. Die erste Stufe, die Ebene der Erfahrung und der Wahrnehmung, könnte man als *Kohabitation*, als ein gemeinsames Wohnen in der Welt bezeichnen. Eine zweite Ebene wäre die des Gesprächs oder des gemeinsamen Tuns, einer *Kooperation* im weiteren Sinne. Bleiben wir zunächst einmal beim *Gespräch*, beim Dialog. Wie sieht hier der Zusammenhang von Eigenem und Fremdem aus? Wir kennen das Bühlersche Schema: das Zeichen verweist auf den Sender, auf den Empfänger und auf die Sache, menschenfreundlicher könnten wir auch ›Sprecher‹ und ›Hörer‹ sagen. ›Sender‹ und ›Empfänger‹ sind Termini, die in der formalisierten und mathematisierten Sprache der Informationstheorie ihre Funktion haben, während das Sprechen immer mehr bedeutet als ein Aussenden von Daten. Die folgenden Überlegungen sind wichtig, um zu zeigen, was den Sprecher von einem bloßen Sender bzw. den Hörer von einem Empfänger unterscheidet. Nach dem informationstheoretischen Modell wird vermittels eines vorausgesetzten Codes eine bestimmte Botschaft encodiert und in materiellen Zeichen realisiert. Der Hörer decodiert die Botschaft unter Bezugnahme auf den gleichen Code. Die Botschaft wird erst ver- und dann entschlüsselt. In diesem Modell kann klar zwischen bestimmten sprachlichen Äußerungen, die von A ausgehen, und solchen, die von B ausgehen, unterschieden werden. Würden beide zusammen reden, so würden sich die Äußerungen geräuschartig überlagern. Wie sieht es dagegen im Dialog aus? Lassen sich bei der »Verfertigung von Gedanken in der Rede« Äußerungen so eindeutig als *meine* Äußerung und als *fremde* Äußerung qualifizieren? Im Gespräch geht es ähnlich zu wie in der Wahrnehmung, in der ich von vornherein an der Erfahrung der Anderen teilnehme; denn wie es bei Merleau-Ponty heißt: »In der Erfahrung des Dialogs bildet sich zwischen dem Anderen und mir ein gemeinsamer Boden.«[41] Es geht hier also nicht bloß um einen allgemeinen Code, der in Kraft ist, sofern der Andere und ich einer Sprechergemeinschaft angehören. Die Erfahrung des Dialogs ist kein Konstrukt, bei dem bestimmte Faktoren kombiniert werden, sondern es gibt eine Gesprächs*erfahrung*. In der Erfahrung des Dialogs bilden mein Denken und das Denken des Anderen »ein einziges Gewebe«. Hier stoßen wir wieder auf die Metapher der Verflechtung, d. h. die Fäden laufen ineinander, ich kann nicht streng trennen zwischen dem, was von mir kommt, und dem, was vom Anderen kommt. »Meine Äußerung und die des Gesprächspartners werden durch die Situation des Gesprächs hervorgerufen, sie fügen sich ein in eine gemeinsame Operation, für die keiner von uns als Schöpfer, als Kreator auftreten kann.« – Hier ist sehr schön gesagt, was diese passive Synthesis besagt: eine Gemeinschaftsbildung, eine gemeinsame *opération*, die keiner für sich allein in Anspruch nehmen kann, weil *im* Sprechen, *im* Antworten, *im* Hören selber etwas entsteht, das nicht dem Einzelnen zugerechnet werden kann. Einige Zeilen weiter: »Im gegenwärtigen Dialog werde ich von mir selbst befreit; die Gedanken des Anderen sind gar wohl seine Gedanken, ich bin es nicht, der sie formt, obwohl ich sie erfasse, sobald sie entstehen, und obwohl ich ihnen vorauseile.« Man errät oder erahnt die Äußerungen des Anderen, wie man in der Musik den Fortgang auf gewisse Weise schon vorwegnimmt: es wird nicht nur der augenblickliche Laut oder Lautkomplex gehört, sondern zu Beginn eines Satzes kündigt sich eine Fortsetzung an, die im Satzschema ungefähr vorgezeichnet ist. Wir sind nicht auf das beschränkt, was wir jetzt hören, sondern hören immer schon mit, was kommt. Ich zitiere weiter: »Selbst der

41 Der Kommentar der Vorlesung bezieht sich auf eine im folgenden frei wiedergegebene Passage der *Phänomenologie der Wahrnehmung*, die im Original so lautet: »Dans l'expérience du dialogue, il se constitue entre autrui et moi un terrain commun, ma pensée et la sienne ne font qu'un seul tissu, mes propos et ceux de l'interlocuteur sont appelés par l'état de la discussion, ils s'insèrent dans une opération commune dont aucun de nous n'est le créateur. Il y a là un être à deux, et autrui n'est plus ici pour moi un simple comportement dans mon champ transcendantal, ni d'ailleurs moi dans le sien, nous sommes l'un pour l'autre collaborateurs dans une réciprocité parfaite, nos perspectives glissent l'une dans l'autre, nous coexistons à travers un même monde.« (407, dt. 406).

Widerspruch, die Objektion, die mir der Gesprächspartner macht, entreißt mir Gedanken, die ich nicht zu besitzen vermochte, so daß ich dem Anderen ebenso Gedanken leihe, wie er mich umgekehrt denken läßt«[42] Ich leihe dem Anderen Gedanken, ich eile ihm voraus, mache mit bei den Äußerungen, die der Andere macht. Umgekehrt gibt mir der Andere zu denken.

Im informationstheoretischen Modell ist der Sprecher als Sprecher aktiv und als Hörer passiv, nach dem Rollenwechsel wird der Hörer seinerseits zum Sprecher. Das ist die berühmte Reziprozität der Perspektiven oder die Reversibilität der Standorte: Keiner ist ex professo Sprecher, sondern die Rolle geht reihum. Dieses Modell supponiert einen Tauschvorgang: Jemand ist aktiv, tut etwas, während der Andere passiv bleibt, etwas empfängt, dann wird abgewechselt. Merleau-Ponty legt dagegen nahe, daß der Dialog eine wirkliche Kooperation vollbringt in dem Sinne, daß die eigene Tätigkeit in sich selber schon durch fremde Mitwirkung, etwa durch die Erwartung des Hörers, durch den Einwand des Anderen, sogar durch einen *möglichen* Einwand geprägt ist. Ein Stirnrunzeln oder ein erstaunter Blick können eine Rede aus der Bahn bringen. Wenn die eigenen Äußerungen nicht einfach bloß ausgedachte oder abgespulte Wiedergaben sind (eine Äußerung kann ja auch eine bloß sekundäre sein, so wie man ein Tonband abspielt), wenn eine Äußerung gemacht wird, die etwas in der Rede selber entstehen läßt, so ist sie mitgeprägt durch die Beteiligung der Anderen. Deshalb ist meine Rede nicht einfach meine Rede, sondern die Anderen haben bereits an ihr teil; in dem Sinne ist sie eine gemeinsame Tätigkeit, kein Wort gehört mir ganz. Das letzte Zitat: »Erst nachträglich, wenn ich mich aus dem Dialog zurückziehe und wenn ich mich an ihn erinnere, bin ich in der Lage, den Dialog in mein Leben zu integrieren, daraus eine Episode meiner Privatgeschichte zu machen, und erst dann kehrt der Andere ebenfalls in seine Abwesenheit zurück...«.[43] Erst im nachhinein entsteht die

42 »Dans le dialogue présent, je suis libéré de moi-même, les pensées d'autrui sont bien des pensées siennes, ce n'est pas moi qui les forme, bien que je les saisisse aussitôt nées ou que je les devance, et même, l'objection que me fait l'interlocuteur m'arrache des pensées que je ne savais pas posséder, de sorte que si je lui prête des pensées, il me fait penser en retour.« (ebd.)

43 Der Originaltext lautet: »C'est seulement après coup, quand je me suis retiré du dialogue et m'en ressouviens, que je puis le réintégrer à ma vie,

Illusion, man habe den Sinn eigenmächtig hervorgebracht; erst nachträglich, wenn man sich den Dialog aneignet und sich fragt: »Was habe ich dort eigentlich gesagt?«, entsteht die Illusion, die eigene Rede sei nur äußerlich durch den Anderen bestimmt.

Kleist unterscheidet in seinem Essay über die *Verfertigung von Gedanken in der Rede* zwischen einer Rede, die Gedanken verfertigt, und einer Rede, die Gedanken bloß wiedergibt. Letzteres kennzeichnet auf extreme Weise die Informationstheorie. Dort geht es um die Übermittlung von Nachrichten: eine vorhandene Information, ein verfügbares Wissen wird durch geeignete Nachrichtentechniken weitergegeben, und der Informationswert mißt sich an der Wahrscheinlichkeit, mit der die Information auftritt. Auch Nachrichtensprecher, die ihren subjektiven Ausdruck nicht ganz verleugnen können, entdecken nichts, wenn sie die Nachrichten sprechen.[44] Sie verfertigen keine Gedanken, sondern geben solche weiter, und man erwartet von ihnen auch nicht mehr. Davon unterscheidet Kleist ein Sprechen, bei dem Gedanken *entstehen*, die uns selbst überraschen. Der Dialog, in dem bloße Informationen weiter- oder wiedergegeben werden, funktioniert ähnlich wie das Informationsmodell. Der Dialog geht zwar nie ganz in diesem Modell auf, denn das Sprechen ist immer mehr als Informationsverarbeitung oder -übertragung, nur kann ein Gespräch sich diesem Modell realiter annähern. Das Informationsmodell versagt jedoch in jenen Fällen, wo eine Entscheidung gefällt oder eine Einsicht gewonnen wird, eine Überredung oder eine Verführung gelingt, wo also sich in der Rede selber etwas ereignet. Kleist bemerkt, daß schon der Blick des Zuhörenden den Gedanken, den man noch kaum oder halb erst geäußert hat, einem entgegenspiegelt. Der Hörer ist beteiligt in der Weise, daß er mir Gedanken entreißt oder entlockt. Hier wird das Gespräch zur Kooperation, da jede Äußerung schon durch eine andere bestimmt ist. Dies gilt auch für den Hintergrund eines Dialogs, der nie bloß aktuell

en faire un épisode de mon histoire privée, et qu'autrui rentre dans son absence, ou, dans la mesure où il me reste présent, est senti comme une menace pour moi.« (ebd.)

44 Man ist ja immer froh, wenn er sich einmal verspricht, zum Glück ist der Nachrichtensprecher oder die Nachrichtensprecherin keine perfekte Maschine – falls es so etwas überhaupt gibt. Auch die maschinelle Übermittlung hat ein gewisses mediales Wie, das durch das Was der Botschaft nicht völlig aufgesaugt wird.

stattfindet, sondern in eine bestimmte Gesprächstradition eingebettet ist. Spreche ich, so sprechen immer schon Andere mit. In Bachtins Literaturtheorie stellt sich die Rede als Polylog dar, in einer unvermeidlichen Vielstimmigkeit: im Eigenen klingt immer schon Fremdes an. In seinem Buch über Dostojewski zeigt Bachtin, daß Dostojewski keine bloßen Gesprächsromane schreibt, in denen Gespräche nur wiedergegeben werden, sondern daß dort bestimmte Weltsichten ineinanderspielen, sich voneinander absetzen und der eigene Logos von vornherein durch einen fremden Logos hindurchgeht.[45]

Übertragen auf die Handlung bedeutet dies, daß bei einer symbolischen Handlung, bei einer politischen Entscheidung ähnliches geschieht. Eine Entscheidung ist nicht das Resultat von Einzelnen, die ihre Meinungen äußern und sich schließlich auf etwas einigen, sondern der Entscheidungsprozeß selber spielt sich in der Gruppe ab und ist durch sie geprägt. Ich schließe diese Überlegungen ab mit einem Hinweis auf die Frankfurter Diskurstheorie, denn vieles, was in der Diskurstheorie über Interaktionen gesagt wird, ist nicht ausreichend. Jürgen Habermas definiert die Interaktion als eine Koordination von Einzelhandlungen und von Einzeläußerungen. Für diese Koordination spielen Normen und Regeln eine außerordentliche Rolle, denn bloße Einzelhandlungen drohen ins Chaotische auszuschlagen, würden sie nicht durch Regeln aufeinander abgestimmt. Natürlich ist die Geregeltheit der Kooperation auf einer gewissen Stufe nicht zu leugnen, denn jedes Sprechen, mag es noch so kreativ sein, folgt gewissen Regeln, auch Kleist spricht Deutsch und kein bloßes Idiom. Nur ist die Frage, ob Sinnstiftungen ausschließlich von der Regelbefolgung her oder als eine Koordination von Einzelhandlungen gefaßt werden können. Sinnstiftung bedeutet, daß im eigenen Alltag oder im kollektiven Leben Neues auftritt, das die geltenden Standards durchbricht, ohne einem einsamen Genie zugerechnet werden zu können. Mich hat immer verwundert, warum Habermas kaum etwas Nennenswertes zu Merleau-Ponty gesagt hat, der ihm aus vielen Gründen eigentlich nicht so unsympathisch sein müßte. Ich glaube, die Schwierigkeit liegt genau an diesem Punkt, daß nämlich

45 Vgl. M. Bachtin, »Das Wort im Roman«, in: *Die Ästhetik des Wortes* (1979), ferner vom Verf.: *Antwortregister* (1994), S. 435-437 bzw. *Vielstimmigkeit der Rede* (1999), Kap. 7.

das Modell, das ich hier vorführe, immer nach einer Vermischung, einer Konfusion aussieht, so daß man nicht deutlich sagen kann, was der eine tut und was der andere, und die Verantwortlichkeiten sich zu verwischen drohen. Es könnte jedoch sein, daß die Frage nach dem Wer eine Frage bleibt, die keine trennscharfe Beantwortung zuläßt, sondern gerade auf Schattierungen und Nuancen angelegt ist. Die Betonung eines synkretistischen Wir ist jedenfalls die Lehre, die Merleau-Ponty aus Husserls und aus seinen eigenen Beschreibungen zieht. Nicht wenige Sozialphilosophien sind ihm darin gefolgt, und dies nicht ohne Grund, wie ich zu zeigen versuchte.

3. Generativität

Die Erörterung der Generativität wird weiterhin von der Frage geleitet, wie Eigenleib und Fremdleib ineinander spielen. Das Wort ›Generativität‹ verweist auf das lateinische Wort *generatio*. ›Generation‹ ist ein geläufiges Wort, ›Generativität‹ kenne ich eigentlich nur von Husserl her. Husserl gebraucht das Wort ›Zeugung‹ im weiteren Sinne, nicht bloß im Sinne der leiblich-körperlichen Zeugung, er denkt auch an die Geschlechterfolge. Das Wort ›Geschlecht‹ bezeichnet ja nicht nur die Polarität von männlich und weiblich, sondern wir reden auch von Geschlechtern im Sinne aufeinanderfolgender Generationen. In der jüdischen Tradition hängt die Geschlechterfolge mit der Erwartung des Messias zusammen. Die Geschlechterfolge läßt uns auf eine ganz elementare Weise den zeitlichen Zusammenhang der Sozialität denken, der Erfahrungen, Handlungsweisen, Ausdrucksformen und Lebensstile umfaßt. Generation bedeutet eine bestimmte Zeitgenossenschaft: dazu gehören alle, die ein gemeinsames Geschick durchgemacht haben und dadurch aneinander gekettet sind. Die Mitglieder der Kriegsgenerationen beider Weltkriege haben den Krieg ganz verschieden erlebt. Es gibt Kriegsdienstverweigerer, die sich ins Gefängnis werfen ließen oder Schlimmeres auf sich nahmen; es gibt solche, die mit Begeisterung gekämpft oder notgedrungen mitgemacht haben. Kriegsgeneration heißt nicht, daß alle, die ihr zugehören, eine Gemeinschaft gebildet haben, wohl aber besteht diese Generation aus Vertretern einer bestimmten Altersgruppe, deren Leben ganz entscheidend durch den Krieg geprägt wurde. Sie verdankt ihre Gemeinsamkeit nicht gemeinsamen Zielen oder Idealen, sondern entscheidend ist, daß alle einem gemeinsamen, nicht frei gewählten Geschick unterlagen, daß sie in eine gemeinsame Krisenlage gerieten, die sie miteinander und gegeneinander durchstanden, oder auch in eine Aufbruchsstimmung, wo sich neue Sozialformen ankündigten. Die Generationenfolge wirft interessante Fragen auf. Wie und nach welchem Zeitrhythmus setzt sich eine Generation von der anderen ab? Früher wurde eine Generation mit Selbstverständlichkeit auf ca. 30 Jahren berechnet, heute würde man zögern, solche Zahlen anzusetzen, denn eine Generation würde voraussetzen, daß man in ihrer Zeitspanne noch auf gemeinsame Erfahrungen und Lebensmuster rekurrieren kann. Doch die Beschleunigung der Geschichte, von der immer wieder gesprochen wird, läuft darauf hinaus, daß die Generationszeit schrumpft, was wiederum Probleme mit sich bringt, weil jede Generation auch eine gemeinsame Verarbeitung von Erfahrung und eine gemeinsame Vorverständigung mit sich bringt. Wenn sich alles sehr schnell ändert, so hat dies den Nachteil, daß vieles nicht ausgelebt wird. Die 68er pochen beispielsweise darauf, daß sie damals auf eine bestimmte Weise sozialisiert wurden. Diese Art der Sozialisation ist bei den heute Heranwachsenden nicht völlig verschwunden, aber doch weitgehend durch andere Aspirationen überdeckt.

Generationenfolge

Generationen bilden eine bestimmte Zeitgenossenschaft, die Generationen*folge* prägt die Zeitlichkeit der Sozialität. Mit Alfred Schütz kann man zwischen *Vorwelt*, *Mitwelt* und *Nachwelt* unterschieden werden. Die Vorwelt bezieht sich auf die Vorfahren, die Mitwelt auf die Zeitgenossen (sie müssen nicht die gleichen Ziele teilen, wohl aber in der gleichen Welt leben) und die Nachwelt auf die Nachfahren. Mich interessiert hier vor allem die leibliche Verankerung der Generationen. Zunächst der einfache Sachverhalt: jedermann kommt auf die Welt als Kind von Eltern. Dies wird niemand bezweifeln, doch es verwundert, daß die Philosophen darüber so wenig Worte verloren haben. Bei Descartes kommen weder Vater, Mutter noch Kinder vor, sondern das *ego* des *ego cogito* ist wie durch Urzeugung entstanden, durch eine Besinnung auf sich selbst. Zunächst ist das *ego cogito* freilich ein zündender Gedanke, man sollte Descartes in dieser Hinsicht nicht geringschätzen. Er bedeutet, daß ich nicht schlechtweg durch die Geburt definiert bin; ich bin nicht nur »das Kind, die Tochter, der Sohn *von*«, Mitglied einer Familie, eines Standes, einer Klasse. Das Cogito hat etwas Befreiendes: ich *habe* zwar die und die Eltern und Vorfahren, aber *ich* habe sie. Das Denken selber ist keine bloße Erbschaft. Descartes' Stolz liegt darin, zu versichern: »Das habe ich nicht von den Lehrern übernommen, sondern wenn ich *denke*, so denke *ich*.« Jeder kann das für sich tun, und so ist es zunächst einmal gleich, welche Lehrer einer gehabt hat. Das Cogito bedeutet ein Durchbrechen sozialer Barrieren. – Doch alsbald stellt sich die Frage: hat »Herr (oder Frau) Cogito«[46] denn keinen Leib? Wenn Cogito einen Leib hat, also männlich oder weiblich ist, so beinhaltet dies leibliche Bezüge: die Anderen sind in meinen Leib eingeschrieben. Zuerst bin ich leiblich da, auf die Welt gekommen als Kind von Eltern. Auch als Cogito, als Denkender, der von sich weiß, bin ich bezogen auf eine Vergangenheit, von der Merleau-Ponty sehr prägnant sagt, daß sie nie Gegenwart war.[47] Die Geburt war nie gegenwärtig für mich in dem Sinne, daß ich sie aktiv durchlebt habe. Vergangenheit und Geburt sind das, was immer schon geschehen ist. Ich bin immer schon auf der Welt, wenn ich ›ich‹ sage. Wenn ich etwas anspreche, betrachte, begehre, habe ich immer schon eine Welt. Dies verweist asymptotisch auf das Grundfaktum der Geburt, das seinerseits wieder auf Andere verweist, von denen ich gezeugt, geboren und aufgezogen wurde. Als Kind habe ich bestimmte Vorfahren und als Erwachsener die Möglichkeit, selbst Nachfahren zu haben. Das Auf-die-Welt-kommen ist ein Grundereignis sozialen Charakters. Dieses Grundereignis, das auf anfängliche Weise das Ur-Eigene ausmacht, da *ich* geboren bin und kein anderer an meiner Stelle, dieses Grundereignis, das sich wiederholt mit den eigenen Erfahrungen, von denen Empiristen ja mit einem gewissen Recht sagen, daß *ich* die Schmerzen habe und niemand sonst – gerade dieses Grundereignis ist nicht einfach mein eigenes, sondern hat schon bestimmte

46 Vgl. den schönen Gedichtstitel von Zbigniew Herbert: »Herr Cogito (*Pan Cogito*)«

47 PP 280, dt. 283. Bei Levinas verstärkt sich dieser Gedanke zur Besessenheit durch den Anderen.

Züge der Fremdheit an sich. Die Geburt ist etwas, das mir zugestoßen ist, ein Ereignis, an dem Andere schon beteiligt waren. Später wiederholt sich dieses Ereignis, denn die Geburt als biologisches Ereignis wäre eine Abstraktion. Als Kind auf die Welt kommen heißt immer schon, in einen symbolischen Zusammenhang eintreten, einen Namen empfangen. Der Name ist kein bloßes Etikett, keine bloße Markierung, wie man sie dem Vieh aufprägt, sondern einen Namen zu tragen, das setzt voraus, daß ich bereits auf Andere bezogen bin. Merleau-Ponty wählt eine Formulierung, die zunächst merkwürdig klingen mag; er bezeichnet den leiblichen Organismus als »angeborenen Komplex«[48], doch ein Komplex ist eben etwas, was mir vor aller Betätigung und vor allem selbstgewirkten Geschick anhaftet. Bei Hannah Arendt gibt es den Begriff der Natalität, der Gebürtlichkeit. Hannah Arendt ist mit Merleau-Ponty eine der wenigen, die sich zu diesem Thema geäußert haben.[49]

Frühkindlicher Synkretismus und Familienstruktur

Die Geburtlichkeit weist von vornherein einen Bezug auf Andere auf, von vornherein ist eine fremde Leiblichkeit mitbeteiligt. Der Leib, mit dem ich auf die Welt komme, nimmt bestimmte Strukturen und Formen an, geprägt vor allem durch die Familienstruktur, die in der Psychoanalyse eine zentrale Rolle spielt.[50] Zur Familienstruktur gehört 1. ein frühkindlicher *Synkretismus*. Merleau-Ponty gebraucht in seinen Sorbonne-Vorlesungen dieses Wort, dessen individual-genetische Bedeutung auf bestimmte Entwicklungspsychologen, insbesondere auf E. Claparède, einen der Lehrer von Piaget, zurückgeht.[51] Urspünglich stammt der Aus-

48 PP 99, dt. 109.

49 Vgl. *Vita activa* (1981), S. 167.

50 Vgl. zum folgenden Merlau-Ponty, *Keime der Vernunft*, S. 326 ff., frz. S. 321 ff. Ferner verweise ich auf Jürgen Seewald: *Leib und Symbol. Ein sinnverstehender Zugang zur kindlichen Entwicklung* (1992); der Autor schlägt Brücken zwischen Merleau-Pontys Phänomenologie, Cassirers Symboltheorie und Psychoanalyse.

51 »Beim Kind ist die Wahrnehmung synkretistisch. Meili bezieht diesen Begriff von Claparède. Diese Strukturen sind zusammengestückelt, global und ungenau. Zuweilen beißt sich das Kind aber im Gegenteil

druck aus der Religionslehre, und man denkt dabei an Vermischungen; synkretistische Religionen sind keine reinen Religionen, sondern Mischformen. Merleau-Ponty gebraucht den Ausdruck ›Synkretismus‹ für die kindliche Entwicklung, um den Zusammenhang des Eigenen mit dem Fremden im kindlichen Milieu zu beschreiben. Synkretismus meint eine mangelnde Unterscheidung des Unterscheidbaren. Ein Kind lernt, daß es einen Namen hat, daß es ein Individuum, ein Jemand ist, das Eltern, Geschwister oder andere Verwandte hat. Synkretismus besagt, daß diese Unterscheidungen selber immer mehr oder weniger ausgeprägt sein können. Die Familienstruktur wird nicht auf die Weise vertraut, daß das Kind weiß, eine Familie besteht aus mindestens drei Individuen, die miteinander in Beziehung treten, sondern die Familie tritt auf als ein struktureller Zusammenhang. Wie sähe eine synkretistische Wahrnehmung aus? Beispiele aus der kindlichen Sprachentwicklung zeigen, daß das Kind seinen eigenen Namen verwendet, um von sich selbst zu sprechen. Bevor es das Personalpronomen ›ich‹ verwendet, sagt es »Livia möchte essen«, nicht »*Ich* möchte essen«. Das ›ich‹ zu erlernen, ist eine schwierige Sache. Würde das Kind von sich selbst ›ich‹ sagen, so müsste es immer Angst haben, verwechselt zu werden, während es bei seinem eigenen Namen weiß, daß *es selbst* gemeint ist und kein anderes Kind. Verwendet das Kind seinen eigenen Namen, wenn es von sich spricht, so nennt es sich so, wie Andere es nennen, es hat seinen eigenen Namen ja nicht erfunden. Es wird angesprochen mit seinem Namen, es hört auf seinen Namen, erhört ihn. Der Name ist zunächst ein Rufname, den das Kind übernimmt. In der Übernahme des Rufnamens liegt schon eine gewisse Art von Identifizierung, wir beginnen nicht mit Ich und Du, sondern sprechen von Anbeginn die Sprache der Anderen.

bei den unscheinbarsten Details fest, die ohne Beziehung zum Ganzen auftreten. Stärker als der Erwachsene ist es zur Alternative genötigt, entweder umfassend oder detailliert wahrzunehmen.« *Keime der Vernunft*, S. 191, frz. S. 193.

Diese Form der Identifizierung findet sich dann auch im Geschehen der *Projektion* und der *Introjektion*. Projektion bedeutet im Kontext der Psychoanalyse eine »Operation, durch die das Subjekt Qualitäten, Gefühle, Wünsche, sogar ›Objekte‹, die es verkennt oder in sich ablehnt, aus sich ausschließt und in dem Anderen, Person oder Sache, lokalisiert. Es handelt sich hier um eine Abwehr sehr arachaischen Ursprungs...«.[52] In der Psychoanalyse wird die Projektion meist kritisch verstanden im Sinne einer Abwehr: ich projiziere in den Anderen, was mir selber nicht gefällt. Projektion bedeutet in dieser Verwendung: ich habe einen Innenbereich, z. B. eine Feindschaft gegen mich selbst, die ich dann nach außen trage. Und Introjektion wäre genau das Umgekehrte, daß ich etwas von außen in mich hinein verlege.[53] Merleau-Ponty befreit diese Doppelbewegung aus Projektion (das Eigene im Fremden) und Introjektion (das Fremde im Eigenen) von ihrer defizitären Bestimmung, indem er betont: Was ich selber bin, entsteht erst durch Projektion, ich finde mich und empfinde mich selbst zunächst im Anderen. Nicht im Sinne eines Irrtums, daß ich mich mit dem Anderen verwechsle, sondern ich werde was ich bin, indem ich mich mit dem anderen identifiziere.[54] Anders wäre der traditionsorientierte Vaterwunsch aus dem *Ajax* von Sophokles nicht verständlich: »Werde glücklicher als dein Vater, im übrigen ihm gleich.« Ein derartiger Wunsch geht selbstverständlich davon aus, daß das Ichwerden durch Identifikation mit

52 Vgl. J. Laplanche, J.-B. Pontalis, *Das Vokabular der Psychoanalyse*, S. 400.

53 »Das Subjekt läßt in seinen Phantasien Objekte und diese Objekten inhärente Qualitäten von ›außen‹ nach ›innen‹ gelangen. Die Introjektion steht der Verinnerlichung, die ihr körperliches Vorbild darstellt, nahe, aber sie impliziert nicht notwendig einen Bezug auf die Körpergrenze (Introjektion in das Ich, das Ichideal etc.). Sie steht in engem Zusammenhang mit der Identifizierung.« J. Laplanche, J.-B. Pontalis, ebd., S. 235.

54 Hierzu Merleau-Ponty: »Da Introjektion und Projektion unvermeidlich sind, ist mein Verhalten gegenüber dem Anderen in gewisser Hinsicht immer von Einbildung durchtränkt. In den Beziehungen zum Anderen liegt eine Weisheit und kein indifferentes Gleichgewicht.« *Keime der Vernunft*, S. 239, frz. S. 233.

den Vorfahren geschieht. Diese Identifikation wird auch dann nicht hinfällig, wenn das Gleichwerden als gleichzeitiges Anderswerden gedacht wird.

Mimetismus und Transitivismus

Ein weiteres Beispiel für das anfängliche Wir wäre der *Mimetismus*, eine Art unbewußter Nachahmung, z. B. die Annahme eines fremden Tonfalls, einer Haltung, einer Gangart.[55] Wer lange in einer anderen Provinz Deutschlands lebt, ändert plötzlich seinen Tonfall, nicht weil er selbst seinen Sprechapparat verändert, sondern weil er beim Sprechen Andere mithört und sein Sprechen ihnen angleicht. Diese Art von Mimesis, die für das Kind selbstverständlicher ist als für den Erwachsenen, geschieht nicht durch bewußte Übernahme, nicht durch Vergleich oder gezielte Anpassung, sie hat die Form eines Nachmachens. Die ursprüngliche Art zu lernen ist ein Nachmachen, das noch nicht zwischen Eigenem und Fremdem unterscheidet, weil Eigenes und Fremdes noch gar nicht unterscheidbar sind. Das Machen ist ursprünglich ein Nachmachen, man lernt eine Sprache, indem man sie hört. Die gehörte Sprache ist immer die Sprache der Anderen: sprechen lernt man sie, indem man spricht wie die Anderen. Beim Sprechen gibt es bekanntlich eine erstaunlich große Individuierung; man bekommt einen eigenen Tonfall, ein Lautprofil, das man selbst mit phonetischen Methoden nur unzulänglich kopieren kann. Solche Prozesse spielen sich im gemeinsamen Sprechen ab. Entsprechendes gilt für die Sprache der Gefühle: auch Gefühlsäußerungen lernt man; man lernt, mit Gefühlen umzugehen, sie zu äußern, anzudeuten oder zurückzuhalten.

Am Anfang steht also eine Identifizierung mit Anderen, die erst später zu gewissen Eigenarten führt. Ein anderes Beispiel aus den Sorbonne-Vorlesungen von Merleau-Ponty ist der *Transitivismus*, bei dem die Zuschreibung von Tätigkeiten sich verwischt und ein Übergang von einer Tätigkeit in die eines Anderen erfolgt. Ich empfehle die Sorbonne-Vorlesungen, sie sind eine Fundgrube für Fragen der Sprachentwicklung und der Sozialität. Merleau-Ponty bringt das Beispiel der Kinderpsychologin Charlotte Bühler: ein

55 Vgl. hierzu Merleau-Ponty, *Keime der Vernunft*, S. 312 f., frz. S. 310 f.

Mädchen klagt, es sei von seiner Spielgefährtin geschlagen worden, die es doch selbst geschlagen hat.[56] Das sieht merkwürdig aus, entweder lügt das Kind, so sollte man meinen, oder bei ihm stimmt etwas nicht. Merleau-Ponty deutet dies so: für das Kind selbst ist seine eigene Tätigkeit noch nicht sonderlich individuiert und lokalisiert, seine Tätigkeit wandert sozusagen. Das Kind lügt nicht, es verbirgt nicht, was es denkt, sondern in seinem flottierenden Sprechen sind die Zuordnungen noch nicht so stark, daß es sein Tun eindeutig sich oder Anderen zuschreiben könnte.

Ein weiteres Beispiel für das Phänomen des Synkretismus ist das, was in der Psychoanalyse mit *Übertragung* bezeichnet wird: daß also der Analysierte seine Konflikte, die er z. B. mit den Eltern gehabt hat, auf den Psychoanalytiker überträgt, so daß der Psychoanalytiker zu hören bekommt, was eigentlich der Vater oder die Mutter zu hören bekommen sollte.[57] Die Übertragung kann man auch als eine Art von Verschiebung interpretieren: nicht der Adressat, der eigentlich gemeint ist, tritt auf, sondern jemand, dem nur eine Ersatzfunktion zufällt. Ich meine aber, daß man das Phänomen der Übertragung viel grundlegender ansetzen muß. Die Übertragung gehört nicht nur zur psychoanalytisch-therapeutischen Situation, wo sie bewußt eingesetzt wird, um die Möglichkeit zu finden, einen vergangenen Konflikt aktuell noch einmal zu durchleben und ihn so zu verarbeiten, sondern es gibt auch die

56 »Ein kleines Mädchen, das neben ihrer Freundin sitzt, zeigt große Unruhe, gibt ihrer Freundin eine Ohrfeige und behauptet, daß diese sie geschlagen habe. Das Kind machte eine Phase der Angst durch, welche zur Folge hatte, daß das eigentliche Leben des Kindes und sein gesamtes Schauspiel der Dinge, insbesondere ihre Freundin, davon erfaßt wurden. Die Ohrfeige stellt eine Antwort auf die Angst dar, die von außen einbricht. Die beiden Persönlichkeiten sind in diesem Zustand ungeschieden.« *Keime der Vernunft*, S. 330, frz. S. 324 f.

57 Übertragung: »Bezeichnet in der Psychoanalyse den Vorgang, wodurch die unbewußten Wünsche an bestimmten Objekten im Rahmen eines bestimmten Beziehungstypus, der sich mit diesen Objekten ergeben hat, aktualisiert werden. Dies ist in höchstem Maße im Rahmen der analytischen Beziehung der Fall. – Es handelt sich dabei um die Wiederholung infantiler Vorbilder, die mit einem besonderen Gefühl von Aktualität erlebt werden. – Was die Psychoanalytiker ›Übertragung‹ nennen, ist meistens die Übertragung in der Behandlung, ohne nähere Bestimmung.« J. Laplanche, J. B. Pontalis, *Das Vokabular der Psychoanalyse*, S. 550.

spontane Übertragung im Alltag selber. In der Analyse kommen immer wieder solche Beispiele vor. Jemand hat Ehekonflikte, die darauf beruhen, daß der eine Partner in der Frau nur die Mutter oder den Vater sucht und wiederfindet, daß also die Eltern sich zwischen die Partner schieben. Die Beispiele der Vaterbindung oder der Mutterbindung sind bekannt. Zur Sozialität und ihrer Geschichte gehört das Auftreten gewisser Überdeckungen, daß man die Mutter und den Vater nie ganz los wird, daß sie auf gewisse Weise in das eigene Leben hineinspielen. Die Frage ist nur, *wie* sie hineinspielen, ob sie etwa alles verdecken, ob sie es unmöglich machen, überhaupt eine neue Beziehung einzugehen. Es wäre eine Vereinfachung, wenn man davon ausginge, daß Partnerschaft, Freundschaft, Kollegenschaft und Elternschaft strikt voneinander zu trennen und abzugrenzen sind; man kann nicht einfach sagen, das ist der Partner, das sind die Eltern, das ist der Andere, das ist der Freund, das die Kollegin. Denn hier geht es um Überdeckungen, die grundlegender sind als die Unterscheidungen, die retrospektiv und reflexiv getroffen werden können. Das Phänomen der Übertragung bietet Anlaß, systematisch die Frage zu stellen: *Wer* spricht *zu wem*? Diese Frage ist nicht vorweg zu beantworten. Bei Streitigkeiten im Privaten wie im Öffentlichen wundert man sich oft über eine gewisse Art der Überreizung oder Aggressivität und fragt sich: Wer ist mit dieser Überreaktion eigentlich gemeint? Viele Handlungen sind Ersatzhandlungen, bei denen anderes unausgesprochen mitschwingt, so daß die Frage »Wer spricht?« ergänzt werden muß durch die Frage »Mit *wem* spreche ich, wenn ich mit dem Anderen spreche?« Der Adressat der Rede ist eingebettet in eine Gesprächsgeschichte. Lacans Grundfrage »Qui parle?« läßt sich nie endgültig beantworten. All das hängt mit dem Urphänomen des Synkretismus zusammen.

Ödipus- und Elektrakomplex

Ödipus- und Elektrakomplex sind die beiden anderen Momente, die ich neben dem Synkretismus hervorheben möchte. Was der Ödipuskomplex besagt, ist reichlich bekannt[58], mir kommt es nur

58 Vgl. hierzu M. Merleau-Ponty, *Keime der Vernunft*, S. 132 ff., frz. S. 114 ff. Zum Ödipuskomplex und zum Elektrakomplex schreiben

auf den Zusammenhang mit der Leiblichkeit an. Die ödipale Struktur bestimmt nach Freud die frühkindliche Sexualität, sie gibt auch der Leiblichkeit ihr besonderes Gepräge. Ödipus- und Elektrakomplex besagen, daß das Kind den gegengeschlechtlichen Elternteil (die Tochter den Vater, der Sohn die Mutter) begehrt, der wiederum selbst einen Anderen (der Vater die Mutter, die Mutter den Vater) begehrt. Die Tochter begehrt den Vater, der seinerseits die Mutter begehrt (Elektrakomplex); der Sohn begehrt die Mutter, die ihrerseits den Vater begehrt (Ödipuskomplex). Diese Situation ist nicht einfach eine Erfindung der bürgerlichen Gesellschaft und eine Ausgeburt der entsprechenden Familienstruktur, sie entsteht allgemein dadurch, daß ein Kind mit seinen Eltern aufwächst.[59] In der klassischen Dreiecksstruktur Vater-Mutter-Kind begehrt das Kind also einen Anderen, der selbst einen Anderen begehrt. Die Inzestschranke besteht in dem Verbot, mit dem Vater oder der Mutter (oder mit anderen nahen Verwandten) eine sexuelle Beziehung aufzunehmen. Dieses Verbot markiert die Schwelle zwischen Natur und Kultur: als Verbot und als Tabu bedeutet es den Einbruch eines Gesetzes, einen »Durchbruch der Kultur innerhalb der Natur«.[60] Das Verbot bedeutet deshalb einen Einbruch in die Natur, weil das Kind ja mit seinen Eltern Verkehr haben könnte, rein biologisch ergäben sich da keine Probleme. Doch in archaischen und wie auch in zeitgenössischen Verwandtschafts-

J. Laplanche und J.-B. Pontalis: Der Ödipuskomplex bezeichnet die »organisierte Gesamtheit von liebes- und feindseligen Wünschen, die das Kind seinen Eltern gegenüber empfindet. In seiner sogenannten positiven Form stellt sich der Komplex dar, wie wir ihn aus der Ödipussage kennen: Todeswunsch gegenüber dem Rivalen als Person gleichen Geschlechts und sexueller Wunsch gegenüber der Person des entgegengesetzten Geschlechts.« (S. 351). – Der Ausdruck Elektrakomplex wird von Jung verwendet »als Synonym des weiblichen Ödipuskomplexes«, »um die Existenz einer Symmetrie bei beiden Geschlechtern, mutatis mutandis, in der Haltung den Eltern gegenüber zu kennzeichnen.« *Das Vokabular der Psychoanalyse*, S. 129.

59 Wenn es mit einem einzigen Elternteil aufwächst, ändert sich diese Struktur, die durchaus historische Komponenten aufweist; man müßte dann die Frage stellen, wie eine einzige Person mehrere Rollen in sich vereinen kann.

60 C. Lévi-Strauss, *Die elementaren Strukturen der Verwandtschaft* (1981), S. 57.

systemen werden bestimme Heiratsverbindungen ausgeschlossen.

Gleichzeitig mit diesem Verbot entdeckt der Einzelne seinen eigenen Leib als Junge, als Mädchen. Durch dieses Verbot wird eine ganze affektive Klaviatur in den Leib eingezeichnet, die das spätere Leben bestimmt; Freud bezeichnet dies als Triebgeschick. Gegen Freuds Theorie des Penisneides (der Junge hat *etwas*, das Mädchen hat es *nicht*) sind zu Recht zahlreiche Einwände erhoben worden. Doch wichtig bleibt, daß die Genitalien als Kennzeichnung der Geschlechtlichkeit eine ganz entscheidende Rolle spielen und daß das Kennenlernen des eigenen Selbst eine Entdeckung des eigenen Leibes einschließt, eines Leibes, der sich von anderen Leibern auf spezifische Weise unterscheidet. Auch rituelle Markierungen wie die Beschneidung wären im Zusammenhang einer Körpergeschichte zu erörtern, die – wie alle Geschichte – von Gewalt, aber von *symbolischer* Gewalt gezeichnet ist. Man kann rituelle Spuren nicht wegoperieren wie einen überflüssig gewordenen Blinddarm.

Die ödipale Struktur bestimmt also das Verhältnis des Kindes zu den Erwachsenen; natürlich trifft dies auch umgekehrt zu, auch die Eltern verändern sich durch die Kinder, sie erkennen sich in ihnen wieder oder auch nicht. Entscheidend ist, daß im Verhältnis zwischen Kindern und Eltern oder allgemein zwischen Erwachsenen leibliche Bezüge in *asymmetrischer* Form auftreten, daß dieses Verhältnis ähnliche Züge aufweist wie das Verhältnis von einer Kultur zur anderen, das ebensowenig reversibel ist. Die Eltern können nicht noch einmal Kind werden, die Kinder können ihre Kindheit nicht überspringen. Gerade diese asymmetrische und irreversible Beziehungsstruktur ist außerordentlich wirkungsvoll und dient der Einführung in die menschliche Gemeinschaft. Merleau-Ponty hat deshalb eine seiner Vorlesungen an der Sorbonne überschrieben mit »Das Kind aus der Sicht des Erwachsenen«.[61] Das tönt so selbstverständlich, doch es heißt, daß die begrenzte Perspektive von vornherein mitbedacht wird: wenn Erwachsene sich über die Kindheit Gedanken machen, so impliziert dies, daß das Kind nicht in der Perspektive des Erwachsenen aufgeht. – Diese genetische Betrachtung sozialer Zusammenhänge geht davon aus, daß jede Individuierung, die aus leiblich verankerten

61 *Keime der Vernunft*, S. 101 ff., frz. S. 89 ff.

Sozialbeziehungen hervorgeht, einem Ineinander von Eigenem und Fremdem entspringt. Die ödipale Struktur stellt sich dar als eine leiblich verankerte soziale Konstellation, die bestimmte Konflikte hervorruft und Probleme schafft, und die verschiedenen Formen der Sozialisation geben zu einem großen Teil Antworten auf diese Grundsituation, die unser Leben nicht losläßt und mit der wir niemals fertig werden. So viel für heute.

12. Vorlesung vom 28. 1. 97

Im Kapitel »Eigenleib und Fremdleib« bin ich ausgegangen von einem ersten Fehlversuch, der annimmt, es gäbe einen Fremdbezug *vor* dem Selbstbezug, ich sei also in meiner Leiblichkeit und in meinem Gespür auf mich selbst bezogen und diese Selbstbezogenheit bilde die Voraussetzung für meinen Bezug zum Anderen. Meine Alternative läuft darauf hinaus, daß die Selbstbezogenheit (oder der Selbstbezug) *im* Fremdbezug sich entfaltet. In den vorigen Abschnitten ging es zunächst um eine anonym eingespielte Gemeinsamkeit, wie sie in der gemeinsamen Wahrnehmung oder im gemeinsamen Handeln zu finden ist, danach um die Glieder einer Generationenkette.

4. Erotisch-sexuelles Begehren

In diesem neuen Abschnitt geht es um den Einbruch des Anderen und um die Frage: Wie ist mir der Andere als Anderer leiblich gegenwärtig? Zunächst eine Vorbemerkung zur aristotelischen Tradition. Der alte aristotelische Satz »Der Mensch ist ein ζῷον πολιτικόν« (ein in der Polis lebendes Lebewesen) besagt, daß der Einzelne in der Gemeinschaft des Oikos, einer Vorform der Familie heranwächst, und – soweit er die entsprechenden Voraussetzungen mitbringt – im politischen Gemeinwesen zur vollen Entfaltung kommt. Aristoteles betont also ähnlich wie Platon, daß wir unser Leben von vornherein mit Anderen teilen. Später übersetzt man (unter Voraussetzungen, die ich hier nicht erörtern möchte) den Ausdruck *Zoon politikon* durchweg mit *animal sociale*: »Der Mensch ist ein geselliges Wesen«, so könnte man den veränderten Sinn wiedergeben. Die Art und Weise, wie Geselligkeit und Gesellschaft in der Moderne gedacht werden, legt mehr und mehr den

Gedanken nahe, es gäbe zuerst ein selbstbezügliches Ich, und glücklicher- oder unglücklicherweise kämen dann auch noch Andere hinzu. Die Anderen treten als Feinde auf, die mich in meiner Eigenexistenz bedrohen, als Konkurrenten, die meine Interessen durchkreuzen, oder als solche, die Lust auslösen, Wohlwollen verdienen, doch so oder so wird ein Ich *ergänzt* durch eine mehr oder weniger empirische Vielfalt. – Der alte Satz: »Der Mensch ist ein Lebewesen, das in einer Polis lebt« ließe sich aber auch auf andere Weise umformulieren, indem man sagt: »Der Mensch ist ein Wesen, das seinesgleichen hat«. – Diese Übersetzung klingt aufs erste trivial und selbstverständlich, denn schon jedes Tier hat seinesgleichen, kein Tier kommt nur einmal vor.[62] Aber das ›seinesgleichen *haben*‹ bedeutet mehr, es bedeutet ähnlich wie im Falle des λόγον ἔχον (wörtlich: »einen Logos habend«), daß der Mensch sich auf seinesgleichen *bezieht*. Das Problem der Intersubjektivität sollte man nicht so fassen, als gäbe es ein Subjekt und zudem noch andere Subjekte, sondern man müßte von dem Grundgedanken ausgehen, daß jemand nur zum Subjekt wird (wenn man dieses Wort überhaupt noch verwenden will), indem er auf seinesgleichen bezogen ist. Ähnlich bedeutet Leiblichkeit nicht, daß man in der Welt ist wie ein Ding, sondern daß man sich sozusagen verdoppelt, d. h. sich vorfindet *und* auf sich bezogen ist. So impliziert auch das Verhältnis zum Anderen als Subjekt-werden eine Art von Verdoppelung, an der Andere beteiligt sind. Ich erfasse mich selbst, *indem* ich auf meinesgleichen bezogen bin. Diese moderne Übersetzung des alten Satzes vom *Zoon politikon* setzt neue Akzente.

Im folgenden verfolge ich den Grundgedanken, daß der ganze Bereich des Eros oder des Sexus überdeterminiert ist. Es handelt sich bei der Sexualität weder bloß um die Frage der Fortpflanzung, noch bloß um eine Frage des Lustgewinns. Die Reduktion der Sexualität auf Fortpflanzung entspräche traditionell gesagt dem Interesse der Spezies. Der alte Satz: »Fortpflanzung dient der Erhaltung der Art« enthält einen teleologischen Gedanken. Doch die Sexualität ist auch überdeterminiert gegenüber dem

62 Auch der unmittelbar politische Sinn der Formulierung scheint so verlorenzugehen; doch dem steht die Möglichkeit gegenüber, das Politische neu zu denken, als leibhaftige Zugehörigkeit *und* Nicht-Zugehörigkeit.

bloßen Lustgewinn, der dem Einzelnen zugute kommt. Der große Denker und Dichter des Eros ist Platon. Im *Symposion* wird der Eros bestimmt als τόκος ἐν καλῷ, als Zeugen oder Gebären im Schönen.[63] Das Schöne strahlt einen Glanz aus, der über die bloße Bedürfnisbefriedigung hinausgeht, und dies nenne ich mit Freud ›Überdeterminierung‹. Beim Eros ist immer schon mehr im Spiel als bloße Fortpflanzung oder bloßer Lustgewinn, obwohl beide Momente unerläßlich sind.

Wenn ich hierbei von ›Begehren‹ spreche, so wähle ich ein Wort, das nicht einfach den Ausdruck ›Eros‹ übersetzt; in der Sprache der Erotik und Sexualität gibt es so vielfältige Ausdrucksweisen, daß sie einen in die Verlegenheit bringen, welches Wort man verwenden soll. Der Ausdruck ›Eros‹ hat eine relativ weite Bedeutung und bietet den Vorteil, daß er über den zwischenmenschlichen Bereich hinausgreift. Auch die Philosophie ist für Platon eine Form der Erotik, eine Liebe zu den Ideen, und die Philologie ist eine Liebe zu den Worten. Wird Eros mit Begehren übersetzt, so ist damit das Moment des Außer-sich-geratens angesprochen, das vor allem im *Phaidros* hervortritt. Der Eros zählt neben Dichtung und Wahrsagung zu den Formen der Mania, eines Wahnsinns, der mich außer mich geraten läßt. Das eigentliche Grundmotiv, das hinter diesen Gedanken steht, lautet: Der Eros ist keine Verhaltensweise, über die wir verfügen, die wir nach bestimmten Regeln oder Konventionen gestalten, sondern der Eros ist seinem Wesen nach etwas, das uns aus der Normalität herausreißt. Platon spricht ausdrücklich von einem »Heraustreten« aus dem gewohnten Lebensbereich.[64] Es ist also mancherlei im Spiel, wenn von Begehren die Rede ist.

Die folgenden Überlegungen zur Leiblichkeit von Sexualität und Erotik schließen sich sehr stark an Merleau-Pontys Kapitel über Geschlechtlichkeit in der *Phänomenologie der Wahrnehmung* an.[65] Merleau-Ponty bezieht sich in diesem Kapitel auf Freud, dessen Bedeutung für ihn darin liegt, daß er versucht hat, dem Bereich der Geschlechtlichkeit, der Sexualität, der Erotik insgesamt eine allgemein-menschliche Bedeutung zu geben oder zurückzugeben. Sexualität und Erotik sind keine Spezialbereiche des

63 *Symp.* 206 b.

64 *Phaidr.* 249 c – d.

65 Zur Theorie von Eros und Sexualität bei Merleau-Ponty vgl. ausführlich Hans v. Fabeck, *An den Grenzen der Phänomenologie* (1994).

Lebens, sondern dringen in alle Bereiche ein. Merleau-Ponty bezeichnet die Sexualität als eine *Atmosphäre*, in der wir uns bewegen. Sie gleicht der Luft, die auch nicht an einem bestimmten Ort unterzubringen ist. Selbst bei Luhmann gibt es kein Luftsystem und keine regionale Ontologie der Elemente. Eine Atmosphäre durchdringt alles, darauf will der Vergleich der Sexualität mit der Luft hinaus. Ähnliches deutet sich bei Georg Simmel an: es gibt eine soziale Atmosphäre, die alles belebt.[66]

Dieser atmosphärische Charakter der Sexualität bezeugt sich in der *Sexualsymbolik*, über die Freud in seinem Traumbuch geschrieben hat; sie ist mit der Raumsymbolik eng verbunden. Klassische Symbole, etwa die Höhle, Innen und Außen, der Flug, der Aufstieg, das Steigen und Fallen, all diese Raumgebilde und Raumbewegungen, die in der Traumsymbolik bei Freud immer wieder auftauchen, vermitteln den Anschein, als käme das Sexuelle *überall* vor, und Freud wurde ja auch vorgeworfen, er sei eine Art von Pansexualist, der überall bloß Sexuelles fände. Doch man kann die Sache genausogut umdrehen und sagen: Freud hat *im* sexuellen Bereich so viele Lebensantriebe entdeckt, die über das Sexuelle im engen Sinne hinausgehen. Die Raumsymbolik beispielsweise, die er entfaltet, ist auch Ausdruck einer Lebensbewegung, die ohne Auf und Ab, ohne Einnahme und Ausscheidung, ohne Ausgriff und Rückzug nicht zu denken ist. In einer solchen Atmosphäre kann keine klare Grenze zwischen einem Bereich der Sexualität und einem Bereich der Räumlichkeit gezogen werden, sondern beides fließt ineinander. Beim Lesen von Freuds Texten kann man es sich nicht verhehlen, daß hier eine gewisse archaische Kosmologie im Hintergrund steht, doch dies bedeutet keine schlichte Rückkehr zu irgendeiner Art von altem Kosmos-Denken. Freud war durchaus ein Kind des 19. Jahrhunderts, was die Wissenschaftsauffassung, z. T. auch seine Wissenschaftsgläubigkeit angeht, aber er war doch auch ein außerordentlich aufmerksamer Leser nicht nur jüdischer, sondern auch griechischer Texte. Er las Empedokles, Platon und die griechischen Tragödien mit neuen Augen, und er hat versucht, alte, darunter auch kosmische Motive der Erotik in seine Analyse in gewandelter Form mit aufzunehmen.

66 Vgl. die Passage über den Geruchssinn und das Parfüm in Simmels Soziologie der Sinne (*Soziologie*, 1992, S. 733-737).

Was heißt archaische Kosmologie? Die Grundworte des kosmologischen, aber auch des physikalischen Denkens stecken voller erotischer Konnotationen. Hierzu einige Beispiele: ›Erzeugung‹ oder ›Produktion‹ ist auch das Wort für menschliche Erzeugung. Die alte Formulierung *materia mater formarum* (die Materie ist die Mutter der Formen) oder der Ausdruck ›Matrix‹, inzwischen ein sehr technisches Wort, spielen darauf an, daß Worte einem Samen gleichen, der im Mutterschoß wie in einem Mutterboden aufgeht. Oder nehmen wir den Ausdruck »Vernunftkeime« (griech. σπέρματα), bei Schelling gibt es »Keime Gottes«; damit reicht die Erotik bis in die Vernunftlehre hinein. Ein letztes Beispiel: das französische Wort für Magnet heißt *aimant*, was eigentlich ›liebend‹ bedeutet. Der Magnetismus wurde in der romantischen Kosmologie, aber auch in der der Renaissance als eine Bewegung des Anziehens und des Abstoßens gedacht, als Bewegung aufeinander wirkender Kräfte. In der Mechanik war das Kräftespiel eine Selbstverständlichkeit, aber der Magnetismus, bei dem eine schwer durchschaubare Anziehungs- und Abstoßungskraft im Spiel scheint, hat immer besondere Beachtung gefunden, und so versteht sich, daß hier die Sprache der Erotik so direkt auftaucht. Man könnte diesen Spuren weiter nachgehen. Ich verweise auf die großen Philosophen, etwa auf Empedokles, der den Kosmos als ein Zusammenspiel von Liebe und Haß denkt. Liebe bedeutet Vereinigung, Haß Trennung, und der kosmologische Prozeß wechselt zwischen diesen beiden Phasen. Auch Hölderlin greift auf empedokleische Gedanken zurück.
Bei Platon taucht der Eros nicht irgendwie und irgendwo auf, sondern im *Symposion* heißt es: dem Eros wohnt eine Bindekraft inne, durch die das All zusammengehalten wird.[67] Hier wird wieder deutlich, wie die Erotik in die allgemeine Weltauffassung eingeht. Schließlich erweist sich auch Aristoteles immer noch als Platonleser, wenn er schreibt: der erste Beweger, der alles bewegt, »bewegt wie das Geliebte« (κινεῖ ὡς ἐρώμενον).[68] Gott, der erste Beweger, ist für Aristoteles nicht jemand, der selber liebt, dazu

67 *Symp.* 202 e.

68 Diese berühmte Stelle findet sich in Buch XII der *Metaphysik* (1072 b 3); sie zeigt, daß der Eros ganz zentral bis in die höchsten Höhen der Metaphysik vordringt. Noch Dante hat sich davon inspirieren lassen, vgl. die Schlußzeile der *Divina Commedia*: »l'amor che move il sole e l'altre stelle.«

hätte er keinen Anlaß, denn als Vollendeter ist er bedürfnislos, aber er ist der, nach dem alles strebt, der von allen geliebt wird.[69] Solche Hinweise zeigen, daß der Eros seit altersher nicht als bloße Spezialkraft gilt, die nur die animalische Fortpflanzung oder die menschliche Freundschaft lenkt, er prägt das Denken des Seins im Ganzen.

In der Moderne, etwa in der Romantik, spielen erotische Motive von neuem eine zentrale Rolle. »Es wär, als hätt' der Himmel die Erde still geküßt«, wiederum werden kosmische Visionen mit erotischen verknüpft. Bei den Franzosen haben wir Rousseau mit seiner Empfindsamkeit. Wird hier lediglich eine alte Kosmologie wiederaufgewärmt, die längst verschwunden ist? In der Tat, reduziert man die Natur auf berechenbare und steuerbare Prozesse, wie soll darin so etwas wie Erotik Platz finden? Anders steht es, wenn man vom Leib ausgeht, der bei aller kulturellen Durchformung der Natur zugehörig bleibt.

Merleau-Ponty hat in seiner Theorie des Leibes die Freudsche Analyse aufgegriffen und sie einer existenziellen Psychoanalyse zugeordnet. Durch die Existenzanalyse wird das Dasein im ganzen einer Analyse zugänglich gemacht. In seinem Spätwerk spricht Merleau-Ponty von einer ontologischen Psychoanalyse: dort wird das Sein im ganzen von der Affektivität her, von affektiven Besetzungen her gedacht, was eine noch stärkere Ablösung von der Zentrierung auf den Menschen bedeutet.[70] – Ausgehend vom Leib als einem begehrenden Leib stellt sich die Frage: Wie ist das Begehren, wie sind Liebe und Haß, wie sind Affektivität und Streben überhaupt zu denken? Mit kritischem Seitenblick auf jene dualistische Blickweise, die uns in der Analyse von Wahrnehmung, Bewegung und Räumlichkeit immer wieder begegnet ist, wäre zu fragen: Wie sieht die dualistische Sichtweise aus, wenn sie sich auf das Begehren, die Sexualität, die Affektivität bezieht? Wie wir sehen, liefert die cartesianische Psychophysik auch hier ihre gewohnten Bausteine, deren Tauglichkeit mehr als fragwürdig ist.

69 Der göttliche Beweger bei Aristoteles ist nicht wie ein moderner Fabrikant, der das Fabrikat sich selbst überläßt, oder wie ein Uhrmacher, der sich mit der Einrichtung des Laufwerks und dem Aufziehen der Uhr begnügt. Das wäre die deistische Gottesauffassung: Gott gibt einen Nasenstüber, wie es im *Faust* heißt, und dann läuft alles.

70 Vgl. *Le visible et l'invisible* (1964), S. 323 f., dt. S. 338 f.

An erster Stelle steht die Annahme, daß es *physische Reize* gibt, die von fremden Körpern bzw. von Körperpartien ausgehen. – Doch schon diese Annahme stellt uns vor das Rätsel, wie die erotische Attraktion als physischer Reiz zu erfassen wäre. Bei der Wahrnehmung, beispielsweise beim Farbsehen, besteht die physikalische Reduktion darin, Farben auf berechenbare Farbwerte zu reduzieren, die mit dem Farberlebnis korreliert werden. Doch übertragen auf den erotischen Reiz stellt sich die Frage: Worin besteht der physikalische Kern bei erotischen oder affektiven Prozessen? Dies ist in vielen Theorieansätzen bis heute ein Problem: mit den Affekten kommt man schwerer zurecht. Selbst wenn die Natur auf das Berechenbare reduziert wird, bleibt eine Restfrage übrig: Wie spricht etwas mich an, wie zieht es mich an, wie stößt es mich ab? Solche Momente liegen quer zu den Gesetzen einer quantifizierbaren bloßen Natur. Bleiben wir bei der Hypothese physikalischer Reize, die von fremden Körpern ausgehen; die erste Schwierigkeit meldet sich mit der Frage: Was ist ein fremder Körper? Damit ein Sexualprozeß in Gang kommt, müssen ferner zwei *physiologische Vorbedingungen* gegeben sein: ein gewisser Reifegrad des Organismus und bestimmte Mangelerscheinungen. Die Prozesse lassen sich dann physiologisch beschreiben als Innervation von Geschlechtsorganen, als Spannungserzeugung, Spannungsabbau und ähnliches. Diese Spannungszustände kann man messen; das Resultat wäre ein sexueller Tonus, der dem muskulären Spannungszustand gleicht. Die nächste Stufe wäre die des psychologischen *Erlebens*: mit den Gefühlen der Unlust, der Spannung, der Leere und einem Gefühl der Lust bei der Erfüllung.[71] Von diesem psychologischen Faktor des Mangels kehrt die Beschreibung dann wieder zu *physiologischen* Prozessen zurück: dem Mangel wird abgeholfen, indem bestimmte Reaktionen ausgelöst werden, die Spannungen abbauen. Der berühmte Orgasmus avancierte in den 60er Jahren zu einer Art kategorisch-sexuellem Imperativ. Bei Wilhelm Reich gibt es Versuche, den Orgasmus zu messen, es gibt nichts, was es nicht gibt. Darin liegt eine gewisse Konsequenz: Wird der Bereich der Natur einer Messung und einer Manipulation unterworfen, warum sollte man dann vor

71 Dieses Schema von Leere und Fülle findet sich auch bei den Griechen immer wieder, beim Sexualtrieb so gut wie bei Hunger und Durst: eine Leere wird ausgefüllt, und diese Erfüllung wird als lustvoll erlebt.

der menschlichen Natur und der Konstitution des Geschlechts haltmachen?
Aus diesem Schema, das physische und physiologische Abläufe mit psychologischen Erlebnissen kombiniert, resultiert nichts, was besonders menschlich wäre, denn bekanntlich pflanzen auch Tiere sich fort, und daß sie dabei eine gewisse Lust empfinden, ist zumindest nicht auszuschließen. Um die menschliche Sexualität von der bloß instinktiven Regelung in der Tierwelt oder gar in der Pflanzenwelt zu unterscheiden, muß deshalb noch etwas spezifisch Menschliches hinzukommen. Der Mensch rückt auf zu einem Lebewesen, das sich wie alle anderen Lebewesen fortpflanzt, ernährt, fortbewegt, doch es kommen bei ihm höhere Kräfte hinzu, die ihn vom Tier unterscheiden: der Wille und die Vorstellung. Der Mensch hat Verstand, er weiß, was er da tut, er tut es nicht blindlings wie die Tiere. Der Mensch hat einen Willen: er kann in diesen Ablauf hemmend, beschleunigend, dirigierend eingreifen. Zum rein Physiologischen tritt der Logos hinzu. – Diesem Schema zufolge erscheint das sexuelle Begehren als Kombination zweier autonomer Zyklen, eines *autonomen natürlichen* (*animalischen*) *Zyklus* und eines *autonomen geistigen Zyklus*. Die Frage ist dann nur noch, wie beides zusammenspielt. Doch bereits diese Aufteilung ist problematisch. Der autonome natürliche Zyklus wird als Automatismus gefaßt, bestehend aus Vorgängen und Zuständen des Organismus, die nach physiologischen Gesetzen von selbst ablaufen (man denke an die Reflexbewegungen bei Descartes). Autonom wäre dieser natürliche Zyklus insofern, als man dort noch gar nicht von Bedeutung sprechen kann, denn es geht um Abläufe, die bestimmten Regelungen unterliegen, die kausal erklärbar und meßbar sind. Auf der anderen Seite hätten wir den geistigen Zyklus: das Wollen und das Verstehen, mit intellektuellen Bedeutungen, die dem Kräftespiel der Triebe entrückt sind. Welches Gewicht dann dem naturalistischen oder dem spiritualistischen Part zugeschrieben wird, ist eine weitere Frage, die sich als außerordentlich weltanschauungsanfällig erweist.
Hier tritt übrigens die gleiche Doppelheit auf wie bei der dualistischen Deutung der leiblichen Bewegung, die ich ja ausführlich behandelt habe. Wir hatten dort auf der einen Seite die Körperbewegung (das wäre der natürliche Ablauf, der Körper bewegt sich wie eine Kugel, die durch den Raum rollt, er verändert seinen Platz im Raum unter dem Einfluß bestimmter Kräfte), auf der anderen

Seite hatten wir eine bestimmte Vorstellung und Lenkung der Bewegung. Der Mensch bewegt sich also nicht nur wie ein Körper im Raum, der seinen Platz unter dem Einfluß äußerer Ursachen verläßt, sondern zusätzlich *weiß* er darum, er *will* es. Auch hier ist der Dualismus verkoppelt mit einer Zusatzannahme. Ein ›ich bewege mich‹ suchen wir vergebens.

Beim erotischen Begehren stellt sich die ähnliche Frage: Kann das erotische Begehren in natürliche Prozesse plus geistige Eingriffe und Vorstellungen aufgeteilt werden? Oder ist nicht auch hier von einer einheitlichen Seinsweise auszugehen, ähnlich wie im Bereich des ›ich bewege mich‹? In einem vielzitierten Satz aus den *Pensées* bringt Pascal diesen Dualismus deutlich zum Ausdruck: »Der Mensch ist weder Engel noch Tier, und das Unglück will, daß, wer sich zum Engel machen will, sich als Tier aufführt.«[72] *Faire la bête* ist auch eine Redeweise für sexuellen Verkehr. Mit dem Engel und dem Tier haben wir zwei Extremformen, den reinen Geist und das bloß Animalische. Der Mensch ist jedoch weder rein geistig noch rein animalisch, wohl aber gehört zur Kultur die dauernde Gefahr der Dissoziation, einer Extrembildung in beiden Richtungen.[73] Aus der Sichtweise einer Phänomenologie des Leibes wird eine mögliche Spaltung keineswegs geleugnet, nur wird sie beschrieben *als* eine Dissoziation, als ein Auseinandertreten von Momenten, die innerlich zusammengehören. Beim Aufweis einer Desintegration wird eine gewisse Integration immer schon vorausgesetzt.

Die Desintegration möchte ich noch einmal anhand des Falls Schneider beleuchten. Ausführlich behandelt habe ich das Auseinandertreten der Fähigkeit des Greifens und der des Zeigens, wo die muskuläre Struktur der Hand oder die nervösen Vorgänge physiologisch nicht gestört sind, der Patient aber dennoch unfähig ist, eine symbolische Geste auszuführen, obwohl er jederzeit fähig ist, eine Mücke zu vertreiben. Beim Patienten Schneider treten Greifen und Zeigen auseinander als zwei Momente, die normalerweise in der leiblichen Bewegung integriert sind. Kurt Goldstein

72 Pascal, *Pensées*, ed. Brunschvicg, Fragment 358: »L'homme n'est ni ange ni bête, et le malheur veut que qui veut faire l'ange fait la bête.«

73 Die Aufteilung in eine rein geistige und in eine rein animalische Sphäre zeigt sich in Darstellungen des Weiblichen, wo die Frau auf der einen Seite als Heilige, auf der anderen als Hure vorgeführt wird.

und seine Mitarbeiter haben das Verhalten des Patienten Schneider in allen Lebensbereichen untersucht und auch den Bereich der Sexualität nicht ausgespart. Der Patient Schneider hat – wie erwähnt – eine Hirnverletzung in der Hinterhauptzone, wo die Funktion des Sehens lokalisiert ist. Diese Verletzung hat Auswirkungen auf das sexuelle Verhalten. Goldstein kann zeigen, daß auch hier Störungen nicht darauf hinauslaufen, daß irgendwelche Funktionen – wie bei einem Maschinenschaden, wo irgendeine Schraube nicht sitzt oder ein Kontakt nicht stimmt – einfach ausfallen, sondern die Störung beeinträchtigt immer das Gesamtverhalten. Sehstörungen, Sprachstörungen und soziale Störungen verbinden sich mit Störungen des sexuellen Verhaltens. Desintegrationen treten einmal auf der Ebene der sexuellen Vorstellungen auf: Gespräche über Sexuelles, Bilder, auf denen Sexuelles dargestellt wird, oder der Leib einer Frau lösen bei Schneider keine Reaktion aus, lassen ihn gleichmütig; was ihn an Frauen interessiere, sei lediglich, wie Schneider sagt, ihr ›Charakter‹, denn körperlich, auf der animalischen Ebene, seien sie alle gleich. Damit löst sich der Charakter, das Gepräge einer Person von der Körperlichkeit ab. In den sexuellen Reaktionen kommt es zu ähnlichen Dissoziationen. Goldstein erwähnt die mangelnde Initiative im sexuellen Bereich; der Verkehr wird rasch abgebrochen, ist angewiesen auf gezielte körperliche Auslösekontakte, ähnlich wie beim Rechnen, beim Sehen von Figuren und optischen Gestalten, wo bestimmte Manipulationen, etwa Fingerbewegungen hinzugenommen werden, um überhaupt eine Anzahl oder eine Gestalt zu erzeugen. Solche Störungen gehen – ebensowenig wie die Störungen des Zeigens – auf physiologische Defekte zurück. Schneiders Verletzung liegt im Hinterhaupt, sie betrifft die Sehfunktion, soweit man von einer Lokalisierung ausgeht. Die Störung ist auch kein rein psychologischer Defekt: Schneider ist geistig nicht gestört oder debil, er weiß durchaus, wie man ›es‹ macht. Im Wissen ist Schneider ein normaler Mann, der weiß, was Sexualität ist, er braucht keine Aufklärung, er hat es nicht vergessen. Zudem laufen gewisse physiologische Prozesse ab, aber beides geht nicht zusammen. Frauen sprechen ihn nicht an. Die ganze erotische Sphäre ist zerborsten, das Wissen geht nicht zusammen mit den affektiven Reaktionen. Wie ist das zu deuten?

Es gibt einen Text aus der Gründerzeit des neuen Feminismus, einen Kommentar zu dem Sexualkapitel aus der *Phänomenologie*

der Wahrnehmung, den Judith Butler in den frühen 80er Jahren verfaßt hat.[74] In diesem Artikel, der auf einer sehr schmalen Textbasis beruht, wird Merleau-Ponty nahezu alles vorgeworfen: Maskulinismus, Voyeurismus, Biologismus und einiges mehr. Diesem Patienten, so heißt es, wird zugemutet, auf obszöne Bilder, auf Frauen zu reagieren. Doch es geht Goldstein und Merleau-Ponty nicht um die Bewertung von Obszönitäten, sondern sie gehen von einem Alltagsmilieu aus, in dem der Patient unter bestimmten Störungen leidet. Butlers Mißverständnisse in dieser frühen Kritik an Merleau-Ponty sind auch verursacht durch einen Hang zur *sexual correctness*. Wie bei der *political correctness* muß man aufpassen, daß man alles richtig macht, doch irgend etwas macht man immer falsch. Ein Mann spricht über eine Frau, er ist ein Mann und kann die Einseitigkeit seiner Perspektive nicht verleugnen. Korrekt sind dann höchstens klinische Beschreibungen, die sich in medizinischen Handbüchern finden, aber auch sie verwenden eine Sprache, die nicht völlig asexuell ist. Ebenso im Politischen: wer ganz korrekt sein will, kann überhaupt nicht mehr reden und handeln. Wenn man etwas sagt, so hat es Folgen, die nicht völlig vorherzusehen sind, außer man sagt am Ende gar nichts Interessantes mehr. Eine prinzipielle ›Correctness‹ ist in jedem Falle fragwürdig. Butlers Bemerkungen stammen, wie gesagt, aus der Anfangszeit, die Autorin hat sich später zu Merleau-Pontys Spätwerk *Das Sichtbare und das Unsichtbare* geäußert und dabei diesen frühen, einseitig kritischen Schlag indirekt abgemildert.[75]
Wie sind die Phänomene, die Goldstein beschreibt, also zu deuten? Merleau-Ponty setzt, im Anschluß an Goldstein, diesseits der Dichotomie von physiologischer Reaktion und psychischer Vorstellung eine spezifisch *sexuelle Intentionalität* an. Dieser Gedanke deutet sich bei schon sehr früh bei Husserl an (in der *V. Logischen*

74 Judith Butler, Geschlechtsideologie und phänomenologische Beschreibung. – Eine feministische Kritik an Merleau-Pontys *Phänomenologie der Wahrnehmung* (amerik. Orig. 1981), in: S. Stoller, H. Vetter (Hg.) *Phänomenologie und Geschlechterdifferenz* (1997), S. 166 ff. Interessant ist Butlers 1997 verfaßtes Postskriptum zu diesem Text.

75 Siehe J. Butler, *Körper von Gewicht* (1995), S. 99 ff. Vgl. zu Butler auch meine Erläuterungen in: *Grenzen der Normalisierung* (1998), S. 188, 192 f., ferner: Regula Giuliani: Der übergangene Leib: Simone de Beauvoir, Luce Irigaray und Judith Butler in: *Phänomenologische Forschungen*, Neue Folge 2 (1997/1).

Untersuchung), wo von einem intentionalen Fühlen die Rede ist, und ähnliches findet sich bei Scheler.[76] Das Fühlen ist nicht bloß ein Zustand, in dem ich mich befinde, sondern es bringt mich mit Anderen in Kontakt, es ist auf Andere gerichtet und bezogen. Dies gilt nun auch für den Bereich der Sexualität, der eine spezifische Form der Intentionalität aufweist. Ebenso wie Farben im Hintergrund bleiben oder in den Vordergrund treten, können sich im Verhalten eigene erotische Strukturen ausbilden, und auf dem Hintergrund einer erotisch oder sexuell gefärbten Welt können erotische Situationen entstehen. Merleau-Ponty zeigt, daß die Welt der Farben – ebenso wie die Welt des Eros – nicht in einem Sonderbereich lokalisierbar ist, daß Farben immer mit im Spiel sind, wenn wir uns in der Erfahrungswelt bewegen, selbst wenn sie nicht (wie z. B. in der Malerei) ausdrücklich zum Thema werden. Farben prägen die Atmosphäre mit; die farbliche Ausstattung eines Raumes wirkt sich aus auf das, was im Raum geschieht. Ähnliches gilt für die erotische und sexuelle Welt: sie ist immer mitpräsent, wir sind immer Männer und Frauen. In erotischen oder sexuellen Situationen wird diese Dimension, die sonst im Hintergrund bleibt, ausdrücklich akzentuiert. Unter sexueller Intentionalität versteht Merleau-Ponty eine Sexualität, die nicht durch die Vorstellung eines Objekts (da gibt es einen männlichen oder weiblichen Körper, und diese Vorstellung löst dann bestimmte Reaktionen aus) geleitet ist, das Begehren richtet sich vielmehr direkt auf zu Begehrende: »Das Begehren versteht blindlings, indem es Körper mit Körper verbindet.«[77] Es gibt ein Begehren des Leibes, ein Sichrichten auf den anderen Leib, das über die bloße Vorstellung hinausgeht.[78] Max Scheler hat über dieses sprachlose Gerichtetsein, das z. B. schon im Bereich des Nahrungstriebes zu finden ist, einiges geschrieben. Ein kleines Kind, das Hunger hat, könnte nicht sagen: »Ich habe Hunger, ich möchte Milch«, sondern es

76 Vgl. unsere früheren Ausführungen über das Empfinden und über den Ausdruck.

77 PP 183, dt. 188.

78 Diesen Gedanken der sexuellen Intentionalität, daß ein Leib den anderen Leib sucht, auf ihn antwortet, würde ich erotisch-sexuelle Responsivität nennen. In meinem Buch *Antwortregister* (1994, Kap. III, 10.9: »Der libidinöse Leib«) habe ich von der Genese der Sexualität her zu zeigen versucht, wie auch dem Verhältnis von einem Leib zum anderen schon ein Moment des Antwortens innewohnt.

hat ein unbestimmtes Begehren nach Eßbarem oder Trinkbarem. Scheler nennt das einen ›Drang‹, der noch nicht auf einen bestimmten, benennbaren Gegenstand geht.[79] Im Laufe unserer Entwicklung finden wir Worte und können benennen, was uns fehlt, so wenn wir sagen: »Ich habe Appetit auf Pfirsiche.« Erst nachträglich sind Begehren und Vorstellung des Begehrten voneinander abzusondern, am Anfang ist es jedoch so, daß die Dinge und die Anderen im Begehren selber Gestalt annehmen. Zum Hunger und Durst gehört, daß die Welt sich in Eßbares und Nicht-Eßbares oder in Trinkbares und Nicht-Trinkbares gliedert. Diese Qualitäten, die dem entsprechen, was uns anzieht oder abstößt, gehen einer Beschreibung von sachlichen Eigenschaften voraus. Hunger und Durst erschließen auf gewisse Weise die Welt. Ähnliches geschieht im Erotischen. Der Leib des Anderen ist nicht ein Etwas, das bestimmte erotische oder sexuelle Eigenschaften aufweist, sondern das Woraufhin eines Begehrens, das sich unmittelbar auf den anderen Leib richtet, dessen Nähe sucht, dessen Ferne verspürt. Es bilden sich Sexualschemata heraus, die mit dem Körperschema vergleichbar sind. Schönheitsideale z. B. sind zunächst einmal erotische Schemata, wandelbare Standards, die heute vielfach durch Stars oder modischen Habitus geprägt werden. Durch diese Schematisierung der Welt entstehen sexuelle Physiognomien, Erscheinungsbilder des männlichen und weiblichen Körpers, die wie ›Attraktoren‹ in unserem Wahrnehmungsfeld wirksam sind.

Im Fall Schneider ist der strukturelle Zusammenhang zwischen dem, was einer bewußt wahrnimmt, und dem, was er begehrt und fühlt, beeinträchtigt. In dieser Situation ist auch der Patient Minkowskis, wenn er bekennt: »Ich weiß, daß ich hier bin, aber ich fühle mich nicht hier«.[80] Sein Gefühl ist vom Wissen abgelöst, dissoziiert, es wird dadurch diffuser. Umgekehrt hat sich das Wissen von den Affekten gelöst, es wird dadurch ortlos, situationsfremd. Im Fall Schneider betrifft die affektive Neutralisierung alles mögliche, Gesichter, Personen, aber auch das Wetter, Freundschaften, Politik und Religion. Schneider hat kein rechtes Interesse

79 *Der Formalismus in der Ethik*, GW 2, S. 52-59. Scheler spricht von »Bewegungsdrang«, »Strebenszielen«, »Richtung« des Strebens und ähnlichem.

80 Vgl. oben S. 146.

an der Politik, dieser Bereich bedeutet ihm nichts mehr. Der ›intentionale Bogen‹, das Zusammenspiel von Sensorik und Motorik, ist gebrochen und hat an Spannkraft eingebüßt.

Die Pointe dieses Durchganges durch die Pathologie liegt darin, daß in diesen pathologischen Erscheinungen sichtbar wird, was normalerweise geschieht, aber unbeachtet bleibt. Der indirekte Weg über die Dissoziation zeigt, was normalerweise assoziiert ist. Darüber hinaus betrifft die Pathologie nicht nur Einzelfälle, sondern auch gesellschaftliche Verhältnisse und ganze Kulturen. Freud ging davon aus, daß es eine Pathologie der Kultur, auch der Sexualkultur gibt, z. B. einen gewissen Puritanismus, der die Trennung zwischen Animalischem und Geistigem nicht einer bloß zufälligen individuellen Entwicklung oder vorübergehenden Störung überläßt, sondern in die Kultur Einlaß findet durch die Art und Weise, wie über Sexuelles gesprochen oder häufiger nicht gesprochen wird. Diese Dissoziation läßt sich in kulturellen Bereichen vielfach aufzeigen. Die Trennung von Wissen und Begehren kann z. B. die Form einer starken Intellektualisierung oder Ideologisierung annehmen, wo einerseits über alles gesprochen wird und andererseits die Lebensabläufe in relativer Trivialität versinken, wo Erleben und Sprechen auseinandertreiben.

Bisher habe ich die Begriffe Erotik und Sexualität nicht unterschieden und die Adjektive häufig mit einem Bindestrich versehen. Soll jedoch zwischen Erotik und Sexualität unterschieden werden, so bietet sich für die Erotik der Gesichtspunkt eines konkreten Verhaltens an, in das die Sexualität im engeren Sinne eingebunden ist. Löst sich die Sexualität von der Erotik ab, so führt dies zu einer Sexualisierung der Umwelt im Sinne einer entbundenen Sexualität, so wie bestimmte Körperzonen sich selbständig machen können. Wir erleben eine solche Loslösung der Sexualität andauernd in der Reklame, wo wir fast gar nicht mehr hinschauen: bestimmte Körperteile werden wie Farbsignale eingesetzt und aus ihren Zusammenhängen herausgelöst. Dies führt zur Verkümmerung der erotischen Welt.

Sexualität im engeren Sinne finden wir also entweder in einer medizinischen Betrachtung, die bestimmte Abläufe herauslöst – wie man es auch bei motorischen oder bei kognitiven Prozessen natürlicherweise tut – und dadurch eine Physiologie der Sexualität ermöglicht. Oder aber es kommt im Lebensvollzug selbst zur Herauslösung eines manipulierbaren Sexualkörpers.

Ich erinnere an Foucaults Geschichte der Sexualität, die im ersten Band auf unsere jüngere Geschichte eingeht.[81] Wie der Autor zu zeigen versucht, führt die Emanzipation zu neuen Zwängen. Die Sexualität wird nicht nur zur Sprache gebracht, sie wird einem Geständniszwang unterworfen. Doch dadurch gerät der ganze Sexualbereich, der Bereich der Fortpflanzung wie auch das sexuelle Erleben in die Fänge einer bestimmten Biopolitik. Die Sexualität wird in eine entsprechende Politik und Ökonomie eingebaut, etwa in Form von Geburtenregelungen und Hygienemaßnahmen. Dagegen stünde eine Ars erotica, wie sie im Werk von Foucault mehr und mehr an Boden gewinnt; am Horizont steht eine erotische Lebenskunst, die das Sexuelle in einen größeren ethisch-politischen Zusammenhang einbettet. Foucault hat sich am Ende den Griechen zugewandt, weil er dort eine größere Unbefangenheit und einen geringeren Regelzwang zu entdecken hoffte als in den langen Jahrhunderten eines christlich-moralischen Abendlandes.

5. Polymorphismus des Geschlechtsleibes

Der Aspekt der Männlichkeit und Weiblichkeit ist grundlegend, da der Leib immer als geschlechtlicher Leib auftritt; selbst die Neutralität erscheint noch als Abschwächung einer Vielfalt oder als Verwischung eines Gegensatzes. Doch wie hängen Männlichkeit und Weiblichkeit mit dem Leib zusammen, und welche Rolle spielen Männlichkeit und Weiblichkeit für die Betrachtung der Welt und des sogenannten Subjektes? Haben sie überhaupt eine philosophische Relevanz?

Das Wort Polymorphismus bietet sich an, um die Vielfalt des Geschlechtlichen anzudeuten. Von Polymorphismus ist bei Merleau-Ponty wiederholt im Anschluß an Freud die Rede.[82] Freud bezeichnet die Sexualität des Kleinkindes als polymorph-pervers, weil beim Kind das, was wir später als Perversionen bezeichnen, als Möglichkeit noch mit gegenwärtig ist. Das Kind kennt noch keine Fixierung auf bestimmte Formen der Sexualität, die dann

81 M. Foucault, *Der Wille zum Wissen* (1977, frz. 1976).

82 Vgl. M. Merleau-Ponty, *Keime der Vernunft*, z. B. S. 341, frz. S. 333. Zu Freud siehe oben S. 179.

später – wie eine Art Sprache – eingelernt und bestimmten Regelungen unterworfen werden.
Meine Überlegungen beginnen mit der *Grammatik der Geschlechter.* Dahinter steht die Frage: Wie und woher sprechen wir über Mann und Frau?[83]

a) Männlich und Weiblich als Attribute

Die erste Möglichkeit bestünde darin, ›männlich‹ und ›weiblich‹ als bloße Attribute zu behandeln oder sie als Prädikate zu verwenden. In dem Satz »X ist ein Mann« oder »X ist eine Frau« tauchen ›Mann‹ und ›Frau‹ als Prädikate auf, die ich einem X zuspreche. Wir hätten also ein Referenzobjekt X, das einmal als Träger männlicher, einmal als Träger weiblicher Eigenschaften charakterisiert ist. ›Männlich‹ und ›weiblich‹ wären Prädikate, die ich dem Bezugsobjekt X zuspreche. Ein Apfel kann z. B. rot oder grün sein, je nach Reifegrad oder nach Sorte. Ebenso hätten Menschen ›je nach Sorte‹ männliche oder weibliche Eigenschaften. Wird dieses Schema verwendet, so stellt sich alsbald die Frage: Was ist dieses X, das der Attribuierung selbst vorausliegt? Werden ›männlich‹ und ›weiblich‹ als Prädikate verwendet, dann wäre dieses der Attribuierung vorausliegende X neutral, es wäre weder männlich noch weiblich. Das liefe auf eine medizinische Beschreibung des Körpers hinaus, die ihm bestimmte Organe, Hormone und physiologische Prozesse zuschreibt. Doch nun wird es schon schwierig: kann man diese Unterscheidung (männlich, weiblich) vermeiden, wenn man einen Körper beschreibt? Man müßte den Körper dann sehr allgemein beschreiben als ein Etwas in der Welt, das bestimmte Reaktionen zeigt usw. Das hieße auszugehen von einem neutralen X oder einem Körperding. Doch wie kann man den Körper dann überhaupt beschreiben, außer man unterschiebt ihm ein Abstraktum, ein Konstrukt?

83 Zum folgenden Abschnitt vgl. vom Verf.: Die Fremdheit des anderen Geschlechts, in: S. Stoller, H. Vetter (Hg), *Phänomenologie und Geschlechterdifferenz* (1997), S. 62-66 bzw. in: *Grenzen der Normalisierung* (1998), S. 168-173.

b) Männlich und Weiblich als Qualitäten

Eine Alternative bestünde darin, daß man die substantivische Redeweise vermeidet und vom Männlichen und Weiblichen in Form von Adjektiven ausgeht. Männliches und Weibliches wären dann bestimmte Qualitäten wie Rot und Blau, die Graduierungen zulassen. Farbqualitäten sind zunächst keine Lokal- oder Gegenstandsfarben, sondern Röte und Bläue sprechen zunächst einmal von sich selber, treten hervor als Qualität, entfalten einen eigenen Farbraum. Andere Beispiele wären Gegensatzpaare wie das Harte oder das Weiche, das Feuchte oder das Trockene, das Runde oder das Eckige, das Luftige und das Schwere. Bei solchen Qualitäten, die unsere Welt durchtönen, tritt das aristotelische Prädikationsschema noch nicht in Kraft. Dem aristotelischen Schema zufolge werden einem Etwas, einer Substanz (*ousia*), bestimmte Attribute zugeschrieben. Die Alternative hierzu wäre ein Denken, das von einem grammatischen Neutrum ausgeht, wie es die Vorsokratiker tun. Auffällig ist bei den Vorsokratikern, über die so viel Scharfsinn und Gelehrsamkeit verbreitet wurde, daß sie nicht primär von Bäumen oder Menschen sprechen, sondern von Polaritäten wie vom Trockenen und Feuchten, vom Warmen und Kalten, vom Harten und Weichen und auch vom Männlichen und Weiblichen. Diese Polaritäten, die in alten Kosmologien immer wieder vorkommen, werden als Elemente bezeichnet. Elemente sind nicht ein *Etwas*, das Träger von Eigenschaften ist, sondern ein Medium oder Fluidum, *worin* sich etwas bewegt, worin man lebt, worin man atmet. Die Luft, die wir atmen, ist kein isolierbares Etwas mit zählbaren Teilen und fixen Eigenschaften. Nur im Labor wird sie zu einem Etwas, das ein Volumen hat, einen Luftdruck erzeugt und einer chemischen Analyse unterzogen werden kann. Die Luft, die wir atmen, ist kein Gegenstand, den wir vor uns haben, sondern etwas, das uns umhüllt und in uns eindringt. Ähnlich das Wasser, in dem wir schwimmen und das unseren Körper durchdringt, und die Erde als der Boden, auf dem wir stehen. Die vorsokratische Sicht vermeidet es vornherein, die Welt in diskrete Gegenstände und in Substanzen mit bestimmten Eigenschaften aufzuteilen.

Psychologische Untersuchungen haben gezeigt, daß es Entsprechungen gibt zwischen Verhaltensrhythmen und Farbwerten.[84]

84 Vgl. oben II,3.

Die Farbe selber verkörpert eine bestimmte Seinsweise, einen Rhythmus, der sich in Bewegungsabläufen wiederholt. In der modernen Malerei werden die Farben als Elemente freigesetzt. Yves Klein z. B. malte nur noch monochrome Blaubilder, allerdings steigerte er das Blau ins Luminöse, indem er 30 Farbschichten übereinander lagerte, was niemand vermutet, dem dieses Blau entgegenstrahlt. Aber es geht ihm nicht darum, daß etwas blau ist, sondern es geht um die Bläue als solche. Durch die Lösung der Farbe vom Gegenständlichen wirkt sie beruhigend, aggressiv oder lähmend. An solche vorobjektiven Qualitäten sollte man auch denken, wenn man von Weiblichem und Männlichem spricht.

c) Morphologische Begriffe

Hinzu kommt, daß all diese Begriffe, die ich erwähnt habe: rot, blau, hart, weich, männlich, weiblich usw. morphologische Begriffe sind, wie Husserl sie nennt.[85] Solche Begriffe haben fließende Grenzen, analogische Übergänge: etwas kann *mehr oder weniger* hart oder weich, feucht oder trocken sein. Damit wird ausgeschlossen, daß Mann und Frau eindeutig darauf fixiert werden, ganz und nur weiblich *oder* ganz und nur männlich zu sein. Auch Freud ging davon aus, daß bestimmte Momente des Männlichen und Weiblichen jeweils dem anderen Geschlecht mit zugewiesen sind. Die Qualitäten ›männlich‹ und ›weiblich‹ entstammen einem graduellen Differenzierungsprozeß. Es geht somit nicht mehr um eine Einteilung der Menschen in die zwei Klassen von ›Mann‹ und ›Frau‹, denen jeder Einzelne eindeutig zugeordnet würde, wobei es dann jene bedauernswerten Menschen gäbe, die nicht in dieses Schema hineinpassen. Die Problematik der Transsexualität, der Wunsch nach Veränderung des Ausgangsgeschlechtes, entsteht teilweise erst aus einer solchen normierenden Klassifizierung; von daher kann diese Problematik nur noch durch eine ›richtige‹ Zuordnung des Einzelnen, im äußersten Fall durch einen operativen Eingriff behoben werden.

Das Männliche und das Weibliche im Sinne morphologischer Begriffe läßt hingegen ein Mehr oder Weniger zu. Ein Typ kann sehr männlich, sehr weiblich sein, und je nachdem, wie diese Ei-

85 *Ideen I* (Hua III), § 74.

genschaften bestimmt werden, kommt es zu Extrembildungen, aber auch zu vielfältigen Übergängen. – Eine humangenetische Forschergruppe in Freiburg hat den Chromosomensatz auf eine geschlechtliche Differenzierung hin untersucht: von den 46 Chromosomen sind zwei mit der Geschlechtsausstattung betraut. Doch gibt es eine auffällige Asymmetrie: bei der Frau sind dies zwei X-Chromosomen, beim Mann ein X- und ein Y-Chromosom. Eines davon ist also dem entsprechenden weiblichen Chromosom nah. Gewisse Störungen versucht man nun mit den Chromosomen in Verbindung zu bringen. Dies würde darauf hinweisen, daß die strenge, einfache Einteilung in Mann *oder* Frau sich selbst im Bereich der Humangenetik nicht ohne weiteres durchhalten läßt.

d) Geschlechtliche Wörter

Die Geschlechtswörter, die wir aus den Grammatiken der verschiedenen Sprachen kennen, sprechen dafür, daß die Geschlechtlichkeit auch die Sprache durchdringt. Daß es etwa im Deutschen drei Artikel (*der, die, das*) gibt, ist nicht selbstverständlich, denn Sprachstrukturen lassen alles mögliche zu. Das Französische hat nur zwei (*le* und *la*), das Englische nur einen einzigen Artikel (*the*), das Russische kennt überhaupt keine Artikel. Doch Geschlechtsunterschiede lassen sich auch anders markieren. Das englische *friend* kann »Freund« oder »Freundin« bedeuten, man behilft sich im Zweifelsfall mit *he-friend* oder *she-friend*. Im Lateinischen gibt es zwar keine Artikel, doch der Unterschied der Geschlechter taucht dort in den Endungen auf (z. B. *anim*us und *anim*a).

Die Frage ist nun: Ist die Wahl der Geschlechtswörter oder analoger Unterscheidungsmittel ganz beliebig? Bei Saussure heißt es, die Sprachstruktur sei arbiträr. Doch ›arbiträr‹ bedeutet bei Saussure nicht einfach ›willkürlich‹. Arbitrarität besagt, daß die Sprachstrukturen auch anders ausfallen könnten. Sie sind kontingent, d. h. sie stützen sich nicht auf eine unverbrüchliche Ordnung der Dinge oder des Geistes; sprachliche Erfindung bewegt sich in einem offenen Spielraum. – Ist nun aus dem Vorkommen der Geschlechter in der Sprache oder im Artikel überhaupt eine Folgerung zu ziehen? Haben im Falle verschiedener Geschlechtswörter plötzlich auch die Dinge ein verschiedenes Geschlecht? Ist die

Sonne weiblich, der Mond männlich? Gegen eine solche Vermutung erhebt sich ein erster, naheliegender Einwand. Die Annahme eines Geschlechts der Dinge beruht, so scheint es, auf einem reinen Animismus: es gibt zwar Männer, Frauen, Kinder und Wesen, die irgendwie dazwischen sind, doch wenn wir Dingen ein männliches oder weibliches Geschlecht zulegen, so bedeutet dies gar nichts und ist rein willkürlich (ich könnte gerade so gut sagen ›die Stuhl‹ und hätte, nach einer gewissen Umgewöhnungszeit, damit keine Probleme mehr). – Oder aber wir gehen davon aus, daß tatsächlich ein gewisser Animismus im Spiel ist: die Dinge wurden zunächst einmal als beseelt, als männlich und weiblich gedacht, und davon sind Spuren zurückgeblieben, die uns Aufgeklärten heute aber nichts mehr besagen. Doch ist es durchgängig so? In vielen Fällen ist in der Geschlechtswahl kein besonderer Sinn zu entdecken (wenn ich ›*der* Tisch‹ sage, so kann ich mit dem besten Willen keinen vernünftigen Gedanken mit diesem ›der‹ verbinden, denn was hat *der* Tisch mit Männlichkeit zu tun?), und man kann nur sagen: die Sprache hat es so eingerichtet. Doch nehmen wir noch einmal die Sonne und den Mond. Die antiken Griechen und Römer wären beim deutschen Sprachgebrauch wohl zusammengezuckt, sie haben genau umgekehrt gedacht: die Sonne ist dem Sonnengott Helios (lat. *sol*) und der Mond der Mondgöttin Silene (lat. *luna*) geweiht. Wieso ist bei den Griechen und Römern die Sonne männlich und der Mond weiblich? Die Antwort könnte lauten: weil es einen Sonnengott und eine Mondgöttin gibt. Damit ist die Frage jedoch nur verschoben: denn warum wird die Sonne mit einem Gott, der Mond mit einer Göttin verbunden, wie es de facto in der Mythologie der Fall ist? Wenn wir an den Zusammenhang von Leiblichkeit und Natur denken, so kommt hier ein nicht ganz triviales Motiv hinein: der Mond spielt eine Rolle beim Zyklus der Frau, im Wort Menstruation steckt *mens*, der Monat. Es gibt paläontologische Funde, von denen angenommen wird, es könnten Mondkalender sein, die von Frauen zur Registrierung von Schwangerschaft und Geburt benutzt wurden. Diese Kalender gingen vom Mondzyklus aus. Ist es also ganz zufällig, wenn man den Mond mit der Frau zusammenzubringt und ihn als weiblich betrachtet? Wird die Geschlechtlichkeit von vornherein auf Personen beschränkt, so würden die Dinge dadurch völlig naturalisiert, desexualisiert und enterotisiert.

An zwei Phänomenen wird deutlich, daß Geschlechtlichkeit und

Erotik im Umgang mit den Dingen eine Rolle spielen. Die sogenannten *Übergangsobjekte* in der Theorie von Winnicott sind weder ein Etwas (ein Ding) noch ein Jemand (eine Person), sondern genau etwas dazwischen. Beim Kind z. B. das Kissen, an das es sich anschmiegt, oder Stofftiere, die es mit sich herumträgt; diese Objekte sind weder eindeutig auf die Seite der Dinge noch auf die Seite von Personen zu setzen, sondern sie markieren einen Übergang, ein Dazwischen, und führen zu einer erotischen Besetzung von Dingen.[86]

Das andere Beispiel wären *Fetische*: die Fetischisierung, die sexuelle Besetzung von Gegenständen, die zuerst in der Ethnologie, dann aber auch in der Psychoanalyse zum Thema wurde. Fetische wären überhaupt gar nicht denkbar, wenn die Erotik nicht auch auf Dinge übergriffe. Wir sind allzu leicht geneigt, Personen und Dinge völlig auseinanderzuhalten, ähnlich wie wir zwischen Personenrecht und Sachrecht unterscheiden. – Doch betrachten wir

86 Als besondere Merkmale der Beziehung zum Übergangsobjekt nennt D. W. Winnicott folgende: »1. Das Kind beansprucht dem Objekt gegenüber Rechte, denen wir als Erwachsene zustimmen. Doch ein gewisser Verzicht auf die eigene Omnipotenz ist von Anfang an ein Merkmal dieser Beziehung. – 2. Das Objekt wird zärtlich behandelt, aber auch leidenschaftlich geliebt und mißhandelt. – 3. Es darf nicht verändert werden, außer wenn das Kind selbst es verändert. – 4. Es muß triebhafte Liebe ebenso ›überleben‹ wie Haß und gegebenenfalls reine Aggression. – 5. Dennoch muß es dem Kind das Gefühl der Wärme vermitteln und durch Bewegung, Oberflächenbeschaffenheit und scheinbare Aktion den Eindruck erwecken, lebendig zu sein und eigene Realität zu besitzen. – 6. Für uns Erwachsene gehört es der Außenwelt an, nicht aber für das Kind; andererseits gehört es auch nicht zur inneren Welt; es ist keine Halluzination. – 7. Sein Schicksal ist es, daß ihm allmählich die Besetzungen entzogen werden, so daß es im Laufe der Jahre zwar nicht in Vergessenheit gerät, jedoch in die Rumpelkammer verbannt wird. Ich meine, daß das Übergangsobjekt bei gesunden Kindern nicht verinnerlicht wird, daß die mit ihm verbundenen Gefühle aber auch nicht unbedingt der Verdrängung unterliegen. Es wird weder vergessen noch betrauert. Es verliert im Laufe der Zeit an Bedeutung, weil die Übergangsphänomene unschärfer werden und sich über den gesamten intermediären Bereich zwischen ›innerer psychischer Realität‹ und ›äußerer Welt, die von zwei Menschen gemeinsam wahrgenommen wird‹, ausbreiten – das heißt über den gesamten kulturellen Bereich.« Aus: Übergangsobjekte und Übergangsphänomene, in: D. W. Winnicott: *Vom Spiel zur Kreativität* (1979), S. 14 f.

die Kleidung. Ohne Kleidung wäre Erotik nicht vorstellbar, und der Kleiderfetischismus erwächst aus einer Ablösung der Kleidung vom Körperbereich. Das Kleid tritt an die Stelle der Person, die es getragen hat. Diese Verschiebung zeigt, daß die Erotik auf Kleider und Dinge ausstrahlt, die jemand benutzt. – In der katholischen Tradition gibt es das Reliquienwesen, das im ausgehenden Mittelalter besonders extreme Formen annahm. Man besorgte sich Reliquien, kaufte sie oder stellte sie künstlich her; es gab eine ausgedehnte Reliquienfabrikation, jede Kirche mußte ihre Reliquie haben; das sind die Auswüchse eines Erinnerungsrituals, das dem Aberglauben verfällt, weil Dingen als Dingen reale Eigenschaften des Heiligen zugewiesen werden. Interessant daran ist jedoch, daß ein erotisches Übergreifen auf die Dinge auch im Bereich sakraler Gegenstände vorkommt. Einiges davon findet sich auch noch in unserer säkularisierten Kultur. Man schaue sich an, was die Leute in ihren Autos herumbaumeln haben, nur sind diese Dinge völlig trivialisiert und haben ihre beschwörende Kraft nahezu verloren. Manches kommt allerdings durch die Hintertüre wieder hinein.

e) Personalpronomina

Meine nächste Bemerkung zur Sprache der Geschlechter bezieht sich auf die Personalpronomina, bei denen es gleichgültig zu sein scheint, wer spricht, ob ein Mann oder eine Frau. Wenn ich ›ich‹ sage, muß ich nicht sagen, hier spricht ein Mann oder eine Frau, denn dieses Ich-sagen bezieht sich, kommunikationstheoretisch betrachtet, auf eine bestimmte Rolle, die ihrem Wesen nach reihum geht. Ich kann ebensogut ›ich‹ sagen wie du es kannst, ein Mann kann es genausogut wie eine Frau. Dieser Rollenwechsel schafft eine elementare Form der Gleichberechtigung, die in der Sprache *vor* aller ausdrücklichen politischen Regelung aus der Sprachpraxis erwächst. Bis die Frauen wählen durften, hat es lange gedauert, bei uns bis zum Anfang der Weimarer Zeit. Vorher wurde weiblichen Wesen immerhin zugebilligt, ›ich‹ zu sagen. Diese Art der Gleichberechtigung, die in der Sprache auftritt, ist keineswegs trivial. Schon darin, daß einer oder eine ›ich‹ sagt, liegt eine Art der Politik: wer das Wort führt, regiert. Die Frage ist nur, ob die Personalpronomina so ungeschlechtlich sind, daß sie gänzlich jenseits der Unterscheidung von männlich und weiblich liegen. Ein

Blick in die japanische Kultur zeigt, daß es dort bis zu einem gewissen Grad eine Männer- und eine Frauensprache gibt, denn Frauen und Männer benutzen ein verschiedenes Vokabular, also nicht nur verschiedene Ausdrucksweisen, sondern auch verschiedene Wörter. Es gibt Wendungen, die überhaupt nur für Männer oder nur für Frauen vorgesehen sind.[87] Das Personalpronomen der ersten Person wird hier interessanterweise nicht geschlechtslos gebraucht, sondern kontextuell je nachdem, ob ein Mann oder eine Frau es verwendet, und je nachdem, wer angeredet wird. – Bei uns ist das Ich offenbar nicht grammatisch markiert, Mann und Frau verwenden es in gleicher Weise. Aber tun sie das wirklich? Hierzu gibt es eine Menge vor allem feministischer Untersuchungen, in denen die verschiedenen Sprech- oder Schreibweisen von Frau und Mann gründlich unter die Lupe genommen werden. Die Tatsache, daß diese Differenzen in unseren westlichen Sprachen nicht unmittelbar am Gebrauch der Personalpronomina abzulesen sind und jedenfalls nicht so eklatant hervortreten wie im Japanischen, schließt keineswegs aus, daß das Ich-sagen Geschlechtsnuancen aufweist.[88] Die in früheren Zeiten geltende Regel »Fange keinen Brief mit ›ich‹ an!« zeigt, daß das Ich-sagen niemals gänzlich unbefangen geschieht. Warum sollten sich dann nicht auch Geschlechterrollen auf die Ich-Rede auswirken?

f) Vielfalt der Geschlechterrollen

Wie sehr männlich und weiblich kontextuell bestimmt sind, zeigt sich schließlich in der Rollenvielfalt des Geschlechtlichen. Es gibt von vornherein zumindest vier Möglichkeiten, in männlicher Gestalt aufzutreten: als Sohn, als Bruder, als Vater oder als Mann von jemand. Und bei der Frau steht es genauso: sie tritt als Tochter, Schwester, Mutter oder als jemandes Frau in Erscheinung. Wenn wir also von Mann und Frau sprechen, von wem ist da die Rede? Spricht da die Mutter, die Tochter, die Schwester? In der *Politik* von Aristoteles deuten sich dort, wo der Oikos zergliedert wird,

87 Vgl. Irmela Hijiya-Kirschnereit, *Das Ende der Exotik* (1988), S. 29.
88 Zu diesem Abschnitt vgl. beispielsweise G. Postl, Geschlechtsunterschiede in der Sprachverwendung, in: *Weibliches Sprechen. Feministische Entwürfe zu Sprache und Geschlecht* (1991), S. 31 ff.

diese verschiedenen Rollen an: der Mann, der im Mittelpunkt der Betrachtung steht, kommt vor als Hausvater, d. h. als Gatte der Frau, dann als Vater. Von den Geschwistern, von den Frauen und der Generationenfolge ist an anderer Stelle die Rede. Die drei Dimensionen der Allianz, der Deszendenz und der Konsanguinität sind es, die nach Lévi-Strauss alle Verwandtschaftssysteme charakterisieren. Deshalb ist stets zu fragen: Von *welchem* Mann, von *welcher* Frau ist die Rede? Diese Kontextualität wird ausgeblendet, wenn von *dem* Mann und *der* Frau gesprochen wird, was zugleich eine Art von Desexualisierung bedeutet, bei der die Familienherkunft beiseite geschoben würde.

Abschließend führt uns die Frage »Wie über Mann und Frau sprechen?« zu einer *methodischen Überlegung*. Gibt es die Alternative: entweder nur *über* Mann und Frau oder nur *als* Mann und *als* Frau zu sprechen?

Die erste Möglichkeit, bei der wir nur *über* Mann und Frau sprechen, macht sich vor allem die Philosophie zunutze, sofern sie sich überhaupt mit Mann und Frau befaßt. Man wählt einen Ort jenseits von Mann und Frau und geht davon aus, daß der Philosoph selber gänzlich von seiner Geschlechterzugehörigkeit absehen kann, daß er weder als Mann noch als Frau auftritt, sondern eine Unterscheidung fällt, über die ›er‹ dann nachdenkt. Damit würde sich die Unterscheidung männlich-weiblich in einem übergeordneten Menschsein auflösen und keine Rolle mehr spielen. Es stünde mit der Philosophie wie mit der Mathematik, in der das Geschlecht desjenigen, der sie betreibt, keine Rolle spielt.[89] Aber wie steht es mit der Philosophie? Sind Mann und Frau ausschließlich einem Gegenstandsbereich zuzuordnen, oder hat das Männliche und das Weibliche etwas mit dem Sprechen und Nachdenken selbst zu tun?

Die andere Möglichkeit bestünde darin, daß ich ausschließlich *als* Frau oder *als* Mann spreche. Es gäbe dann ein spezifisches *parler-femme*, ein ›Frau-Sprechen‹. Ich habe mir dieses Wort nicht ausgedacht, sondern es bei Luce Irigaray gefunden, einer der bekann-

89 Es gibt entsprechende Überlegungen zum Wissenschaftsbetrieb, der keineswegs so geschlechtsneutral ist, wie er sich vielfach ausgibt, doch von einer weiblichen Mathematik habe ich bisher noch nichts gehört; das wäre auch einigermaßen sinnlos, weil bei der Mathematik von der Lebenssituation des Subjekts systematisch abgesehen wird.

testen Philosophinnen, die zu diesem Thema geschrieben haben.[90] Dieses ›*als* Frau sprechen‹ ginge dem ›*über* die Frau sprechen‹ voraus als ein Sagen vor dem Gesagten. Ein *parler-femme*, das sich *nur* auf der Ebene des Sagens bewegen würde, wäre eine denkbare Alternative gegenüber jener Position, die gänzlich von der Geschlechterdifferenz absieht. Irigarays Überlegung zielt in der Tat auf ein geschlechterspezifisches Sprechen ab. – Doch können wir es je vermeiden, auch *über* Mann und Frau zu sprechen?[91] Zu Mann und Frau gehört, daß sie nicht nur als Mann oder Frau agieren, sondern sich auch über den Unterschied verständigen. Ich denke, man müßte ein striktes Entweder-Oder vermeiden. Es ist weder möglich, nur *über* etwas zu sprechen (= Ebene des Gesagten), noch ist es möglich, nur *als* Mann oder *als* Frau zu sprechen (= Ebene des Sagens). Es geht beides zusammen, es gibt ein sagendes Sagen, aber im Sagen gibt es eine Distanz zur Rede.[92] Ich wende mich an den Anderen nicht nur als Mann oder als Frau, sondern es gibt zugleich die Perspektive des Dritten, wie Levinas es nennt, in der ich den Anderen und mich gleichsetze und über uns in einer gewissen Neutralität als Mensch spreche. Wenn wir rein auf der Ebene des Sagens, auf der Ebene des ›Mann-‹ und ›Frau-Sprechens‹ Fuß fassen würden, so bliebe rätselhaft, wie Männer und Frauen überhaupt miteinander verkehren können.

90 Vgl. z. B. Luce Irigaray, *Das Geschlecht, das nicht eins ist* (1979), S. 28, dazu *Gertrude Postl, Weibliches Sprechen* (1991), S. 140 ff.

91 Eine solche Vermeidung des Sprechens-über scheint Luce Irigaray im Auge zu haben, wenn sie von einer Syntax des Weiblichen als von einer permanenten Grenzüberschreitung spricht: »Aber abgesehen davon ist es nicht leicht zu sagen, wie eine Syntax des Weiblichen aussehen könnte, denn in dieser Syntax gäbe es weder Subjekt noch Objekt, das ›Eine‹ wäre nicht mehr privilegiert, es gäbe also keinen Eigen-Sinn, keinen Eigennamen, keine ›Eigen‹-schaften mehr... Diese ›Syntax‹ würde eine Nähe ins Spiel bringen, aber so nah, daß jegliches Absondern von Identität, jede Konstitution von Zugehörigkeit und somit jegliche Form von Aneignung unmöglich wäre.« *Das Geschlecht, das nicht eins ist*, S. 140.

92 Zur Unterscheidung der Ebenen des Sagens und des Gesagten vgl. *Antwortregister*, S. 195 ff.: »Vom Gesagten zurück auf das Sagen«.

Die Überlegungen zum Polymorphismus des Geschlechtsleibes verdeutlichen, wie Eigenleib und Fremdleib aufeinander bezogen sind. Ich versuche hier, die These zu begründen, daß der Eigenleib (und generell die Eigenheit) der Fremdheit nicht vorausgeht, sondern daß Eigenheit oder Selbstheit sich vielmehr im Bezug auf den Anderen, im Antworten auf das Fremde entwickeln. Bei den folgenden Überlegungen zur Erfahrung und Bestimmung der Geschlechter unterscheide ich zwischen einer vertikalen und einer horizontalen Dimension. Die vertikale Dimension hat es mit dem Allgemeinen und dem Besonderen zu tun, bei der horizontalen Dimension geht es um Eigenheit und Fremdheit, um Nähe und Ferne. Diese beiden Dimensionen stellen keine Alternative dar, beide sind unentbehrlich, die Frage ist nur in welchem Verhältnis sie zueinander stehen. Bei der vertikalen Dimension von Allgemeinem und Besonderem geht es um die Bestimmung der Geschlechterdifferenz, während in der Behandlung der horizontalen Dimension die fremdgeschlechtliche Erfahrung bzw. der Zugang zum jeweils anderen Geschlecht im Mittelpunkt stehen.[93]

A) Vertikale Dimension: Allgemeines und Besonderes

Die Skala von Allgemeinheit und Besonderheit erscheint ihrerseits als so allgemein, daß zunächst etwas zu ihrer Begrenztheit zu sagen ist. Die vertikale Gliederung folgt einer gängigen Unterscheidungspraxis. Diese geht bereits zurück auf die Doppelheit von Selbem und Anderem (ταὐτόν und ἕτερον), die Platon in den dialektischen Überlegungen des *Sophistes* entwickelt hat. In der lateinischen Übersetzung heißt das Selbe *idem*. Die Grundbestimmungen des Selben und Anderen dienen dazu, nicht nur dieses von jenem, sondern überhaupt eines vom anderen zu unterscheiden. Einfache Beispiele wären zwei Obstsorten (Äpfel und Birnen) oder zwei Kulturen (etwa die japanische und die chinesische). Die Setzung der Differenz geschieht durch eine Form der *Abgrenzung*. Sie bewegt sich in einem neutralen Medium des Dritten, worin unterschieden wird, und sie verweist auf eine ebenso neu-

93 Vgl. hierzu das Schema, das dieser Vorlesung als Beilage angefügt ist.

trale Instanz des Dritten, die die Unterscheidung fällt. So sind Äpfel und Birnen zu unterscheiden, doch beides sind Obstsorten oder Früchte. Sie haben Teil an einem Dritten, in unserem Beispiel an der Gattung Frucht. In den alten Definitionslehren gibt es jeweils eine Gattung (*genus*), dazu eine Reihe von Arten (*species*), und eine Art wird von der anderen durch eine spezifische Differenz (*differentia specifica*) unterschieden. Nach diesem klassischen Modell setzt sich die definitorische Bezeichnung des Menschen als *animal rationale* zusammen aus der Gattung *animal* und dem Beiwort *rationale*, das die spezifische Differenz angibt. Das bloße Tier wäre dann im Gegensatz zum Menschen als *animal irrationale*, als ›Lebewesen ohne Vernunft‹ zu bezeichnen. Das Wesen des Lebendigen oder die Klasse der Lebewesen wird also als Drittes vorausgesetzt, von dem aus entsprechende Unterscheidungen getroffen werden. Dieses Vorgehen ist bekannt unter dem Bild logischer Bäume, die einen gemeinsamen Stamm aufweisen und sich dann auf verschiedene Weise verästeln.[94] Die Tatsache, daß die Abgrenzung in einem Dritten aufgehoben ist, hat weiterhin zur Folge, daß die entsprechenden Unterscheidungen *reversibel* und *symmetrisch* sind. Ich kann sagen ›a ist nicht b‹ (Äpfel sind keine Birnen) oder aber ›b ist nicht a‹ (Birnen sind keine Äpfel). Die Relation ist umkehrbar, was rechts von dem Gleichheitszeichen steht, kann auch links stehen.

Stellen wir uns nun also die entsprechende Frage: »Was ist männlich, und was ist weiblich?« Diese Frage hat die Form einer Was-ist-Frage. Platonische Dialoge pflegen mit einer solchen Frage zu beginnen, indem sie nach dem Gerechten, Schönen oder Gleichen als einem solchen fragen. In dieser Art des Fragens tauchen ›männlich‹ und ›weiblich‹ als Prädikate auf: ich kann Personen, Verhaltensweisen oder Dinge als männlich oder weiblich bezeichnen. Hinter der Verwendung dieser Prädikate stehen distinktive Merkmale, die dem jeweils männlichen oder weiblichen Exemplar disjunktiv zugesprochen werden. Die Vertreter der beiden Geschlechter werden als Etwas betrachtet und behandelt, nämlich *als* männliche oder *als* weibliche Wesen. Dieses Vorgehen führt zu einem Dilemma. Entweder ist der Logos, der die Geschlechtsunterscheidungen vornimmt, *geschlechtsneutral*, dann wäre die Unterscheidung in männliche und weibliche Wesen sekundär, empi-

94 So etwa der *arbor porphyricus*, benannt nach dem Logiker Porphyrius.

risch, sie hätte nichts zu tun mit der Ordnung der Dinge und mit der Ordnung des Lebens. Oder aber der Logos ist selbst *geschlechtsdifferent*, doch damit scheint jene Verständigungsmöglichkeit zwischen den Geschlechtern ausgeschlossen, die durch den Logos gewährleistet wird.

Beginnen wir mit der ersten Möglichkeit. Es gäbe demnach männliche und weibliche Wesen – so wie es in der Welt bestimmte Arten von Tieren gibt, Tiere zu Lande, Tiere im Wasser oder Tiere in der Luft. Die Geschlechterdifferenz würde also zu jenen Differenzen gehören, die in der Welt, speziell im Bereich des Lebendigen vorkommen. Wohl kaum jemand würde behaupten, die Ordnung *der Welt* sei dadurch bestimmt, daß es Lippenblütler oder andere Pflanzensorten gibt. Nun könnte man einwenden, daß die Differenz männlich-weiblich nicht nur sporadisch vorkommt, sondern daß sie sich überall im Bereich des Lebendigen findet, nicht nur im Bereich des Menschen. Doch damit wäre sie immer noch empirisch und zufällig, einer lokalen Ordnung und einer bestimmten Art des Seienden zugehörig, während der Logos es mit der gesetzmäßigen Ordnung der Welt im Ganzen und dem Sein überhaupt zu tun hat, und eben dieser Logos wäre selbst weder männlich noch weiblich. Die Geschlechtlichkeit hätte damit kein entscheidendes Gewicht; sie würde bestenfalls zu den sogenannten anthropologischen Konstanten gehören, deren Konstanz außerdem durch die Machbarkeit der Dinge bedroht und nur eine Konstanz auf Abruf wäre. In der Sprache Husserls hätte die Geschlechtlichkeit einen empirischen und keinen transzendentalen Charakter. Wenn Husserl das Wort ›transzendental‹ verwendet, so betrifft dies die Möglichkeit von Erfahrung überhaupt, die Entstehung, Formung und Gestaltung einer Welt im Ganzen. Was die Leiblichkeit angeht, so vertritt Husserl die deutliche Auffassung, daß sie kein bloßes Vorkommnis in der Welt ist; die leibgebundene Bewegung und Wahrnehmung ist mit dafür verantwortlich, daß es eine bestimmte Ordnung der Dinge gibt. Ähnliches behauptet Husserl für die Geschichtlichkeit, die als kollektive Sinnstiftung und Sinntradierung ebenfalls einen transzendentalen Charakter hat. Doch die Frage ist, ob wir auf ähnliche Weise von einer transzendentalen Geschlechtlichkeit sprechen können.[95]

95 Bei Husserl ist diese Frage nicht deutlich entschieden; doch gibt es Nachlaßmanuskripte, vor allem in Hua xv, einem der Bände zur In-

Drehen wir die Sache nun einmal um und nehmen wir an, der Logos sei selbst männlich oder weiblich. Dies bringt uns in gegenläufige Schwierigkeiten, die ich als eine extreme Form von Maskulinismus und Feminismus bezeichnen möchte. Diese Problematik läßt sich mit der des Historismus und des Kulturalismus vergleichen. Nimmt man an, in jeder Kultur oder in einer bestimmten Epoche gebe es eine jeweils spezifische Ordnung, so entsteht alsbald das Problem, wie eine Verständigung zwischen verschiedenen Kulturen und Epochen denkbar ist. Gehen wir alternativ von einem männlichen oder einem weiblichen Logos aus, so hieße dies, es gibt eine Sprache der Männer und eine Sprache der Frauen, zwischen denen es letztlich keine Verständigungsbrücke gibt. Dies hat zur Konsequenz, daß diese Theorie sich selbst den Boden entzieht, von dem aus sie über verschiedene Geschlechter zu sprechen vorgibt. Am Ende gibt es nur noch die Sicht von Männern *oder* die von Frauen. Zum Maskulinismus besteht wenig Anlaß, da die Männer ohnehin immer schon zu Wort gekommen sind, es bleibt aber der Feminismus.

Es empfiehlt sich, zwischen einem idiomatischen und einem exklusiven Feminismus zu unterscheiden. Im ersten Falle hätten wir es mit einer Philosophie oder Wissenschaft aus dem Blickwinkel oder dem Interesse *von* Frauen zu tun, im zweiten Falle mit einer Philosophie oder Wissenschaft ausschließlich *für* Frauen. Der idiomatische Feminismus bezöge sich auf das Faktum, daß Frauen in der offiziellen Geschichte zumeist eine untergeordnete Rolle gespielt haben, nicht nur in der Philosophie oder in der Wissenschaft, sondern auch in den Künsten. Offensichtlich sind nur wenige Malerinnen oder Musikerinnen in unseren Lexika verzeichnet. Eine Dichterin zu werden, war leichter, denn reden, schreiben, das konnte man zu Hause tun, wenn Zeit und Raum zur Verfügung standen, während bei den handwerklich geprägten Künsten schon die Zugangsbedingungen ungleich verteilt waren. Vor dem Hintergrund dieser Geschichte erklärt sich das Interesse daran, weibliche Erfahrung in ihrer spezifischen Form zu thema-

tersubjektivität, wo Husserl tatsächlich diesen Gedanken einer transzendentalen Geschlechtlichkeit ins Auge faßt. Vgl. hierzu H. R. Sepp, Geschlechterdifferenz – ein Thema für Husserls Phänomenologie?, in: S. Stoller, H. Vetter (Hg.), *Phänomenologie und Geschlechterdifferenz* (1997).

tisieren und entsprechende Ausdrucksmittel zu gewinnen. Diese Vorgehensweise führt zu keinem Dilemma. – Davon zu unterscheiden wäre eine in sich abgekapselte Philosophie nur *für* Frauen. Diese Frauenphilosophie wäre für Männer eigentlich überhaupt nicht zu verstehen; sie würde damit aber auch für die Männerwelt alles Anstößige und Aufregende verlieren.

Anders, wenn wir von einer idiomatischen Philosophie ausgehen. Ich knüpfe mit diesem Vorschlag an Derrida an, der in bezug auf verschiedene nationale Traditionen von einem Idiom der französischen, der angelsächsischen oder der deutschen Philosophie spricht. Eine solche Art feministischer Philosophie wäre nicht in sich abgekapselt und würde sich nicht als autark verstehen. Idiome sind der Wahrnehmungsperspektive vergleichbar: als bestimmte Art zu sprechen und zu denken stehen sie nicht bloß im Kontrast zu anderen Idiomen, vielmehr sind sie auf mannigfache Weise mit ihnen verflochten. Eben deshalb gibt es, allen Differenzen zum Trotz, eine vielstimmige europäische Philosophie. Warum sollte es im Bereich der Geschlechterdifferenz nicht ähnliches geben?

Man hat sich immer wieder die Frage vorgelegt, ob es eine christliche, eine islamische oder eine jüdische Philosophie geben könne. Auch hier begegnet man einer solchen Verengung der Philosophie vielfach mit dem Hinweis auf eine Philosophie *von* Juden, *von* Christen, *von* Moslems oder *von* Glaubenslosen, die nicht auf eine bestimmte Glaubensperspektive beschränkt bliebe. Auch die marxistische Philosophie stand vor diesem Dilemma, wenn sie die Wahrheit der Geschichte von einer Klassenzugehörigkeit abhängig machte und damit Klassengegner von vornherein zum Schweigen verdammte. Das Konzept einer idiomatischen Philosophie könnte dazu helfen, aus solchen Dilemmata herauszufinden.

Nach diesen allgemeinen Vorüberlegungen stellt sich uns die Frage, wie der Unterschied von männlich und weiblich in der Tradition gedacht wird. Wird der Logos selbst als männlich *oder* weiblich gedacht, so gerät man – wie wir gesehen haben – in die Verlegenheit, einem Logos zu folgen, der selbst Züge einer natürlichen Spezies annimmt; er wäre außerstande, sich selbst zu explizieren und zu legitimieren, da er auf Voraussetzungen beruhen würde, die seinen Befugnissen per definitionem entzogen wären. Es liegt deshalb nahe, die Position umzudrehen und anzunehmen, daß es einen Logos gibt, der *weder* männlich *noch* weiblich ist. In der traditionellen Sichtweise, die sich auf der vertikalen Achse

zwischen Allgemeinem und Besonderem bewegt, findet sich eine ältere und eine moderne Version. In der älteren Version erscheinen Mann und Frau in *komplementärer* Anordnung als Geschlechtspartner, deren Verhältnis auf *Ergänzung* angelegt ist. ›Partner‹ und ›Ergänzung‹ sind wörtlich zu nehmen. Es handelt sich um Teilhaber, die einander er-gänzen. Geschlechtspartner fügen sich ein in ein Lebensganzes, das den Geschlechterunterschied umgreift, so daß das Verhältnis von Mann und Frau sich als komplementäre Beziehung darstellt. Der Anteil des Weiblichen hätte demnach die gleiche Reichweite wie der des Männlichen, das Ganze bestünde aus zwei symmetrischen Hälften. Nach dem berühmten Mythos des Aristophanes in Platons *Symposion* hat Zeus alle Menschen wie Früchte in zwei Hälften geschnitten, und die Suche nach dem passenden Gegenstück führt dann je nach Anordnung der Hälften zu homoerotischen oder heteroerotischen Beziehungen. Allerdings wird diese Komplementarität in der Tradition durchweg in eine *hierarchische* Ordnung umgebogen. Die Er-gänzung beschwört zwar ein Ganzes, doch dieses Ganze läßt Dominanzen zu, so daß ein Part gegenüber dem anderen den Vorrang behält. Daraus entsteht eine maskulinistische Tradition, wie wir sie etwa bei einem Autor wie Aristoteles finden, der die abendländische Auffassung des Menschen über Jahrhunderte maßgeblich mitgeprägt hat.[96]
Die Hierarchisierung nimmt verschiedene Formen an, einige von ihnen möchte ich im folgenden ausdrücklich benennen. Ich beginne mit dem Unterschied von *Öffentlichkeit* und *Häuslichkeit*. Bei dieser Unterscheidung handelt es sich keineswegs um bloß äußere Ortsbestimmungen, sondern um soziale Orte, die den Geschlechtern ihren eigentümlichen Ort zuweisen. Die Frau hat ihren Platz am Herd, sorgt für Stetigkeit und Geborgenheit, während der Mann in der Öffentlichkeit auftritt, den Außenkontakt pflegt und die Welt in Bewegung hält. – Die Hierarchisierung nach *Stärke* und *Schwäche* wird vielfach mit biologischen Eigenschaften verknüpft. Man redet vom weiblichen als vom schwachen Geschlecht und bezieht sich dabei zumeist auf Kampf- und Kriegstugenden. – Psychologisch wird zwischen *Vernunft* und *Gefühl* unterschieden, wobei der Frau im stärkeren Maße das Gefühl als ein Sinn für das Ganzheitliche, Unmittelbare, dem Manne dagegen

96 Vgl. Thomas Laqueur, *Auf den Leib geschrieben. Die Inszenierung der Geschlechter von der Antike bis Freud* (1992), S. 42 ff.

die Vernunft, Differenzierungsfähigkeit und Entschlußkraft zugesprochen wird. Offensichtlich handelt es sich hier um Grundklischees, die den Blick auf die Geschlechterdifferenz von vornherein in bestimmte Bahnen lenken.
Gleichzeitig gerät man auf die Bahnen eines *circulus vitiosus* oder einer *self-fulfilling prophecy.* Werden Mädchen von Kindheit an, wie es früher durchweg der Fall war, darauf hin erzogen, den Herd zu hüten, sich in einem wohlbemessenen Kreis zu bewegen, Zunge und Gedanken zu zügeln, um das Frauliche nicht zu beeinträchtigen, so verwundert es nicht, wenn die Klischees sich in den meisten Fällen bewahrheiten.[97] Generell kann man sagen, daß Definitionen von Lebensrollen keine äußeren Bestimmungen liefern, sondern in das Leben selbst eingreifen. Wird das Kind auf eine bestimmte Rolle festgelegt, dann ergibt sich die Chance, daß es die Rolle erfüllt, indem es sich der Definition angleicht. Solche Theorien ernähren sich von ihrem eigenen Erfolg, sie können aber auch daran zugrunde gehen, daß sie jene Widerstandskräfte unterschätzen, die sie selbst hervorrufen.
Zeugnisse aus einer anderen Kultur belegen, daß es sich bei solchen geschlechterspezifischen Verhaltenszuweisungen nicht bloß um europäische Erzübel handelt. T. Todorov berichtet in seinem Buch über die Eroberung Amerikas von einem alten Brauch der Mayas, den Neugeborenen geschlechtsspezifische Dinge in die Wiege zu legen, dem Jungen ein Kriegsschild, dem Mädchen ein Webgerät.[98] Diese frühe Zuweisung nimmt nicht nur die spätere Arbeitsverteilung vorweg, sondern es geht um mehr, wie Todorov zeigt. Wer ein Kriegsgerät besitzt, ist der Herr des Lebens; er regiert, da er den Tod geben kann. Diese Polarisierung geht primär vom Kriegerischen aus, doch es gibt auch andere Varianten. So ist Aristoteles eher an Wirtschaft und Politik orientiert, bei ihm ist es nicht die kämpferische, sondern die lenkende Funktion der Vernunft, die den Ausschlag gibt. – Andere Versionen stützen sich auf

97 »Kinder, vornehmlich Mädchen, müssen früh zum freimütigen ungezwungenen Lächeln gewöhnt werden; denn die Erheiterung der Gesichtszüge hierbei drückt sich nach und nach auch im Inneren ab und begründet eine Disposition zur Fröhlichkeit, Freundlichkeit und Geselligkeit, welche diese Annäherung zur Tugend des Wohlwollens frühzeitig vorbereitet.« I. Kant, *Anthropologie in pragmatischer Hinsicht*, Ausg. Weischedel, Bd. VI, S. 598.

98 Tzvetan Todorov, *Die Eroberung Amerikas* (1985), S. 112 f.

die Theologie. Schon die Griechen sagen ganz selbstverständlich ὁ θεός, *der* Gott. Und in unserer Tradition ist es üblich, vom *Herr*gott, vom Gott*vater* zu reden. Auch der berühmt-berüchtigte Penisneid in der Psychoanalyse läßt eine maskulinistische Tradition erkennen. Der Mann *hat* etwas, was die Frau *nicht hat*; die Frau wird also negativ durch einen Mangel definiert. – In solchen Unterscheidungen tritt eine Komplementarität auf, deren beide Teile nicht gleichgewichtig sind. Diese ältere Geschlechterversion, die keineswegs ausgestorben ist, hat ihre Wurzeln in ganzheitlichen Ordnungsbildern.

Eine modernere Version zielt ab auf eine *Gleichstellung* von Männlichem und Weiblichem. Hierher gehört die Gleichberechtigung, die Emanzipation der Frau, die dieser zu gleichen Chancen und Rechten verhilft. Simone de Beauvoir hat in dieser Hinsicht, was die theoretische Orientierung, allerdings nicht unbedingt die praktische Durchführung angeht, einen gewissen Schlußpunkt gesetzt.[99] Tritt die Gleichberechtigung der Geschlechter in den Vordergrund, so führt dies zu einer gewissen Unterbewertung und Vernachlässigung des Leiblichen. Die Gleichberechtigung bezieht sich auf das Recht, und dieses drängt per definitionem auf Gleichheit. Gleichstellung ist dort am Platz, wo es um Rechte und Pflichten, um Ämtervergabe und Berufschancen geht. Die Grenze einer solchen Sichtweise liegt darin, daß sie sich jenseits der Differenz von Männlichkeit und Fraulichkeit bewegt, und zwar systematisch. Die Gleichstellung betrifft den Menschen im Mann oder in der Frau, nicht die Frau als Frau oder den Mann als Mann. Sie betrifft Menschen als Rechtssubjekte, Staatsbürger oder Wirtschaftsbürger, als Vernunftwesen oder als menschliche Lebewesen, nicht aber als Geschlechtswesen. Die Problematik, mit der wir es hier zu tun haben, erinnert an die Probleme der Judenemanzipation.[100] Diese wurde vielfach so verstanden, daß Juden sich zum allgemein Menschlichen zu erheben haben, doch damit kommt das spezifisch Jüdische nicht zu seinem Recht. Emanzipation *der* Juden bedeutet dann, wie es bei Marx heißt, »Emanzipation der Menschheit« *vom* Judentum, letztlich also Überwindung des Judentums. Wenn Juden traditionelle Bindungen abstreifen und

99 Simone de Beauvoir, *Das andere Geschlecht* (1992, frz. 1949).

100 Marx' frühe Schrift: *Zur Judenfrage* befaßt sich mit dieser Frage, von der dieser Autor selbst betroffen war.

Nicht-Juden dies ebenfalls tun, so zeichnet sich ein Humanismus ab, der über Unterschiede wie jüdisch, christlich oder was immer hinauszielt. Übrigens war es bis zum Ende des Weltkrieges im kaiserlichen Deutschland, anders als im republikanischen Frankreich, für Juden nahezu unmöglich, ein Ordinariat an der Universität zu bekommen. Georg Simmel z. B. war ein renommierter Berliner Gelehrter, der erst kurz vor seinem Tod einen Lehrstuhl in Straßburg bekam. In der Entwicklung der Frauenrechte begegnet uns ähnliches. Im Falle der Judenemanzipation geht es wie im Falle der Frauenemanzipation zunächst um das Erkämpfen von gleichen Rechten. Wenn dies allerdings die einzige Perspektive bleibt, dann verlieren die spezifischen Unterschiede, jene zwischen den Geschlechtern wie jene zwischen den religiösen und kulturellen Traditionen, an Kraft und Gewicht. Legt man den Akzent einseitig auf universale Rechte oder Regeln, dann droht die Gefahr, daß mit der Abschaffung der Geschlechtervorherrschaft auch die Geschlechterdifferenz verblaßt.

Doch es fragt sich, ob die Tendenz zur Gleichstellung überhaupt auf eine wirkliche Gleichberechtigung hinausläuft und ob nicht auch hinter diesem aufklärerischen Denken Einseitigkeiten verborgen liegen. Aus feministischer Sicht gibt es eine Kritik am Gleichstellungsdenken, die darauf beharrt, daß der Logozentrismus, der von einem allgemeinen (nicht spezifisch männlichen oder weiblichen) Logos ausgeht, seinerseits ein sehr starkes Produkt männlichen Denkens und Handelns darstellt. Wenn im Gleichstellungsdenken einzig und allein darauf geachtet wird, was Männern und Frauen gemeinsam ist, so liegt die Einseitigkeit in eben dieser Verallgemeinerung. Viele zeitgenössische Debatten, die sich nicht nur um das Verhältnis zwischen den Geschlechtern, sondern auch um das zwischen den Kulturen drehen, enden bei der Frage: Genügt es, von einem allgemeinen Gesichtspunkt auszugehen, der alle Kulturen, Religionen und Geschlechter auf einen Nenner bringt? Liegt nicht in dieser Wahl eines universalen Bezugspunktes selbst wiederum eine Einseitigkeit, weil dadurch die konkreten Differenzen, auch die Andersheit des Anderen, durch die Einordnung in ein umfassendes Ganzes oder durch die Unterordnung unter ein allgemeines Gesetz zum Verschwinden gebracht werden?

Im folgenden möchte ich von der vertikalen zur horizontalen Dimension überleiten, indem ich das Problem des Allgemeinen und Besonderen anhand eines Beispiels erläutere, das ganz zentral zum Thema der Vorlesung gehört, nämlich anhand der leiblichen Ausstattung des Menschen. Merleau-Ponty fragt sich in der *Phänomenologie der Wahrnehmung*: Was besagt die Ausstattung des Menschen mit fünf Sinnen?[101] Gibt es für diese sinnliche Ausstattung notwendige Gründe, oder ist sie rein zufällig? Merleau-Ponty zitiert die *Pensées* von Pascal, der sich bereits die Frage vorlegt, ob man sich einen Menschen ohne Hände, ohne Füße, ohne Kopf denken könne. Diese Frage ist noch ganz cartesianisch formuliert, denn wäre der Körper eine bloße Maschine und das denkende Wesen eine selbständige Substanz, dann könnte man sich durchaus eine ganz andere Körpermaschine denken, mit der das denkende Wesen ebenso zurechtkäme. Die Körperausstattung wäre dann als rein zufällig zu betrachten. Merleau-Ponty dehnt Pascals Frage aus auf die Geschlechterproblematik. Wären Menschen ohne Geschlecht denkbar? Wäre es denkbar, daß Menschen sich wie manche Pflanzen »durch Stecklinge oder Pfropfung« fortpflanzen?

Wir stehen hier wiederum vor zwei extremen Möglichkeiten. Man kann annehmen, daß die Sinnlichkeit (einschließlich der Geschlechtlichkeit) zum Wesen des Menschen gehört und mit darüber bestimmt, wie Rationalität und Vernunft überhaupt zu denken sind. So denkt beispielsweise Hegel, der dort, wo Differenzen auftreten, nie den Weg bloßer Abstraktion wählt. Er sagt nicht: es gibt zwar Mann und Frau, aber vom Menschen aus gesehen han-

101 »Man mag erwidern, die Organisation unseres Leibes sei doch eine kontingente, man könne sich doch ›einen Menschen ohne Hände, Füße, Kopf denken‹ [Pascal, *Pensées*, ed. Brunschwicg, Fragment 339] und erst recht dann einen Menschen ohne Geschlecht, der sich durch Stecklinge oder Pfropfung fortpflanzte. Doch dergleichen Vorstellungen sind nur möglich, wenn man Hände, Füße, Kopf oder Geschlechtsorgane abstrakt als Materiefragmente, nicht in ihrer lebendigen Funktion betrachtet und auch vom Menschen nur einen abstrakten Begriff bildet, in den nichts anderes als das *cogito* Eingang findet« (PP 198, dt. 202 f.). In dieser schönen Passage kontrastiert Merleau-Ponty die menschliche Fortpflanzung mit Beispielen aus der Pflanzenwelt, aus der sich das deutsche Wort ›Fort-pflanzung‹ sichtlich herleitet. Heute wäre die künstliche Befruchtung anzuführen, die sich dem Punkt annähert, wo die Fortpflanzung nur noch technische Fragen aufwirft.

delt es sich um eine bloß zufällige Verdoppelung, und es gibt zwar fünf Sinne, aber es könnte auch ebensogut einige mehr oder einige weniger geben. Hegels Ehrgeiz zielt darauf ab, die Vielfalt der Differenzen in sein Ganzheitsdenken aufzunehmen und das Ganze aus Differenzen und Gegensätzen entstehen zu lassen. Deshalb gehört Hegel zu den wenigen Philosophen, die sich in ihrer Anthropologie zu Mann und Frau, zu Bruder und Schwester, zu Eltern und Kindern äußern. Auch die fünf Sinne finden in Hegels System ihren Platz; sie sind unter anderem unentbehrlich für die Unterscheidung verschiedener Künste wie Musik, Malerei, Baukunst und Schriftkunst. Man kann zwar versuchen, die verschiedenen Künste in ein sogenanntes Gesamtkunstwerk zu integrieren, doch zunächst finden sie ihr Betätigungsfeld in der Ausformung, Verfeinerung oder Differenzierung spezifischer Sinnessphären.

Wer die Künste ernst nimmt, wird die Vielfalt der Künste also ebenso ernst nehmen. Doch wenn man genauer hinsieht, stößt man auch hier wieder auf Hierarchisierungen. In Kants Anthropologie werden Geruch und Geschmack als niedere Sinne behandelt, weil sie enger mit dem Animalischen verbunden sind und ihre Qualitäten stärker an konkreten Körperzuständen haften. Zu den Nahsinnen zählt Kant auch das Tasten, das noch recht grobschlächtig in die Wirklichkeit eingreift. Erst die Fernsinne erreichen bei ihm einen höheren Rang. Doch auch hier gibt es gewisse Varianten: der Malerei kommt zugute, daß in der visuellen Wahrnehmung der Gegenstand besonders deutlich in Erscheinung tritt als das, was er selbst und unabhängig von konkreten Lebenszusammenhängen ist. Die Musik profitiert von einer durchgehenden Einstimmung in die Harmonie der Weltsphären oder von der Nähe zu affektiven Grundstimmungen. Die fünf Sinne werden also ernst genommen, aber dennoch derart hierarchisiert, daß Differenzen sich in Stufen verwandeln und auf die Bahn einer zweifelhaften Aufhebung gelangen. Die Ordnung der Sinne gleicht hier der Ordnung der Geschlechter.

Von der hierarchisierenden Betrachtung, die eine Wesensnotwendigkeit einschließt, gerät man ins andere Extrem, wenn man mit Pascal von bloßen Zufälligkeiten ausgeht. Durch Zufall haben wir zwei Hände, zwei Augen, zwei Füße[102], und was zufällig entstan-

102 Doch schon diese Verdoppelung in *zwei* Hände, Augen, Füße usw. ist

den ist, läßt sich nicht nur verschärfen, verfeinern, ergänzen, sondern auch nach Belieben abändern. Doch diese Reduktion der Sinnesorganisation auf bloße Zufälligkeit verkennt, daß die verschiedenen Sinne durchaus verschiedenen a priori wirkenden Gesetzmäßigkeiten unterliegen. Gehör und Gesicht unterscheiden sich nicht bloß dadurch, daß verschiedene Sinneskanäle eingeschaltet und daß akustische, optische oder taktische Reize auf verschiedene Weise verarbeitet werden, vielmehr ist der Klangraum anders gestaltet als der Sehraum; Farben verteilen sich anders im Raum als Klänge. Auch Nähe und Ferne spielen eine unterschiedliche Rolle. Ferner gibt es eine vielfältige Rhythmik der Sinne, die über die Motorik in die Wahrnehmung eingreift. Darin zeichnet sich eine Ordnung der Sinne ab, die nicht auf einen einzigen Nenner zu bringen ist.

Doch die Alternative von Notwendigkeit und Zufälligkeit hat auch hier nicht das letzte Wort. Merleau-Ponty geht von vornherein davon aus, daß es sich bei der Sinnesausstattung weder um ein reines Apriori noch um empirische Fakten handelt, sondern vielmehr um eine »Existenzverknüpfung«. Im Leib verknüpfen sich Kontingenz und Notwendigkeit: »Alles im Menschen ist Notwendigkeit, es ist kein bloßer Zufall, daß dieses vernünftige Wesen z. B. zugleich ein solches ist, das aufrecht geht und dessen Daumen den übrigen Fingern gegenüberliegt: im einen wie im anderen bekundet sich dieselbe Weise des Existierens.«[103] Die Hand, der Daumen, der Werkzeuggebrauch sind Teil einer bestimmten Greiffähigkeit. Ebenso wie die zupackende Bewegung der Hand bezieht sich auch der aufrechte Gang nicht auf bloße Körpervorgänge, die im Dienste geistiger Tätigkeit entstehen. Alles ist notwendig in dem Sinne, daß man es nicht einfach wegdenken kann. Merleau-Ponty fährt an

erstaunlich. Warum haben wir nicht bloß *ein* Auge oder drei Augen, hinten noch eins; und eine Hand mehr zu haben, wäre auch schön. Ausdenken kann man sich vieles: statt der Beine könnte man sich Rollen oder vier Beine ausdenken. Vieles wäre technisch herstellbar. Angesichts heutiger Technologien sind dies keine bloßen Gedankenspiele mehr.

103 PP 198, dt. 203. Über den praktischen und symbolischen Gebrauch der Hand ist vieles nachzulesen in dem schönen Buch von André Leroi-Gourhan, das den Titel trägt: *Hand und Wort* (1984); die Ausbildung der Hand gehört zur Stiftung der Kultur, sie ist keine Zufälligkeit.

der gleichen Stelle also fort: »Und alles im Menschen ist Kontingenz, insofern nämlich diese menschliche Existenzweise nicht einem jedem Menschenkind zum voraus auf Grund eines Wesens gewährleistet ist, das es bei seiner Geburt schon empfangen hätte, sie vielmehr beständig durch alle Zufälle des objektiven Leibes hindurch sich wiederherstellen muß.« Eine Grundlage bedeutet keine Entelechie, die sich im Laufe des Lebens bloß entfaltet. Es sind Zufälligkeiten beteiligt, weil beim Menschen als einem »nicht festgestellten Tier« selbst das Gehen und Sehen kulturell variablen Gang- und Blickweisen unterliegt. Entsprechendes gilt auch für den Umgang mit dem anderen Geschlecht. Kulturelle Rituale geben der Geburt, dem Geschlechterkontakt und der Generationenfolge eine bestimmte Form. Weder ist die Geschlechtlichkeit also absolut notwendig in dem Sinne, daß eine Wesensausstattung vorläge, noch ist sie zufällig in dem Sinne, daß sie einfach durch anderes ersetzbar wäre.

Husserl schreibt in den *Ideen I* dem transzendentalen Ich die »Notwendigkeit eines Faktums« zu.[104] Notwendigkeit bedeutet hier nicht die Ableitung aus allgemeinen Gesetzen, sondern eine Unumgänglichkeit: ich komme um einen geschlechtlich geprägten Leib ebensowenig herum, wie ich um mich selbst ›herumkomme‹, ohne daß ich zwingende Gründe anführen könnte, warum ich selbst mit meinem Leib so bin, wie ich bin. Die Unterscheidung der Geschlechter läßt sich also nicht spekulativ aus irgendeinem geschlechtslosen Wesen herleiten, doch ebensowenig ist sie eine bloße Zufälligkeit, da wir immer schon von ihr ausgehen, wenn wir uns auf sie besinnen. Selbst dem ›Ich denke‹ wohnt eine latente Geschlechtlichkeit inne. Wenn Erwachsener und Kind, Mann und Frau ›ich‹ sagen, kann dies durchaus eine verschiedene Klangfarbe annehmen, die einer formalen Grammatik entgleitet.

B) Horizontale Dimension: Eigenes und Fremdes

In der horizontalen Dimension geht es nicht mehr um das Verhältnis von Besonderem und Allgemeinem, sondern um Eigenheit und Fremdheit oder um Nähe und Ferne. Im Deutschen sind die Ausdrücke ›Selbst‹ und ›Selbes‹ bis zur Verwechselbarkeit einan-

104 Hua III, 109.

der benachbart. Ähnliches gilt für das griechische Wort αὐτός, anders dagegen das lateinische *ipse*, das von dem Wort *idem* wohlunterschieden ist. Über das Selbst habe ich im Zusammenhang mit der Leiblichkeit schon einiges gesagt. Die Rede von einem ›Ich selbst‹ weist hin auf ein Moment der Selbstbezüglichkeit, das jeder Identifizierung vorausgeht.

Die Unterscheidung von Eigenem und Fremdem fällt nicht mit der Unterscheidung von eigenem und fremdem Geschlecht zusammen, doch wird sie dadurch auf intensive Weise illustriert. Wir lernen die Geschlechterdifferenz kennen, indem wir uns selbst geschlechtlich einordnen, so daß Mädchen für Jungen zunächst etwas Fremdes sind und umgekehrt. Was auf dieser Weise unterschieden wird, ist nicht einfach Teil eines allgemein Menschlichen. Wer sagt: »Es gibt Menschen, und diese sind teils männlich, teils weiblich«, der ist selbst schon ein männliches oder weibliches Wesen. Anfänglich haben wir es nicht mit einer Abgrenzung zu tun, die von einem Dritten ausgeht, sondern mit einer *Ein-* und *Ausgrenzung* in dem Sinne, daß das eigene Selbst sich bei sich selbst einrichtet, indem es anderes von sich und sich von anderen ausschließt. Die Ein- und Ausgrenzung betrifft etwas, das sich mir entzieht; sie bedeutet ein Sich-Unterscheiden, wobei der Ton auf dem *sich* liegt. Am Anfang steht kein neutrales Wesen, das feststellt: »Es gibt Männer oder Frauen«, sondern der Mann unterscheidet *sich* von der Frau, und diese unterscheidet *sich* vom Mann. Die Geschlechter sind keine objektiven Gegebenheiten, die einem Unterscheidungskriterium unterworfen werden, sondern ich bin Mann, ich stehe stets auf einer Seite der Scheidelinie, doch zugleich bin ich auch der, der die Unterscheidung trifft. *Ich* unterscheide *mich* vom Anderen.

Die Fremdheit läßt sich verdeutlichen durch den Wechsel von Wachen und Schlafen, durch den Übergang von der Kindheit zum Erwachsensein und durch das Ineinanderspielen von Gesundheit und Krankheit. Beim Wachen und Schlafen kann ich nicht von einer neutralen Position aus sagen, mein Körper befindet sich in verschiedenen Zuständen, einmal wacht er, einmal schläft er. Denn von woher sage ich dies? Stets vom wachen Zustand aus, wachend spreche ich vom Schlafen und nicht umgekehrt. Hier liegt eine Asymmetrie vor. Im Schlaf taucht das Wachleben zwar in Traumresten auf, aber Wachen und Schlafen sind nicht einfach umkehrbar wie zwei Straßenseiten. – Ein anderes Beispiel bildet die Beziehung zwischen Kind und Erwachsenem. Man steht auf der einen oder auf der anderen Seite, und wenn es zu Verständigungsschwierigkeiten kommt, so gibt es keinen Dolmetscher. Lebensalter werden nicht gegeneinander ausgetauscht wie auf einer neutralen Altersbörse. – Ein letztes Beispiel wäre der Gegensatz von Gesundheit und Krankheit. Man ist nicht einfach gesund, sondern man bleibt gesund, indem man von Krankheit verschont wird, sich vor der Erkrankung schützt, aber auch auf gewisse Weise mit der Krankheit lebt. Die Grenze zwischen Gesundheit und Krankheit variiert, sie ist eine Sache der Gewichtung, der Proportionen, nicht der scharfen Trennung. Und die Prozesse des Gesundens und Erkrankens sind Übergänge, in denen das Selbst sich wandelt und nicht nur den Zuständigkeitsbereich wechselt, wie wenn man ein anderes Zimmer betritt.

Irreversibilität, Asymmetrie, Schwelle

Das Sichunterscheiden unterliegt einer gewissen Irreversibilität und Asymmetrie. Wir können nicht beliebig von der einen auf die andere Seite überwechseln, das zeigen schon die Beispiele. Wenn eine Frau sich vom Mann oder ein Mann sich von der Frau unterscheidet, so tun sie es jeweils auf ihre unvertauschbare Weise. Beide stehen jeweils auf einer Seite der Schwelle und nicht auf beiden Seiten zugleich.

Wie wir gesehen haben, treten in dem Schema der vertikalen Dimension zwei Momente A und B auf, dazu ein Drittes, von dem aus die Unterscheidung getroffen wird. Das Eigene und Fremde, das uns im horizontalen Modell begegnet, ist dagegen durch eine Schwelle geschieden, die zugleich verbindet und trennt. Wachend sprechen wir über das Schlafen, schlafend verarbeiten wir das Wachen, doch es gibt keinen Ort eines Dritten oberhalb dieser Schwelle, von dem aus beide Bereiche zu überblicken und zu beherrschen wären. Natürlich kann ich den Standpunkt eines Dritten einnehmen und allgemeine Gesichtspunkte geltend machen. Ich kann Mann und Frau vergleichen, es gibt eine Komparatistik der Geschlechter, der Sprachen, der Kulturen, auch in Form wissenschaftlicher Disziplinen. Doch dieser Vergleich steht nicht am Anfang. Die Erfahrung des Fremden bildet den Ausgangspunkt auch für ein vergleichendes, verallgemeinerndes Verfahren. Diese anfängliche Differenz von Eigenheit und Fremdheit verschwindet, wenn der Standpunkt des Dritten verabsolutiert wird. Wenn ich mich geradewegs darauf berufe, daß es eine Menschheitsentwicklung gibt, dann sind Mann und Frau nur noch Momente eines Gesamtgeschehens. Das Modell, das ich hier anbiete, ist demgegenüber zweispurig, gleichzeitig horizontal und vertikal angelegt. Als Einzelner antworte ich auf den Anderen oder verspreche ihm etwas, und dies Verhältnis läßt sich nicht einfach umdrehen. Zudem kann ich mein Verhältnis zum Anderen mit den Augen eines Dritten betrachten, so wie es ein Richter tut, der einen strittigen Fall beurteilt. Mehr noch, der Dritte ist immer schon implizit im Spiel, sofern mein Reden und Tun allgemeinen Regeln unterliegt. Dennoch kann das eine nicht auf das andere reduziert werden. Antworten ist nicht Vergleichen und Vergleichen ist nicht Antworten.

Auch die Schwelle ist kein Drittes im Sinne eines Vermittelnden.[105] Sie ist eine paradoxe Sache, da sie zugleich vermittelt und trennt; darin unterscheidet sie sich von dem Dritten, das der vertikalen Achse zugrunde liegt. Nehmen wir noch einmal die Charakterisierung des Menschen als eines Lebewesens (eines *animal*). Humanität und Animalität sind in diesem Falle durch keine Schwelle voneinander getrennt, sondern die Animalität ist genau das Gemeinsame, Verbindende, das Umfassende, innerhalb dessen differenziert wird. Die Schwelle besteht demgegenüber darin, daß Bereiche von-einander getrennt und zugleich auf-einander bezogen sind. Die Schwelle vermittelt, indem sie die Vermittlung unterbricht. Der Zusammenhang entsteht und besteht in der Differenz selber. – Erläutern läßt sich dies am dialogischen Spiel von Frage und Antwort. Zwischen Frage und Antwort gibt es keine Synthese, weil Frage und Antwort als Doppelereignis auftreten: eine Frage erhebt einen Anspruch, auf den ich antworte. Es gibt keine Synthese, außer man bewegt sich bereits in einem geordneten Bereich, in dem bestimmte Konfigurationen sich wiederholen. Ein extremes Beispiel wäre das Kreuzworträtsel: hier ist die Lösung schon da, sie wird nur gefunden. Bei Frage und Antwort, die noch nicht normalisiert oder in ein abgekartetes Spiel verwandelt sind, überqueren wir eine Schwelle. Die Pausen sind es, die aus der

105 Das Folgende antwortet auf die Frage eines Hörers: »Wäre in diesem Falle nicht die Schwelle selbst das Dritte?«

Rede eine Unterredung machen.[106] Unterbrechungen sind entscheidend für jeden Dialog, in dem Unerwartetes zu gewärtigen ist, in dem etwas auf dem Spiel steht, was sich nicht als eigene oder allgemeine Möglichkeit vorwegnehmen läßt. Das gleiche gilt nicht für einen Dialog, der auf dem Weg der Wiedererinnerung zu seinem Anfang zurückkehrt. Nicht jeder Dialog ist ein Dia-log. Pausen und Zäsuren gleichen einer Windstille, wo noch offen ist, wohin der Wind sich dreht, sie gleichen dem toten Punkt einer Pendelbewegung, wo noch nicht ausgemacht ist, ob das Pendel zurückschlägt oder zu rotieren beginnt.[107] Dieses Phänomen der Pause, der Unterbrechung oder der Schwelle läßt sich nicht von außen her konstatieren, es läßt sich nur performativ bestimmen im Ausgang vom Vollzug der Fremderfahrung. Man kann hier von einer *doppelten Asymmetrie* sprechen. Der Mann verhält sich zur Frau und die Frau verhält sich zum Mann, doch das eine Verhältnis entzieht sich dem anderen und kann nicht einfach in sein Gegenteil verkehrt werden.

Ein naheliegendes Beispiel für die Verwandlung dieser Asymmetrie in Symmetrie liefern die gewöhnlichen Dialog- und Kommunikationstheorien. Sie gehen aus von zwei Dialogpartnern, die als Sprecher und Hörer auftreten und die jederzeit ihre Rolle vertauschen können. Damit wird die Differenz als reversible Funktion behandelt. Doch Mann und Frau treten sich nicht gegenüber wie Sprecher und Hörer, wie Sender und Empfänger, sie können nicht sagen: »Jetzt bin ich mal der Mann, dann du«; die Geschlechterdifferenz besteht nicht aus Geschlechterrollen, die man nach Belieben austauschen kann. Hier liegt eine Quelle für Mißverständnisse, denn man neigt dazu, immer wieder eine Symmetrie zu unterschieben. Wenn wir sagen: »Einer ist dem anderen fremd« (die Frau dem Mann, der Chinese dem Deutschen und umgekehrt), dann tun wir oft so, als sei diese Fremdheit auf beiden Seiten dieselbe, als sei einer dem anderen ebenso fremd wie dieser ihm. Doch die Neugierde, die Faszination, die Abschirmung, das

106 »Aber: mein Herz ging durch die Pause...« (Paul Celan: »Aber«). Vgl. dazu P. Valéry, *Cahiers* 1 (1973), S. 1009, dt. Bd. 3, S. 180: »Sich *unterbrechen* – wesentlich menschliche Eigenschaft – aufschlußreich, Beweis dafür, daß es viele Wege gibt.« Dies ist auch einer der Grundgedanken von M. Blanchot in: *L'entretien infini* (1969), vgl. bes. Kap. VIII.

107 Vgl. I. Prigogine und I. Stengers, *Dialog mit der Natur* (1986), S. 80.

Spiel von Nähe und Ferne, all das, was im Umgang mit dem Fremden eine Rolle spielt, läßt sich nicht ohne weiteres über einen Kamm schlagen. Der Umgang mit dem Fremden in jeglicher Form ist kulturell variabel, wie die Kulturgeschichte des Fremden hinreichend zeigt, abendländisch beginnend mit der Unterscheidung von Griechen und Barbaren. Der Umgang mit dem anderen Geschlecht bleibt von diesen Wandlungen nicht verschont.

Zum Polymorphismus des Geschlechtsleibes

Die Rede vom Polymorphismus des Geschlechtsleibes greift zurück auf die Begrifflichkeit von Merleau-Ponty. Polymorphismus bedeutet im Zusammenhang mit dem Geschlechtsleib Vielförmigkeit, Vielfältigkeit. Merleau-Ponty bezieht sich mit diesem Begriff auf Freud, der die frühkindliche Sexualität als polymorph-pervers bezeichnet. ›Pervers‹ bedeutet hier ›nicht normalisiert‹, und Polymorphismus bedeutet, daß in der kindlichen Sexualität verschiedene Ausformungsgestalten angelegt sind.

Diese Polymorphie kann anhand der klassischen Beschreibung von Familienstrukturen (z. B. bei Aristoteles) verdeutlicht werden. Auf Freud habe ich schon hingewiesen: die Ödipusstruktur setzt eine Familienstruktur voraus. Lévi-Strauss, der seinerseits von Freud ausgeht, unterscheidet – wie ebenfalls schon erwähnt – drei Beziehungsachsen der Familienstruktur: *Allianz*, *Konsanguinität* und *Deszendenz*. Allianz bezieht sich auf das Verhältnis zwischen Mann und Frau als Partnern, Konsanguinität bezieht sich auf die Blutsgemeinschaft und Deszendenz auf die Abstammung. Auf jeder der drei Achsen tauchen Mann und Frau jeweils verschieden auf (was auch für die Leiblichkeit wichtig ist): die Frau taucht auf als Tochter, Schwester und Mutter, der Mann als Sohn, Bruder und Vater. Eine Thematisierung der Geschlechtlichkeit des Leibes muß alle drei Dimensionen berücksichtigen: der Leib ist ein Geflecht aus verschiedenen Geschlechterbeziehungen und Geschlechterrollen. Die Familienstruktur (wobei nicht bloß an Blutsverhältnisse zu denken ist) ist eine Institution ebenso wie Vaterschaft, Mutterschaft und Kindschaft. Jede Kultur bestimmt, wie man als Vater, als Mutter, als Kind lebt. Dies sind nicht einfach bloße biologische Verhältnisse, sondern Einrichtungen. Auch Adoptiveltern und nicht bloß die leiblichen Eltern gelten als Vater und

Mutter. Die in früheren Zeiten geläufige Redeweise vom ›natürlichen Kind‹ bezog sich auf Kinder, die außerhalb der offiziellen Ehe und Familie gezeugt waren. Diese merkwürdige Formulierung disqualifizierte das uneheliche Kind als ›Wildwuchs‹.

Geschlechtsverkehr und Fortpflanzung

Die Konsanguinität hat es mit der Fortpflanzung zu tun, sofern es hier um die Abstammung von gemeinsamen Eltern geht. Doch ist nun der Zusammenhang zwischen Geschlechtsverkehr und Fortpflanzung ein rein zufälliger? Das wäre ein Beispiel für die Betrachtung des Leibes als einer bloßen Zufälligkeit. Man kann sagen, de facto gibt es bestimmte Zusammenhänge, aber man könnte sie ja auch voneinander ablösen. Und man könnte es nicht nur, sondern man tut es. Die Mittel der Empfängnisverhütung, der Empfängnisvermeidung oder Abtreibung sind ja keine moderne Erfindung, es hat sie immer gegeben, nur haben diese Techniken heute enorm zugenommen bis hin zur künstlichen Befruchtung, wo der Vorgang des Geschlechtsverkehrs und der Zeugung voneinander losgelöst werden: etwas geschieht im Glas, in vitro, weit entfernt von der Zwischenleiblichkeit einer geschlechtlichen Beziehung. Doch ist das Band zwischen Geschlechtsverkehr und Fortpflanzung damit völlig zerschnitten? Liegt auch hier eine Emanzipation vor? Ich möchte mich nicht mit päpstlichen Enzykliken aufhalten, die verkünden, der eigentliche Zweck des Geschlechtsverkehrs sei die Zeugung von Nachkommen, denn hierzu gibt es inzwischen selbst in der katholischen Tradition andere Stellungnahmen. Ich möchte vielmehr auf Platon zurückgehen, der nicht im Verdacht steht, lediglich eine bestimmte Familienstruktur zu verteidigen. In Platons *Symposion* ist das entscheidende Moment die Verbindung von Eros und Zeugung. Erotik im weitesten Sinne (dazu gehören alle möglichen Formen von Freundschaften) und Zeugung werden in der berühmten Definition des Eros verknüpft: der Eros ist ein τόκος ἐν καλῷ, d. h. eine Zeugung im Schönen.[108] Platon denkt dabei nicht bloß an die Zeugung von Kindern, sondern ebenso an Taten, Werke, Ideen, d. h. an all die Bereiche, wo etwas unter einem gewissen Enthu-

108 *Symp.* 206 b.

siasmus und mit einem Überschuß des Schönen hervorgebracht wird, über das bloß Nützlich-Zweckhafte hinaus. Dieser Zusammenhang wird in einem Wortspiel deutlich, von dem ich nicht weiß, ob Nietzsche es erfunden hat: *aut liberi aut libri*, entweder Kinder oder Bücher. Die platonische Idee besteht darin, daß Kinder und Bücher zusammen gedacht werden. Es gibt bei Platon eine Metaphorik des Autors als eines ›Vaters‹ von Büchern, so im *Phaidros*. Hiermit ist also eine erotische Zeugung im weiteren Sinne angesprochen.

Bleiben wir nun aber im Zwischenmenschlichen, so zeigt sich generell, daß erotisch-sexuelle Beziehungen und Generativität sich überkreuzen. Die Zwischenleiblichkeit, die Beziehung des eigenen auf den fremden Leib, läßt sich *synchron* in der Beziehung, in der ich aktuell lebe, betrachten, sie läßt sich aber auch *diachron* der Achse zeitlicher Abläufe zuordnen. Jemand, der als Sohn oder als Tochter auftritt, hat eine leibliche Beziehung durch die Zeitlichkeit hindurch, also nicht nur eine gleichzeitige wie bei der Zugehörigkeit zu ein und derselben Generation. Dies betrifft nun auch die *Fremdheit des anderen Geschlechts*. Es ergeben sich drei Rollenpaare: Mann – Frau, Mutter – Sohn, bzw. Vater – Tochter und Bruder – Schwester. Ich habe die Rollen so verteilt, daß jeweils verschiedene Geschlechter auftreten. Interessant ist nun, daß hier Abstammungsverhältnisse (Vater – Sohn, Tochter – Mutter) und erotisch-sexuelle Verhältnisse ineinanderspielen. Man kann sagen, ein Homosexueller ist einer, der nur auf das gleiche Geschlecht hin orientiert ist, ein Heterosexueller (manche sprechen heute von Zwangsheterosexualität) ist mit dem fremden Geschlecht konfrontiert. Doch de facto stehen auch Homosexuelle in einer bestimmten Beziehung zum fremden Geschlecht: der homosexuelle Mann zu seiner Mutter, die homosexuelle Frau zu ihrem Vater. Und umgekehrt gilt für Heterosexuelle, daß sie an bestimmter Stelle in einer homosexuellen Beziehung stehen: in der Beziehung Vater-Sohn oder Mutter-Tochter. Das ist kein bloßer Formalismus, wenn man bedenkt, was die Psychoanalyse über Mutterbindung und Vaterkomplex zutage gefördert hat. Hier zeigt sich, daß das Geschlechterverhältnis durch Allianz, Konsanguinität und Deszendenz gleichermaßen geprägt ist und daß diese Bereiche nicht einfach voneinander getrennt werden können, als hätten sie nichts miteinander zu tun.

Eine genetische Phänomenologie der Geschlechter müßte schließlich in Betracht ziehen, daß der Leib als Geschlechtsleib selber eine bestimmte Geschichte durchläuft. Ein Merkmal dieser Geschichte sind bestimmte Rituale, etwa das Ritual der Beschneidung. Dieses Ritual vollzieht einen Eingriff in die Körperlichkeit: ein kultureller Aspekt wird in den Körper eingezeichnet, eine bestimmte Lebensphase wird markiert. Doch eine solche Markierung muß nicht mit dem Messer geschehen wie bei der Beschneidung, es gibt Markierungen auch durch Kleidung und Schmuck. Was ich über die Körpersprache gesagt habe, läßt sich auf die Geschlechtersprache ausdehnen. Auch hier gibt es eine geschichtliche Vielfalt. Das Ich ist – wie Freud sagen würde – von vornherein in eine Sphäre der Triebschicksale eingelassen. Man kann von Liebesschicksalen sprechen, insofern die geschlechtliche Beziehung zum Anderen vorgeprägt ist durch eine Vor-vergangenheit, die das Ich schon prägt, bevor es zu dieser Vergangenheit Stellung nimmt. Daraus erwächst eine Vielfalt von Anspruchskonflikten. Vaterkomplex, Mutterbindung, Geschwisterneid, Familienzwänge sind Aspekte, die in die Geschlechterbeziehung eindringen und das, was man Geschlechterkampf nennt, zum Teil mitprägen. Der Mann sucht in der Frau vielleicht die Mutter oder die Frau im Mann den Vater. Es kommt zu Übertragungen, die durch Fixierung manche Möglichkeiten überhaupt unterbinden. Das ist nur denkbar, weil die Leiblichkeit bzw. der Geschlechtsleib dadurch gekennzeichnet ist, daß Geschwisterbeziehung und Eltern-Kind-Beziehung die Beziehung zwischen Partnern mitprägen.

Wo es um die Geschlechtlichkeit geht, denken wir allzu oft nur noch an Sexualität oder an künstliche Befruchtung. Doch alle drei genannten Dimensionen sind bestimmend für die Geschichte. Auch die Geschwisterbeziehungen wären hier ein Thema. Denken wir beispielsweise an die Rolle der Brüderlichkeit (*fraternité*) in der Französischen Revolution. Warum spricht niemand von der Schwesterlichkeit? Diese Einseitigkeit zeigt, wie eine bestimmte Achse der Familienstruktur bis ins Menschheitliche, Politische hin ausgezogen wird. Geschlecht und Leiblichkeit sind eingelassen in eine Deutungs- und Machtgeschichte, die alles betrifft, was mit unserem Körper zu tun hat.

6. Natürliches und künstliches Geschlecht

In der zeitgenössischen Diskussion hat sich eine Unterscheidung zwischen *sex* und *gender* eingebürgert: *sex* als das biologische Geschlecht, als der Inbegriff biologisch-natürlicher Vorgegebenheiten, *gender* im Sinne soziokultueller Rollen, d. h. im Sinne von Geschlechtsidentitäten, die kulturell ausgebildet werden. Diese Unterscheidung ist vergleichbar der Unterscheidung zwischen Leib und Körper. Gender entspräche dann der Dimension des Leibes, Sex der Ebene des Körpers. Nur stellt sich erneut die Frage, wie Leib und Körper zusammen gedacht werden. Früher behandelte Probleme tauchen wieder auf. Wir können erneut zwischen zwei Extrempositionen unterscheiden: Der Kulturalismus ist einseitig auf Gender ausgerichtet, und der Naturalismus, der oft nur noch als Buhmann bzw. als kritischer Kontrast auftritt, würde das Geschlechtliche in die Natur verlegen.[109] Die Phänomenologie des Leibes oder des Leib-Körpers bietet dagegen eine mittlere Position. Husserl faßt den Leib als eine Umschlagstelle zwischen Geist und Natur, man kann auch sagen zwischen Kultur und Natur. Der Leib kann nicht auf die eine oder die andere Seite gebracht werden, denn auch die Zwischenleiblichkeit, die Beziehung auf den fremden Leib, partizipiert an beiden Dimensionen, an Sex und an Gender.

In der zeitgenössischen Diskussion der Geschlechterdifferenz finden wir vielfach eine sehr extreme Form des Kulturalismus. Dieser Kulturalismus verbindet sich mit dem Konstruktivismus: Gender wird als konstruierte Geschlechtsidentität gedeutet. Der Begriff der Konstruktion bleibt dabei sehr undeutlich. Wird die Geschlechtsidentität als konstruiert verstanden, so kommt es leicht dahin, daß die Natur zur Rohstofflieferantin degradiert wird; die Geschlechtsorgane wären eine Art von Hardware, die bei der Sexualität wohl oder übel erforderlich ist, der Körper ein bloßes Substrat. Wir stoßen erneut auf den Cartesianismus: die Reduktion des Geschlechts auf eine Körpermaschine, an der man beliebig operieren, die man umbauen kann, und alles andere wäre kultureller Überbau.

In Judith Butlers Buch *Das Unbehagen der Geschlechter*[110] wird

109 Vgl. Annemarie Pieper, *Aufstand des stillgelegten Geschlechts. Einführung in die feministische Ethik* (1993), S. 55 ff.

110 1991, S. 22-24.

Gender, also »Geschlechtsidentität« als kulturelle Geschlechtlichkeit gedacht. Der Reduktion der Geschlechtsidentität auf ein »freischwebendes Artefakt« entgeht die Autorin nur dadurch, daß sie sich auf einen »kulturellen Konstruktionsapparat« verläßt. Männliches und Weibliches sind »kulturelle Konstrukte«, die unter bestimmten Bedingungen hervorgebracht werden. Die Vorgabe ist nur eine materielle, so wie jedes Informationssystem auf gewisse physikalische Vorausbedingungen angewiesen bleibt. Diese Sicht wirkt sich aus auf die Weise, wie Homosexualität, Transsexualität oder künstliche Befruchtung betrachtet werden. Hier taucht immer wieder das Problem eines neuen Dualismus auf: der Körper ist das, was da ist, aus dem man etwas macht, und alles Entscheidende verdanken wir demnach der puren Konstruktion.

Es fragt sich, wie die Unterscheidung zwischen Eigenem und Fremdem aussieht, wenn man von einem solchen Konstruktivismus ausgeht? Die Antwort kann nur lauten: der konstruktivistische Logos, der Code, das Programm, die kulturelle Regel sind *neutral* wie jeder traditionelle Logos. Der konstruktivistische Logos ist *geschlechtslos.* Er kennt nur Grenzen des Könnens bzw. Möglichkeiten der Neukonstruktion, aber keinen Anspruch, der von einem Fremden ausgeht. Das Material, aus dem wir etwas machen, hat keinen Anspruch, er läßt halt manches zu, manches nicht, es ist formbar.

Butler empfiehlt eine bestimmte Körperpolitik und »subversive Körperakte«. Ich zitiere: »Daher eröffnet das Fremde, Inkohärente, das, was ›herausfällt‹, für uns einen Weg, die als selbstverständlich hingenommene Welt der sexuellen Kategorisierung als eine Konstruktion, die im Grund auch anders konstruiert sein könnte, zu verstehen.«[111] Anomalisierungen zeigen, daß unsere bestehenden Ordnungen auch anders sein könnten. Sie verweisen auf die Kontingenz dieser Ordnungen. Das ist ein wichtiger Gesichtspunkt, die Frage ist nur, ob das alles ist. Denn aus der Tatsache, daß etwas auch anders sein könnte, folgt keineswegs, daß wir es auch ändern sollen oder daß es *ganz* anders sein könnte.

Eine andere Autorin, die sich mit einer Mikrosoziologie der Transsexualität befaßt hat, ist Gesa Lindemann. In ihrem Buch *Das paradoxe Geschlecht* heißt es dem Sinne nach, daß unsere Ge-

111 Ebd., S. 164.

schlechter inszeniert sind, so wie man Theater spielt, ohne jegliche Vorgabe: »Wir alle sind Frauen oder Männer, indem wir den Eindruck erwecken, wir seien es.«[112] Eine solche Voraussetzung, die noch weiter expliziert und kritisiert werden müßte, hat zur Folge, daß eine Beschreibung des Phänomens Transsexualität, bei dem der eigene Körper und das Erleben dieses Körpers nicht zusammenstimmen, auf eine zumindest indirekte Befürwortung operativer Eingriffe hinausläuft. Hier ist die Frage, was die Rede von einem ›Konstrukt‹ bedeutet. Wird das Wort ›Konstrukt‹ in bezug auf die Leiblichkeit verwendet, so müßte mit Alfred Schütz zwischen Konstrukten erster und zweiter Stufe unterschieden werden.[113] Konstrukte erster Stufe wären solche, die dem Alltagsverhalten selber innewohnen, und Konstrukte zweiter Stufe wären solche, die ein Sozialwissenschaftler durch methodische Verfahren gewinnt. Die Konstruktionen erster Stufe sind das Resultat einer Normalisierung, die immer schon im Gang ist, die ihre eigene Bedeutung hat, aber geschwächt werden kann. Die Sprache beispielweise ist keine Erfindung von Grammatikern oder Linguisten, sprachliche Konstruktionen sind im Sprechen, in der Alltagssprache entstanden. Eine Sprache kann jedoch so sehr unter die Expertenperspektive geraten, daß sie nur noch als Exempel linguistischer Strukturen betrachtet wird.

Das Resümee, das ich daraus ziehen möchte: Die Geschlechterdifferenz bedeutet mehr als eine Vervielfältigung von Geschlechtsidentitäten. Wenn wir uns darauf beschränken, daß es Identitäten gibt, die vervielfältigt bzw. verallgemeinert werden, bleiben wir beim Narzißmus der eigenen Gefühle plus Sozialtechnologie. Alternativen, die darüber hinausweisen, könnten sich darauf berufen, daß im Bereich von Sexualität und Erotik schon ein Bezug auf Anderes und Fremdes da ist, das einen eigenen Anspruch erhebt, uns über uns hinaustreibt in dem Sinne, wie Platon von einer ›Ekstasis‹ spricht, daß wir also auch in der Geschlechtlichkeit, in der Erotik aus uns heraustreten und nicht bloß in Beziehung zueinander treten wie Maschinenteile, die zusammen irgend etwas aushecken.

112 *Das paradoxe Geschlecht. Transsexualität im Spannungsfeld von Körper, Leib und Gefühl* (1993), S. 11.

113 Alfred Schütz, *Gesammelte Aufsätze*, Bd. 1, S. 5, 66-68.

Beilage zur 13. Vorlesung (Regula Giuliani)

Selbes/Anderes	**Eigenes/Fremdes**
Terminologische Bestimmung	*Topologische* Bestimmung
Ergebnis einer Einordnung auf der Ebene des »Faktischen«, Gesagten, Begriffenen, Erschlossenen **»Faktum«**	Ergebnis einer Rückfrage auf der Ebene des Erfahrens, Sagens, Empfindens: **»Ereignis«**
Beziehung zwischen S. u. A. = Bezug = reversibel, symmetrisch = gebunden an einen allgemeinen Gesichtspunkt, an ein Unterscheidungsmedium	›Beziehung‹ zwischen E. u. F. = Selbstbezug/Selbstentzug = irreversibel, asymmetrisch = gebunden an das Erfahrungsfeld, an das Zeigfeld der Erfahrung
Das Ich, Mensch, Wissenschaft, Philosophie »Position des Dritten« Selbes – Anderes Apfel – Birne Mann – Frau	»Innen« Eigenes (Mann, Eigenkultur Ich, Heimwelt ...) **woher** – SCHWELLE – »Außen« Fremdes (Frau, Fremdkultur Andere, Fremdwelt ...) **worauf**
Art der Grenzziehung zw. S. u. A. = *Ab*grenzung, begrifflich ohne Präferenz	Art der Grenzziehung zw. E. u. F. *Ein*grenzung/*Aus*grenzung mit Präferenz von E.
Grenze durch Einordnung aus der Position eines Dritten	*Schwelle:* = Einzugsbereich; Zone aus der eigenen »Sicht«

Vgl. hierzu E. Straus, *Vom Sinn der Sinne*, S. 247 ff.: »Drinnen« und »Draußen« sind Phänomene des Spielraums, und B. Waldenfels, *Der Stachel des Fremden*, Kap. 2: Auf der Schwelle zwischen Drinnen und Draußen; *Topographie des Fremden*, S. 20-23.

VIII. Leibliches Responsorium

14. Vorlesung vom 11.2.97

Die letzte Vorlesung, die dem leiblichen Responsorium gilt, ist mehr ein Ausblick, der einige früher behandelte Probleme noch einmal aufnimmt.

Meine bisherigen Überlegungen laufen darauf hinaus, den Leib nicht nur vertikal als Verbindung von Geist und Natur, von Animalität und Rationalität zu betrachten, sondern darauf zu achten, wie der Leib auf der horizontalen Ebene immer auch schon von der Differenz zwischen Eigenem und Fremden gezeichnet ist.

Bei der Behandlung der Geschlechterdifferenz und der Erotik habe ich ausgeführt, daß sich im Leib ein Selbstbezug realisiert, der als solcher aber nur im Fremdbezug, also im Bezug auf einen anderen, fremden Leib zur Entfaltung kommt. Im folgenden werde ich diesen Gedanken verstärken, indem ich die Leiblichkeit als responsive Leiblichkeit, also als eine Verhaltens- und Erlebensweise interpretiere, die immer schon auf fremde Ansprüche antwortet.

1. Intentionalität, Kommunikativität und Responsivität[1]

In meiner kurzen Skizze zur Responsivität unterscheide ich zwischen einem Antworten im engeren Sinne (*to answer*) und einem Antworten im weiteren Sinne (*to respond*). Das Antworten im engeren Sinne bedeutet die Erteilung einer bestimmten Auskunft oder die Vermittlung eines Wissens, das dem Anderen fehlt: jemand fragt mich etwas, ich gebe etwas zur Antwort; jemand weiß etwas nicht, und ich lasse ihn wissen, was er von mir erfragt. Antworten in diesem Sinne wäre das Füllen einer Wissenslücke. Diese Art des Antwortens ist eine spezielle und außerdem keine

1 Ausführlicher hierzu: *Antwortregister* (1994), S. 327-332, ferner: Antwort auf das Fremde. Grundzüge einer responsiven Phänomenologie, in: B. Waldenfels und I. Därmann (Hg.), *Der Anspruch des Anderen* (1998).

sehr bedeutsame Sache, da hier nur vorhandenes Wissen weitergegeben wird. Das Antworten im weiteren Sinne bedeutet dagegen, daß ich überhaupt auf fremde Ansprüche eingehe, ganz gleich, was ich im einzelnen von mir gebe. Wenn Sie nach etwas gefragt werden, so können Sie bekanntlich auch mit einer Gegenfrage antworten, auch eine Gegenfrage kann also eine Antwort sein. Dieser weite Sinn von Antwort ist nicht auf die Weitergabe eines bestimmten Wissens- oder Informationsgehalts beschränkt. Zum Antworten im weiteren Sinne gehört auch die Möglichkeit der Antwortverweigerung: »Keine Antwort ist auch eine Antwort«, man kann einer Frage ausweichen, sie überhören. Doch was immer Sie tun, Sie antworten, weil der Andere mit seinem Anspruch dasteht, auch wenn Sie nicht auf das eingehen, was der Andere Ihnen zumutet. Diese weite Form des Antwortens bleibt nicht auf die Sprache beschränkt, sie kann auch in einem Wegsehen oder in einem Weghören bestehen, eine Seite kann stumm bleiben. Sie können eine Frage erraten, einen Blick des Anderen auffangen. Die Blicksprache bleibt vielfach unterhalb der Schwelle des Expliziten, so z. B. ein stummes Blickgespräch zwischen Passanten in der Straßenbahn. Selbst der indiskrete Blick, der sich die Öffentlichkeit zunutze macht, eröffnet eine Art Disput unterhalb der Schwelle der Sprache. Wir sprechen von Blickkampf oder von Blickdramatik. Schließlich geschieht das Antworten vielfach auch in Form eines Handelns. Die Frage: »Kannst du mir deinen Füller leihen?« wird meist nicht ausführlich mit »Hier ist mein Füller« beantwortet, sondern die Antwort erfolgt gewöhnlich in der Geste des Gebens. Die Handlung selbst antwortet auf die Bitte oder auf die Aufforderung des Anderen. Handeln und Sprechen greifen ineinander, und zwar auch in Form dessen, was bei Husserl Bedeutungsintention und Bedeutungserfüllung heißt. – Es geht im Verhältnis zwischen Sprache und Handeln komplizierter zu, als wenn man sagt »Handeln findet auch seinen sprachlichen Ausdruck«, das stimmt zwar, aber es gibt vielfältige Übergänge vom Handeln zum Sprechen und umgekehrt.

Entscheidend ist im folgenden die Unterscheidung zwischen Intentionalität, Kommunikativität und Responsivität. Darunter verstehe ich bestimmte Grundzüge oder Grundcharakteristika, die man heranzieht, um das menschliche Erleben, Verhalten, Tun oder Reden zu charakterisieren.

Schema 15: Grundzüge des Verhaltens

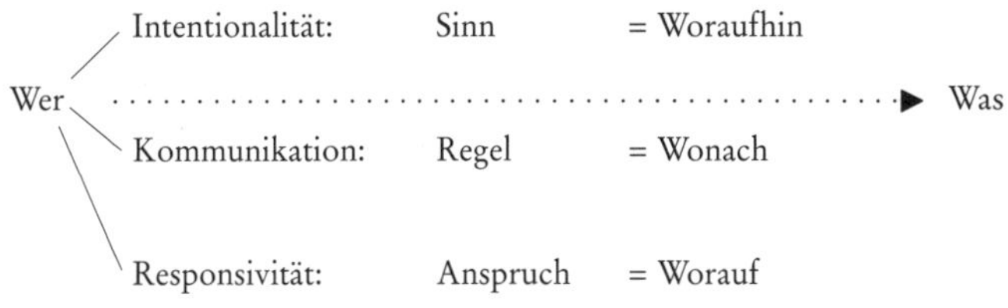

Intentionalität

Intentionalität ist der Grundbegriff, der in der Phänomenologie aufgekommen ist und der auch in die Hermeneutik hineinspielt. Er besagt, daß jedes Erleben sich auf *etwas* bezieht, indem es dieses in einem bestimmten *Sinne* meint. Auch leibliches Verhalten hat also einen Sinn, es bezieht sich nicht nur auf einen Gegenstand, der da oder nicht da ist, sondern er tut dies auf ganz bestimmte Weise und unter wechselnden Aspekten und Gesichtspunkten. Der intentionale Sinn steht für das *Woraufhin* eines Verhaltens oder eines Erlebens. Ich übernehme diesen Ausdruck von Heidegger, aber im Grunde ist er schon bei Aristoteles zu finden. Der Begriff der Intentionalität in der Phänomenologie bedeutet nicht, daß ich eine Absicht verfolge und bestimmte Akte absichtlich vollziehe, denn damit wäre ›Intention‹ ganz eng gebraucht wie das englische *intention*, das ›Absicht‹ bedeutet. Intentionalität meint nicht etwas, was ich tun oder lassen kann, sondern Intentionalität bezieht sich auf die Art und Weise, wie ich etwas tue, etwas sage, erfahre. In diesem Sinne ist die Intentionalität eine Grundbeschaffenheit, eine Grundkennzeichnung, die das Handeln und Verhalten als solches betrifft und nicht noch einmal einen speziellen Akt bezeichnet. Es gibt nicht einen Akt der Intentionalität, sondern eine Intentionalität von Akten, einschließlich der Einbettung in die Horizonte eines Handlungsfeldes.

Kommunikativität

Als zweite Kennzeichnung des Verhaltens wähle ich die Kommunikativität. Dabei denke ich vor allem an den sprachanalytischen Bereich, aber auch an die Sprachpragmatik, wie sie sich bei Habermas und in seinem Umkreis findet. Das zentrale Moment ist hier die Regel. Sie bezeichnet das, wonach ich mich richte, wenn ich etwas sage oder tue. Es ist zu unterscheiden zwischen dem, *was* ich tue oder erlebe, und dem, *wonach* ich mich richte, wenn ich es tue oder erlebe. Es gibt also jeweils ein Was, einen Gegenstand, und ein Wie, das einer bestimmten Intention oder Regel zuzurechnen ist. Dabei stellen Intentionalität und Kommunikativität keine Alternativen dar, sondern das Gewicht der Sinnbildung kann sich mehr auf die Seite subjektiver Intentionen oder mehr auf die Seite intersubjektiver Regelungen verlagern.

Responsivität

Das dritte Moment, das ich Responsivität nenne, verbindet sich mit einem fremden Anspruch, wobei Anspruch sowohl ein Ansprechen, einen Appell wie auch einen Anspruch im Sinne eines Anspruchserhebens bedeutet. Im Englischen haben wir hierfür zwei Wörter: *appeal* und *claim*, ähnlich im Französischen, wo zwischen *appel* und *exigence*, *revendication* oder *demande* zu unterscheiden ist. Was ich fremden Anspruch nenne, bedeutet beides in eins, sofern in der Art, wie mich jemand anspricht, bereits ein Anspruch auf Antwort liegt. Das gilt – wie gesagt – schon für den Blickkontakt. Die Möglichkeit, daß jemand durch Blicke verletzt werden kann, bedeutet, daß schon auf der Ebene des Blickens Ansprüche auftreten. Der Anspruch ist kein Woraufhin und auch kein Wonach, das der Zielrichtung und der Regelung des Verhaltens entspricht, sondern ein Worauf, das der ›Antwortlichkeit‹ des Verhaltens zuvorkommt. Der Anspruch ist nichts anderes als das, worauf ich antworte, wenn ich etwas Bestimmtes sage oder tue.
Bei jeder Äußerung können diese drei Aspekte der Intentionalität, Kommunikativität und Responsivität unterschieden werden. Wenn jemand z. B. etwas über die Verhältnisse in der Türkei sagt, so kann ein anderer jederzeit die Frage stellen: »Warum sagst du gerade das? Was hast du im Sinn, welches Problem beschäftigt

dich, daß du gerade *dies* zur Sprache bringst?« Dies spielt auch in der Hermeneutik eine große Rolle. Bei Gadamer heißt es: Jede Aussage hat den Charakter einer Antwort. Wird eine Aussage aus ihrem Zusammenhang herausgelöst, dann verblaßt sie, sie verliert ihren Sinn zwar nicht völlig, aber sie wird doch recht vieldeutig. Die eigentliche Pointe kann so verlorengehen. Darin gleicht die irresponsive Äußerung einer desituierten Handlung, die buchstäblich alles mögliche bedeuten kann. Doch dies hat nichts mit der Frage zu tun, ob eine Aussage wahr oder korrekt ist, ob sie semantisch einen Sinn ergibt, ob sie ihren Geltungsansprüchen gerecht wird.

Die Responsivität führe ich als drittes Moment an, doch sie tritt nicht einfach zu den anderen Momenten hinzu, sondern sie verändert das Gewicht unserer Worte und Taten insgesamt. Geht man einseitig vom intentionalen Sinn oder von der kollektiven Regel aus, dann ordnet man das, was uns in der Erfahrung als fremder Anspruch begegnet, in eine vorgegebene Ordnung ein und eignet es sich an. Man bezieht es in einen Sinnhorizont ein, so daß es von vornherein in »Bekanntheitsstrukturen« seinen Platz findet, oder man bindet es in ein Regelsystem ein, so daß es zu einem bloßen Anwendungsfall bestehender Regeln herabsinkt.

Die Responsivität geht über Sinnhorizonte und Regelsysteme hinaus. Sie hat es mit dem Fremden zu tun, mit dem, worauf ich antworte, wenn ich etwas im Sinn habe oder wenn ich bestimmten Regeln folge. – Dieses Moment des Worauf, der Responsivität, des Anspruchs meldet sich schon, wenn Platon die Philosophie mit dem Staunen, der Verwunderung beginnen läßt, also mit einem Ereignis, auf das ich fragend reagiere. Könnte ich erklären, was es ist, worüber ich staune, so würde sich das Erstaunliche in ein lösbares Problem verwandeln. Und ein Problem, das ich lösen kann, hat nichts Verwunderliches. Hermann Lübbe spricht im ähnlichen Sinne von einem Trivialisierungsprozeß der Wissenschaft: sobald sich etwas erklären läßt, verliert es seinen erstaunlichen Charakter und wird zu etwas Alltäglichem, Normalem. – Will Platon das sagen? Will er sagen, da gibt es Probleme, die wir allmählich lösen, als wäre die Philosophie eine Ingenieurwissenschaft? Nein, Platon will gewiß sagen: Unser Fragen beginnt in einer Ursituation, in der uns etwas aus der Ruhe bringt, in der etwas störend auffällt und unsere ordentlichen Verhältnisse durchbricht. Die Philosophie antwortet – mehr oder weniger glücklich –

auf solche Fragen, wenn immer das Denken die Bahnen geregelter Methoden oder den Rahmen traditioneller Sinnvorgaben überschreitet. Man kann natürlich sagen, Platon gehört mit seiner Vorliebe für das Erstaunliche auch zu unserer Tradition, doch dann folgt man jener Domestizierung, die aus der Tradition bloße Tradition macht. Wenn wir Platon lesen, nur weil er zu unserer Tradition gehört, so könnten wir die Tradition ebensogut durch eine andere ersetzen. Oder man müßte Platon stark machen und zeigen, daß von der Sache selbst, die er bedenkt, Anstöße ausgehen, die auch heute noch bedenkenswert sind. – Ein anderes Beispiel, das dieses Worauf der Antwort illustriert, wäre das Moment der Angst, das in der Genealogie der Philosophie eine ähnliche Rolle spielt wie das Staunen, so etwa bei Epikur oder in neuerer Zeit bei Kierkegaard und Heidegger. Heidegger spricht ausdrücklich von einem Wovor der Angst, von dem ich nicht sagen kann, was es ist.[2] Dementsprechend unterscheidet Heidegger zwischen Angst und Furcht; die Furcht würde die Angst in ein bestimmtes Problem verwandeln: ich fürchte mich vor diesem oder jenem. Mit dieser Verwandlung fängt die Abwehr an, ich kann etwas auf diese oder jene Weise zu bewältigen suchen. Die Angst, die Heidegger meint, hat mit der Situation des Menschen als einem freien Wesen zu tun, einem Wesen, das auf keinem festen Grund steht, das keine zureichenden Gründe dafür hat, daß die Dinge so sind, wie sie sind. Diese Kontingenz erzeugt Angst und übrigens auch ein eigentümliches Gefühl des Schuldigseins und Schuldigbleibens, da Freisein auch heißt, etwas mit übernehmen, für das man nichts kann. Heidegger spricht von einem Wovor der Angst, von dem ich nicht sagen kann, was es ist, sonst hätte ich es schon in einen bestimmten Entwurf eingeordnet. In ähnlichem Sinne also ist das Worauf des Antwortens das, worauf ich eingehe, wenn ich etwas sage oder tue.

2. Leibliches Antworten

Im folgenden beziehe ich die Gesichtspunkte der Intentionalität, Kommunikativität und Responsivität auf die Sphäre der Leiblichkeit.

2 *Sein und Zeit*, § 40.

Schema 16: Responsorium

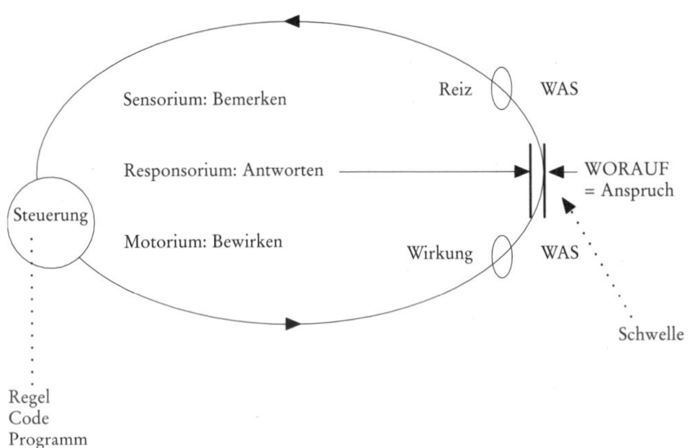

Bei der Beschreibung von Verhaltensweisen sprechen wir gewöhnlich von *Sensorium* und *Motorium*. Mit Sensorium wird der Bereich des Bemerkens, mit dem Motorium der Bereich des Bewegens und Bewirkens umschrieben. Diese Unterscheidung geht auf Uexküll zurück. Bemerken bedeutet: ich nehme auf selektive Weise etwas wahr. Dieses Gewahren wird auf der physiologischen Seite als Reiz beschrieben. Dieser Reiz beeinflußt die Motorik, er bewirkt etwas, und was herauskommt, ist eine Wirkung, ein Effekt. Die Kreisbahn nimmt (mit einem Begriff von Viktor von Weizsäcker) die Form eines Gestaltkreises an. Wirkungen, die ich durch mein Wirken erziele, werden selbst wieder zum Reiz, der mich bestimmt. Es gibt keine unilaterale Kausalität, die vom Reiz zur Wirkung verläuft, sondern eine zirkuläre Kausalität, weil die Wirkung selbst wieder zu neuen Reizen führt. Wir selbst verändern die Umwelt, in der wir uns orientieren. Ich habe in dieser sehr groben Skizze die Steuerung erwähnt. Das führt physiologisch gesehen zurück auf das Gehirn, das diese Prozesse lenkt. ›Code‹ und ›Programm‹ wären wiederum physiologische und auch neurologisch verwendete Ausdrücke für die Regelung der Steuerungsvorgänge. Solche Prozesse setzen einen Code oder ein Programm voraus, weil sie nicht blindlings ablaufen, sondern sich an einem bestimmten Sollzustand orientieren. Den Regelbegriff gebraucht man auch außerhalb des Physiologischen, sofern man von einem regelgeleiteten Verhalten spricht. Diesem hinreichend bekannten Modell habe ich das Worauf (den Anspruch und die Aufforderung) hinzugefügt, das dem *Responsorium* entspricht. Ich verwende das Wort ›Responsorium‹ in Entsprechung zum ›Sensorium‹ und ›Motorium‹. Eigentlich stammt dieses Wort aus der Liturgie, Antwortgesänge heißen so; aber das Wort scheint mir als solches recht brauchbar, um anzuzeigen, daß es sich bei der Responsivität ebenfalls um ein leiblich verankertes Grundverhältnis zur Wirklichkeit handelt: das Antworten verläuft über verschiedene responsorische Register.[3]

Zwischen dem Anspruch und der Antwort liegt das, was ich in anderem Zusammenhang eine ›Schwelle‹ genannt habe. Das Worauf der Antwort ist nicht in einen Ziel- oder Regelkreis einzuordnen. Ähnlich wie im Falle des Staunens oder der Angst bricht etwas ein, auf das ich antworte, ohne daß zwischen Antwort und Anspruch eine Synthese oder sonst eine vermittelnde Ordnungsinstanz aufträte. Die Schwelle verbindet, indem sie trennt.

Heterosomatik

Ich werde nun die Leiblichkeit durchgehend als eine Leiblichkeit betrachten, die sich auf einen anderen Leib bezieht. ›Heterosomatik‹ bedeutet: das ›Somatische‹ ist in sich selbst von einem ›Heteron‹ her zu bestimmen. Darunter ist nicht die reichlich triviale Tatsache zu verstehen, daß es mehrere Körper gibt, vielmehr hat der Leib selber in sich selbst eine Andersheit, eine Differenz in bezug auf sich selbst, und zugleich ist er auf andere Leiber bezogen. Die Andersheit ist konstitutiv ist für die Leiblichkeit als solche. Um diese leibliche Responsivität zu erläutern, nehme ich einen Begriff aus der Gestaltpsychologie, nämlich den der Aufforderungscharaktere, die ich zu entsprechenden Aufforderungskomplexen erweitere. Am Wechselblick läßt sich verdeutlichen, wieso bereits im Bereich der Sinne von einer Antwort auf Anderes gesprochen werden kann.

3 Vgl. hierzu und zu dem Rest dieser Vorlesung: *Antwortregister* (1994), Kap. III, 10: »Leibliches Responsorium«. Dort finden sich auch detaillierte Nachweise.

Ein Blick trifft den Anderen, oder er wird selbst vom Anderen getroffen. Ist eine solche Blicksituation (jemand blickt mich an oder er blickt anderswohin) ohne weiteres mit der Triadik einer sprachlich-dialogischen Situation gleichzusetzen? In einer solchen triadischen Situation gibt es ein *Wer*, ein *Was* und ein *Wem*, d. h. jemanden (den Sprecher), der jemandem (dem Hörer) etwas (einen Sachverhalt) mitteilt. In Karl Bühlers Schema der Sprachfunktionen gehört zur Sprache immer 1. die Sache, die dargestellt wird, 2. der Sprecher, der sich ausdrückt, und 3. der Appell, der sich an den Anderen richtet. Diese drei Funktionen bilden eine dreistellige Beziehung: Jemand sagt etwas zu jemandem. – Doch kann man den Wechselblick so charakterisieren wie eine normale Kommunikation? Wenn ich einen Anderen oder eine Andere sehe, werde ich gewiß nicht sagen, er oder sie gibt mir etwas zu sehen oder zu hören; denn er oder sie selbst sind es, die ich sehe, wenn wir uns anblicken, und nicht etwas, was er oder sie mir zeigen könnte wie einen neuen Schirm. – Die Alternative zur triadischen wäre die dyadische, die zweistellige Relation von Wer und Was: da ist jemand, der sieht etwas. Wahrnehmung wird ja vielfach als zweistellige Relation gefaßt: ich sehe etwas. Das wäre die normale Wahrnehmung. Doch wie kann ein Anspruch, ein Antwortverhältnis im Bereich der Sinne auftreten, wenn das kommunikative Modell versagt? Was führt über den schlichten Sachverhalt hinaus, daß ich jemanden sehe? Ich sehe die Augen eines fremden Blicks, ich höre die Laute einer fremden Stimme. So sieht es immer noch danach aus, als hätten wir ein dyadisches Verhältnis: jemanden, der jemanden hört oder sieht. Doch welche andere Möglichkeit gibt es?
Hier hilft die Gestalttheorie weiter. Die Hauptautoren, die ich im Auge habe, sind die Berliner Gestalttheoretiker Kurt Lewin und Wolfgang Köhler sowie M. J. Langeveld, ein bekannter holländischer Pädagoge. Diese Wissenschaftler schreiben den Dingen Aufforderungscharaktere zu. Wolfgang Köhler spricht von Gefordertheiten, Langeveld von einem Appell der Dinge. Und bei Merleau-Ponty finden wir die einfache Formulierung: »Auch die Dinge wollen etwas sagen«.[4] Was kann das bedeuten? Verfallen wir nicht

4 Vgl. PP, S. x, dt. 12: »ce que veulent dire les choses ...« Zu Lewin, Köhler und Langeveld vgl. die Textnachweise in *Antwortregister* (1994), S. 481 f. sowie Käte Meyer-Drawe, *Leiblichkeit und Sozialität* (1984), S. 166-168.

in eine bloße Metaphorik, wenn wir die Dinge wie Personen betrachten, die uns etwas mitteilen?
Kurt Lewin nennt einige Beispiele für den Aufforderungscharakter. »Das schöne Wetter, eine bestimmte Landschaft verlocken zum Spazierengehen. Eine Treppenstufe reizt das zweijährige Kind zum Heraufklettern und Herunterspringen, Türen reizen es zum Auf- und Zuschlagen, kleine Krümchen zum Auflesen, ein Hund zum Streicheln; der Baukasten reizt zum Spielen, die Schokolade, das Stück Kuchen will gegessen werden usw.« Es geht um alltägliche Szenen, kindliche Situationen. Was den Ausschlag gibt, sind nicht bestimmte objektive Eigenschaften des Kuchens, sondern die Tatsache, daß er zum Naschen verlockt. Ebenso wie der hübsche Hund, der zum Streicheln verlockt. Solche Zuschreibungen sind nicht mit einer sachbezogenen Beschreibung gleichzusetzen. Kurt Lewin interpretiert die Aufforderung, die von den Dingen ausgeht, als Aufforderung, auf die Dinge zuzugehen, etwas mit ihnen zu machen. M. J. Langeveld spricht deshalb auch von einem Gerundivum. In der lateinischen Grammatik bedeutet ein Gerundivum wie *faciendum* nicht etwas, das schon getan ist, kein *factum*, das als Resultat eines Tuns zur Tatsache wird, sondern etwas, das *zu tun* ist. Dies wäre die sprachliche Gestalt, in der zum Ausdruck kommt, daß die Dinge uns auffordern, etwas zu tun. Diese Aufforderung geht von der Art und Weise aus, wie die Dinge uns entgegentreten.
In Anbetracht der drei Sprachfunktionen, die Bühler unterscheidet, kann man sagen, daß das uns auffordernde Ding in der Aufforderungssituation alle drei Funktionen gleichzeitig verkörpert. Die Treppe, die dazu reizt, nach oben zu gehen, die Tür, die geöffnet werden will, sie bringen beide etwas zum Ausdruck (die Möglichkeit einer Öffnung); sie appellieren an uns (indem sie zeigen, wie sie sind); sie inszenieren eine Art von Selbstdarstellung: ich sehe es der Tür an, ob sie sich öffnen läßt oder nicht. Diese Tür stellt sich selbst dar in ihrer Möglichkeit und appelliert an mich, sie zu öffnen. Natürlich können Dinge uns auch abschrecken, so etwa eine steile Feuerleiter oder eine massive Eisentür. Karl Bühler spricht in diesem Zusammenhang von *Handlungsinitien*, also von anfänglichen Handlungen.[5] Husserl bezieht sich in ähnlichen Zusammenhängen auf die Möglichkeit von Akt-

5 K. Bühler, *Ausdruckstheorie* (1933), S. 196.

regungen.[6] Dies sind keine Akte, die ich vollführe, sondern Akte, die angeregt werden und die in Gang kommen, bei denen sich ›etwas regt‹. All dies deutet darauf hin, daß mein Handeln abhängt von der Art und Weise, wie die Dinge mir begegnen. Das Handeln beginnt mit der Aufforderung der Dinge, es beginnt außerhalb seiner selbst, so wie wir ›außer uns‹ geraten können, vor Freude oder vor Schrecken. Nicht zufällig sind es neuere Theorien, in denen diese Thematik wach wird. Doch fragen wir zunächst, wo dieser Aspekt in älteren Theorien seinen Platz findet. Klassische Handlungstheorien gehen von Zielen aus: Ziel der Handlung ist es, daß die Tür sich öffnet. Aber Aufforderungscharaktere verweisen nicht geradewegs auf einen künftig zu erreichenden Zustand, sie zeichnen sich durch eine größere Offenheit aus, indem sie mehrere Möglichkeiten gleichzeitig anbieten. Es geht nicht bloß darum, ein Ziel zu erreichen, sondern darum, etwas mit der Tür anzufangen und zu tun. Außer in Not- oder Grenzsituationen, wo der Erfahrungsspielraum zusammenschrumpft, und außer bei Routinehandlungen, deren Bahn schon vorgezeichnet ist, weckt der Aufforderungscharakter Handlungsmöglichkeiten, ohne daß schon eine ganz bestimmte Handlung vorgeschrieben wäre. Es zwingt mich keiner, die Tür zu öffnen, ich kann auch etwas anderes mit ihr tun: ich kann mich an sie anlehnen oder einen Ball an die Tür werfen.

Merleau-Ponty betont in seiner Handlungslehre, daß eine Situation mir Handlungen nahelegt, ohne daß sie eine bestimmte Handlung diktiert oder erzwingt. Darin besteht die Offenheit der Handlungssituation.[7] Aufforderungscharaktere entspringen einer *Auseinandersetzung* des Organismus oder des Lebewesens mit der Welt. An dieser Auseinandersetzung sind die Dinge mitbeteiligt. Die Auseinandersetzung wird nicht von meinen Beschlüssen, Entscheidungen und Setzungen regiert, doch stützt sie sich auch nicht auf fertige Lösungen in den Dingen, vielmehr hat sie den Charakter eines Quasi-Gesprächs, sofern Ziele sich erst in dieser Auseinandersetzung bilden und ihr nicht einfach vorausliegen. Ziele werden ausgehandelt, da die Situation als offene Situation mehrere Möglichkeiten zuläßt und uns immer wieder nötigt, neue Antworten zu erfinden.

6 Hua III, 205, 281.
7 PP 505, dt. 502.

Solche Aufforderungscharaktere verkörpern außerdem einen symbolischen Überschuß. Wir ziehen allzu leicht eine Grenze zwischen zweckrationalem und symbolischem Handeln. Ersteres hieße z. B.: ich öffne die Tür, um ins andere Zimmer zu gelangen (das Öffnen der Tür als technischer Akt spielt sich auf der zweckrationalen Ebene ab und wäre eingebunden in ein Zielverhalten), symbolisch betrachtet ermöglicht das Öffnen der Tür den Zugang zu einem neuen Erfahrungsbereich. Mit einer solchen Unterscheidung geriete man wieder in einen Dualismus von natürlichen Prozessen auf der einen Seite (die Tür öffnen, das kann auch ein automatischer Türöffner) – und symbolischen Prozessen auf der anderen Seite. Dagegen möchte ich zeigen, daß bereits bei diesen einfachen Situationen ein symbolischer Überschuß auftritt. In Kafkas Erzählung *Vor dem Gesetz* wartet ein Mann vom Lande vor der Türe des Gesetzes. »Das Gesetz soll doch jedem zugänglich sein«, so denkt er. Doch ein Wächter steht vor der Tür des Gesetzes, die den Zugang verwehrt. Ist eben dies der gewährte Zugang, eine »Zugänglichkeit des original Unzugänglichen«? Jedenfalls wird die Zugänglichkeit des Gesetzes mit einer Tür in Zusammenhang gebracht. Die Tür, die Zugang gewährt und verwehrt, ist als Zugangsweise überdeterminiert, sie ist kein bloß praktisches Gerät, kein bloßes Mittel zum Zweck. Beides wird in der Tür thematisch: das Sichöffnen und das Sichschließen, das Eingeschlossensein in einen Raum und das Ausgeschlossensein von ihm.

Ein anderes Beispiel sind die Stiegen, die Kurt Lewin erwähnt. Seit Freud wissen wir, welche Rolle Leitern und Stiegen in der libidinösen Sprache des Traumes spielen. Es wäre nicht zu verstehen, daß der Traum auf solche Dinge verfällt, wenn Treppen und Stiegen nichts anderes wären als abgestufte Holzplanken, die man hinauf- und hinuntergehen kann. In ihrer verlockenden Wirkung vermitteln Stiegen etwas von der Lust des Hinaufsteigens, des Sicherhebens, des Emporgehobenwerdens. – Der Aufforderungscharakter ist auch und gerade im kindlichen Spiel zu finden. Ein Kind tut nicht genau das, was von einer Situation zweckmäßig gefordert ist, wenn es spielt. Die Lust des Hinaufsteigens kommt dieser Traumsymbolik viel näher als ein zweckrationales, nüchternes Ausführen bestimmter Verrichtungen; selbst das zähe Werk des ›Aufsteigers‹ oder ›Emporkömmlings‹ lebt noch, bei aller Schweratmigkeit, von der Lust der ›Höhenluft‹. Das Wort Verstiegenheit, darauf weist Binswanger in seinen Überlegungen zur Psychopathologie hin, hat ebenfalls mit dem Steigen zu tun, und Freud zählt die Stiege zu den gebräuchlichsten Sexualsymbolen.[8]

Diese Beispiele verdeutlichen, daß Aufforderungscharaktere nicht noch einmal in natürliche Eigenschaften und kulturelle Symbole aufzuspalten sind, vielmehr gibt es einen symbolischen Überschuß in den Dingen, auch in den Tieren. Jede Kultur hat ihre Tiersymbole, bei den Ägyptern gibt es affen- und schakalköpfige Götter. Dinge, Tiere, Elemente sind überdeterminiert (in dem Sinne, wie Freud bei der Bildung des Unbewußten von Überdeterminierung spricht), sie enthalten Sinnpotentiale, die im Praktischen nur teilweise ausgeschöpft werden. Die Verarmung des Alltags besteht im Schwinden dieses symbolischen Überschusses. »Ihr sprecht alle Dinge zu deutlich aus.« Jedes Ding wäre nur noch das, was es ist, und nichts wiese über sich hinaus. In einer zweckrationalen Welt, die den Dingen das Spielerische austreibt, sind diese zu etwas tauglich oder nicht, während der Auffassungscharakter dort, wo er vorhandene Gewohnheiten durchbricht, einen symbolischen Überschuß freisetzt.

Schließlich ist bei der Aufforderungssituation daran zu denken, daß das Eingehen auf die Aufforderung, das Antworten darauf kein Akt ist, den ich aus freien Stücken ausführe. Es beginnt mit dem *Ereignis*, daß mir etwas entgegentritt, mich anreizt, mich lockt: etwas reizt mich zum Herunterspringen. Dieser Anreiz steht nicht in meiner Macht, sondern er ist etwas, worauf antwortend ich überhaupt in Aktion trete. Der Anreiz, der in dem Aufforderungscharakter liegt, hat etwas mit dem zu tun, was ich früher als Einfall oder als Auffälligkeit kenntlich gemacht habe. Schon die Wahrnehmung beginnt damit, daß mir etwas auffällt, auf das ich eingehe.

Der Leib, der sich in diesen Aufforderungsfeldern bewegt, ist stets als Ganzer tätig. Man spricht von verschiedenen Sinnen, doch schon das ist problematisch. Ich habe im Bereich der Synästhesien darauf hingewiesen, daß die Sinne nicht – wie bei einer Maschine

8 Vgl. Binswanger, *Drei Formen mißglückten Daseins*, in: Ausgewählte Werke, Bd. 1, 1992 sowie Freud, *Die Traumdeutung*, GW II/III, S. 372 ff.

mit fünf Programmen – Stück für Stück abgezählt werden können, das entspräche einer äußeren Herstellung und widerspräche der Eigendynamik und Selbstorganisation des Leibes. Der Leib ist immer als Ganzer tätig, aber eben dies schließt nicht aus, daß dies unter wechselnden Dominanten geschieht.

Im folgenden möchte ich dies exemplarisch anhand von Stimme und Blick verdeutlichen. Mund, Auge, Hand oder Geschlechtsorgane sind, wie Merleau-Ponty an einer Stelle sagt, *Embleme* des Leibes.[9] Sie sind konkrete Embleme, in denen die Leiblichkeit sich wie in einem Wirbel zusammenzieht. Ich bin ›ganz Ohr‹, ich lebe in der Stimme, im Blick, in der Hand, in der Geschlechtlichkeit. Hierbei handelt es sich nicht um bloße Organe, die man besitzt und gezielt einsetzt wie ein Werkzeug. Wenn wir sagen: das Auge ist ein Organ, ein Werkzeug, so supponieren wir, wenn wir das wörtlich nehmen, jemanden (ein Subjekt), der über ein Werkzeug verfügt. Aber das Auge ist kein Werkzeug, über das ich verfüge, sondern es macht mich zu jemandem, der so oder so ist: offen, vorsichtig, hinterlistig wie der Blick selbst. Die Rede vom Organ gehört in eine sekundäre Beschreibung: bestimmte Körperteile werden betrachtet im Hinblick auf die Funktionen, die sie ausüben. Doch zunächst einmal ist das Auge kein Werkzeug, das ich benütze, sondern das sehende Auge ist das Sehen selber, so wie das hörende Ohr das Hören ist. Ähnlich wie wir mit Merleau-Ponty sagen können, daß der Sprechende und Schreibende *in der Sprache* denkt und nicht nur mittels ihrer[10], so können wir auch sagen, daß der Leib sich *in seinen Organen* betätigt und nicht nur mittels ihrer. Nicht die Seele sieht mittels der Augen, noch das Auge sieht als isoliertes Organ, sondern das Sehen bewohnt gleichsam das Auge. In diesem Sinne finden die verschiedenen Sinne in Emblemen wie Stimme, Blick und Hand ihre Verkörperung.[11]

9 *Le visiblé et l'invisible*, S. 193 f., dt. S. 193, sowie unter Berufung auf Melanie Klein: *Keime der Vernunft*, S. 376, frz. S. 360.

10 Vgl. das Sprachkapitel in der *Phänomenologie der Wahrnehmung*.

11 Vgl. hierzu Jürgen Seewald, *Leib und Symbol* (1992). Der Autor betont in besonderem Maße den symbolischen Charakter der leiblichen Genese beim Kind.

3. Stimme und Echo, Blick und Spiegel

Ich beschränke mich auf Stimme und Blick, auf die sogenannten Fernsinne, und werde zeigen, wie sie im Echo und im Spiegel eine besondere Verdoppelung erfahren. Eben damit dringen Ferne und Fremdheit bis in das Arkanum des eigenen Leibes vor.

Bei Hegel heißt es, im Denken müsse einem zunächst Sehen und Hören vergehen. Das ist im Deutschen sprichwörtlich. Es ist eben die Frage, ob Hören und Sehen am Ende selbst noch in den Geist (oder in das, was man Geist nennt) eingehen. Wenn das Fremde und Andere wirklich etwas bedeutet, so verändert es das Hören und Sehen, dann werden Hören und Sehen nachhaltig erschüttert, ohne anderswo Halt zu finden. – Stimme und Blick sind bestimmte Vorkommnisse, die man nicht zu schnell *jemandem* zuordnen sollte, als wäre er der Urheber und Erzeuger seiner Stimme oder als käme der Blick aus den eigenen Augen wie ein innerer Blitzstrahl. Stimme und Blick sind zunächst Seh- und Hörereignisse, von denen noch gar nicht ausgemacht ist, ob sie dem Anderen oder mir selber gehören. Ich spreche nicht von meinem Blick oder von deinem Blick, sondern vom Blick und von der Stimme als Ereignissen, an denen der Andere und ich beteiligt sind. Echo- und Spiegelwirkung sind entsprechende Verdoppelungen von Stimme und Blick: das Gehörte oder das Hören wird gehört, das Gesehene oder das Sehen wird gesehen. Diese Verdoppelungen sind nicht zufällig, sondern gehören zur Leiblichkeit, die in der Zugehörigkeit zur Seh- und Hörwelt immer eine Art von Verdoppelung bedeutet: ein Sehender vermag auch sich selbst zu sehen, ein Hörender vermag sich selber zu hören, Sehen und Hören bedeuten nicht bloß, daß etwas gesehen, etwas gehört wird.

In den *Metamorphosen* des Ovid begegnen wir den Gestalten von Narziß und Echo, in denen der Wechsel- und Eigenbezug der Sinne seinen mythischen Ausdruck findet. Narziß spiegelt sich in sich selbst, er verliebt sich in sein eigenes Spiegelbild. Das nimmt, wie wir wissen, kein gutes Ende, er stürzt am Ende in den Spiegel-Brunnen und geht an sich selbst zugrunde. Auf der anderen Seite ist die Nymphe Echo, die nur reden kann, wenn ein Anderer etwas sagt. Das Echo kommt immer erst dann, wenn jemand schon gerufen oder geredet hat. Der Mythos hat in kluger Regie zwei Figuren gewählt, die nicht zueinander kommen können. Narziß ist nur auf sich selbst bezogen und in sich selbst verliebt, er steht für einen Selbstbezug ohne Fremdbezug, während die Nymphe Echo einen Fremdbezug ohne Selbstbezug verkörpert, sie lebt nur im und vom Anderen. Diese extreme Konfiguration endet, wie stets bei Ovid, nicht mit dem Tod, sondern mit der Verwandlung. Nymphe Echo verwandelt sich in einen Stein, Narziß in eine Blume. In solchen Verwandlungen geht die Geschichte weiter. Der Mythos stellt sinnbildlich dar, wie Spiegel und Echo im Inneren der Sinnlichkeit wirksam sind; sie verdanken ihre Existenz nicht bloß dem zufälligen Umstand, daß man irgendwann einmal Spiegel erfunden oder Echowirkungen entdeckt hat. Freud greift die Geschichte des Narziß in seiner Theorie des Narzißmus auf und zeigt, daß das Begehren oder der Wunsch nach dem Anderen immer auch mit einer Selbstaffektion einhergeht: ich wünsche mich selber, ich begehre mich selber mit, wenn ich einen Anderen begehre; in der Ausrichtung auf den Anderen liegt immer auch ein Selbstbezug.

Hören

Ich werde es mir versagen, den ganzen Bereich des Hörbaren durchzugehen – zum Bereich des Hörbaren gehören sprachliche Laute, die eine Bedeutung haben; es gehören Tierlaute dazu wie das wohlabgestimmte Morgenkonzert der Vögel; Geräusche, die von Dingen verursacht werden, wenn sie aneinanderstoßen; Klänge, die man erzeugen kann, indem man die Materialität der Dinge ausnutzt und etwa Glas zum Klingen bringt. Zum Bereich des Hörbaren gehören Musikinstrumente, in denen Luftlöcher, Saiten oder Hämmer zur Klangerzeugung eingesetzt werden. Die einzige Frage, der ich hier nachgehe, lautet: Was bedeutet es, daß Hören responsiv ist, daß etwas ins Spiel kommt, worauf das Hören antwortet?

In der *V. Logischen Untersuchung* von Husserl finden wir einfache Beispiele wie: »es raschelt« oder »jemand klingelt«.[12] ›Es‹ oder ›jemand‹ werden einer unbestimmten Intention zugeschrieben, da

12 *V. Logische Untersuchung*, § 15 (Hua XIX/1, 410). Sprachlich betrachtet handelt es sich bei diesen Sätzen um sogenannte Impersonalien, deren Struktur schon zu Husserls Zeiten strittig war. Handelt es sich um subjektlose Sätze oder um Sätze mit einem unpersönlichen Subjekt?

ich zunächst nicht sagen kann, *was* raschelt oder *wer* klingelt. Wir stehen vor der Situation, daß sowohl der mögliche Adressant wie der mögliche Adressat dieses Vorgangs in der Schwebe bleibt. Diese Textstelle belegt sehr gut das, was ich als Anspruch oder Aufforderung und als Antworten zu fassen versuche. In solchen Situationen erweist sich das Hören als ein *Hin*hören. Im Hören *von*... liegt zuerst ein Hören *auf*... Wir müssen zunächst einmal aufmerken, damit wir überhaupt etwas hören. Geräusche können wir auch überhören. Viele Geräusche überhören wir dauernd, ohne es zu merken, so wenn nebenan ein Papier raschelt oder der Nachbar sich räuspert.[13] Im Hinhören liegt also ein Worauf, das stets weiter reicht als das Was, das wir hören.

In manchen Sprachen gibt es zumindest zwei Wörter, nicht nur für das Hören, sondern auch für das Sehen, im Englischen z. B. *to listen* und *to hear* bzw. *to look at* und *to see*; im Französischen *écouter* und *entendre* bzw. *regarder* und *voir.* Dem jeweils ersten Verb der Verbpaare entspricht im Deutschen das ›Hören auf‹, das ›Hinhören‹ oder ›Horchen‹ bzw. das ›Hinsehen‹ oder ›Hinschauen‹. Das zweite Verb benutzen wir, wenn wir ein Resultat wiedergeben: Ich habe etwas gehört, ich habe etwas gesehen. Hinsehen, Hinhören meint präzis, daß ich hörend und sehend auf etwas eingehe, was sich bemerkbar macht, was mir ins Auge fällt und mir zu Ohren kommt.

Bleiben wir also zunächst beim Hören. Das, worauf ich höre, kommt aus einer bestimmten Richtung. Aber zunächst haben wir noch keinen Hörgehalt, keinen Sachgehalt (den wir als etwas Bestimmtes hören), und wir haben auch noch keine sichere Hörquelle. Wir können ein Geräusch hören, ohne daß wir es identifizieren können und ohne daß wir sagen können, wo es genau herkommt. Im Zweifelsfall kann das Geräusch sogar aus dem eigenen Körper kommen, es gibt auch Hörgeräusche (das Ohrensausen), die der Körper selber fabriziert. Das Hören hat zunächst eine gewisse Unbestimmtheit. Man muß sich deshalb auch hüten, den Klang, den man hört, von vornherein *in den Raum* zu verlegen: der Klang füllt den Raum, er ist raumbildend, er bildet ein Volumen. Die Architektur der Konzertsäle, aber auch die Ge-

13 Unter der gewöhnlichen Geräuschkulisse leiden die neu entwickelten Diktaphone, denen man Merkfilter einbauen muß, wenn sie die Funktion einer Sprachumsetzung zufriedenstellend erfüllen sollen.

wölbe alter Kathedralen kommen solchen Klangbildungen entgegen. Ein Musikstück wird nicht einfach irgendwo in einem Raum aufgeführt, sondern dieser Raum spielt mit, modulierend, verstärkend oder dämpfend.

Wie kommt es dazu, daß wir ein bestimmtes Etwas hören? Zu einem Etwas kommt es erst durch Wiederholung; wir hören Klanggestalten immer wieder, oder Geräusche tauchen immer wieder in bestimmten Zusammenhängen auf, bei der Zugfahrt, beim Metallschweißen oder beim Regen, d. h. Klänge und Geräusche inkorporieren sich, verschmelzen mit einem Kontext. In einer gewohnten Situation können Sie ohne weiteres sagen: »Ein Vogel raschelt im Laub«. Das sagen wir, wenn wir das Umfeld gut kennen. Oder es läutet, und wir sagen: »X hat geläutet«, wenn wir gerade diesen Besucher erwarten. Wir haben durch die Kenntnis der Situation bestimmte Vorstellungen von dem, was wir hören, und dann wird das unbestimmte ›Es‹ zu einem bestimmten ›Etwas‹ oder ›Jemand‹. Aber die Ursituation ist viel offener. In Kafkas Erzählung *Ein Landarzt* läutet die Nachtglocke, doch wer läutet, das bleibt unbestimmt. So heißt es dann: »Einmal dem Fehlläuten der Nachtglocke gefolgt – es ist niemals gutzumachen.« Zu dieser offenen Situation gehört ein appellatives Zu-etwas: das, *worauf* ich höre, fordert *zu etwas* auf. Das unbestimmte *Worauf* verschwindet, wenn ich es identifiziere. In der normalen, pragmatischen Beschreibung der Welt werden die Dinge in die Welt eingeordnet, während es zur genuinen Wahrnehmungswelt gehört, daß die Sinne in ihrer Sinnlichkeit eine Welt entstehen lassen. Es gibt eine Welt des Klanges und nicht bloß Klänge in der Welt. Es gibt eine Welt der Farben und nicht bloß Farben in der Welt. Was auf dieser Stufe sinnlicher Ansprüche auftritt, ist noch nicht etwas, das wir registrieren, sofern wir nur über entsprechende physiologische Organe verfügen, sondern es ist vielmehr etwas, das wir beachten oder eben unbeachtet lassen.

Das Echo kompliziert die Sache; es verdoppelt die Laute, die ich von mir gebe, oder die Klänge, die ich erzeuge. Ich höre nicht nur *etwas*, sondern das Gehörte bezieht *sich auf sich selbst*. Diese Verdoppelung der Sinne besagt nicht: da gibt es etwas zweimal, das wäre ja kein Echo. Wenn zwei Geigen gleichzeitig spielen, so bedeutet diese Zweiheit noch kein Echo. Ein Echo besteht nicht darin, daß etwas zweimal vorkommt, sondern darin, daß etwas *sich verdoppelt*, daß die Stimme sozusagen ver-zweit wird. Echowirkungen gibt es in der Musik selbst schon bei einer einzigen Musikstimme, z. B. wenn eine Wendung in leichter Abwandlung oder verringerter Lautstärke wiederkehrt. Das Gingko-Biloba-Blatt, das für Goethe die Zwei-Einheit der Liebe versinnbildlicht, lehrt den Dichter: »... daß ich eins und doppelt bin.« Das gekerbte Doppelblatt ist *ein* Blatt in der Verdoppelung. Die verdoppelnde Echowirkung, von der wir ausgingen, öffnet einen inneren Spalt in der Rede. Wenn ich auf eine fremde Stimme antworte, höre ich zugleich meine Stimme mit. Darin lieg eine Eigentümlichkeit des Sprechens, schon George Herbert Mead macht in seinen Beschreibungen des körpergebundenen Sprachverhaltens darauf aufmerksam.[14] Taubheit und Stummheit gehören deshalb zusammen: jemand, der nicht hören kann, kann nicht umstandslos sprechen lernen (wie eine Maschine, die angestellt wird). Das Sich-selber-sprechen-hören bedeutet eine Selbstbezüglichkeit der Stimme, die mich selber überrascht. Ich bin nicht völlig Herr dessen, was ich als Wort oder als Klang von mir gebe. Im Echo des Sprechens rückt das Nächste, nämlich meine eigene Stimme, mir fern. Es ist nicht einfach meine Stimme, die da spricht; das Erschrecken oder das Sichwundern über die eigene Stimme beginnt nicht erst dann, wenn wir uns auf einem Tonband hören, sondern es haftet schon am Sprechen.

Die Stimme ist eine merkwürdige Sache: wenn wir solche Echowirkungen in Betracht ziehen, erscheint die Stimme nicht als etwas, was jemand einfach hat. Zunächst ist die Stimme nicht die Stimme *von jemandem*, sondern jemand begegnet mir *in seiner Stimme*. Nehmen Sie das Beispiel eines anonymen Telefongesprächs, bei dem der Anrufer anonym bleibt. In diesem Falle können Sie nicht einmal sagen, X hat mich angerufen, vielmehr hören Sie die Stimme, ohne angeben zu können, um wessen Stimme es sich handelt. Der Anrufer tritt nur *in* seiner Stimme auf. Und dann kommt die Veralltäglichung: der Anrufer gibt sich zu erkennen oder Sie erraten an der Stimme, wer er ist, und so stellen Sie am Ende fest: »X hat angerufen«, als hätten Sie ihn beim Anrufen beobachtet. Und Sie hören nach dem Wiedererkennen auch die Stimme anders. Es gibt überraschende Situationen, in denen die Stimme *als solche* hörbar wird, z. B. wenn jemand sagt: »Deine Stimme hat sich verändert«. Da wird deutlich, daß

14 Vgl. *Mind, Self and Society* (1934), S. 61-68, dt. S. 100-107.

die Stimme nicht einfach ein Produkt von jemandem ist, der Herr seiner Stimme wäre, sondern wir finden den Anderen und uns selbst *in* der Stimme. Man kann sagen: die Stimme wird nicht selber mitgeteilt, sondern sie ist das Verschwiegene im Gesagten. Die Stimme ist das unhörbare Ereignis des Gehörtwerdens, des Gehörfindens; sie ist kein bloßer akustischer Hall innerhalb einer Welt hörbarer Daten. Aus all dem folgt, daß das Hören respondierend ist, daß es *auf etwas* hört, noch bevor es etwas *als etwas* hört und versteht.

Zum Verschwinden von Hören und Sehen im Logos und im Eidos

Beim Hören scheint es noch anzugehen: ich höre *auf etwas*. Doch kann ich auch sagen: ich sehe *auf etwas* in der Weise, daß Sehen ebenfalls mehr bedeutet als *etwas* sehen? Es gibt zwei Weisen, das Ereignis des Hörens und Sehens (und auch das Antworten darin) zu übertönen oder zu überdecken. Beim Hören ist es die einseitige Ausrichtung auf den *Logos*: ich höre *etwas, das ich verstehe*. In diesem verständlichen Etwas verschwindet die Stimme. Sie wird selber zum Gehörten, obwohl sie doch das Ereignis darstellt, daß etwas überhaupt hörbar wird. Und der Blick – das möchte ich nun zeigen – leidet darunter, daß er zu rasch als etwas Gesehenes gefaßt wird, ausgehend von einem Eidos, von einer Gestalt, die sich mir zeigt. Hier ist es der Blick, der im Geschehen verschwindet.

Sehen

Um auch das Sehen aus dieser Subjekt-Objekt-Relation zu befreien, betrachten wir abermals den Wechselblick. Den Blick des Anderen sehen bedeutet nicht nur, ›etwas sehen‹, sondern ›sehen, was und wie der Andere sieht‹ und schließlich auch ›sehen, wie er mich ansieht‹. Der Blick des Anderen ist nicht etwas in meiner Welt, sondern er ist ein Geschehen, in dem eine Welt sich mir öffnet und verschließt.

Hier taucht ein blinder Fleck auf. Aber er taucht in anderer Weise auf, als Luhmann ihn beschreibt, wenn er feststellt: »Ich sehe, was du nicht siehst«. Der blinde Fleck besteht zuallererst darin, daß ich mich selber gesehen *weiß*, ohne daß dieses ›Sich-gesehen-wissen‹ zum Gegenstand eines eigenen Sehens gemacht werden könnte. Bei allem Raffinement macht Luhmann zu früh halt. Seine Beobachter haben nur deshalb einen blinden Fleck und verweisen nur deshalb auf einen anderen Beobachter, weil sie sich selbst nicht völlig beobachten können. Es geht um eine bloße Grenze des eigenen Könnens. Außer acht bleibt dabei die Grundtatsache, daß ich im Blick des Anderen stehe und nicht bloß die Beobachtung eines Anderen beobachte.

Aus dem Wechselblick entspringt nun eine Blickdramatik, die ich in drei Phasen skizzieren möchte, um an die Problematik des antwortenden Sehens heranzuführen. Das erste wäre der *Spiegelblick*: ich sehe mich im Anderen. Das ist die Situation des Narziß. Spiegel können die Augen des Anderen sein; ich sehe mich selber darin in Form einer ›pupilla‹, das heißt wörtlich in Form eines kleinen Mädchens.

Die Dramatik nimmt zu, wenn man von einem *Spiegelkabinett*, von einer unendlichen Spiegelung ausgeht derart, daß ich den Blick des Anderen sehe, der mich sieht und der mich sieht, wie ich ihn sehe usw. Wir kennen diese unendliche Spiegelung aus Schlössern, in denen zwei Spiegel sich von Wand zu Wand frontal gegenüberstehen. Wir schauen in den einen Spiegel, sehen darin den anderen, sehen wieder den ersten usf. In dieser unendlichen Spiegelung gibt es jedoch eine gewisse Asymmetrie. Weil wir von dem eigenen und nicht von dem fremden Blick ausgehen, beginnt die Spiegelung hier und nicht dort (für den Anderen beginnt sie dort und nicht hier). Die unendliche Spiegelung erfährt eine Brechung, da die Kontingenz der Ausgangsstellung in dieser Wechselbeziehung keinen Platz findet.

Die dritte Form wäre ein *Blickkampf*. Ich denke an Sartre, bei dem der Spiegel gewissermaßen zertrümmert oder entspiegelt wird.[15] Sartre geht von einem Verfolgerblick aus. Der eine Endpunkt – dem wir uns mehr oder weniger annähern können – wäre erreicht, wenn ich der Sehende bin und der Andere der Gesehene. Diese objektivierende Ausschaltung des Anderen stellt die sadistische Variante dar. Die masochistische Variante nähert sich umgekehrt dem Punkt, wo ich der Gesehene bin und der Andere der Sehende. Die Spiegelfechterei würde aufhören, wenn einer nur noch der

15 Vgl. das Kapitel über den Blick im 3. Teil von *Sein und das Nichts*.

Gesehene und der Andere nur noch der Sehende wäre. Das würde heißen, daß ich mich völlig von dem Blick des Anderen einfangen lasse oder aber versuche, den Anderen völlig durch meinen Blick einzunehmen. Sartre zeigt, daß beides scheitert, weil der Andere immer *mehr* ist als das, was ich aus ihm mache, und weil ich immerzu *mehr* bin als das, was Andere aus mir machen. Der Blick des Anderen ist nie bloß ein Etwas in meiner Welt, sondern er verkörpert genau das, was Sartre Subjekt oder Existenz nennt, er ist das Nicht-objektivierbare im Anderen. Selbst wenn ich den Anderen umbringe, so wird er damit nicht zu einem Ding, das ich zerstöre, sondern er bleibt jemand, den ich getötet habe. Das steht alles schon bei Sartre, nicht etwa erst bei Levinas. Der Blickkampf nähert sich einem unmenschlichen Blick, sofern ich den Anderen zum Gegenstand in meiner Welt mache oder umgekehrt mich dazu hergebe, ein Gegenstand für den Anderen sein. Sartre spielt dies, wie oben angedeutet, auch im Erotischen durch. Bei ihm wird das Sehen und Blicken eben nicht responsiv gedacht, sondern als ein objektivierendes Sehen. Er geht aus von dem dyadischen Schema ›Wer – Was‹, nur daß das ›Was‹ selbst wieder ein ›Wer‹ ist, so daß das Verhältnis sich umkehrt. Das Subjekt-Objekt-Verhältnis wird pluralisiert, und jeder ist Sehender und Gesehener zugleich, aber der objektivierende Blick hält sich durch. ›Etwas sehen‹ heißt ›etwas übersteigen‹ und dieses ›etwas‹ dem eigenen Entwurf einordnen.

Doch was kann ein Blick besagen, der von einem Blickappell ausgeht und die Form eines Antwortens annimmt? Zum Blick läßt sich viel mehr sagen als bloß: »Da ist ein Subjekt, das sehend ist«, es gibt verschiedene Blick*weisen*. Die Sprechakttheorie ließe sich auch als eine Art Sehakttheorie durchführen; es gibt den fragenden, den drohenden, den begehrenden, den verführerischen, den ängstlichen Blick. Mit einer gewissen Vorsicht könnte man sagen: Wie es Sprechakte gibt, so auch Blickakte, die verschiedene Charaktere haben und ganz und gar die Situation verändern. Daraus erwächst eine Grammatik des Blicks, eine Grammatik von Blickeinstellungen, die in der Physiognomie des Blicks ihren Ausdruck findet.[16] Das sieht nun so aus, als wären Blicke wie Sätze,

16 Bei der Blickeinstellung spielen drei Dinge eine Rolle: 1. die Öffnung der Lidspalte, 2. die Blickrichtung und 3. die Blickbewegung. Was die Lidspalte angeht: es gibt einen blasierten Blick, wenn die Augendeckel so weich herunterfallen, man schaut kaum hin, man würdigt Dinge und

die ich verstehe und auslege, doch diese Gleichsetzung stößt auf deutliche Grenzen.
Was über das bloße Verstehen von Blickeinstellungen und Blickweisen hinausgeht, das ist der Umstand, daß ich dem fremden Blick beiwohne: ich sehe, worauf der Blick des Anderen antwortet, in seinem Blick begegnet mir die Welt neu. Es gibt dazu eindrückliche Beispiele in der Malerei, so etwa in grausigen Kriegsszenen bei Goya oder in Dantes Überfahrt über den Styx bei Delacroix, wo im Bild nur entsetzt aufgerissene Augen zu sehen sind und man das, was sie sehen, nur aus dem Blick erraten kann. Hier handelt es sich um Formen einer indirekten Malerei, die Unsichtbares im Sichtbaren sichtbar macht.
Der Kreislauf des Wechselblicks, der bei Sartre seine letzte große Form gefunden hat, wird durchbrochen, wenn der fremde Blick etwas zu sehen gibt, was über die Künste des Verstehens oder erst recht über die Strategien des Beherrschens hinausgeht. Ähnlich wie beim Hören stoßen wir auf ein Ereignis: etwas fällt in den Blick, fällt mir auf.[17] Was im Blick geschieht, ist mehr als ein Sehakt, den ich vollziehe. Wir leben in einem Blickfeld, das heißt nicht: da gibt es Subjekte, die Akte vollziehen, die hingucken, weggucken und die Sache steuern. Sehakte gehen immer schon auf bestimmte Arten von Normalisierung und Aneignung zurück, durch die der ›wilde‹ Blick gebändigt wird.
Es beginnt damit, daß etwas sichtbar wird und an unser Sehen appelliert. Man kann hinzufügen, daß nicht nur Andere uns anblicken; es gibt Äußerungen von Malern, auf die Merleau-Ponty mehrfach anspielt, die besagen: die Dinge selber blicken mich an, sie gehen mich an.[18] Das klingt nach bloßer Metaphorik. Betrach-

Andere kaum eines Blickes, oder man sucht Schutz, indem man den Blick abschirmt. Zur Blickrichtung: es gibt die andächtig gesenkten Augen in den spätmittelalterlichen Madonnenbildern, eine Demutshaltung, die aber auch in Unterwürfigkeit ausarten oder in Mißtrauen umschlagen kann. Und die Blickbewegung kann lebhaft, träge oder flatternd ausfallen. Vgl. hierzu Ph. Lersch, *Gesicht und Seele* (1955).

17 Ausdrücke wie das englische *striking* oder das französische *frappant*, die dem Charakter der ›Auffälligkeit‹ entsprechen, deuten darauf hin, daß es sich hierbei keineswegs um harm-lose Vorgänge eines friedlichen Austauschs handelt.

18 Vgl. *Le visible et l'invisible*, frz. u. dt. S. 183, dazu meine Ausführungen in: *Sinnesschwellen* (1999), S. 128-130.

ten wir die Dinge wie Personen, dann können auch sie gucken; nehmen wir das wörtlich, so enden wir, so scheint es, beim Animismus, bei einer Personalisierung von Dingen. Doch dem widerspricht der Umstand, daß ich das Sehen nicht einfach in der Hand habe. Auch die Dinge schauen mich an, das heißt: die Initiative geht nicht einfach von mir aus, sondern ›etwas wird sichtbar‹. Wenn etwas mir auffällt, so ist dies kein Akt, den ich vollziehe. Das steht bei fast allen Phänomenologen, und auch manch andere Theoretiker würden das nicht bestreiten. Die Frage ist nur, ob man daraus hinreichende Konsequenzen zieht. ›Etwas fällt mir auf‹ heißt nicht: am Anfang steht ein Akt der Beobachtung, sondern in der Beobachtung versuche ich das, was mir auffällt, zu bestimmen, es einzukreisen. Deshalb ist es sozialpsychologisch einigermaßen naiv, von einem Beobachterstandpunkt auszugehen. Der Beobachterstandpunkt ist schon ein sehr abgehobener Standpunkt, dem das Modell des Sehens als Akt oder aber eine funktionale Sehoperation zugrunde liegt.
Zum Blick gehört schließlich ebenfalls eine unerreichbare Ferne. Von der Stimme hieß es: sie ist das Verschwiegene im Gesprochenen. Die Stimme selbst ist nicht das, was ausgesagt wird, sondern sie gehört zum Ereignis des Sagens. In ähnlichem Sinne ist der Blick nicht etwas, das als etwas in der Welt sichtbar wird; das Sichtbarmachen geschieht erst nachträglich, wenn wir auf das Blickgeschehen zurückblicken. Der Blick selbst ist dagegen das unsichtbare Ereignis des Sichtbarwerdens. Der Blick geht immer über das Gesehene hinaus, so wie die Stimme über das Gesagte hinausgeht.

4. Ethos der Sinne

Ich möchte zum Schluß zeigen, daß es auch eine Ästhesiologie, eine Theorie der Sinnlichkeit, schon mit dem Ethos zu tun hat und daß sie nicht etwa einer bloßen Deskription im neutralen Sinne verhaftet bleibt. Es geht weder darum, die Sinne zu moralisieren, noch sie einzugemeinden oder zu disziplinieren, dazu gäbe es ja genügend geschichtliche Beispiele: z. B. die Blickschulung, in der gelehrt wird, wo man hinschauen darf und wo nicht. Keineswegs ist es mir um eine solche Moralisierung oder Diziplinierung der Sinne zu tun, sondern im Gegenteil darum, das, was wir Ethos nennen – die Frage danach, wie wir leben sollen, welche Ansprüche auf uns warten, wie

Verbindlichkeiten und Verletzungen entstehen –, bereits auf der Ebene des Hinhörens und Hinsehens, auf der Ebene der Sinne beginnen zu lassen. Das Ethos beginnt auf der Ebene der Sinne.[19] Ich habe das Hinhören und das Hinsehen erwähnt. Hinhören und Hinsehen bedeutet immer auch teilweise ein Wegsehen und ein Weghören, also ein Eingehen auf fremde Ansprüche, das diesen nie voll gerecht werden. Ein Hinsehen und ein Hinhören, das ein Wegsehen und ein Weghören einschließt, bedeutet, daß ein Anspruch des Anderen laut wird, der früher ist als alle Normen, Werte und Beurteilungen, als alles Pochen auf Geltungen. Ein Anspruch tritt früher auf als die Frage, ob er berechtigt sei. Das Hinsehen und Hinhören ist die Bedingung dafür, daß überhaupt bestimmte Normen zur Anwendung kommen, und diese Grundsituation läßt sich nicht von vorausliegenden Normen her fassen. Wenn ich nichts sehe, brauche ich auch nichts tun. »Was ich nicht weiß, macht mich nicht heiß«, sagt das Sprichwort, das wie die meisten Sprichwörter einen gewissen Aspekt hervorkehrt und andere Aspekte fallen läßt. Dies führt zu opportunistischen Halbwahrheiten; man könnte nämlich auch versuchen, das Sprichwort umzudrehen und die Abkühlung des Blicks an den Anfang zu stellen: »Was mich nicht heiß macht,...« Der Blick entwickelt seine eigene Form der Politik. Unter Hitler war es gewiß nicht so, daß alle Deutschen Lust hatten, Juden umzubringen, doch der Großteil der Bürger hat weggeguckt: teils aus Angst, teils aus Gleichgültigkeit, teils aus Ressentiment (›gut, wenn es Anderen auch mal schlecht geht‹). Doch dieses Weggucken liegt noch *vor* den Ideologien. Später gibt man Gründe an, warum man dies oder jenes getan hat, doch anfänglicher ist das Wegschauen, daß uns von Situationen verschont, in denen wir unseren Mann oder unsere Frau zu stehen hätten.

Gehör und Gesicht

Im Bereich der Sinne wird dieses Ethos in besonderem Maße durch das Gehör vertreten. Das folgende Schema möge verdeutlichen, wie man dieses Gehör deskriptivistisch zu entschärfen pflegt.

19 Vgl. dazu im Hinblick auf Merleau-Ponty und Levinas die jüngst erschienene Arbeit von Antje Kapust: *Berührung ohne Berührung* (1999).

Schema 17: Hören und Verstehen

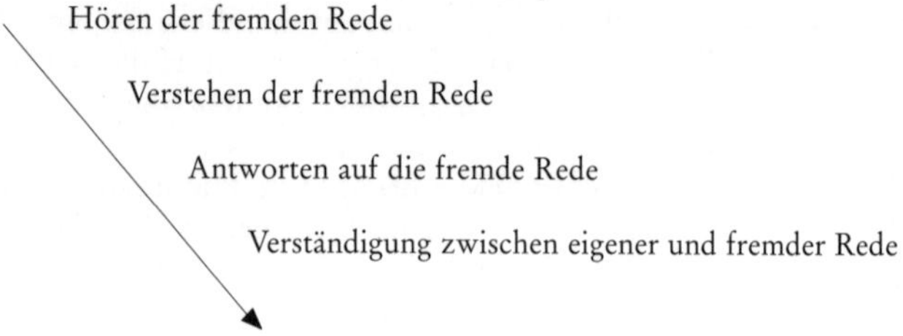

Hören der fremden Rede

Verstehen der fremden Rede

Antworten auf die fremde Rede

Verständigung zwischen eigener und fremder Rede

Alternative: Hören von etwas ∞ Hören auf

Das Hören und Verstehen der fremden Stimme steht also am Anfang, das Antworten auf die fremde Stimme steht irgendwo in der Mitte, und schließlich folgt die Verständigung, wenn wir unsere Reden aufeinander abstimmen. Diese Stufung ist als Fundierungsordnung, nicht unbedingt als zeitliches Nacheinander zu verstehen.

Dagegen setze ich als Alternative: Das ›Hören von Etwas‹ ist gleichzeitig schon ein ›Hören auf‹. Damit beginnt das, was dem Schema zufolge die dritte Stufe ausmacht, das Antworten auf eine fremde Rede, bereits auf der Ebene des Hörens. Den einfachen Imperativ »Hör mir zu!« können wir nicht hören, ohne zugleich *darauf* zu hören. Wenn wir diesen Imperativ hören, gehen wir eo ipso auf ihn ein. Das wird noch deutlicher, wenn man diesen Imperativ gemeinerweise negativ formuliert: »Hör weg!« Dieses Gebot, das auf sich selbst zurückschlägt, führt zu dem berühmt-berüchtigten *double bind*. Wie immer einer reagiert, er macht es falsch. Wer weghört, hört auf das Gebot – und handelt ihm also zuwider; wer nicht weghört, hört nicht auf das Gebot – und handelt ihm ebenso zuwider. Die Zwickmühle entsteht daraus, daß wir in jedem Fall antworten, selbst wenn wir, wie in diesem Falle, gar nicht richtig antworten können. Eine Beschreibung solcher Zwickmühlen finden wir bei Bateson und Watzlawick.[20] Aber auch bei Kant gibt es eine Stelle, wo das Gehör im Zentrum der Moral auftaucht.[21] Kant spricht von der Stimme des Gewis-

20 Vgl. P. Watzlawick u. a., *Menschliche Kommunikation* (1969).
21 *Metaphysik der Sitten*, Tugendlehre: Einleitung, XII, bes. § 13.

sens. Der praktischen Vernunft kann man nur »Gehör verschaffen«, man kann sie nicht begründen, nicht von anderswo herleiten. »Ein Gewissen haben« heißt, ein Gehör haben für diese Stimme des Gewissens, ohne daß die Stimme selber begründet werden könnte. Obwohl Kant dazu neigt, Sinnlichkeit und Vernunft säuberlich voneinander zu trennen, findet sich hier mitten in der Sittlichkeit ein Gran Sinnlichkeit. Da kann man rasch sagen, das sei eine Metapher, diese Stimme sei nur eine geistige Stimme, die mit dem geistigen Ohr gehört werde, das kennen wir seit Platon. Doch wird damit nicht schon wieder eine Rationalisierung vorgenommen? Ist eine Sprache der Moral möglich, ohne daß die Sinne mitsprechen?

Das menschliche *Gesicht*, das bei Levinas im Mittelpunkt steht, bezieht sich ebenfalls auf die Dimension des Sinnlichen. Das entsprechende griechische Wort πρόσωπον (= πρός + ὄψις) heißt wörtlich ›das Entgegenblickende‹. Es bezeichnet zugleich die Maske, die Rolle und ist die griechische Vorlage für das lateinische Wort *persona*, das wir bis heute benutzen. Das Gesicht bildet die zentrale Körperzone (die Mund- und Augenzone), die dem Anderen zugewandt ist. Das Gesicht kann nun im engeren und im weiteren Sinne gefaßt werden. Gesicht im *engeren* Sinne wäre nichts besonders Aufregendes, es entspräche der frontalen Ansicht eines Menschen oder eines Lebewesens. Man kann das Gesicht beobachten, es deuten – wie es auf nüchterne Weise in der informationstheoretisch geschulten Psychologie geschieht –, man kann es als Informationsquelle nutzen und selbst durch Computer bearbeiten. Von diesem Gesicht im engeren Sinne kann man sagen, es ist etwas Sichtbares in der Welt, eine Gestalt mit bestimmten Kennzeichen, die dazu führen, daß dieses Gesicht wiedererkannt und also identifiziert wird.

Das Gesicht im *weiteren* Sinne wäre dagegen nicht etwas, das sichtbar wird, sondern ein Anspruch, der etwas zu sehen gibt. Es bedeutet: ich komme jemandem unter die Augen; das Gesicht selber wird zur Instanz, in deren Anblick ich mich bewege. Das Gesicht in diesem weiten Sinne hat eine gewisse *Unnahbarkeit* und *Unantastbarkeit*. Für Levinas besagt das Gesicht des Anderen: »Du wirst keinen Mord begehen«.[22] Vom Gesicht des Anderen (und nicht von einem allgemeinen Gesetz) geht ein ethischer

22 Vgl. *Totalité et Infini* (1961), S. 173, dt. 285.

Widerstand aus. Damit meint Levinas offenkundig nicht, daß man den Anderen nicht umbringen kann. Aber den Anderen umbringen heißt nicht, ihn aus der Welt schaffen, der Andere ist nicht Etwas, das man einfach verschwinden lassen kann. Mit dem Geheiß »Du wirst keinen Mord begehen« ist die Grenze meines Könnens erreicht. Der Andere, das fremde Antlitz, der Blick, der mich betrifft, durchbricht mein Können. Der fremde Blick bedeutet nicht nochmals eine Erweiterung meiner eigenen Möglichkeiten, wie das z. B. bei Computern bewerkstelligt wird. Man kann Computer rund-schalten und so die Funktionen des Anderen in das Eigene miteinbauen. Die Fremdheit des Anderen ist indessen genau das, was meine Möglichkeiten durchbricht in dem Sinne, daß meine Möglichkeiten durch den Anderen in Frage gestellt werden. Das fremde Antlitz stünde – mit Worten von Husserl, die er selbst in diesen Zusammenhängen gar nicht gebraucht – für das Paradox einer ›leibhaftigen Abwesenheit‹. Husserl spricht im Zusammenhang mit der Wahrnehmung immer wieder von einer ›leibhaftigen Gegenwart‹ der Dinge. Das fremde Antlitz bedeutet demgegenüber eine leibhaftige Abwesenheit. Die Abwesenheit des Anderen ist das, was sich mir entzieht, doch dieses Sichentziehende ist als solches gegenwärtig. Levinas spricht deshalb auch von einer Nicht-Phänomenalität des Antlitzes. An dieser Stelle geht die Aufmerksamkeit in *Achtsamkeit* und *Achtung* über. Das Moment der Achtung hängt zusammen mit dem Beachten: Achtung schenken hat mit dem Blick, mit dem Hinhören, mit dem Hinsehen zu tun. Hier ist nicht von der Aufmerksamkeit im Sinne einer bloßen Fokussierung die Rede (ich konzentriere mich auf etwas), sondern die Aufmerksamkeit wird zur Achtsamkeit, die man fremden Ansprüchen entgegenbringt und mit der man auf die Abwesenheit des Anderen antwortet.

Ein letztes Beispiel möge zeigen, daß es diese Problematik auch in anderen Kulturen gibt. Von einem berühmten japanischen Regisseur namens Takeuchi wird berichtet, daß er seine Schauspielschüler (anders als jener russische Regisseur, der sie 30mal »heute abend« sagen läßt) mit dem Rücken zum Angesprochenen aufreiht. Jeder muß denjenigen, in dessen Rücken er steht, ansprechen. Hier stehen die miteinander Sprechenden also nicht Auge in Auge zueinander, sie bekommen nicht andauernd eine Rückmeldung durch das Mienenspiel des Anderen, sie sehen nicht, wie der Andere sie sieht, sondern es ist die Absicht dieser Übung, den

Anderen so anzusprechen, daß er sich durch die Art der Rede angesprochen fühlt.[23] An dieser besonderen Sensibilisierung wird deutlich, daß ›Antlitz‹ nicht heißt, daß man jemanden von vorne sehen muß, sondern es hat etwas mit dieser Anwesenheit-Abwesenheit zu tun, die den Anderen im Ganzen charakterisiert.

Ethos der Sinne bedeutet, daß wir bis in die Sinnlichkeit hinein von Anderem und Fremdem in Anspruch genommen sind, und das hieße, daß der Eigenleib als solcher schon immer von Fremdheit gezeichnet ist. Leiblichkeit bedeutet einerseits jene Unfaßlichkeit des Selbst, daß ich mich vorfinde, daß ich auf mich bezogen bin und mich mir zugleich entziehe, eine Fremdheit an mir selbst, die im Spiegel und im Echo deutlich aufscheint und anklingt. In dieser Fremdheit zu mir selbst taucht andererseits die Fern-Nähe zum Anderen auf. Der Selbstbezug schreibt sich ein in einen Fremdbezug, der anderswo entspringt.

23 Vgl. hierzu I. Yamaguchi, *Ki als leibhaftige Vernunft* (1997), Kap. IV, 3. Der Autor bemüht sich um eine interkulturelle Philosophie der Leiblichkeit, indem er fernöstliche Erfahrungen und Praktiken mit heranzieht.

Literatur

Verwendete Kürzel
Hua: Husserliana
PP: M. Merleau-Ponty, Phénoménologie de la perception
SC: M. Merleau-Ponty, La structure du comportement

Adorno, Th. W., *Noten zur Literatur*, in: *Gesammelte Schriften*, Bd. 11, Frankfurt am Main 1974.

Arendt, H., *Vita activa oder Vom tätigen Leben*, München ²1981.

Austin, J. L., *Sense and Sensibilia*, Oxford 1962.

Bachelard, G., *La poétique de l'espace*, Paris 1957. – Deutsch: *Poetik des Raumes*, übersetzt von K. Leonhard, Frankfurt am Main 1975.

–, *Le nouvel esprit scientifique*, Paris 1973. – Deutsch: *Der neue wissenschaftliche Geist*, übersetzt von M. Bischoff, Frankfurt am Main 1988.

Bachtin, M. M., *Die Ästhetik des Wortes*, herausgegeben von R. Grübel, übersetzt von R. Grübel und S. Reese, Frankfurt am Main 1979.

Beauvoir, S. de, *Das andere Geschlecht. Sitte und Sexus der Frau*, übersetzt von U. Aumüller und G. Osterwald, Reinbek bei Hamburg 1992 (frz. Original: 1949).

Becker-Schmidt, R., und G.-A. Knapp, *Geschlechtertrennung – Geschlechterdifferenz. Suchbewegungen sozialen Lernens*, Bonn 1987.

Beckett, S., *Stirrings Still/Immer noch nicht mehr*, übersetzt von E. Tophoven-Schöningh, Frankfurt am Main 1991.

Binswanger, L., *Ausgewählte Werke*, Bd. 1-4, herausgegeben von M. Herzog, Heidelberg 1992-1994.

Bischof, N., »Erkenntnistheoretische Grundlagenprobleme der Wahrnehmungspsychologie«, in: Thomae 1966.

Blanchot, M., *L'entretien infini*, Paris 1969.

Boehm, G., *Paul Cezanne, Montagne Sainte-Victoire: eine Kunst-Monographie*, Frankfurt am Main 1988.

Bourne, L. E., und B. R. Ekstrand, *Einführung in die Psychologie*, Eschborn 1992.

Bröckling, U., *Disziplin. Soziologie und Geschichte militärischer Gehorsamsproduktion*, München 1997.

Bühler, K., *Ausdruckstheorie*, Jena 1933.

–, *Sprachtheorie*, Stuttgart/New York 1982.

Butler, J., *Das Unbehagen der Geschlechter*, übersetzt von K. Menke, Frankfurt am Main 1991.

–, *Körper von Gewicht. Die diskursiven Grenzen des Geschlechts*, übersetzt von K. Wördemann, Berlin 1995.

–, »Geschlechtsideologie und phänomenologische Beschreibung – Eine

feministische Kritik an Merleau-Pontys *Phänomenologie der Wahrnehmung*«, in: Stoller/Vetter 1997.
Buytendijk, F. J. J., *Mensch und Tier*, Hamburg 1958.
Carnap, R., *Scheinprobleme in der Philosophie*, Frankfurt am Main 1966.
Chisholm, R., *Die erste Person*, übersetzt von D. Münch, Frankfurt am Main 1992.
Chomsky, N., *Cartesianische Linguistik*, übersetzt von R. Kruse, Tübingen 1971.
Danto, A., *Analytical Philosophy of Action*, Cambridge 1973. – Deutsch: *Analytische Handlungsphilosophie*, übersetzt von U. Vogel, Königstein/Ts. 1979.
Descartes, R., *Meditationes de prima philosophia*, Lateinisch-Deutsch, Hamburg 1977.
Elias, N., *Die Gesellschaft der Individuen*, Frankfurt am Main 1987.
Engel, A. K., und P. König, »Das neurobiologische Wahrnehmungsparadigma. Eine kritische Bestandsaufnahme«, in: P. Gold und A. K. Engel (Hg.), *Der Mensch in der Perspektive der Kognitionswissenschaften*, Frankfurt am Main 1998.
Fabeck, H. v., *An den Grenzen der Phänomenologie. Eros und Sexualität im Werk Maurice Merleau-Pontys*, München 1994.
Fischer, M., *Differente Wissensfelder – Einheitlicher Vernunftraum*, München 1985.
Foucault, M., *La volonté de savoir* (Histoire de la sexualité I), Paris 1976. – Deutsch: *Der Wille zum Wissen* (Sexualität und Wahrheit I), übersetzt von U. Raulff und W. Seitter, Frankfurt am Main 1977.
Freud, S., *Gesammelte Werke* (GW), London/Frankfurt am Main 1940 ff.
Führ, E., und H. Friesen, A. Sommer (Hg.), *Architektur im Zwischenreich von Kunst und Alltag*, Münster 1997.
Gadamer, H.-G., *Wahrheit und Methode*, Tübingen [2]1965.
Gamm, G., *Flucht aus der Kategorie. Die Positivierung der Unbestimmtheit als Ausgang aus der Moderne*, Frankfurt am Main 1994.
Giuliani, R., »Der übergangene Leib: Simone de Beauvoir, Luce Irigaray und Judith Butler«, in: *Phänomenologische Forschungen*, Neue Folge 2 (1997/1).
Goldstein, K., *Der Aufbau des Organismus*, Den Haag 1934.
Gurwitsch, A., *Das Bewußtseinsfeld*, übersetzt von W. D. Fröhlich, Berlin/New York 1975.
–, *Die mitmenschlichen Begegnungen in der Milieuwelt*, herausgegeben von A. Métraux, Berlin 1977.
Habermas, J., *Theorie des kommunikativen Handelns*, 2 Bde., Frankfurt am Main 1981.
Haken, H., *Synergetik*, Berlin [2]1983.
Heidegger, M., *Sein und Zeit*, Tübingen [7]1953.
–, *Vorträge und Aufsätze*, Pfullingen 1954.

Held, K., *Heraklit, Parmenides und der Anfang von Wissenschaft und Philosophie*, Berlin/New York 1980.
Henry, M., *Phénoménologie matérielle*, Paris 1990.
–, *Radikale Lebensphänomenologie*, übersetzt und herausgegeben von R. Kühn, Freiburg/München 1992.
Hijiya-Kirschnereit, I., *Das Ende der Exotik. Zur japanischen Kultur und Gesellschaft der Gegenwart*, Frankfurt am Main 1988.
Hörmann, H., *Meinen und Verstehen*, Frankfurt am Main 1978.
Husserl, E., *Husserliana*, Den Haag / Dordrecht 1950ff.
–, *Erfahrung und Urteil*, Hamburg 1972.
Irigaray, L., *Das Geschlecht, das nicht eins ist*, Berlin 1979.
Jakobson, R. *Kindersprache, Aphasie und allgemeine Lautgesetze*, Frankfurt am Main 1969.
James, W., *The Principles of Psychology*, 2 Bde., New York 1950.
Kamlah, W., und P. Lorenzen, *Logische Propädeutik*, Mannhein/Wien/Zürich [2]1973.
Kant, I., *Werke* (in sechs Bänden), herausgegeben von W. Weischedel, Darmstadt 1963f.
Kapust, A., *Berührung ohne Berührung. Ethik und Ontologie bei M. Merleau-Ponty und E. Levinas*, München 1999.
Katz, D., *Der Aufbau der Tastwelt*, Leipzig 1925.
Kienzle, B., und H. Pape (Hg.), *Dimensionen des Selbst*, Frankfurt am Main 1991.
Koffka, K., *Die Grundlagen der psychischen Entwicklung*, Darmstadt 1966.
Köhler, W., *Nachweis einfacher Strukturfunktionen beim Schimpansen und beim Haushuhn*, Berlin 1918.
–, *Intelligenzprüfungen an Menschenaffen*, Berlin/Göttingen/Heidelberg [2]1921.
Kutschmann, W., *Der Naturwissenschaftler und sein Körper*, Frankfurt am Main 1986.
Lacan, J., *Écrits*, Paris 1966. – Deutsche Übersetzung in Auswahl: *Schriften* I-III, Olten/Freiburg 1973-1980.
Laplanche, J., und J.-B. Pontalis, *Das Vokabular der Psychoanalyse*, Frankfurt am Main 1972.
Laqueur, Th., *Auf den Leib geschrieben. Die Inszenierung der Geschlechter von der Antike bis Freud*, Frankfurt am Main/New York 1992 (engl. Original: 1990).
Leroi-Gourhan, A., *Hand und Wort*, übersetzt von M. Bischoff, Frankfurt am Main [2]1984.
Lersch, Ph., *Gesicht und Seele*, München/Basel [4]1995.
Levinas, E., *Totalité et Infini*, Den Haag 1961. – Deutsch: *Totalität und Unendlichkeit*, übersetzt von W. N. Krewani, Freiburg/München 1987.
–, *Die Spur des Anderen*, übersetzt von W. N. Krewani, Freiburg/München 1983.

Lévi-Strauss, C., *Die elementaren Strukturen der Verwandtschaft*, übersetzt von E. Moldenhauer, Frankfurt am Main 1981 (frz. Original: 1949).

Liebsch, B., *Spuren einer anderen Natur. Piaget, Merleau-Ponty und die ontogenetischen Prozesse*, München 1992.

Lindemann, G., *Das paradoxe Geschlecht. Transsexualität im Spannungsfeld von Körper, Leib und Gefühl*, Frankfurt am Main 1993.

Lurija, A. R., *Die historische Bedingtheit individueller Erkenntnisprozesse*, herausgegeben von J. Lompscher und A. Métraux, Weinheim 1986.

Marx, K., *Grundrisse der Kritik der politischen Ökonomie*, Berlin 1953.

–, und F. Engels, *Werke* (MEW), Berlin 1957ff.

Mead, G. H., *Mind, Self and Society*, Chicago 1934. – Deutsch: *Geist, Identität und Gesellschaft*, übersetzt von U. Pacher, Frankfurt am Main 1973.

Merleau-Ponty, M., *Phénoménologie de la perception*, Paris 1945. – Deutsch: *Phänomenologie der Wahrnehmung*, übersetzt von R. Boehm, Berlin 1966.

–, *La structure du comportement*, Paris [2]1949. – Deutsch: *Die Struktur des Verhaltens*, übersetzt von B. Waldenfels, Berlin 1976.

–, *Signes*, Paris 1960.

–, *Le visible et l'invisible*, Paris 1964. – Deutsch: *Das Sichtbare und das Unsichtbare*, übersetzt von R. Giuliani und B. Waldenfels, München 1986.

–, *Das Auge und der Geist*, übersetzt von H. W. Arndt, Hamburg 1984.

–, *Merleau-Ponty à la Sorbonne. Résumé de cours 1949-1952*, Grenoble 1988. – Deutsch: *Keime der Vernunft*, herausgegeben von B. Waldenfels, übersetzt von A. Kapust, München 1994.

Métraux, A., und B. Waldenfels (Hg.), *Leibhaftige Vernunft. Spuren von Merleau-Pontys Denken*, München 1986.

Meyer, Ph., *L'œil et le cerveau*, Paris 1997.

Meyer-Drawe, K., *Leiblichkeit und Sozialität*, München 1984.

–, »Zähmung eines wilden Denkens? Piaget und Merleau-Ponty zur Entwicklung der Rationalität«, in: Métraux / Waldenfels 1986.

–, *Menschen im Spiegel ihrer Maschinen*, München 1996.

Minkowski, E., *Le temps vécu*, Neuchâtel [2]1968. – Deutsch: *Die gelebte Zeit*, 2 Bde., übersetzt von M. Perrez und L. Kayser, 2 Bde., Salzburg 1971/72.

Musil, R., *Der Mann ohne Eigenschaften*, Reinbek bei Hamburg 1978.

Nietzsche, F., *Kritische Studienausgabe* (KSA), hrsg. von G. Colli und M. Montinari, Berlin 1980.

O'Neill, G., *Die fünf Körper. Medikalisierte Gesellschaft und Vergesellschaftung des Leibes*, München 1990.

Pawlow, I. P., *Zur Physiologie des hypnotischen Zustandes beim Hund* (gemeinsam mit Dr. M. K. Petrowa) (Sämtliche Werke, Bd. III/2), Berlin 1953.

Pieper, A., *Aufstand des stillgelegten Geschlechts. Einführung in die feministische Ethik*, Freiburg/Basel/Wien 1993.
Plessner, H., *Lachen und Weinen* (in: Gesammelte Schriften, Bd. VII), Frankfurt am Main 1982.
Plügge, H., *Der Mensch und sein Leib*, Tübingen 1967.
Postl, G., *Weibliches Sprechen. Feministische Entwürfe zu Sprache und Geschlecht*, Wien 1991.
Prigogine, I., und I. Stengers, *Dialog mit der Natur*, München 1986.
Ricœur, P., *La métaphore vive*, Paris 1975. – Dt.: *Die lebendige Metapher*, übers. v. R. Rochlitz, München 1986.
Ryle, G., *Der Begriff des Geistes*, übersetzt von K. Baier, Stuttgart 1969.
Sartre, J.-P., *L'être et le néant*, Paris 1943. – Deutsch: *Das Sein und das Nichts*, übersetzt von T. König, Reinbek 1991.
Schapp, W., *Beiträge zur Phänomenologie der Wahrnehmung* (1910), Erlangen 1926.
Scharlau, I., *Erkenntnistheorie als Wissenschaft: Streitpunkte zwischen Husserl, Gurwitsch, Merleau-Ponty und Piaget*, München 1998.
Scheler, M., *Der Formalismus in der Ethik und die materiale Wertethik* (Gesammelte Werke, Bd. 2), Bern/München 1966.
–, *Wesen und Formen der Sympathie* (Gesammelte Werke, Bd. 7), Bern/München 1973.
–, *Die Stellung des Menschen im Kosmos* (Gesammelte Werke, Bd. 9), Bern/München 1976.
Schilder, P., *Das Körperschema*, Berlin 1923.
Schipperges, H., *Kosmos Anthropos: Entwürfe zu einer Philosophie des Leibes*, Stuttgart 1981.
Schmitz, H., *System der Philosophie*, 2. Bd., 1. Teil: *Der Leib*, Bonn 1965.
–, *Der unerschöpfliche Gegenstand*, Bonn 1990.
–, »Leibliche und personale Konkurrenz im Selbstbewußtsein«, in: Kienzle/Pape 1991.
Schneewind, K. A. (Hg.), *Wissenschaftstheoretische Grundlagen der Psychologie*, München 1977.
Schütz, A., *Das Problem der Relevanz*, Frankfurt am Main 1971.
–, *Gesammelte Aufsätze*, 3 Bde., Den Haag 1971-72.
–, und Th. Luckmann, *Strukturen der Lebenswelt*, Neuwied/Darmstadt 1975.
Seewald, J., *Leib und Symbol. Ein sinnverstehender Zugang zur kindlichen Entwicklung*, München 1992.
Sepp, H. R., »Geschlechterdifferenz – ein Thema für Husserls Phänomenologie?«, in: Stoller/Vetter 1997.
Serres, M., *Le contrat social*, Paris 1990. – Deutsch von H. H. Henschen: *Der Naturvertrag*, Frankfurt am Main 1994.
Simmel, G., »Philosophie der Mode« (in: Gesamtausgabe, Bd. 10), Frankfurt am Main 1995.

–, *Soziologie* (Gesamtausgabe, Bd. 11), Frankfurt am Main 1992.
Skinner, B. F., *Science and Human Behavior*, New York/London 1965.
Snell, B., *Die Entdeckung des Geistes*, Hamburg ^{3}1955.
Specht, R., *Commercium Mentis et Corporis. Über Kausalvorstellungen im Cartesianismus*, Stuttgart 1966.
–, *René Descartes in Selbstzeugnissen und Bilddokumenten*, Reinbek ^{2}1980.
Spitz, R. A., *Vom Säugling zum Kleinkind*, Stuttgart 1967.
Stegmüller, W., *Probleme und Resultate der Wissenschaftstheorie und Analytischen Philosophie*, 1, Berlin/Heidelberg/New York 1969.
Stoller, S., und H. Vetter (Hg.), *Phänomenologie und Geschlechterdifferenz*, Wien 1997.
Straus, E., *Vom Sinn der Sinne*, Berlin/New York/Heidelberg ^{2}1956.
Thomae, H. (Hg.), *Handbuch der Psychologie*, Bd. 1/2, Göttingen 1966.
Todorov, T., *Die Eroberung Amerikas. Das Problem des Anderen*, übersetzt von W. Böhringer, Frankfurt am Main 1985.
Uexküll, J. v., *Theoretische Biologie* (1928), Frankfurt am Main 1973.
–, und G. Kriszat, *Streifzüge durch die Umwelten von Tieren und Menschen. Bedeutungslehre*, Frankfurt am Main 1983.
Valéry, P., *Œuvres* (Pléiade), 2 Bde., Paris 1957, 1960.
–, *Cahiers*, 2 Bde., Paris 1973-74. – Deutsch: *Cahiers/Hefte*, 6 Bde., Frankfurt am Main 1987-93.
Varela, J. V., und E. Thompson mit E. Rosch, *Der mittlere Weg der Erkenntnis*, übersetzt von H. G. Holl, Bern/München/Wien 1992.
Waldenfels, B., *Der Spielraum des Verhaltens*, Frankfurt am Main 1980.
–, *Phänomenologie in Frankreich*, Frankfurt am Main (1983) ^{2}1998.
–, *Ordnung im Zwielicht*, Frankfurt am Main 1987.
–, *Der Stachel des Fremden*, Frankfurt am Main 1990.
–, *Antwortregister*, Frankfurt am Main 1994.
–, *Deutsch-Französische Gedankengänge*, Frankfurt am Main 1995.
–, *Topographie des Fremden. Studien zur Phänomenologie des Fremden*, Bd. 1, Frankfurt am Main 1997.
–, *Grenzen der Normalisierung. Studien zur Phänomenologie des Fremden*, Bd. 2, Frankfurt am Main 1998.
–, *Sinnesschwellen. Studien zur Phänomenologie des Fremden*, Bd. 3, Frankfurt am Main 1999.
–, *Vielstimmigkeit der Rede. Studien zur Phänomenologie des Fremden*, Bd. 4, Frankfurt am Main 1999.
–, und I. Därmann, *Der Anspruch des Anderen. Perspektiven phänomenologischer Ethik*, München 1998.
Watson, J. B., *Behaviorism*, London/New York 1930. – Deutsch: *Behaviorismus*, übersetzt von L. Kruse, Köln/Berlin 1968.
Watzlawick, P., J. H. Beavin, und D. D. Jackson, *Menschliche Kommunikation*, Bern/Stuttgart/Wien 1969.
Weizsäcker, V. v., *Der Gestaltkreis* (1940), Frankfurt am Main 1973.

Wenzel, H., *Hören und Sehen, Schrift und Bild. Kultur und Gedächtnis im Mittelalter*, München 1995.

Winnicott, D.W., *Vom Spiel zur Kreativität*, übersetzt von M. Ermann, Stuttgart 1979.

Wittgenstein, L., *Philosophische Untersuchungen*, Frankfurt am Main 1960.

Wright, G.H. v., *Erklären und Verstehen*, übersetzt von G. Grewendorf und G. Meggle, Frankfurt am Main 1974.

Yamaguchi, I., *Ki als leibhaftige Vernunft. Beitrag zur interkulturellen Phänomenologie der Leiblichkeit*, München 1997.

Namenregister

Sachregister

Ausführliches Inhaltsverzeichnis

VI. Der Leib als Umschlagstelle

VII. Eigenleib und Fremdleib

VIII. Leibliches Responsorium

Bernhard Waldenfels im Suhrkamp Verlag

Antwortregister. 651 Seiten. stw 1838

Bruchlinien der Erfahrung. Phänomenologie – Psychoanalyse – Phänomenotechnik. stw 1590. 480 Seiten

Deutsch-französische Gedankengänge. 457 Seiten. Gebunden

Grenzen der Normalisierung. Studien zur Phänomenologie des Fremden 2. stw 1351. 331 Seiten

Grundmotive einer Phänomenologie des Fremden. 134 Seiten. Broschur

Idiome des Denkens. Deutsch-Französische Gedankengänge II. stw 1777. 359 Seiten

In den Netzen der Lebenswelt. stw 545. 248 Seiten

Das leibliche Selbst. Vorlesungen zur Phänomenologie des Leibes. Herausgegeben von Regula Giuliani. stw 1472. 418 Seiten

Ortsverschiebungen, Zeitverschiebungen. Modi leibhaftiger Erfahrung. stw 1952. 275 Seiten

Phänomenologie der Aufmerksamkeit. stw 1734. 304 Seiten

Phänomenologie in Frankreich. stw 644. 588 Seiten

Schattenrisse der Moral. stw 1813. 354 Seiten

NF 105/1/9.11

Sinnesschwellen. Studien zur Phänomenologie des Fremden 3. stw 1397. 243 Seiten

Sinne und Künste im Wechselspiel. Modi ästhetischer Erfahrung. stw 1973. 409 Seiten

Der Spielraum des Verhaltens. stw 311. 337 Seiten

Der Stachel des Fremden. stw 868. 278 Seiten

Topographie des Fremden. Studien zur Phänomenologie des Fremden 1. stw 1320. 240 Seiten

Vielstimmigkeit der Rede. Studien zur Phänomenologie des Fremden 4. stw 1442. 224 Seiten

Zu Bernhard Waldenfels

Vernunft im Zeichen des Fremden. Zur Philosophie von Bernhard Waldenfels. Herausgegeben von Matthias Fischer, Burkhard Liebsch und Hans-Dieter Gondek.
stw 1492. 464 Seiten

NF 105/2/9.11

Französische Philosophie
im Suhrkamp Verlag
Eine Auswahl

Jocelyn Benoist. Elemente einer realistischen Philosophie. Übersetzt von David Espinet. stw 2100. 180 Seiten

Grégoire Chamayou. Die unregierbare Gesellschaft. Eine Genealogie des autoritären Liberalismus. Übersetzt von Michael Halfbrodt. 496 Seiten. Gebunden

Gilles Deleuze

- Das Bewegungs-Bild. Kino 1. Übersetzt von Ulrich Christians und Ulrike Bokelmann. stw 1288. 332 Seiten
- Die einsame Insel. Texte und Gespräche 1953-1974. Übersetzt von Eva Moldenhauer. 435 Seiten. Gebunden
- Die Falte. Leibniz und der Barock. Übersetzt von Ulrich Johannes Schneider. stw 1484. 231 Seiten
- Logik des Sinns. Übersetzt von Bernhard Dieckmann. Aesthetica. es 1707. 397 Seiten
- Foucault. Übersetzt von Hermann Kocyba. stw 1023. 192 Seiten
- Kritik und Klinik. Übersetzt von Joseph Vogl. es 1919. 208 Seiten
- Unterhandlungen 1972-1990. Übersetzt von Gustav Roßler. es 1778. 261 Seiten
- Das Zeit-Bild. Kino 2. Übersetzt von Klaus Englert. stw 1289. 454 Seiten

Gilles Deleuze/Félix Guattari

- Anti-Ödipus. Kapitalismus und Schizophrenie. Übersetzt von Bernd Schwibs. stw 224. 529 Seiten
- Kafka. Für eine kleine Literatur. Übersetzt von Burkhart Kroeber. es 807. 133 Seiten

NF 107/1/2.20

- Was ist Philosophie? Übersetzt von Bernd Schwibs und Joseph Vogl. stw 1483. 272 Seiten

Jacques Derrida

- Das andere Kap. Die vertagte Demokratie. Zwei Essays zu Europa. Übersetzt von Alexander García Düttmann. es 1769. 97 Seiten
- Gesetzeskraft. Der »mystische Grund der Autorität«. Übersetzt von Alexander García Düttmann. es 1645. 125 Seiten
- Grammatologie. Übersetzt von Hans-Jörg Rheinberger und Hanns Zischler. stw 417. 541 Seiten
- Marx & Sons. Übersetzt von Jürgen Schröder. stw 1660. 135 Seiten
- Marx' Gespenster. Der Staat der Schuld, die Trauerarbeit und die neue Internationale. Übersetzt von Susanne Lüdemann. stw 1659. 300 Seiten
- Politik der Freundschaft. Übersetzt von Stefan Lorenzer. stw 1608. 496 Seiten
- Die Schrift und die Differenz. Übersetzt von Rodolphe Gasché. Die Übersetzung von »Cogito und Geschichte des Wahnsinns« wurde von Ulrich Köppen besorgt. stw 177. 464 Seiten
- Schurken. Übersetzt von Horst Brühmann. 224 Seiten. Gebunden und stw 1778. 219 Seiten
- Seelenstände der Psychoanalyse. Übersetzt von Hans-Dieter Gondek. 104 Seiten. Kartoniert
- Die Stimme und das Phänomen. Einführung in das Problem des Zeichens in der Phänomenologie Husserls. Übersetzt von Hans-Dieter Gondek. es 2440. 144 Seiten
- Die unbedingte Universität. Übersetzt von Stefan Lorenzer. es 2238. 78 Seiten
- Vergessen wir nicht – die Psychoanalyse! Herausgegeben, übersetzt und mit einem Nachwort von Hans-Dieter Gondek. es 1980. 234 Seiten

NF 107/2/2.20

- Vom Geist. Heidegger und die Frage. Übersetzt von Alexander García Düttmann. stw 995. 159 Seiten

Didier Eribon

- Michel Foucault. Eine Biographie. Übersetzt von Hans-Horst Henschen. st 3086. 533 Seiten
- Rückkehr nach Reims. Übersetzt von Tobias Haberkorn. 240 Seiten
- Gesellschaft als Urteil. Klassen, Identitäten, Wege. Übersetzt von Tobias Haberkorn. 320 Seiten. Klappenbroschur
- Betrachtungen zur Schwulenfrage. Übersetzt von Achim Russer und Bernd Schwibs. 622 Seiten. Gebunden

Michel Foucault

- Über den Willen zum Wissen. Vorlesungen am Collège de France 1970/71. Übersetzt von Michael Bischoff. stw 2290. 394 Seiten
- Theorien und Institutionen der Strafe. Vorlesungen am Collège de France 1971-1972. Übersetzt von Andrea Hemminger. 414 Seiten. Gebunden
- Die Strafgesellschaft. Vorlesungen am Collège de France 1972-1973. Übersetzt von Andrea Hemminger. 444 Seiten. Gebunden
- Die Macht der Psychiatrie. Vorlesungen am Collège de France 1973-1974. Übersetzt von Claudia Brede-Konersmann und Jürgen Schröder. Herausgegeben von Jacques Lagrange. stw 2152. 595 Seiten
- Die Regierung der Lebenden. Vorlesungen am Collège de France 1979-1980. Übersetzt von Andrea Hemminger. stw 2306. 496 Seiten
- Subjektivität und Wahrheit. Vorlesungen am Collège de France 1980-1981. Übersetzt von Andrea Hemminger. 415 Seiten. Gebunden
- Sexualität und Wahrheit. Vierter Band: Die Geständnisse des Fleisches. Übersetzt von Andrea Hemminger. 556 Seiten. Gebunden

NF 107/3/2.20

Tristan Garcia
- Wir. Übersetzt von Ulrich Kunzmann. 332 Seiten. Gebunden
- Das intensive Leben. Eine moderne Obsession. Übersetzt von Ulrich Kunzmann. Gebunden und stw 2273. 215 Seiten

Hans-Dieter Gondek/László Tengelyi. Neue Phänomenologie in Frankreich. stw 1974. 708 Seiten

Vladimir Jankélévitch
- Die Ironie. Übersetzt von Jürgen Brankel. 190 Seiten
- Die Musik und das Unaussprechliche. Übersetzt von Ulrich Kunzmann. Mit einem Nachwort von Andreas Vejvar. 268 Seiten. Gebunden
- Der Tod. Übersetzt von Brigitta Restorff. Herausgegeben und mit einer Nachbemerkung von Christoph Lange. Mit einem Nachwort von Thomas Kapielski. 574 Seiten. Gebunden und stw 2240
- Das Verzeihen. Essays zur Moral und Kulturphilosophie. Übersetzt von Claudia Brede-Konersmann. Herausgegeben von Ralf Konersmann. Mit einem Vorwort von Jürg Altwegg. Gebunden und stw 1731. 292 Seiten
- Zauber, Improvisation, Virtuosität. Schriften zur Musik. Übersetzt von Ulrich Kunzmann. Herausgegeben und mit einem Nachwort von Andreas Vejvar. stw 2271. 422 Seiten

Bruno Latour
- Cogitamus. Übersetzt von Bettina Engels und Nikolaus Gramm. eu 38. 213 Seiten
- Existenzweisen. Eine Anthropologie der Modernen. Übersetzt von Gustav Roßler. Gebunden. 665 Seiten
- Die Hoffnung der Pandora. Untersuchungen zur Wirklichkeit der Wissenschaft. Übersetzt von Gustav Roßler. stw 1595. 386 Seiten
- Jubilieren. Über religiöse Rede. Übersetzt von Achim Russer. Gebunden. 247 Seiten

NF 107/4/2.20

- Kampf um Gaia. Acht Vorträge über das neue Klimaregime. Übersetzt von Achim Russer und Bernd Schwibs. 522 Seiten. Gebunden
- Eine neue Soziologie für eine neue Gesellschaft. Einführung in die Akteur-Netzwerk-Theorie. Übersetzt von Gustav Roßler. stw 1967. 488 Seiten
- zusammen mit Vincent Lépinay: Die Ökonomie als Wissenschaft der leidenschaftlichen Interessen. Eine Einführung in die ökonomische Anthropologie Gabriel Tardes. Übersetzt von Gustav Roßler. Broschur. 120 Seiten
- Das Parlament der Dinge. Für eine politische Ökologie. Übersetzt von Gustav Roßler. stw 1954. 365 Seiten
- Das terrestrische Manifest. Übersetzt von Bernd Schwibs. 136 Seiten. Klappenbroschur
- Wir sind nie modern gewesen. Versuch einer symmetrischen Anthropologie. Übersetzt von Gustav Roßler. stw 1861. 205 Seiten

Achille Mbembe
- Ausgang aus der langen Nacht. Versuch über ein entkolonisiertes Afrika. Übersetzt von Christine Pries. 300 Seiten. Gebunden
- Kritik der schwarzen Vernunft. Übersetzt von Michael Bischoff. 332 Seiten. Gebunden
- Politik der Feindschaft. Übersetzt von Michael Bischoff. 235 Seiten. Gebunden

Maurice Merleau-Ponty
- Die Abenteuer der Dialektik. Übersetzt von Alfred Schmidt und Herbert Schmitt. stw 105. 281 Seiten
- Das Primat der Wahrnehmung. Übersetzt von Jürgen Schröder. Mit einem Nachwort von Lambert Wiesing. stw 1676. 132 Seiten

Jacques Rancière. Das Unvernehmen. Politik und Philosophie. Übersetzt von Richard Steurer. stw 1588. 150 Seiten

Paul Ricœur
- Die Interpretation. Ein Versuch über Freud. Übersetzt von Eva Moldenhauer. stw 76. 400 Seiten
- Wege der Anerkennung. Erkennen, Wiedererkennen, Anerkanntsein. Übersetzt von Ulrike Bokelmann und Barbara Heber-Schärer. 350 Seiten. Gebunden

Michel Serres
- Erfindet euch neu! Eine Liebeserklärung an die vernetzte Generation. 69 Seiten
- Die fünf Sinne. Eine Philosophie der Gemenge und Gemische. Übersetzt von Michael Bischoff. stw 1389. 472 Seiten
- Der Naturvertrag. Übersetzt von Hans-Horst Henschen. es 1665. 203 Seiten
- Der Parasit. Übersetzt von Michael Bischoff. stw 677. 391 Seiten
- Was genau war früher besser? Ein optimistischer Wutanfall. Übersetzt von Stefan Lorenzer. 80 Seiten. Taschenbuch

Michel Serres (Hg.). Elemente einer Geschichte der Wissenschaften. Von Michel Authier, Paul Benoît, Bernadette Bensaude-Vincent, Geof Bowker u.a. Übersetzt von Horst Brühmann. stw 1355. 1080 Seiten

NF 107/6/2.20

Kulturwissenschaft und Kulturtheorie im Suhrkamp Verlag Eine Auswahl

Aleida Assmann/Ulrich Gaier/Gisela Trommsdorff (Hg.). Positionen der Kulturanthropologie. stw 1724. 391 Seiten

Michail M. Bachtin
- Rabelais und seine Welt. Volkskultur als Gegenkultur. Übersetzt von Gabriele Leupold. Herausgegeben und Vorwort von Renate Lachmann. stw 1187. 546 Seiten
- Autor und Held in der ästhetischen Tätigkeit. Herausgegeben von Rainer Grübel, Edward Kowalski und Ulrich Schmid. Aus dem Russischen von Hans-Günter Hilbert, Rainer Grübel, Alexander Haardt und Ulrich Schmid. stw 1878. 356 Seiten
- Chronotopos. Aus dem Russischen von Michael Dewey. Mit einem Nachwort von Michael C. Frank und Kirsten Mahlke. stw 1879. 242 Seiten

Mieke Bal. Kulturanalyse. Herausgegeben von Thomas Fechner-Smarsly und Sonja Neef. Übersetzt von Joachim Schulte. Mit zahlreichen Abbildungen. Gebunden. 372 Seiten

Roland Barthes
- Fragmente einer Sprache der Liebe. Übersetzt von Hans-Horst Henschen. st 1586. 279 Seiten
- Die Körnung der Stimme. Interviews 1962-1980. Übersetzt von Agnès Bucaille-Euler, Birgit Spielmann und Gerhard Mahlberg. es 2278. 404 Seiten
- Mythen des Alltags. Übersetzt von Helmut Scheffel. es 92. 168 Seiten

Hans Blumenberg. Arbeit am Mythos. stw 1805. 699 Seiten

NF 118/1/03.13

Günter Burkart/Gunter Runkel (Hg.). Luhmann und die Kulturtheorie. stw 1725. 290 Seiten

Jonathan Crary. Aufmerksamkeit. Wahrnehmung und moderne Kultur. Übersetzt von Heinz Jatho. Mit zahlreichen Abbildungen. Gebunden. 408 Seiten

Ute Daniel. Kompendium Kulturgeschichte. Theorien, Praxis, Schlüsselwörter. stw 1523. 492 Seiten

Norbert Elias
Über den Prozeß der Zivilisation. Soziogenetische und psychogenetische Untersuchungen. Zwei Bände in Kassette oder auch einzeln erhältlich
- Band 1: Wandlungen des Verhaltens in den weltlichen Oberschichten des Abendlandes. stw 158. 504 Seiten
- Band 2: Wandlungen der Gesellschaft. Entwurf zu einer Theorie der Zivilisation. stw 159. 604 Seiten

Harry G. Frankfurt. Bullshit. Übersetzt von Michael Bischoff. Gebunden. 73 Seiten

Josef Früchtl. Das unverschämte Ich. Eine Heldengeschichte der Moderne. stw 1693. 422 Seiten

Michael Giesecke. Sinnenwandel, Sprachwandel, Kulturwandel. Studien zur Vorgeschichte der Informationsgesellschaft. stw 997. 374 Seiten

Hans Ulrich Gumbrecht. 1926. Ein Jahr am Rand der Zeit. Übersetzt von Joachim Schulte. Gebunden. 540 Seiten. stw 1655. 554 Seiten

NF 118/2/03.13

Thomas Hauschild. Ritual und Gewalt. Ethnologische Studien an europäischen und mediterranen Gesellschaften. Mit Abbildungen. Gebunden. 258 Seiten

Martin Ludwig Hofmann/Tobias F. Korta/Sibylle Niekisch (Hg.)
- Culture Club. Klassiker der Kulturtheorie. stw 1668. 304 Seiten
- Culture Club II. Klassiker der Kulturtheorie. stw 1798. 333 Seiten

Eva Illouz. Gefühle in Zeiten des Kapitalismus. Übersetzt von Martin Hartmann. Broschur. 170 Seiten

Peter Janich. Kultur und Methode. Philosophie in einer wissenschaftlich geprägten Welt. stw 1773. 460 Seiten

Vladimir Jankélévitch
- Das Verzeihen. Essays zur Moral und Kulturphilosophie. Herausgegeben von Ralf Konersmann. Übersetzt von Claudia Brede-Konersmann. Mit einem Vorwort von Jörg Altwegg. Gebunden und stw 1731. 292 Seiten
- Der Tod. Übersetzt von Brigitta Restorff. Gebunden. 573 Seiten

Sebastian Knell/Marcel Weber (Hg.). Länger leben? Philosophische und biowissenschaftliche Perspektiven. stw 1900. 290 Seiten

Ralf Konersmann
- Kulturelle Tatsachen. stw 1774. 406 Seiten
- Kulturkritik. Broschur. 135 Seiten

Sybille Krämer/Werner Kogge/Gernot Grube (Hg.). Spur. Spurenlesen als Orientierungstechnik und Wissenskunst. Mit Abbildungen. stw 1830. 366 Seiten

NF 118/3/03.13

André Leroi-Gourhan. Hand und Wort. Die Evolution von Technik, Sprache und Kunst. Übersetzt von Michael Bischoff. Mit 153 Zeichnungen des Autors. stw 700. 532 Seiten

Martina Löw. Soziologie der Städte. Mit zahlreichen Abbildungen. Gebunden. 292 Seiten

Winfried Menninghaus
- Ekel. Theorie und Geschichte einer starken Empfindung. stw 1634. 592 Seiten
- Hälfte des Lebens. Versuch über Hölderlins Poetik. 142 Seiten. Gebunden
- Das Versprechen der Schönheit. Gebunden. 386 Seiten
- Wozu Kunst? Ästhetik nach Darwin. 318 Seiten. Gebunden

Stephan Moebius/Andreas Reckwitz (Hg.). Poststrukturalistische Sozialwissenschaften. stw 1869. 471 Seiten

Ohad Parnes. Das Konzept der Generation. Eine Wissenschafts- und Kulturgeschichte. stw 1855. 385 Seiten

K. Ludwig Pfeiffer. Das Mediale und das Imaginäre. Dimensionen kulturanthropologischer Medientheorie. Gebunden. 618 Seiten

Paul Rabinow
- Anthropologie der Vernunft. Studien zu Wissenschaft und Lebensführung. Herausgegeben und übersetzt von Carlo Caduff und Tobias Rees. stw 1646. 252 Seiten
- Was ist Anthropologie? Herausgegeben und übersetzt von Carlo Caduff und Tobias Rees. stw 1687. 168 Seiten

Richard Rorty. Philosophie als Kulturpolitik. Aus dem Amerikanischen von Joachim Schulte. Gebunden. 357 Seiten

NF 118/4/03.13

Philipp Sarasin. Reizbare Maschinen. Eine Geschichte des Körpers 1765-1914. stw 1524. 512 Seiten

Philipp Sarasin/Jakob Tanner (Hg.). Physiologie und industrielle Gesellschaft. Studien zur Verwissenschaftlichung des Körpers im 19. und 20. Jahrhundert. stw 1343. 529 Seiten

Richard Weisberg. Rechtsgeschichten. Über Gerechtigkeit in der Literatur. Aus dem Amerikanischen von Walter Popp. Mit einem Nachwort von Bernhard Schlink. stw 2010. 291 Seiten

Alfred North Whitehead
- Denkweisen. Herausgegeben und übersetzt von Stascha Rohmer. stw 1532. 202 Seiten
- Kulturelle Symbolisierung. Herausgegeben und übersetzt von Rolf Lachmann. stw 1497. 147 Seiten

Uwe Wirth (Hg.). Kulturwissenschaft. Eine Auswahl grundlegender Texte. stw 1799. 559 Seiten

Slavoj Žižek
- Die gnadenlose Liebe. Übersetzt von Nikolaus G. Schneider. stw 1545. 192 Seiten
- Körperlose Organe. Bausteine für eine Begegnung zwischen Deleuze und Lacan. Übersetzt von Nikolaus G. Schneider. stw 1698. 297 Seiten
- Die Puppe und der Zwerg. Das Christentum zwischen Perversion und Subversion. Übersetzt von Nikolaus G. Schneider. stw 1681. 190 Seiten
- Die Revolution steht bevor. Dreizehn Versuche über Lenin. Übersetzt von Nikolaus G. Schneider. es 2298. 192 Seiten
- Die Tücke des Subjekts. Übersetzt von Eva Gilmer, Anne von der Heiden, Hans Hildebrandt und Andreas Hofbauer. Gebunden. 552 Seiten

NF 118/5/03.13